ことばの おもしろ 事典

中島平三 [編集]

- 世界一長い文は？
- おやじギャグって知っていますか？
- 7000もの言語！そんなのありか!? そう何でもあります！
- 動物は正直者かだまし屋か？
- バイリンガルの頭の中はどうなっているの？
- 併合る 移動る 痕跡る
- 英語に敬語はあるのか？
- 広告は魔術師!?

朝倉書店

はじめに

　ことばについて考えてみたことがあるでしょうか．考えると言っても，「ことばの何について考えるの？」と逆に質問されるかもしれません．ことばは，誰にとっても空気のような存在であり，特別な努力や苦労なしで使えますし，使えて当たり前ですから，改まってその意義や仕組みなどについてわざわざ考えたことがないのが普通かもしれません．

　ですが，動物界の中でもことばを使うのは人間だけであることに気付いたり，脳の病気や怪我によってことばが自由に使えない人の様子に接したり，ことばで恋を語ったり人を喜ばせたり悲しませたりするような経験をすると，ことばが使えるって結構不思議なことであり，大変なことなんだ，と思えるに違いありません．

　本書は，みなさんをそんなことばの世界へ誘おうとするものです．ことばに関係した面白いトピックがたくさん用意されています．ことばのことなど一度も考えたことがない高校生や，言語学などという堅苦しい学問を勉強したことがない社会人の方に，「へえ，ことばにはそんな面白い側面や性質があったんだ」とか，「気付かなかったけれども，ことばにはいろいろな不思議が潜んでいるんだ」，「そんな見方をすると，ことばの知らない世界が見えてくるんだ」と思ってもらえるように企画しました．読み進んでいくと，知らぬ間にかなり専門的な知識も身に付きますので，日本語や外国語の言語学を専攻している大学生にも十分読んでもらうことができます．

　本書は3部から構成されています．第Ⅰ部では，ことばの面白さや不思議さが私たちの身近な日常生活の中にあることに気付いてもらえるものと思います．第Ⅱ部では，少し専門的な基礎知識を用いると，何気なく使っていることばの中にさまざまな面白さや不思議さが潜んでいることに気付くようになるものと思います．第Ⅲ部では，少し日常的な言語生活から離れて，他の言語との比較や，ことばの誕生，動物の「ことば」との比較などを考えてみます．

　それぞれの章に親しみやすい題名が付けられています．章のトピックになるべく親しみを感じてもらいたいからです．副題として【】の中に，言語学の専門領域の名称が書かれていますので，興味を持つことができたら専門書でその領域のことをもう少し詳しく調べてみて下さい．各章の終わりに「練習問題」として，確認のための練習問題や発展のための課題が挙げられています．もう少し詳しく調べたい人のために，参考になる文献が

はじめに

"Further Reading" として挙がっています．本文に脇注を設け，少し専門的な用語の解説や役立つような参考事項が書かれています．

　この本はことばについての事典ですので，ことばに関する表現がたくさん出てきます．原則的に次のように区別することにしています．「ことば」は，人間が脳内に持っている思考やコミュニケーションに用いられる記号体系またはその能力，「言葉」は「言」の「葉」ですので，音声や文字で表された実際の発話や用例，漢字の「言語」は日本語や英語などの個別言語のことを，それぞれ表すことにします．もちろんこれは原則であり，「言語学」のように「ことば」や「言葉」を研究する学問を漢字で示すこともありますし，「女性ことば」のように女性特有な「言葉」のことを，慣例に従い平仮名で「ことば」と表すこともあります．

　執筆している人は，それぞれの分野の熟達した方たちです．執筆者の顔が見えるように，写真やイラストを載せることにしました．またご自分の若い頃の思い出や，もう1度生まれ変わって職業を選ぶとすればどのような仕事に就きたいかなどについて，各章ごとに書いてもらいました．きっと親近感を持って本文も読んでもらえるものと思います．どの執筆者も，一人でも多くの人にことばの面白さや不思議さに気づき，ことばに関心を持ってもらいたいと願っています．本書がことばへの興味のきっかけになれば，編者としてこの上なく幸せです．

　2016年3月

編者　中島平三

編　者

中島　平三（なかじま　へいぞう）　学習院大学文学部英語英米文化学科

編集協力者

行田　勇（ぎょうだ　いさむ）　大妻女子大学比較文化学部比較文化学科
田子内　健介（たこない　けんすけ）　埼玉大学教育学部言語文化講座

執筆者

池内　正幸（いけうち　まさゆき）	名古屋外国語大学外国語学部	III部2章
井上　優（いのうえ　まさる）	麗澤大学外国語学部	III部7章
今井　邦彦（いまい　くにひこ）	東京都立大学名誉教授	II部8章, 9章
大畑　秀央（おおはた　ひでなか）	国立障害者リハビリテーションセンター病院リハビリテーション部	III部10章
小椋　たみ子（おぐら　たみこ）	大阪総合保育大学大学院児童保育研究科	I部7章
風間　伸次郎（かざま　しんじろう）	東京外国語大学大学院総合国際学研究院	III部3章, 8章
亀井　尚（かめい　たかし）	北海道医療大学リハビリテーション科学部	I部10章
行田　勇（ぎょうだ　いさむ）	大妻女子大学比較文化学部	II部6章
窪薗　晴夫（くぼぞの　はるお）	国立国語研究所理論・構造研究系	II部1章, 2章
毛束　真知子（けづか　まちこ）	前 昭和大学医学部	I部11章
櫻井　千佳子（さくらい　ちかこ）	武蔵野大学工学部	I部6章
杉本　豊久（すぎもと　とよひさ）	前 成城大学文芸学部	III部4章, 5章
清ルミ（せい　ルミ）	常葉大学外国語学部	I部4章
瀬田　幸人（せた　ゆきと）	岡山大学大学院教育学研究科	I部2章
田守　育啓（たもり　いくひろ）	兵庫県立大学名誉教授	I部3章
辻　幸夫（つじ　ゆきお）	慶應義塾大学法学部	II部7章
時田　昌瑞（ときた　まさみず）	日本ことわざ文化学会	I部1章
中島　平三（なかじま　へいぞう）	学習院大学文学部	II部3章, 4章, 5章
中村　桃子（なかむら　ももこ）	関東学院大学経済学部	I部5章
長谷川　寿一（はせがわ　としかず）	東京大学大学院総合文化研究科	III部1章
平川　眞規子（ひらかわ　まきこ）	中央大学文学部	I部9章
平田　一郎（ひらた　いちろう）	専修大学文学部	III部6章
遊佐　典昭（ゆさ　のりあき）	宮城学院女子大学学芸学部	I部8章
米川　明彦（よねかわ　あきひこ）	梅花女子大学文化表現学部	III部9章

（五十音順）

目　次

第Ⅰ部　ことばを身近に感じる

1. 日本のことわざの真髄は，いろはカルタ！【ことわざ】……………………〔時田昌瑞〕… 2
2. おやじギャグって知っていますか？【ことば遊び】……………………〔瀬田幸人〕… 13
3. 臨場感を醸し出す魔法のことば！【オノマトペ：音韻論／形態論／音象徴】…………〔田守育啓〕… 24
4. 広告は魔術師⁉【広告の言葉／コミュニケーション論】………………〔清　ルミ〕… 34
5. 「あたし，おなかすいたわ」なんて誰が話してるの？【言語とジェンダー】………〔中村桃子〕… 42
6. 英語に敬語はあるのか？【ポライトネス／社会言語学】………………〔櫻井千佳子〕… 52
7. 乳幼児への話しかけ方は大人への話しかけ方と違っているか？【言語発達心理学】
　………………………………………………………………………〔小椋たみ子〕… 63
8. ヒトは構造が大好き！【ことばの獲得】……………………………………〔遊佐典昭〕… 74
9. バイリンガルの頭の中はどうなっているの？【バイリンガル／バイリンガリズム】…〔平川眞規子〕… 84
10. 子どもが外国語を覚えるのがうまいのは，なぜだろう？【ことばの臨界期】………〔亀井　尚〕… 93
11. 度忘れはなぜ起こるのか？【言語病理学／失語】………………………〔毛束真知子〕… 101

第Ⅱ部　ことばの基礎を知る

1. ママは昔パパだったのか？―五十音図の秘密―【音韻論】………………〔窪薗晴夫〕… 112
2. 「むっつ」と「みっつ」の関係とは？―数詞の謎―【音韻論】……………〔窪薗晴夫〕… 119
3. アンガールズはun-Englishか？【形態論／派生】……………………〔中島平三〕… 126
4. カワセミは，蝉ではないの？【形態論／複合】……………………………〔中島平三〕… 134
5. 世界一長い文は？【統語論／回帰性】………………………………………〔中島平三〕… 143
6. 併合る・移動る・痕跡る【統語論／構造】…………………………………〔行田　勇〕… 152
7. 意味の意味とは何か？【ことばの意味／意味論】…………………………〔辻　幸夫〕… 161
8. 「マサ子の絵は良いね」の意味は？【ことばの用法／語用論1】…………〔今井邦彦〕… 172
9. 語用論理論のいろいろ【ことばの用法／語用論2】………………………〔今井邦彦〕… 183

第III部　ことばの広がりを探る

1. 動物は正直者かだまし屋か？―動物のコミュニケーションの多様性―【動物行動学】
  ………………………………………………………………………〔長谷川寿一〕… 194
2. われわれ人類はいつことばを持ったのだろうか？【進化言語学】……………〔池内正幸〕… 201
3. 7000もの言語！　そんなのありか⁉――そう，何でもありです！【世界の言語】
  ………………………………………………………………………〔風間伸次郎〕… 211
4. 世界の英語はピジンから始まった？【世界の英語／言語接触の諸相】………〔杉本豊久〕… 230
5. 英語は1つではない！【世界の英語】……………………………………………〔杉本豊久〕… 241
6. 日本語と英語はどちらがより自由か？【日英語の比較】………………………〔平田一郎〕… 253
7. 近い言語，遠い言語【言語距離】…………………………………………………〔井上　優〕… 264
8. "文字通り"の豪華絢爛！【世界の文字】………………………………………〔風間伸次郎〕… 273
9. 手話は世界共通か？【手話】………………………………………………………〔米川明彦〕… 285
10. 言語聴覚士（ST）ってどんな仕事？【言語聴覚障害学】……………………〔大畑秀央〕… 295

和文索引 ……………………………………………………………………………………………… 307
欧文索引 ……………………………………………………………………………………………… 313

I

ことばを
身近に感じる

第Ⅰ章　日本のことわざの真髄は，いろはカルタ！

時田昌瑞

【ことわざ】

《🖉 何が分かるか》　ことわざを一歩踏み込んで考究しようとすると想像以上に難しいところがあります．5000年の歴史と世界中に分布する膨大な存在がその根底にあるからです．ここでは，ことわざが抱える種々の問題を整理し，古い教訓の言葉とする既成観念となったことわざ観も検証します．そのうえで言語芸術である日本のことわざの真髄がいろはカルタだと提起するものです．

犬も歩けば棒に当たる：戦前期いろはカルタ．

一寸先は闇：上方系いろはカルタを双六にしたもの（幕末期）．

*1　時田昌瑞（2004）『いろはカルタの文化史』，日本放送出版協会．

*2　国松昭（監修）（2002）『大きい活字の故事・ことわざ辞典』，新星出版社．

✂ 認知度1位　犬も歩けば棒に当たる

　あなたが知っている最初が「い」で始まることわざを1つ教えてください，との問い掛けに現代日本人は，どんな答えをするでしょうか．即座に応じられる人でも，答えは相当ばらばらになると思います．これに対して，いろはカルタの「い」は何か，と聞かれれば高い割合で「犬も歩けば棒に当たる」との答えとなるでしょう．何の根拠もなく言っているのではありません．筆者が2002年に行ったいろはカルタアンケートに対して，全国の2256人から回答されたデータに基づいているものです．このときに「犬も歩けば棒に当たる」を挙げた人は87%に及ぶものでした．ただし，ことわざを直接答えてもらう形式ではなく，①いやいや三杯，②一寸先は闇，③犬も歩けば棒に当たる，④一を聞いて十を知る，⑤その他，⑥覚えていない，という選択肢の中から選ぶものでしたが，私の予想を超える回答率に驚かされました[*1]．

　いろはカルタにあることわざは48句ありますが，「い」は1つしかありません．これに対して，ことわざ全体となると桁が違ってきます．収録総数が約2000の小型のことわざ辞典[*2]ですら，「い」だけで107もあります．この小型辞典の初めの3句を例示しますと，「威あって猛からず」「言いたい事は明日言え」「言うは易く行うは難し」となり，ことわざとしての馴染み度にばらつきがでてきます．これが1万語句の辞典になると500を超し，さらに馴染みの薄いことわざが増えてくるというわけです．

　誰でもが少しは知っているのがことわざですが，ことわざ全体を知ることはできません．5000年も前からあり，世界中のたくさんの言語にことわざがあると考えられているからです．そのうえ，新しいことわざも生まれ続けていますから数え切れないほどたくさんあるのです．

　そんなことわざを一刀両断のようにさばく術はありません．そこで，これまでに明らかになった主な事柄を概説して，今後の研究に生かされ

ることを願うものです．

ことわざの一応の定義

ことわざとは何かとの問題には，洋の東西を問わず数多くの学者や研究者の言及があり，内容も多岐にわたっていて，簡単には紹介できません．定義はしょせん後から人が下した産物の1つでしかないものです．ましてや，対象がことばの場合だと，時代の流れとともに変化する割合が高く，必然的に定義自体も影響され，変化することになります．しかし，物事に定義や規定がないと不便であり，議論も深まりませんので，暫定的な定義だとしても一応は必要です．ただ，その定義は仮説的なレベルにとどまるものだと考えます．私はことわざを「絶妙な譬えを有す短くて耳響きよく，人々に言い習わされた多様で豊かな内容と気のきいた表現の言語芸術」と規定しています．

ことわざによることわざ観

なにごとでも，抽象的にいくら言葉をならべても実像を描くことには限界があります．ところが，珍しいことに，ことわざには自己を語ることわざがあるのです．ここでは世界のことわざの中から主なものを少し紹介します．

a) 永遠性：ことわざは永遠に滅びず（ロシア）
　古いことわざは永久に朽ちない（リトアニア）
　時は過ぎ去るがことわざは残る（ヒンディー）

b) 神の声：ことわざは神の声（スペイン）
　ことわざは民衆の声，したがって神の声（イギリス）

c) 真実：ことわざは真実の言葉（ドイツ）
　真実の粒のないことわざはない（スラブ）
　昔からことわざに外れたものはない（日本）

d) 嘘がない：ことわざは嘘をつかず，空っぽのパイプに火はつかず（エストニア）
　譬えに嘘なし坊主に毛なし（日本）

e) 人間の経験：ことわざは毎日の経験の娘（オランダ）
　ことわざは経験のこだま（スイス）

f) 力：人の一生はことわざの上に打ち立てられる（ヘブライ）
　精神の力は哲学の中よりことわざの中にある（イギリス）
　ことわざは考える鍵（エストニア）

g) 価値：ことわざに優るものはない（アイルランド）
　会話の中のことわざは闇の中の明かり（ボスニア）
　どのことわざにも何か得るものがある（アラブ）

h) 言葉の飾り：ことわざは話の飾り（ペルシャ）
　男の飾りは髭，話の飾りはことわざ（中国のウイグル族）

i) 会話で有用：話はことわざで，タッジ（蜂蜜酒）はブルッレー（ガラスの容器）で（エチオピア）

隅なしで家は建たず，ことわざなしで話はできない（ロシア）
j）短い語：ことわざは鳥の嘴より短い（スイス）
k）森羅万象：譬えに漏れたものはなし（日本）
l）大勢の支持：1つの言葉ではことわざにならぬ（ロシア）

以上の他にも，二重の意味を持たないことわざは無い（ケニアのナンディ族），ことわざは互いに闘いあう（スイス），といった反対の意のものが存在すると見ることわざの属性をついたものなどがあり，ことわざの多様な顔を窺い知ることができます．

✂ 日本のことわざの時間的流れ―文献面において―

　日本のことわざの総数は5万とも6万とも言われ明確ではありません．自然発生的に生まれたもの，鎌倉時代以前から中国の古典などを通して根付いたもの（漢諺と呼ぶ），明治時代から西欧より急速に流入したもの，この3つの流れの集積が日本のことわざの総量となります．文献上は奈良時代の『古事記』，『日本書紀』，平安時代の歌集『万葉集』，『古今集』など，説話『日本霊異記』，物語『源氏物語』，歴史物語『栄花物語』など，鎌倉時代の歴史書『愚管抄』，随筆『徒然草』，家訓書『北条重時家訓』などで用いられ徐々に広がりを見せますが，『平家物語』などの軍記物で最も盛んになります．室町時代になると，短編小説の御伽草子や，軍記物を多く題材とした幸若舞曲などにも用いられましたが，特に狂言の文句には多出しました．また，思想や特に宗教書（平安時代の空海，鎌倉時代の道元や日蓮の著作）にはことわざの類を随所に見つけることができます．

　ことわざは江戸時代以前の狂言や謡曲によく見受けられましたが，何といってもことわざの花が満開になったのは江戸時代です．ことわざを活用した作家は，井原西鶴・近松門左衛門・山東京伝・滝沢馬琴をはじめ，平賀源内・上田秋成・式亭三馬・鶴屋南北・十返舎一九・柳亭種彦など著名作家が勢揃いします．ジャンルでも，仮名草子・浮世草子・俳諧・浄瑠璃・随筆・評判記・狂歌・黄表紙・洒落本・滑稽本・噺本・歌舞伎脚本・読本・人情本など多岐にわたり，ことわざがあらゆるところで用いられました．

　明治時代からはことわざの使用例を探す対象となる文献が飛躍的に増大するので，網羅的に見ることは不可能です．幅広くことわざのサンプルを集めることによって大体の傾向を見ることになります．明治時代になっても，はじめの頃は江戸の名残が文芸に引き継がれていましたが，西欧文明の流入に伴って「二兎追う者は一兎をも得ず」のような外国のことわざが，それまでの日本のことわざに取って代わっていく状況も生まれていました．そして，戦後には西欧からのことわざは一層数を増し，「嵐の前の静けさ」「攻撃は最大の防御」「勝ち馬に乗る」のようにいつの間にか，日本のことわざとして定着するものもまれではなくなってい

した．

🎀 日本のことわざの言い回しの類型と実相

　日本にあることわざを言い回しの観点から区分すると2つの要素（＝傾向）のものに大別され，それぞれの流れを形成していると考えます．

　1つ目のものが文諺と呼ぶものです．文諺は筆者の造語です．ことわざは漢字では諺と書きますので，主に文書に書き表されたことわざ（諺）を指すものの用語としたものです．言い回しも文語調の改まった感じのする硬い雰囲気を持つものですし，卑語や俗語などは使われません．「朝に紅顔あって夕べに白骨となる」(訳1)「思い内にあれば色外に現わる、」(訳2)「風は吹けども山は動ぜず」といった語句が相当します．それと特に中国の古典にある「備えあれば憂いなし」「和を以て貴しと為す」「良薬口に苦し」のような古いことわざの多くが当てはまります．西欧からのものも少なくなく，「艱難汝を玉にす」(訳3)「天は自ら助くる者を助く」などもあります．

　もう1つのタイプが口諺です．こちらは，口頭でしゃべられることわざを意味します．日常語と俗語や卑語が使われ，くだけた調子の言い回しのものです．「屁と火事は元から騒ぐ」(訳4)「転べば糞の上」(訳5)「嘘つきは泥棒の始まり」「来年のことを言えば鬼が笑う」などが当てはまります．また，「仏の顔も三度」「立て板に水」のような体言止めの多くや，「三日坊主」「油断大敵」などの熟語の類も該当します．もちろん，100年以上前のものは直接耳で聞けないわけですから，話し言葉や会話文の中で使われたものを記載した，という方が正確かも知れません．

　この両者を対比してみます．文諺はことわざ全体の中では抽象度の高い用語が用いられ，より高尚な内容を格調高く真面目に言い表す格言や金言に近い，書き言葉で表現される存在ということになるでしょうか．他方の口諺は，動物などを比喩として多用したり，卑語を使って具体的に面白可笑しく表現した語句ということになるでしょうか．とはいえ，両者は画然と区分することはできません．上記のような典型的なものはありますが，実際には，互いの要素を持った存在が様々に混和してことわざの実相となっているからです．

🎀 ことわざの特徴

◇**最短の言語芸術**　もともとことわざは口承の言葉ですから，話して伝えやすく，聞いて覚えやすくする工夫がみられます．そうしたことわざの要件の1つが短いということです．抽象的に言っても説得力に欠けますから，具体例としていろはカルタ*3を挙げてみましょう．江戸系のいろはカルタ48句を見てみますと，世界最短の文芸と言われる俳句の17音と同じ長さは「門前の小僧習わぬ経を読む」の1つだけで，あとはすべて17音に足りません．半数以上の27の句が10音までです．カルタ

訳1：朝，元気そうな若者が夕方には死んで白骨になること．人の生死がはかり難いこと，世の無常を言う．

訳2：心の中で思っていることは，無意識に表情や動作に現れるということ．

訳3：困難なことに出合い，苦労を重ねることによって人は成長するということ．

訳4：初めに騒ぎ出す人が，そのことの原因となった本人・本元だということ．

訳5：災難や不運が重なることの譬え．

立て板に水：上方系いろはカルタを双六にしたもの（幕末期）．

*3　ことわざを文句としたいろはカルタには，西日本を主にした上方系統，江戸に起こり全国に広まった江戸系統，上方でも江戸でもない新案の主に3つの系統がある．

左：いやいや三杯：上方系いろはカルタ（明治期）．
右：葦の髄から天のぞく：歌川芳員（嘉永5年）．江戸系いろはカルタで発行年が明確な最も古いもの（MM）．※MMは明治大学博物館所蔵の略．所蔵先の明記がないものは筆者の所蔵．

犬も朋輩鷹も朋輩と犬も歩けば棒に当たる：新案系いろはカルタ（明治期）．

訳6：カニは食べても呼吸器の部位である「がに」は食べるなという意．

訳7：瓜と爪の字の違いを口調よく教える語句．

訳8：薬は原価の9倍の価格で売られるということ．「く」の音が繰り返されている．

訳9：同情より実質が大事との意．「なサケ」や「酒」のサケの音が4回も繰り返される口調のよさがある．

だから短いわけではありません．収録語数600弱のことわざ辞典でみても，18音を超える句は5％にすぎないのです．

　言語の芸術としての側面もあります．これには語句が語調よく，リズミカルで耳響きがよい点が挙げられます．七五調の「カニは食うてもガニ食うな」(訳6)，七七調の「瓜に爪あり爪に爪なし」(訳7)，同類音を重ねる三五調の「薬九層倍」(訳8)，四五調の「念には念を入れ」，六四調の「親擦れより友擦れ」，六六調の「ミイラ取りがミイラになる」，八五調の「焼きもち焼くとて手を焼くな」，八六調の「情けの酒より酒屋の酒」(訳9)など，多様で豊かな音の響きがあるのです．

◇**森羅万象に及ぶ豊富な内容**　日本のことわざに「譬えに漏れたものはなし」という語句があります．ことわざが言っていないものはない，という意味です．森羅万象の中身を具体的に明示するのは難しいので，内容別に分類した辞典の1つをサンプルにして見てみます．8000語句を収録する1929（昭和4）年の村山勇三『金言名言の泉　和漢篇』では，ことわざの内容を示すものとして愛・哀願・挨拶・悪口など1000項目を挙げています．日本には5万も6万もことわざはあるわけですから，おのずと分類数も増大するはずです．とは言っても，ことわざが得意とするところと苦手というか，手薄なところもあることは事実です．人間観察や世渡りは得手ですが，特に新しい産業や科学の分野などは不得手です．

◇**国際性を持つ**　ことわざを国際語だという見方があります．言語の違いを超え，国境を越えた遠く隔った地域にも同じ言い回しのことわざがあることからなのでしょう．現代の日本の常用ことわざの代表格である「一石二鳥」は幕末に英語を通して日本にもたらされたことわざです．当時の辞書には「石一ツニテ鳥二羽ヲ殺ス」と訳されています．これが大正時代頃に「一石二鳥」と短縮された言い回しに変わり，今日に至ります．このような西洋から流入することわざは明治時代から急速に増大していきます．こうした西洋経由の以下のようなことわざが，高い割合で現代の常用ことわざになっています．

　○終わり良ければ全てよし
　○火中の栗を拾う
　○泰山鳴動して鼠一匹
　○沈黙は金
　○鉄は熱いうちに打て
　○時は金なり
　○二兎追う者は一兎も得ず
　○火の無い所に煙は立たず
　○笛吹けど踊らず

○目から鱗
○目には目

なお，こうした西洋のことわざは，西洋に限らず他の地域でも使われているものが多くあります．

外国からもたらされたものは西洋だけではありません．鎌倉時代以前から中国の古典や仏典に載ったことわざは多く，後の人々には日本伝来のことわざと混和して古典語として受容されてきたのです．いくつか例示しますと，中国の古典では「藍より出て藍より青し」「悪事千里を走る」「口は禍の門」，仏典では「外面似菩薩，内心如夜叉」のようによく知られているものが沢山あります．

さらに，同じことわざが多くの地域にあり，もともとあったものか，どこかから伝播したものか判別できないものもあります．例えば「壁に耳あり」です．西洋に広く分布しているほか，ロシアや東欧，中国，もちろん，日本にもあります．さらにグルジアの「壁に耳あり野原に目あり」のような対句になったもの，「土に耳あり」（トルコ），「木の葉にも耳がある」（フィリピン），「小道に耳あり」（アフリカ・アシャンテ族），「昼に目あり夜に耳あり」（ペルシャ語・モロッコ），「壁に鼠あり，鼠に耳あり」（アフガニスタン）といった類句もあります．

◇視覚文化としての側面　言うまでもなくことわざは言葉を使った表現の一種です．ところが，日本のことわざには，絵にされたもの，工芸的な細工を施されたもの，焼き上げたり染めたりしたものなど視覚化された作品が膨大にあるのです．平安時代の刀の飾り金具に「猿猴が月」の図像があるのをはじめ，鎌倉時代から「見ざる聞かざる言わざる」の石像，室町時代に「瓢箪で鯰を押える」水墨画，江戸時代には狩野派の面々や数多の浮世絵師たちによって種々様々の数多くの作品が生み出されていきました．明治時代以降は江戸時代ほどではないものの，著名な画家による作品や，幻灯の種板*4のような新しくできた分野でも用いられ，絵葉書・状差し・便箋など種々のジャンルへ広がっていきました．このようなことわざの図像は，神社仏閣では絵画・絵馬・木彫・石像物・仏具類，武家では鎧・兜や刀装具の鍔・小柄・目貫*5，商家では看板・引き札，茶室での香炉・香合などで見ることができます．その他，印籠・根付・煙草の金具などの携帯品，各種の皿や置物や什器など身の回りの様々な物品にもみることができるのです．サイズの点でもいろいろです．長さが10mを超す幟旗，5，6m余の絵巻，縦横10mは下回らない銭湯の天井画もあれば，高さが5mほどの「諫鼓苔深くして鳥驚かず」の山車，4mはある「獅子の子落し」の石造物もあります．小さなものは3cmほどの目貫やいろはカルタもあり実に多彩なものに表現されています．こうしたものを辞典にしたのが『図説ことわざ事典』*6で，約4300の図版を載せています．

猿猴が月：鍔（江戸期，MM）．

瓢箪で鯰を押える：根付（江戸期，MM）．

*4　幻灯で映写するために小さなガラス板に絵などが描かれたもの．

木で鼻をこくる：幻灯の種板（明治期）．

鯉の滝上り：煙管（明治期）．

*5　刀の柄の側面につけられた飾り金具．

蟷螂が斧：印籠（江戸期）．

鬼に金棒：木製商業看板（戦前昭和期）．

＊6 時田昌瑞（2009）『図説ことわざ事典』，東京書籍．

目の上の瘤：歌川芳藤画．江戸系いろはカルタを双六にしたもの（明治初期）．

（訳10）長い話や長いことの譬え．

（訳11）たいへん手間取ることの譬え．

（訳12）遅々としてはかどらないことの譬え．

聞いて極楽見て地獄：歌川芳藤画 江戸系いろはカルタを双六にしたもの（明治初期）．

✂ 技法からみたことわざ

　ことわざは「言の技」の意とする見方もあるように驚くほど技巧に富んでいます．文型面の技法では，相手に強く伝えるため体言止めや命令法が多用されます．特に体言止めには種々の形式がありますが，ここでは主なものを5つ紹介します．

　a) 断定形式（〜の〜）：○後の祭り　○目の上の瘤　○縁の下の力持ち　○年寄りの冷水

　b) 叙述形式（〜は〜）：○旅は道連れ　○一寸先は闇　○餅は餅屋　○縁は異なもの

　c) 添加形式（〜に〜）：○鬼に金棒　○蛙の面に水　○泣き面に蜂　○馬の耳に念仏

　d) 比較形式（〜より〜）：○論より証拠　○花より団子　○氏より育ち　○色気より食い気

　e) 限定形式（〜も〜）：○あばたも笑窪　○仏の顔も三度　○地獄の沙汰も金しだい

　これを表現の面から分類すると，もっと多彩になりますし，表現の妙を味わうことができます．こちらも主なものを11紹介します．

　a) 誇張法：○鶴は千年亀は万年　○座して食らえば山も空し　○昨日の娘は今日の婆　○天竺から褌（訳10）　○女の黒髪には大象もつながる

　b) 突飛比喩法：○鴨がネギ背負ってくる　○百足が草鞋はく（訳11）　○耳取って鼻かむ　○臍が茶を沸かす　○ナメクジの江戸行き（訳12）

　c) 謎掛け法：○親の意見と冷酒は後できく　○嘘と坊主の頭は結ったことがない　○一人娘と春の日は暮れそうでくれぬ　○当てごとと越中褌は向こうから外れる

　d) 対句法：○帯に短し襷に長し　○借りる時の地蔵顔，返す時の閻魔顔　○男やもめに蛆が湧き女やもめに花が咲く　○聞いて極楽見て地獄

　e) 押韻・同音反復法：○男は度胸女は愛嬌坊主はお経　○見ざる聞かざる言わざる　○日がさ雨がさ月がさ日がさ　○日光見ずして結構というな

　f) 反意語組み合わせ法：○柿が赤くなると医者が青くなる　○丸い卵も切りようで四角　○ただより高いものはない

　g) 洒落法：○蟻が鯛なら芋虫ゃ鯨　○恐れ入谷の鬼子母神　○その手は桑名の焼き蛤　○よく結えば悪くいわれる後家の髪

　h) 列挙法：○地震 雷 火事 親父　○医者 智者 福者　○芝居 蒟蒻 芋 南瓜（訳13）　○船頭 馬方 お乳の人（訳14）　○女房 鉄砲 仏法

　i) 擬人化法：○青柿が熟柿を弔う（訳15）　○壁に耳あり　○石のもの言う（訳16）　○目くそ鼻くそを笑う　○ドングリの背くらべ

　j) 人名化法：○二八月荒れ右衛門（訳17）　○平気の平左衛門　○知らぬ顔の半兵衛　○木七竹八塀十郎（訳18）　○合点承知之助

　k) ことば遊び法：○雨が降る日は天気が悪い　○犬が西向きゃ尾は東　○鶏は皆はだし（注19）　○目は二つ鼻は一つ　○親父は俺より年が上

既存のことわざ概念への疑念

ことわざの常識と言えるものですが，これまでのことわざ観で示されたものに以下の4つがあります．
- 古いものであること
- 長命であること
- 定型（言い回しが一定）をなすこと
- 教訓的であること

しかし，本当でしょうか．ここでは，この4つの真偽を検証してみることにします．

◇**古いものであること**　ことわざを指す異称の1つに古言という言い方があります．ただ，実態は中国の古典にある古諺や名言・金言の類をいう場合が多い傾向があります．江戸時代以前は，こうしたものが主要なことわざでした．しかし，総数が5～6万のことわざの総体からすれば，せいぜい1/3程度かと推測されます．つまり，残り2/3は江戸時代から文字で書き止められたもの，明治時代に西欧から流入した外来のもの，そして，戦後から使われるようになったことわざです．問題なのは，古いという言葉の枠です．抽象的な用語ですから，何らかの基準が必要です．江戸時代の文献の中には，中国の古典にある語句を古語と見なす例が少なくありません．また，日本のことわざの総体を時代別に見ると，江戸時代のものが最大であると見られることから，江戸時代が境になるのではないかと筆者は考えています．

◇**長命であること**　中国の古典，仏典，江戸時代以前の文献に出てきて，現代でも常用されることわざを調べたことがあります．新聞やテレビで実際に使われたことわざを集計し使用頻度の高いベスト200を選定し，分析したものです[*7]．

結果は，江戸時代前が占める割合が21%，江戸時代が47%，明治時代以降が32%というものでした．この結果だけから言えば，ことわざは江戸時代より前から継続して使われるものは多くないということになります．

◇**定型をなすこと**　定型を一字一句の違いもないものとすれば，おそらく大半のことわざは外れるでしょう．ことわざ辞典のような書物であれば，まだ，定型を保てる確率は高いでしょうが，文学作品の会話の中で使われるようなことわざには，微妙な違いが大変多くあります．そもそも口承のことわざに厳格な定型を求めるのは無理です．ことわざが字札[*8]になっているいろはカルタでさえ固定してない句が少なくないのです．

地震雷火事親父：鯰絵（幕末期）．

（訳13）江戸時代に女性が好んだもののこと．

（訳14）わがままな振る舞いや，言葉遣いが乱暴な者のこと．

（訳15）わずかな優劣をあれこれ言う譬え．

（訳16）秘密は漏れやすいとの譬え．また，為政者の悪政に対して人民が発言すること．

（訳17）二月と八月の天気が荒れがちなことを人名風にしたもの．

（訳18）木，竹の植え時と塀の塗り時を人名風に表現したもの．

（訳19）当たり前だということ．

*7　2000年11月ことわざ研究会月例会報告「ことわざの持続性―ことわざは古くからある名も無き大衆によるものか？―」．

*8　絵が描かれている札（＝絵札）と対となる札で，文句が書かれている．読み札ともいう．

*9 時田昌瑞（監修）(2011)『ことわざ検定 公式ガイドブック上巻』, シンコーミュージック・エンタテイメント.

*10 時田昌瑞 (2004)『岩波いろはカルタ辞典』, 岩波書店の史料解題.

*11 小宮豊隆 (1955)『明治文化史10 趣味娯楽編』, 洋々社の第9章「遊戯と運動」.

*12 10前後のことわざを表す絵を一枚の紙に木版で刷ったもの.

教訓いろはたとへ：歌川芳盛画（文久2年）. 11の諺絵を一枚刷にする（MM）.

*13 時田 (2004) 前掲, 時田昌瑞 (2007)『ことわざで遊ぶいろはかるた』, 世界文化社.

*14 江戸時代に役者や講談師・落語家などの技芸を批評した刷り物.

◇**教訓的であること**　一般的に, ほとんどの国語辞典がことわざの定義を教訓的であるとしています. しかし, ことわざの意味する内容をよく調べてみると多いに疑問が生じます. ただ, 膨大なことわざを逐一調べ上げるのは現実にはかなり困難です. そこで手ごろなサンプルとして多くの人に馴染みのあるいろはカルタを分析してみました*9.

いろはカルタの中で主流となる江戸系のいろはカルタ48句を対象にしました. そこでは, 教訓を直接的に言うものは,「老いては子に従え」など6句にすぎず,「論より証拠」など間接的に教訓性を読み取れるものが19句, 教訓性がないのが残りの23句という結果でした. 何れにせよ, 格言のような高い教訓性はいろはカルタには当てはまらないということです.

✂ 使い勝手のよいいろはカルタ

知性派文学者として知られる芥川龍之介は『侏儒の言葉』の中で,「我我の生活に欠くべからざる思想は或は〈いろは〉短歌に尽きているかも知れない」と述べています. 彼のいう「いろは短歌」とは, いろはカルタの当時の異称です. もう少し厳密にいうと, いろはカルタ（＝犬棒かるた）の文句を指しています. この短い言葉が言っていることは, いろはカルタの48のことわざに自分たちの生活に欠かせない思想のすべてが盛り込まれている, ということでしょう. 幼い子どもの遊びごとにすぎないと思われていたいろはカルタへの最大級の評価と言えます.

いろはカルタは, 前身の元禄期の譬えカルタから数えると300年の歴史があります. 江戸時代中頃にいろは順に48枚組のカルタが作られ, 以降, 3つの系統をなして展開します*10.

芥川が言ういろは順の48枚組のカルタは江戸系と呼ばれるもので, 幕末頃から始まり現代に至るものです. いろはカルタが幼少年に対して及ぼした影響力を論語や教育勅語より大きいと見て, 高く評価するものも少なからずありました*11.

つまり, 明治から戦前までは, 全国の子どもがカードゲームとしていろはカルタで遊びながら, 併せてことわざを学習していたという情況があったわけです.

影響されたのは子どもばかりではありません. 近年, 大人たちも大人の文化として楽しんでいたことが分かってきたのです. 図像資料では, 浮世絵（役者絵・諺尽し*12・諷刺画など）・刷り物・千社札・ぽち袋・絵葉書・引き札・雑誌の表紙・銭湯の天井画などいろいろあります*13. 文字資料には江戸時代の落書や評判記*14・番付などもあります. 多々ある中で希少性の点からも際立つのが, 絵巻, 枕絵, たばこ入れの3つでしょう.

1つ目の絵巻は〈いろは譬絵巻〉と名付けられたもので, 江戸で知られた高隆古という絵師が, 江戸系いろはカルタの一種を淡彩で長さ

6.58 mの絵巻に仕立てたものです．子どもの遊び事であるいろはカルタが，大の大人が鑑賞する立派な絵巻にされていたのですから驚きです．しかも，この絵巻には序文があり，高名な歌人で国学者である大国隆正が認めているのです．

2つ目の枕絵*15となったものは，縦3 cm，横2.4 cmの小さな紫色の表紙に「いろはがるた」と書かれたものです．折り畳む折本の体裁となっていて，中に4つのことわざとそれぞれの絵が描かれています．絵の描写は一対の若い男女の交わりを描いたものです．使われたことわざは「井の縁の茶碗」「粋は身を食ふ」「ひもじい時の不味いものなし」「喉元過ぎれば熱さ忘るゝ」で，最後の2つには誇張した性器が描かれています．

いろはカルタを立体作品にした例では人形などがありますが，幕末から明治初期に「犬も歩けば棒に当たる」の絵と文字を煙草入れの内側にデザインしたものがありました．これが3つ目のもので，九州熊本藩細川家筆頭家老の松井家に伝わる珍品です．

いろはカルタは48個のことわざからなり，そこに一定のまとまりがあります．日本のことわざは万の単位でありますから，遣いこなすには多すぎて不便ですし，体系とか，まとまりと呼べそうなものもありません．この点でいろはカルタは一定のまとまりを持つ，遣い勝手のよい格好のことわざアンソロジー（作品集）と言えます．さらに絵札があり，ことわざが視覚化されています．文字になったことわざを声に出して読み，その声を聞いて，絵を見て取るという口・耳・眼の三者が一連の動きとなった遊びながら学べる大変優れたものなのです．

西洋にもことわざに絵をつけたカードはありましたが，ゲームとして，日本のような長期にわたり広く親しまれた例はないようです．まして，子どもの遊びごとにとどまらず，大人の文化として展開したのは世界に誇り得る日本の独創文化と言えるのではないでしょうか．

いろは譬絵巻：高隆古画．1859年前．いろはカルタの48句を絵巻にした珍品（明治大学中央図書館所蔵）．

かるたあわせ鎌蔵武勇六歌仙：絵師不詳：幕末〜明治初期．幕末期の世相の諷刺画．

*15 閨中（けいちゅう）で男女が行う性行為を描いた絵．

【☞ まとめ】 本文で触れた問題以外にも呼称など論ずべき事柄が沢山あります．ことわざのように対象が膨大なものを取り上げる場合，話が主観に陥り，データや具体性を欠いたものになりがちです．問題を絞り込み限定する必要があるのです．

練習問題

1. 鎌倉時代以前に，中国から日本に入ってきたことわざはどれでしょうか．次の語句の中から1つ選んでください．
   a) 良薬口に苦し　b) 念には念を入れ　c) 親しき中にも礼儀あり
   d) 地震雷火事親父　e) 七転び八起き　f) 百害あって一利なし
2. 明治時代以降に，西洋から日本に入ってきたことわざはどれでしょうか．次の語句の中から2つ選んでください．

a）攻撃は最大の防御　b）灯台もと暗し　c）善は急げ　d）雨降って地固まる
e）待てば海路の日和あり　f）目から鱗が落ちる

3. 日本のことわざの最盛期である江戸時代より後に作られたことわざはどれでしょうか．次の語句の中から2つ選んでください．
a）大事の前の小事　b）対岸の火事　c）寝耳に水
d）虻蜂とらず　e）無事これ名馬　f）紺屋の白袴

4. 長い間には言い方や意味が変化したことわざはどれでしょうか．次の語句の中から1つ選んでください．
a）花より団子　b）明日は明日の風が吹く　c）残り物には福がある
d）猫に小判　e）縁の下の力持ち　f）下手の横好き

5. 江戸系のいろはカルタにないことわざはどれでしょうか．次の語句の中から3つ選んでください．
a）江戸っ子は宵越しの銭は持たぬ　b）金の切れ目は縁の切れ目
c）毒をもって毒を制す　d）亭主の好きな赤烏帽子　e）縁は異なもの味なもの
f）芋の煮えたもご存知ない

Further Reading

全般的な手ごろな入門書としては，武田勝昭『ことわざの秘密』（アリス館）や時田昌瑞『ことわざ検定　上巻』（シンコーミュージック・エンタテイメント）第1章があります．ことわざの背景や由来などを探求したものでは，金子武雄『日本のことわざ』（社会思想社　後に朝日文庫から再刊）や池田弥三郎『日本故事物語』（河出書房新社）が詳しい．辞典は数え切れないほどありますが，日本のものでは鈴木棠三『新編故事ことわざ辞典』（創拓社），北村孝一『故事俗信ことわざ大辞典　第二版』（小学館），世界のものでは柴田武他『世界ことわざ大辞典』，絵に重点を置いたものでは時田昌瑞『図説ことわざ事典』（東京書籍），いろはカルタでは，時田昌瑞『岩波いろはカルタ辞典』（岩波書店）だけ挙げておきます．

筆者より

日本の古典や諸種の文献からことわざの使用例を集めだして30年近くになるでしょうか．ことわざを絵や種々の物品に表現した作品やいろはカルタを集めるようになったのも，この少しあと．当初，予想だにしなかったほどにことわざ群が歴史を織り成し，様々なジャンルで用いられてきた場に出会うことができました．また，歴史のはざまに埋もれたいろはカルタを収集し，再度世に出すべく修理・補正も行ってきました．いまは絵画修復師を気取って〈いろはカルタ補修師〉を自称しています．

第2章　おやじギャグって知っていますか？

瀬田 幸人

【ことば遊び】

《🖋 何が分かるか》　ことば遊びは，(ⅰ) 耳で聞くだけでもできることば遊びと，(ⅱ) 文字を書くことによって理解ができることば遊びの2つに大きく分類できます．(ⅰ) には，同じ音を用いる遊びと，もとの音とは少し違った音を用いる遊びがあります．(ⅱ) には，文字（アルファベットや仮名）を並べ換えて違う意味にしたり，前（上）から読んでも後ろ（下）から読んでも同じ音になるような文字列を作ったりする遊びがあります．ことば遊びは，言語の特徴と深く関係しています．私たちが漢字を使ってクイズを作ったり，語呂合せを楽しんだりできるのは，日本語という言語が漢字と仮名の2種類の文字を用いているからなのです．さらに，日本語でしかできないことば遊びもあります．

　ことばは，広く，伝達の手段とか，思考の道具であると言われています．しかし，ことばを用いて，詩や小説のように，人を感動させたり想像力を駆り立てたりする芸術作品を作ることもできます．さらに，ことばで面白く「遊ぶ」こともできます．優れたことば遊びには，俳句や短歌などと同じように，人を「う〜ん」とうならせるような芸術作品の域に達するものもあります．

　ことば遊びは「遊び」ですが，遊びのルール，すなわち満たさなければならない「条件」が課せられています．その条件を満たすような表現を作り，出来具合や技巧などを競い合って遊ぶことになります．条件には，似たような音を用いるとか，同じ語を別の意味で用いる（同音異義語として用いる）といった比較的簡単なものから，上から読んでも下から読んでも同じ音で，しかも意味を成すような句や文を作るとか，1つの音を2回用いずに違う音のみを用いて意味のある句や文を作るといったような，難易度の高いものまであります．

　また，名言や諺などをもとにしてそれに少し手を加えて，世相を皮肉ったり，人生の機微を表現したりするパロディー*1のような遊びもあります．生命保険会社が毎年開催している「サラリーマン川柳コンクール」などは，そうした技巧を競うことば遊びのコンクールです．

　本章では，ことば遊びの種類と具体例を紹介し，正統的な言語研究とは少し違った角度から，人間の持つ「ことば」の面白さや不思議さを見てみることにしましょう．

✂ 音声によることば遊び

◇おやじギャグ　　まず，次の例から見てみましょう．

(1) a. 電話にだれも出んわ．

*1 パロディーは，『大辞泉』（小学館）によると「文学などで，広く知られている既成の作品を，その特徴を巧みにとらえて，滑稽化・風刺化の目的で作り変えたもの」と定義されています．

　　　　b. コピーは A4 でえーよん．
(2) a. 雷はもうたくさんだー．
　　　　b. 白鳥はタバコは吸わん．
(3) a. そのつくね熱(あつ)くね？
　　　　b. マスカラとれてますから．

　これらの例は，一度は聞いたことがあるかもしれませんが，おやじギャグの典型です．おやじギャグは，一般に，主に中高年層の男性が使うダジャレ(駄洒落)を含む安直なギャグ(受けを狙った言葉遣い・冗談)と言われています．(1)の例は，古くから使われているおやじギャグで，解説の必要はないでしょう．(2)の例は英語絡みのダジャレで，(a)では「たくさんだー」に「サンダー(雷)」が，(b)では「吸わん」に「スワン(白鳥)」がそれぞれ掛けてあります．(3)は，おやじギャグといっても用いる表現は若者言葉のように思われる例で，(a)では「熱(あつ)くね」に「つくね」(焼き鳥の一種)が，(b)では「とれてますから」に「マスカラ」がそれぞれ掛けてあります*2．

*2 (3b)は，かつて着物を着てギターを弾いていたお笑い芸人の口調に影響を受けたダジャレかもしれません．

　続いて次の例を見てみましょう．
(4) a.「このバナナ腐ってるよ」「そんなバナナ」
　　　　b. 近くで食べても豆腐．
(5) a. イスに座ってもいーっすか？
　　　　b. 朝食(ちょうしょく)抜きでチョーショック．

　これらの例は，すでに見た(1)〜(3)の例とは違っていますが，どこが違うか分かりますか．ヒントとしてダジャレの定番である(4a)を取り上げましょう．(4a)では「そんなバナナ」に「そんな馬鹿(ばか)な」が掛けてあります．分かりましたか．(1)〜(3)の例が同音の別の語(句)で言い換えているのに対して，これらの例は，似たような音を持つ別の語(句)で言い換えたものです．解説の必要はないかもしれませんが，一応確認しておきましょう．(4b)「豆腐」と「遠く」，(5a)「イス」と「いーっす」，(5b)「朝食」と「チョーショック」の言い換えとなっています．なお，(5)の例は，(3)の例と同じく，おやじギャグですが若者言葉が用いられている例です．

◇シャレ(洒落(しゃれ))　今日では，シャレは1つの語(句)に，それと同一のまたは類似した音を持つ別の語(句)をあてる気の利いた言い換えというような意味で用いられ，つまらないシャレはダジャレと呼ばれています．この項では，「シャレ」という用語について少し歴史を紐解いてみましょう．

　「シャレ」は動詞「シャレル」の名詞形ですが，平安時代では「ザル(ザレル)」が使われ，少なくとも次の4つの意味があったと言われています．①ふざける意，②気が利いて機転がきく，物わかりがよい，③あだめいて(＝色っぽい感じを与える)，くだけた感じがする，④風雅な趣

がある．その後，鎌倉・室町時代になると，①の「ふざける（戯れる）」という意味では「ジャレル」が，②〜④の意味では「シャレル」が用いられるようになりました（鈴木1975）．また，この「シャレル」の精神は，人柄，動作，身なり，言葉において反映されました．言葉におけるシャレル表現の仕方が「ことば遊び」の「シャレ」というわけです．このように，シャレという用語は，歴史的には現代よりも広い意味で用いられ，分野によって独自の名称で呼ばれていました．以下では，それらのいくつかを概観することで，おやじギャグの原点を探ることにしましょう．

◇秀句　次の(6)を見てください．(6)は同音異義のシャレを用いた句ですが，末尾の「ただのり」がオチ（落ち）になっています．何と何が掛けてあるか分かりますか．

(6) 船賃はさつまのかみ，その心はただのり

人名と何かが掛けてありますが，少し難しいのでヒントとして人名を上げます．薩摩守忠度です．これでお分かりでしょう．「忠度」と無賃乗船の「ただ乗り」を掛けたものです．実は，(6)は江戸時代の狂言台本『虎明狂言本』(1642書写)からの引用で，ある無一文の旅の僧が，シャレ好きの船頭に船賃をただにしてもらえるようにと茶店の亭主から教えてもらうが，肝心のオチである「忠度」という名前を忘れてしまい失敗に終わるという話に出てくる句です（鈴木1975, 蜂谷1992）．(6)のような同音異義のシャレを用いた滑稽さを表す句は，秀句と呼ばれますが，もともとは詩歌における名句，あるいは和歌における掛詞[*3]のような技巧的な表現を意味していました．次第に，和歌の表現技法が滑稽感を表す方向へと移り，江戸時代になると，特に狂言において滑稽さを表す同音異義のシャレとして定着しました．このように，もともとは和歌においてイメージを豊かにするための表現技法であった秀句は，技巧自体に凝る傾向が強くなるにつれて，掛け方の面白さと同時に不自然なこじつけやダジャレに通じる卑俗的な要素が見られるものへと変化しました（蜂谷1992）[*4]．

◇地口　次の例を見てみましょう．
(7) 着た切り雀

これはある語句に掛けたシャレですが，もとになっている句は分かりますか．そうです，「舌切り雀」です．では，次の例はどうでしょうか．音声の面で比較的原文に近いので初級編です．

(8) a. 紫蘇のうまさも七十五日
    b. 茶で食う飯も好き好き

答えは，(a)「人の噂も七十五日」，(b)「蓼食う虫も好き好き」です．いずれも諺がもとになっています．ここで，(8)が諺を滑稽化したパロデ

鈴木棠三 (1975)『ことば遊び』，中央公論社．

蜂谷清人 (1992)「ことば遊びの歴史的考察―中世―狂言の秀句を中心に」，『日本語学』11(11)．

[*3] 掛詞は古文に多い修辞法の一種で，同音異義を利用して1つの語句に2通りの意味をもたせるものです．例えば，「往(ゆ)くさには二人わが見しこの崎を独り過ぐれば心悲し喪(も)」(大伴旅人(おおとものたびと))では，助詞「も」に漢字の「喪」があてられ，愛妻を失った悲しみが込められています（工藤1992）．

工藤力男 (1992)「ことば遊びの歴史的考察―上代―」，『日本語学』11(11)．

[*4] 秀句とほぼ同義の語に〈かすり〉があります．かすりについては，鈴木 (1975前掲)，鈴木 (編) (1981, 1030-1031) などを参照．

鈴木棠三 (編) (1981)『新版ことば遊び辞典』，東京堂出版．

蜂谷 (1992) 前掲

ィーとなっている点を押さえておきましょう．次は，中・上級編です．もとになっている句や文を当ててください．

(9) a. 立寄(たちよ)りのひやかし
　　b. 煮たもの豆腐
(10) a. 呑(の)みにゃ行きたし出す気にならじ
　　b. 饅頭(まんじゅう)よりは芋(いも)が安い

(9)は，(a)「年寄(としよ)りの冷(ひ)や水」，(b)「似た者(もの)夫婦」，(10)は，(a)「帯(おび)に短したすきに長し」，(b)「案じるよりは生むがやすい（案ずるより産(や)むが易(やす)し）」がもとになっています．いかがでしたか．(7)〜(10)の例（鈴木(編)1981より引用）は，いずれも，パロディーの対象となるもとの句や文が成句や諺(ことわざ)に限られていますが，このような句や文は地口と呼ばれます．地口は，江戸中期の頃から庶民の間で流行しましたが，初めのうちは(7)に見られるように原語の音を少し変えて仕立てる単純なシャレでした．そのうち語句の中の具体的な音というよりは句や文全体の口調を真似るという方向へと発展し，語呂合せとも呼ばれるようになりました．地口は，このように，表現に動きを与える口調をベースにしたシャレとして定着することになりましたが，(10)に見るように独りよがりになる傾向があったようです．このように見てくると，江戸時代の地口は，すでに見た秀句の流れとともに，現代のおやじギャグのルーツと言っても間違いではないでしょう[*5]．

最後に，現代版の地口の例でパロディーを楽しみましょう（土屋1975より引用）．

(11) a. 真似(ま)るが勝
　　b. 友人(ゆうじん)大敵

もとになっている句は，(a)「負けるが勝（勝ち）」，(b)「油断(ゆだん)大敵」です．

◇挟(はさ)み言葉　次の表現を見てください．暗号のようですが，意味は分かりますか．

(12) こことこばか　（ヒント：名詞）

答えは，「ことば」です．「こ(こ)と(こ)ば(か)」と分けます．言おうとする語句の各音のすぐ後に，その音と同じ母音をもつ「か」行の音（か・き・く・け・こ）を入れるのがルールです．「あそび（遊び）」は「あかそこびき」となります．また，「っ」のような促音(そくおん)（つまる音）や「ん」のような撥音(はつおん)（はねる音）は，それぞれ「きって（切手）」→「ききってけ」，「てんぽ（店舗）」→「てけんぽこ」のように，音は入れ込まずそのままにしておきます．このことば遊びは，挟み言葉と呼ばれ，もとは江戸時代に花柳界(かりゅうかい)（＝芸者や遊女の社会）で用いられていた隠語(いんご)（＝仲間だけに通じる特別な言葉）であったと言われています．

鈴木(編)(1981) 前掲

*5　地口は上方(かみがた，関西)では口合(くちあい)と呼ばれましたが，口合は動きのある江戸の地口と違い，五十音図の横の段を見ながら同じ母音の文字を機械的に置き換える（例えば「さ」行の2段目の「し」と「か」行の2段目の「き」を入れ替えた「着(き)た切り雀」）ことを良しとしたため，結果として動きの乏しいものになったようです（鈴木1975，前掲）．

土屋耕一(1975)『土屋耕一のガラクタ箱』，誠文堂新光社．

◇**ウェラリズム**　　英語には，日本語の現代のシャレとほぼ同義の**パン**と呼ばれる音遊びがあります．シャレと同様パンという用語も，（ⅰ）同音異義によるシャレと，（ⅱ）原語の音を少し変えて仕立てるシャレの2つの意味で用いられます．

　まず，次の英文の面白さについて考えてみましょう（郡司1984より引用）．
　(13)　"My tale is ended," as the tadpole said when he turned into a frog.（「私の話は終り」と，カエルになったとき，オタマジャクシが言ったものだ）

これは同音異義を用いたパンの例ですが，分かりますか．少し難しいですが，tale がポイントです．オタマジャクシからカエルになったので「私の尾（tail）もこれでなくなった」というわけです．このように，直接話法の形式を用いて被伝達文（""内の文）と伝達部（の主語）を関連させる遊びは**ウェラリズム**と呼ばれます[*6]．

◇**クロウカーズ**　　次の英文を見てください（郡司1984より引用）．
　(14)　"I ordered chocolate, not vanilla," I screamed.（「頼んだのはチョコレートよ，バニラじゃないわ」と私は叫んだ）

この例では，何と何が掛けてあるか分かりますか．I screamed と ice cream がパンになっています．ただ，この遊びはそれだけではありません．伝達部の「主語＋動詞」（＝I screamed）が被伝達文の中の語（＝vanilla）と意味的に関連づけられているのです．つまり，ice cream（アイスクリーム）（＜I screamed）が vanilla（バニラ）の縁語（＝意味内容的に関連のある語）になっているのがミソです．このように，伝達部の「主語＋動詞」（場合によっては動詞のみ）をパンに仕立て，さらにそれが被伝達文の中の語の縁語になるようにする遊びは**クロウカーズ**と呼ばれます[*7]．

◇**ノック遊び**　　次の例を見て，どこが面白いか考えてみましょう．
　(15)　"Knock! Knock!"（コン！コン！）
　　　　"Who's there?"（だあれ？）
　　　　"Ken."（ケンですよ）
　　　　"Ken who?"（ケンだあれ？）
　　　　"Ken I come in?"

分かりましたか．最後の行がオチです．Ken I come in? を *Can* I come in?（入っていいですか？）に掛けたパンです．この遊びは，まず1人が「コン！コン！」と言うと相手が「だあれ？」と聞き返し，それに対して名前を言えば，相手はさらに姓を聞き，最後に名前をパンに仕立てて答えるという形式の遊びで，**ノック遊び**と呼ばれています[*8]．他にも，オチとして，Isabel（イザベル）を Is a bell に掛けた *Isabel* on your bike?（自転車にベルついてる？），Olga（オルガ）を I'll go に掛けた *Olga*

パン（pun）

郡司利男（1984）『ことば遊び12講』，大修館書店．

[*6]　ウェラリズム（Wellerism）：ウェラリズムという名称は，19世紀のイギリスの小説家ディケンズ（Charles Dickens）の小説に登場するウェラー（Sam Weller）という人物に由来します．小説の中で，ウェラーは，被伝達文と伝達部を関連させた次のような言い回しが口癖であったからです（郡司1984）．
"Anything for a quiet life," as the man said when he took the situation at the lighthouse（「何なりとやりましょう」と，灯台に勤め口を見つけた男が言ったものだ）．これは anything for a quiet life に「何なりとする」という成句の意味と，灯台での仕事なので「静かな生活があれば何もいらない」という文字通りの意味が掛けてあります．

[*7]　クロウカーズ（croakers）：クロウカー（ズ）とは，ガーガー鳴くカラスやカエルのような小動物のことを意味します．動詞のみをパンに仕立てた次のようなクロウカーズもあります．"Company's coming," she guessed.（「お客様がありそう」と彼女は憶測で言った．）これは，guessed と guest（客）がパンになっており，さらに guest が company（来客）の縁語になっています．

[*8]　ノック遊び（knock, knock）は，アメリカ禁酒法時代（1920-33）に，もぐり酒場で行われていたことば遊びの名残と言われています．

home if you don't open up.（お店を開けないと家に帰っちゃうよ）などがあります（Augarde 1984，郡司 1984）．

◇**早口言葉**　早口言葉は，英語では**タング・ツイスター**と呼ばれています．まず，次の英文をできるだけ早く声を出して3回続けて読んでみましょう（速川 1989 より引用）．

(16) Fred fishes for fresh fish each Friday.
　　（フレッドは，金曜日ごとに活きのよい魚を釣ります）

いかがでしたか．では，上級編に挑戦していただきましょう．次のタング・ツイスターは『ギネス・ブック』によると最も難しいとされています（速川 1989）．

(17) The sixth sick sheik's sixth sheep's sick.
　　（6代目の病気の族長の6頭目の羊は病気です）

ここで，日本語の早口言葉にも挑戦してみましょう．

(18) a. 青巻紙赤巻紙長巻紙
　　 b. 隣の客はよく柿食う客だ

早口言葉は，今ではこのように言いにくい言葉[*9]の意味で用いられますが，もともとは「そうだ村の村長さんが，そうだ飲んで死んだそうだ！」のような口調のよい早く何度も反復できる言葉を指していました（鈴木 1975，小野 2005）．

✂ 文字によることば遊び

◇**アナグラム**　テレビの食べ歩き番組で，あるお笑いタレントが食べ物を美味しそうに一口食べて「まいう〜」と言うのを聞いたことはありませんか．この「まいう」という表現は，「旨い」の並べ換えで，それ自体には意味はありません．では，次の場合はどうでしょうか．

(19) a. 母さん，島や！
　　 b. ヤングマンに賭けた

これらの意味のある表現は，実は，お笑いタレントの名前を並べ換えたものです．誰だか想像できますか．少し無理もありますが，(a) 明石家さんまさん，(b) カンニング竹山さんです．このように文字（仮名）を並べ換えて意味のある別の表現（語句や文）に仕立てる文字遊びは**アナグラム**と呼ばれます．アナグラムは古くから親しまれており，平仮名47文字を1字1回すべて用いて作られた「いろは歌」（平安時代の作）は有名です[*10]．現代のアナグラムには，次のような諺を用いたものもあります（日本回文協会への投稿作品）．

(20) a. 老いては子に従え　→　恋した果てに笑顔
　　 b. 隣の芝生は青く見える　→　おばの足は太く見えるなり

英語でもアナグラムは広く親しまれています．ただし，英語の場合には，仮名1文字を基本とする日本語と違い，アルファベット1文字（=

Augarde, Tony (1984) *The Oxford Guide to Word Games*, Oxford University Press, Oxford.［新倉俊一（監訳）(1991)『英語ことば遊び事典』，大修館書店］

郡司 (1984) 前掲

タング・ツイスター (tongue twister)

速川和男 (1989)『英語パズル』，講談社．

*9　一般に2つの類似した音が混在する場合は，それぞれの音を発音するときにお互いに影響を受けやすくなるため，言いにくくなります．(18a)は，[ao makigami aka makigami naga makigami]のように，類似した[k]と[g]（発音される口の場所（正式には調音点と言います．115ページの*10を参照）が同じで有声か無声かだけが違う）が混在しており，さらに口の奥で発音される[k]や[g]と一緒に口の前方で発音される[m]が混在しているために言いにくい言葉となっています．「まきがみ（巻紙）」を集中的に練習すれば，全体の語句が言えるようになります．(18b)は，[kjaku wa yoku kaki kuu kjaku]（客はよく柿食う客）（[ku]は正式には[kɯ]と表記されます）のように，類似した[k]と[kj]が混在しています．そのため，「かき（柿）」を先行する「きゃく（客）」の影響で「きゃき」と発音したり，文末の「きゃく（客）」を先行する「かき（柿）」の影響で「かく」と発音したりする傾向が強くなり，言いにくい言葉となっています（詳しくは128ページの*4の同化 (assimilation) を参照）．

鈴木 (1975) 前掲

小野恭靖 (2005)『ことば遊びの世界』，新典社．

アナグラム (anagram)

*10　「色は匂（にほ）へど散りぬるを，わが世誰（たれ）ぞ常ならむ，有為（うゐ）の奥山けふ越えて，浅き夢見じ酔（ゑ）ひもせず」（『大辞泉』小学館より引用）．

日本回文協会のサイト
(http://kaibun.jp/)

letter) が基本となります．
　次のアナグラムの例を見てみましょう（Augarde 1984 より引用）．
(21) a. listen（聞く）→　silent（静かな）
　　 b. telegraph（電報）→　great help（大いに役立つ）
(22) a. astronomers（天文学者）→　no more stars（星はもうたくさんだ）
　　 b. funeral（お葬式）→　real fun（本当に楽しい）
(23) Rome was not built in a day（ローマは一日にして成らず）→　any labour I do wants time（私のする仕事はどんなものでも時間が必要）

これらはいずれも傑作です．(21)はもとの語に関係あるような表現となっていますが，(22)は反対の意味の表現に仕上げています．(23)は諺を並べ換えたものですが，意味的に関連づけています．

　最後に，アナグラムを用いた〈なぞなぞ〉に挑戦してみましょう（速川 1989）．次の大文字の語のアナグラムを考えてみましょう．
(24) Change MACHINE into food.
　　（MACHINE を食べ物に変えなさい）

いかがでしたか．答えは，NICE HAM（おいしいハム）です．

◇ 回文　次の表現を見てみましょう*11．
(25) a.「確かにこの娘に貸した」
　　 b.「ミクシイ何か我々分かんない仕組み」
　　 c.「品川にいま棲む住い庭がなし」

これらは，実は，前（上）から読んでも後ろ（下）から読んでも同じ音の文字列になっています．気づきましたか．このような語句や文は回文と呼ばれ，古くは平安末期にその例が見られます（鈴木 1976）．冒頭で触れたように，回文は非常に難易度の高いことば遊びです．以下の回文は，江戸時代の俳諧の作法書『世話尽』(1656年) に実作の参考用として載っている例です*12．
(26) a.「色紙」「無き名」(3文字の句)
　　 b.「竹屋が焼けた」「形見を見たか」「雪とくと消ゆ」(7文字の句)

英語では，日本語の回文に相当するものは**パリンドローム**と呼ばれ，次のような秀作もあります（速川 1989）．
(27) a. Step on no pets.（ペット踏むべからず）
　　 b. Max, I stay away at six a.m.（マックス，私は午前6時に留守をします）
　　 c. Was it a car or a cat I saw?（私が見たのは車か猫か？）

◇ 物名　次の和歌は『古今和歌集』からの引用ですが，その中に事物の名前が詠み込まれています．何か分かりますか．
(28) 今幾日春しなければうぐひすも物はながめて思べらなり
　　　　　　　　　　　　　　　　　　　　　　　　　　（紀貫之）

この歌は，「もうあと何日…．この春もほとんど残っていないので，う

Augarde (1984) 前掲

速川 (1989) 前掲

*11 (25b) は日本回文協会 (http://kaibun.jp/) への投稿作品，(25c) は土屋 (1975) からの引用．

鈴木棠三 (1976)「文芸史とことばの遊び」，池田弥三郎 (編)『日本語講座2 ことばの遊びと芸術』，大修館書店．

*12 (26a) は鈴木 (1976) より，(26b) は鈴木 (1975) より引用．

パリンドローム（palindrome）

速川 (1989) 前掲

ぐいすも何かをぼんやり思い沈んでいるようだ」という意味ですが，実は「うぐひすも｜物はながめて」という連続する2つの句の中に「李の花」が隠されています．このように，事物の名前を歌の中に隠して詠み込む技法あるいはその作品は，物名または〈物の名〉と呼ばれます[*13]．

英語にも，物名に似た**隠れことば**と呼ばれる文字遊びがあります．次の英文の中に隠されている動物を探してみましょう．

(29) a. He made errors on purpose.（彼はわざと間違えた）
　　 b. I must give it up, I grieve to say.（残念ながら，あきらめなければなりません）

見つけられましたか．(a)では deer (ma*de er*rors)，(b)では pig (u*p I grieve*) が隠されています (Augarde 1984)．

◇**字謎**　文字の謎で代表的なものに，漢字の偏や旁を分解して作る字謎と呼ばれるものがあります．次の字謎を考えてみましょう．

(30) 嵐は山を去って軒のへんにあり

謎は解けましたか．「嵐は山を去って」は，「嵐」から「山」を取るので「風」，「軒のへん」は「軒」の偏で「車」ですから，答えは「風車」になります．

現代でも，漢字を用いた文字遊びはクイズに取り入れられ，漢字に数字を足す「人＋2＝夫」，「日＋9＝旭」のようなもの（グループ・コロンブス(編著)2013）や，「音」の「立」と「日」が横にズレた「竜」を「おんち（音痴）」と読ませたり，「店」と「古い」を合体させた「店」を「しにせ（老舗）」と読ませたりする創作漢字も作られています（宮川(編)2013）．

英語にも，字謎に似た文字遊びがあります．次の謎を考えてみましょう．

(31) My first is myself, my second a puppet. And you are my whole.（私は前の部分は「私自身」，後ろの部分は「人形」．そしてあなたは「私全体」です）

分かりましたか．「私自身」(＝I) と「人形」(＝doll) で，答えは idol（アイドル）となります（速川1989）．これは，単語を2つの部分に切り離し，それぞれに謎を掛けて語全体を当てさせる遊びで**シャレード**と呼ばれています．

◇**リーバス**　文字（アルファベット）だけでなく絵や数字も用いて語(句)や文を作る文字遊びがあります．これは，英語では**リーバス**と呼ばれていますが，謎遊びとして楽しまれています．では，次の謎を解いてみましょう．

(32) a. s + 👁 + n
　　 b. ing / th

[*13] 物名は，技巧的には比較的簡単なものですが，これがさらに仮名書きで5文字の事物の名前を各句の初めに1字ずつ隠し詠む折句（おりく）や，もっと複雑な10文字を隠し詠むものへと発展しました（瀬田1994）．瀬田幸人 (1994)「ことば遊び」，中島平三，外池滋生（編著）『言語学への招待』，大修館書店．

隠れことば (hidden words)

Augarde (1984) 前掲

グループ・コロンブス（編著）(2013)『大人も子どももハマる！1日3問 脳がスッキリ！ひらめきクイズ』，辰巳出版．

宮川彩子（編）(2013)『ソモサン⇔セッパ！公式問答集』，扶桑社．

速川 (1989) 前掲

シャレード (charade)

リーバス (rebus)

c. UR YY 4 me

答えは，(a) は s + [ai] + n で sign，(b) は ing の下に th があるので th*under*ing（雷のように響く），(c) は UR(you are) YY(two Y's = too wise) 4(four = for) me となるので「あなたは私にとって賢すぎる」という意味になります（速川 1989）.

日本にも古くから絵（と平仮名）を用いて語や文を解読させる遊びがありました．これは，人の脚の絵に濁点（゛）を付けて「鯵」と解読させたり，真中に「つ」を書き入れた杵の絵を「狐」と解読させたりするもので，判じ物あるいは判じ絵と呼ばれます（右脇注を参照）．これは，文字遊びというより同音異義のシャレを視覚的に表した謎遊びと考えられます（小野 2008）.

速川（1989）前掲

小野恭靖（2008）『ことば遊びへの招待』，新典社.

日本語の特徴とことば遊び

上で見てきた日本のことば遊びは，実は，日本語の特徴と深く関係しています．日本語は，漢字と仮名（平仮名と片仮名）という 2 種類の文字を取り入れている世界的にも稀な言語です（瀬田 2009）．日本語で多様な〈ことば遊び〉ができるのは，実はこの特徴によります．漢字は，原則的に 1 文字で 1 語を表す**表語文字**で，偏や旁といった要素で構成されています．そのため，字謎や現代の漢字遊びのような偏や旁を分解して謎かけをする遊びが可能になります．さらに漢字の発音には訓読みと音読みの 2 種類があり，特に音読みにおいては多くの漢字が同音で発音されます．そのため同音異義を取り入れたシャレ（秀句など）も比較的容易に作ることができます．

仮名は，英語のアルファベットと同じく音を表す**表音文字**ですが，仮名 1 文字が 1 音節を表しています[*14].

意味を成す文字列と言えば語が基本になりますが，日本語の語は，「き」（= 木）のように仮名 1 文字のみ，あるいは「あめ」（= 雨，飴）や「ことば」のように 2 文字以上の組合せによって比較的自由に作られます．一方，英語の語は，単にアルファベット文字（= letter）を自由に結合すれば作られるというものではなく，英語の音節を構成する子音と母音の組合せを考える必要があり，それだけ語を作り出すのが難しくなります．このような理由から，文字（音）を並べ換えて意味のある文字列（語句や文）を作り出すアナグラムや回文は，アルファベットに比べ，仮名の方が適していると言えます．

また，語呂合せに関しても，それが可能なのは，日本語のリズムは仮名 1 文字で表される音節（= 拍）を単位としているからです．すなわち，語呂合せは，音節の数を合わせて同じ口調（リズム）にすることですから，すでに述べたように，日本語の音節は仮名で表されるため，統語的な区切りや意味を考慮しつつ仮名の数を同じにすれば，語呂合せが成立することになるわけです．一方，英語のリズムも音節を単位としていま

瀬田幸人（2009）「文字論」，今井邦彦（編）『言語学の領域II』，朝倉書店.

表語文字（logogram）

表音文字（phonogram）

[*14] 日本語の音節は，専門的には拍（はく）（mora）と呼ばれます．なお，仮名は音節文字（syllabogram）とも言われます（瀬田 2009）.

*15 正確には，英語の音節には，Iのように母音単独の場合，eat や apt のように「母音＋(1つの，あるいは2つ以上の)子音」の場合，see や ski のように「(1つの，あるいは2つ以上の)子音＋母音」の場合などがあります．

すが，英語の1音節は，例えば cat に見るように，一般に子音と母音で構成されており*15，日本語の音節よりも複雑になっています．このため，英語は音節の数を合わせて同じ口調にする語呂合せには適していないと言えます．

さらに，「暖」を「はる」と読ませたり，「寒」を「ふゆ」と読ませたりする，『万葉集』に見られる義訓（ぎくん）と呼ばれることば遊び（用字法）も，2種類の文字を取り入れている日本語だからこそ可能なのです．

【☞ まとめ】・ことば遊びには，大きく分けて，音声を用いるものと文字を用いるものがあります．
・音で遊ぶ〈おやじギャグ〉は，江戸時代の秀句や地口がそのルーツと考えられます．
・語呂合せが可能なのは，仮名1文字が1音節（＝1拍）を表すという日本語の特徴によるものです．
・文字で遊ぶ漢字クイズやアナグラムなどは，漢字と仮名の2種類の文字を取り入れている日本語に最も適したことば遊びです．

練習問題

1. 鈴木棠三（編）（1981）『新版ことば遊び辞典』の「地口」の項（547-642ページ）の中から面白いと思える地口を5点選び，友だちの選んだ地口と比べてみましょう．
2. 女性歌手の「にしのかな（西野カナ）」さん，プロサッカー選手の「かがわしんじ（香川真司）」さんの名前の文字を並べ換えて意味のある表現にしてみましょう．
3. 現代"変態"語と呼ばれるクイズがあります（小林 2003）．これは，cat（ネコ）→ cot（簡易ベッド）→ dot（点）→ dog（イヌ）のように1度に1文字を変え，cat を（3ステップで）dog に変態させる遊びです．では，dove（ハト）を5ステップで hawk（タカ）に変態させてみましょう．
小林薫（2003）『英語のことば遊びコレクション A to Z』，研究社．
4. 日本回文協会のウェブサイト（http://kaibun.jp/）にアクセスして，いろいろな回文を見た後で，実際に自分で回文を1つ作ってみましょう．一番簡単な作り方は，「たしか（確か）」—「かした（貸した）」→「たしか（に）かした」のように，3文字の単語をひっくり返し，真中に1字を入れる方法です．
5. 小泉（1997），野内（2006）などを参照してジョークについて調べてみましょう．また，次のジョークの面白さについて説明してみましょう．
「電球を取りつけるのに何人のベルギー人が必要か．」
「5人必要．1人が電球をもち，他の4人がハシゴを担いでまわる．」
小泉保（1997）『ジョークとレトリックの語用論』，大修館書店．
野内良三（2006）『ジョーク力養成講座』，大修館書店．

Further Reading

回文やアナグラムなどの他にも「なぞ」や判じ物について分かりやすく紹介されているものに小野恭靖『ことば遊びへの招待』（新典社）があります．郡司利男『ことば遊び12講』（大修館書店）には，本章で触れなかった英語のことば遊びも含めて多くのことば遊びが紹介されています．少し専門的になりますが，鈴木棠三（編）『新版ことば遊び辞典』（東京堂出版）には，「なぞ」や「しゃれ」（地口など）の例が800ページ以上にわたって掲載されています．なお，文字の始まりや種類，およびアルファベットと日本語の文字体系などについては，瀬田幸人「文字論」，今井邦彦（編）『言語学の

領域II』(朝倉書店) に簡潔な解説があります.

筆者より

　大学4年生のとき,当時は「変形文法」と呼ばれていた新しい学問と出会い,たちまち魅了されてしまいました.もっと学びたいという思いから,卒業後1年間の猛勉強を経て東京都立大学大学院に進学しました.そこでは,読書会でチョムスキーの著書を読んでいましたが,幸運にも,千葉大学で教鞭をとっておられた中島平三先生に加わっていただけることになり,多くのことを教えていただきました.

　趣味は,中学時代にやっていた卓球ですが,最近は卓球をするよりも国際審判員として国際大会の審判をしたり,国際レフェリー (2011年にシンガポールで試験を受けて資格を取得) として,ドイツや香港など海外に出向くことが多くなりました.写真は,2008年の北京オリンピックでの審判の様子です.

第3章 臨場感を醸し出す魔法のことば！

田守育啓

【オノマトペ：音韻論／形態論／音象徴】

《✍ 何が分かるか》 オノマトペ（onomatopoeia）は聞き慣れないことばかもしれませんが，動物の鳴き声や人間の声をまねて作られた「わんわん」などの擬声語，私たちの身の回りの物音をまねて作られた「ごろごろ」などの擬音語，そして音を利用して，動作・状態などを象徴的に描写した「にこにこ」などの擬態語の総称です．ですから，オノマトペは，一般語彙と違って，音との結びつきが強く，様々な形で各種の音と密接に関係しており，これらの音はそれぞれ象徴的な意味を表します．

✄ オノマトペに繰り返しのことばが多いのはなぜ？

オノマトペを挙げなさいと言われたら，おそらく「ぽきぽき」や「くるくる」といった繰り返しのことば，**反復形**を思い浮かべる人が多いでしょう．このように，オノマトペは一般語彙と比べて，反復形が非常に多いという特徴がありますが，なぜ反復形が多いのでしょうか．

反復形（reduplication）

まず一般語彙について考えてみると，語とそれが指すもの，**指示対象**には何の関係もありません．例えば，「机」をなぜ「つくえ」と言うのか，それには特に理由はなく，単にたまたまそう呼んだだけにすぎません．つまり，語と指示対象の関係は**恣意的**なものなのです．

指示対象（referent）

恣意的（arbitrary）

他方オノマトペは，物音や動作などをまねて作られたことばなので，オノマトペと指示対象には密接な関係があります[*1]．物音を例に取ってみると，1回限りの音と，繰り返しないし連続した音というように，2種類に大別できますが，後者の音を描写するのに，（それ自体類像的である）反復形のオノマトペが用いられます．（実際はそうではありませんが）極端なことを言うと，理論上オノマトペの半数が反復形と言えないこともありません．実際，反復形が日本語オノマトペの典型的な形態です．

*1 特に擬声語や擬音語は指示対象を直接模倣したことばなので，一般語彙の恣意的な関係とは対照的に，これらのオノマトペと指示対象には類像的な（iconic）関係があると言えます．

✄ 1回限りの物音や動作を表すオノマトペ

小枝を繰り返し，あるいは連続して折る音を表すオノマトペは「ぽきぽき」ですが，一度だけ折る音は，どのようなオノマトペで表すでしょうか．最初に思いつくのは，おそらく「ぽきっ」だと思いますが，それ以外に，「ぽきり」「ぽきん」「ぽっきり」もあるでしょう．「ぽきぽき」を含む，これら5つのオノマトペに共通している部分は「ぽき」ですが，この共通部分は，これらのオノマトペの基本的な意味（小枝が折れる）を表す基本形で，**語基**と言います．「ぽきぽき」は語基を繰り返すことに

語基（base）

よって,「ぽきっ」「ぽきり」「ぽきん」は,それぞれ「促音」(「っ」)「り」「撥音」(「ん」)を語基に付加することによって,派生したものと考えられます*2.「ぽっきり」は「ぽきり」に似ていますが,さらに語基「ぽ」と「きり」の間に促音が挿入された,もう少し複雑な形をしています.実際,この5つの形態が日本語オノマトペの多くに見られる一般的な形です.

ここで,1回限りの音を表す「ぽきっ」「ぽきり」「ぽきん」「ぽっきり」について考えてみると,何となくニュアンスに微妙な違いがありそうですね.まず「ぽきっ」と「ぽきり」を比べてみましょう.「ぽきっ」は,「ぽきり」よりも枝の折れ方が素早くて,急な終わり方をしているように感じられるのではないでしょうか.このことから,促音は「瞬時性・スピード感・急な終わり方」といった象徴的な意味を表すと考えられます.促音がこのような象徴的な意味を表すことは,1モーラに促音の付いた「さっ」「ぱっ」「はっ」「かっ」などのオノマトペが,同様の意味を含んでいることから確認できるでしょう*3.

他方「ぽきり」は,「ぽきっ」よりも枝の折れ方がゆったりしていると感じられるため,「り」は「ゆったりした感じ」という意味を表すようです.また,「ぽきぽき」と「ぽきりぽきり」を比べてみると,「ぽきぽき」からは,ポーズを置かずに,小枝を折る動作が連続している情景が浮かぶのに対し,「ぽきりぽきり」からは,1回1回少しポーズを置いて,小枝を折っていく動作が繰り返されていることが連想されます.このことから,「り」は,「完了(一区切り)」といった意味も表すと考えられます*4.

では,「ぽきん」には,どのようなニュアンスが感じられるでしょうか.「ぽきん」からは,撥音の意味が連想しにくいので,「がん」「かん」「ごん」「こん」(鐘の音を描写)や「ばん」「ぱん」「ぼん」「ぽん」(爆発音を描写)といった,撥音を含む典型的なオノマトペを見てみましょう.いずれもその音が共鳴しているイメージが得られると思います.このことから,撥音は「共鳴」を表すと言えるでしょう.

最後に,「ぽっきり」は,「スピード感」を表す「促音」と「ゆったりした感じ」を表す「り」という,対立した意味を表す要素を含んでいるので,どのようなニュアンスが感じ取れるか連想するのはきわめて難しいですが,「促音」によって,小枝が素早く折れ,「り」によって,その動作が完了したことがイメージできるかもしれません*5.

✂ オノマトペの形態(パターン)

上で見たように,2モーラの語基を持つ「ぽき」には,反復形・促音形・「り」形・撥音形・促音+「り」形という,5つの形態のオノマトペがありますが,2モーラの語基を持つオノマトペすべてに,5つの形態が揃っているわけではありません.

*2 この「ぽき」という語基は,それ自体単独で用いることはできず,促音・「り」・撥音のいずれかを伴わなければなりません.したがって,反復を含め,これらをオノマトペ標識(onomatopoeic marker)と呼ぶことがあります. Waida, Toshiko (1984) "English and Japanese Onomatopoeic Structures," *Studies in English* 36, 55-79, Osaka Women's University.

*3 モーラとは,分かりやすく言うと,俳句を作るとき,5・7・5と指を折って数えながら作りますが,このときの音の単位のことを指します.例えば,「北海道」は「ほ・っ・か・い・ど・う」という6つの単位に分解できるので,6モーラから成る語です.このように,モーラを構成する単位は,「ほ」のような子音+母音,「っ」のような促音,「い」のような母音,「う」のような長母音を表す母音,さらに「ん」のような撥音を指します.

*4 なお,「り」形は,一般に促音形よりも文語的でやや古めかしく感じられるようです.

*5 「ぽっきり」や「にっこり」に見られる,語中に起こる促音は,「ぽきり」や「にこり」のような,促音を含まない形態と対応している場合が多いので,語中に挿入されている促音を「強調」の挿入辞と見なすことができるかもしれません. Hamano, Shoko (1998) *The Sound-symbolic System of Japanese*, Kuroshio. Murata, Tadao (1990) "AB Type Onomatopes and Reduplicatives in English and Japanese," *Linguistic Fiesta: Festschrift for Professor Hisao Kakehi's Sixtieth Birthday*, 257-272, Kuroshio.

*6　この事実は，促音・「り」・撥音が，それぞれ「瞬時性・スピード感・急な終わり方」・「ゆったりした感じ・完了（一区切り）」・「共鳴」を表すということとある程度関係があるようです．例えば，「共鳴」は動作ではなく音と関係しているので，撥音形は，一部の例外を除けば，基本的には「ばたん」「がたん」に見られるように，擬音語に限られていて，「にこにこ」のような擬態語には「*にこん」のような撥音形が欠けています．他方，擬態語であるにもかかわらず，「ぶるん」という撥音形が例外的に可能なのは，撥音が，擬態語の場合，「共鳴」とよく似た概念である，（動作の）「震動」を表すと考えられるからです．さらに，「ぶるっ」という促音形がある一方，「*ぶるり」という「り」形がないのは，恐怖や寒さなどで瞬間的にゆったりと身を震わせることが物理的に不可能であると思われるからです．

　また，「めきめき」「めっきり」に対応する促音形・「り」形・撥音形が存在しないのは，促音・「り」・撥音がいずれも１回限りの動作を表すオノマトペとしか関係しないのに，当該オノマトペが動作を表す様態副詞ではなく，動作を表さない程度副詞として用いられるためであると考えられます．同様に，「ちょくちょく」に「*ちょくっ」「*ちょくり」「*ちょくん」といった促音形・「り」形・撥音形が存在しないのは，当該オノマトペが様態副詞ではなく，頻度副詞として機能するからであると考えられます．
音象徴（sound symbolism）

*7　「どんどん」「とんとん」のように，１つの音（「ど」と「と」）だけによって区別される２つの語は，最小対立語（minimal pair）と言います．また，専門的な用語で濁音は有声音（voiced sound），清音・半濁音は無声音（voiceless sound）と言います．

(1)
反復形	促音形	「り」形	撥音形	促音＋「り」形
ばたばた	ばたっ	ばたり	ばたん	ばったり
にこにこ	にこっ	にこり	x	にっこり
がたがた	がたっ	がたり	がたん	x
ぶるぶる	ぶるっ	x	ぶるん	x
ねばねば	ねばっ	x	x	x
めきめき	x	x	x	めっきり
がみがみ	x	x	x	x

　「ばた」には，５つの形態が全部揃っていますが，「にこ」には，撥音形がありません．同様に，「がた」には，促音＋「り」形がありませんし，「がみ」には，反復形しかありません．このように，同じ語基（２モーラ）を持っていても，どのような形態が日本語として適格であるかということは，個々のオノマトペによって異なっています*6．

　２モーラを語基に持つオノマトペについて見てきましたが，上の５つの形態のオノマトペに加え，「ふんわり」や「ぼんやり」といった，撥音＋「り」形も，日本語オノマトペの一般的な形態です．

　以上，促音・「り」・撥音が，それぞれ「瞬時性・スピード感・急な終わり方」・「ゆったりした感じ・完了（一区切り）」・「共鳴」を表すことが分かりましたが，このような意味は，これらの音を含む特定の語の意味とは違った象徴的な意味，すなわち一般に想定されている，語と意味の恣意的な関係を超える意味を示唆しています．これを**音象徴**と言います．以下では，日本語オノマトペに見られる音象徴の例をいくつか見ていきましょう．

✂「どんどん」と「とんとん」はどう違う？

　日本語オノマトペには，「どんどん」／「とんとん」，「ばらばら」／「ぱらぱら」，「ぎらぎら」／「きらきら」のように，濁音と清音・半濁音のペアを成すオノマトペが非常にたくさんあります*7．次のペアを成す，有声のオノマトペと無声のオノマトペには，微妙なニュアンスの違いがありますが，どのような違いがあるでしょうか．

(2)　a.　{どんどん／とんとん} ドアを叩く．
　　 b.　{がんがん／かんかん} 鐘を鳴らす．
　　 c.　{ぼんぼん／ぽんぽん} 花火が上がる．

　まず，「どんどん」と「とんとん」は，いずれもドアを叩く音を描写していますが，「どんどん」の方が「とんとん」よりも，叩く音が大きいと感じるでしょう．同様に，「がんがん」「ぼんぼん」も，「かんかん」「ぽんぽん」よりも，大きい音が関わっていると感じるでしょう．有声音は無声音よりも，描写している音が大きいことを表しているのです．また，「がんがん」／「かんかん」と「ぼんぼん」／「ぽんぽん」には，音の高さの違いも感じられるのではないでしょうか．すなわち，有声音が低い音

を，無声音が高い音を表すと思われます．さらに，「どんどん」/「とんとん」と「がんがん」/「かんかん」には，有声音の方が無声音よりも，動作がより活発で，より強い力が加わっていることが窺えます．このように，1つの有声/無声のペアが，2つ以上のニュアンスの違いを表すこともあります．

では，次の例文の（　　）に，それぞれどんなオノマトペが入るか考えてみましょう．

(3) 岩が（　　）坂を転がり落ちた．/リンゴが（　　）坂を転がり落ちた．

「岩」には「ごろごろ」を，「リンゴ」には「ころころ」を入れたのではないでしょうか．このことから，私たちは，大きいものには有声のオノマトペを，小さいものには無声のオノマトペを用いる，という直感を持っていることが分かります．

次の有声/無声のペアにも，微妙なニュアンスの違いがありますね．

(4) a. ｛じゃーじゃー/しゃーしゃー｝水を撒く．
　　b. ｛だらだら/たらたら｝汗をかく．
　　c. ｛ばらばら/ぱらぱら｝豆を撒く．

「じゃーじゃー」と「しゃーしゃー」では，「じゃーじゃー」の方が「しゃーしゃー」よりも，撒く水の量が多いと感じるでしょう．同様に，「だらだら」は「たらたら」よりも，「ばらばら」は「ぱらぱら」よりも，汗の量や豆の数が多いと感じるでしょう．このことから，有声音は無声音よりも，分量や数量が多いことを表すと言えます．

さらに，次の例について考えてみましょう．

(5) a. ｛がくん/かくん｝と揺れる．
　　b. ｛びりびり/ぴりぴり｝電気がくる．
　　c. ｛ぶりぶり/ぷりぷり｝怒る．

上の例では，いずれも動作や状態の程度に相違がありそうですが，いかがでしょうか．有声の「がくん」の方が無声の「かくん」よりも，揺れ方が激しいと感じられるのではないでしょうか．同様に，「びりびり」「ぶりぶり」も「ぴりぴり」「ぷりぷり」よりも，それぞれ電気がくる程度，怒っている程度が激しいことを表しているように思われます．このように，有声音が無声音よりも，動作や状態の程度が激しいことを表しています．

次の有声/無声のペアには，どのようなニュアンスの違いがあるか考えてみましょう．

(6) a. ｛じっとり/しっとり｝湿気を含んでいる．
　　b. ｛ぎらぎら/きらきら｝光る．
　　c. ｛ざらざら/さらさら｝した手触り．

無声音がポジティブなニュアンスを含んでいるのに対し，有声音がネガティブなニュアンスを含んでいるのが分かるでしょう．例えば，無声

音の有意性に関する日英オノマトペ：撥音が「共鳴」を表すということを先に見ましたが，この音象徴は日本語に限ったことではなく，他の言語にも見られる普遍的な現象と思われます．実際，英語のオノマトペにも語末に起こる鼻音（nasals）が共鳴を表すようです．
(鐘の音)
　ding-dong / ゴーンゴーン　ガンガン
(ドアを強く閉める音/叩く音)
　bang / バタン　ドンドン
(蜂の羽音)
　boom / ブンブン　ブーン
(鈴の音)
　ting / チーン　チリン
(銃声・爆発音)
　blam / バーン　パーン
(銃弾が飛ぶ音)
　ping / ピューン

　上の英語オノマトペは，それぞれ日本語オノマトペと対応しており，語末に鼻音[ŋ][m]を持っています．いずれもこれらの鼻音が日本語オノマトペの撥音と同様，象徴的に「共鳴」を表していると思われます．系統的にまったく関係がなく，言語接触もない，英語と日本語において，鼻音/撥音が「共鳴」を表すという共通の音象徴が見られるという事実は，他の言語においても，鼻音が「共鳴」を表すという音象徴が普遍的である可能性があることを示唆しています．

宮澤賢治のオノマトペ
　宮澤賢治はオノマトペの達人と称されることがありますが，そのような評価を受ける理由の1つは，賢治のほとんどの作品にも，驚くべきほど多くのオノマトペが使われ，下に見られるように，様々なオノマトペを実に巧みに使っているからです．
　風がどうと吹いてきて，草はざあざあ，木の葉はかさかさ，木はごとんごとんと鳴りました．
　　　　　　　(注文の多い料理店)
　すると森までが，があっと叫んで熊はどたっと倒れ赤黒い血をどくどく吐き鼻をくんくん鳴らして

の「しっとり」は「しっとりしたお肌」のように，湿気を適度に含んだ状態を表し，ポジティブなニュアンスを含意していますが，有声の「じっとり」は「じっとり汗ばむ」のように，湿気を過度に含んだ状態を表し，ネガティブなニュアンスを含意しています．同様に，「きらきら」が，光り方が適度であるのに対し，「ぎらぎら」が，光り方が過度であるために，ネガティブなニュアンスを含んでいると考えられます．また，「さらさら」が，きめが細かくて手触りがよいのに対し，「ざらざら」は，きめが粗く手触りが悪いので，ネガティブなニュアンスが感じられます．

では，なぜ有声音がネガティブなニュアンスを含意するのでしょう．有声音が表す「多い分量や数量」「大きいもの」「激しい程度」といったニュアンスと関係していることは，上の例から明らかですね．ただ，有声音が必ずしもネガティブなニュアンスを表すわけではありません．

(7) a. ぎらぎら照りつける太陽の下での練習はきつくてたまらない．
　　 b. 一度でいいからぎらぎら照りつける太陽の下で泳いでみたいものだ．

「ぎらぎら」はいずれの文においても，太陽が激しく照りつけている様子を描写していますが，(7a)がネガティブなニュアンスを含意する一方，(7b)にはそのような含意はありません．なぜそうなのでしょうか．(7a)では，太陽の激しい照りつけ方が過度であると判断されているのに対し，(7b)では，過度ではなくむしろ適度であると判断されていることが窺えます．このように，有声のオノマトペがネガティブなニュアンスを含意するかどうかは，話者が，オノマトペによって描写される事柄について，ネガティブな判断を下すかどうかによって決まると言えるでしょう．

✂ 「ばりばり」と「ぽりぽり」の微妙な違い

日本語オノマトペには，「ばりばり」/「ぽりぽり」のように，「あ」と「お」の違いだけによって区別される最小対立語がたくさんあります．最小対立を成す，2つのオノマトペは基本的によく似た意味を表しますが，微妙なニュアンスの違いがあるようです．

(8) a. ばりばり煎餅をかじる．／ぽりぽり豆をかじる．
　　 b. 鐘が {がーん／ごーん} と鳴る．
　　 c. 風船がばんと割れる．／スプレー缶がぽんと爆発する．

(8a)の「ばりばり」と「ぽりぽり」は，ともに何かをかじる音を描写しますが，「ばりばり」からは，煎餅の一部が口からはみ出た状態で，煎餅をかじる音が外に広がるイメージが得られますが，「ぽりぽり」からは，豆が全部口の中に入った状態で，しかも口を閉じた状態でかじる音が，口の中でこもっているようなイメージを受けるでしょう．同様に，母音「あ」を含む「がーん」「ばん」は，関わっている音が外に広がる感じがするのに対し，母音「お」を含む「ごーん」「ぽん」からは，関わっている音が内にこもっているような感じがすると思います．このことから，「あ」は「澄み切った音・音の広がり」を，「お」は「不明瞭な音・

死んでしまうのだった．
　　　　（なめとこ山の熊）

しかし，私たちが普段日常的に使っているオノマトペを単に駆使していただけでは，オノマトペの達人と称されることはないでしょう．賢治がそのように称される所以は，賢治独自の創作オノマトペが作品の至る所に使用され，作品を魅力あふれるものに仕上げているからです．

田守育啓（2010）『賢治オノマトペの謎を解く』，大修館書店．

「賢治オノマトペ」創作の法則

宮澤賢治独特のオノマトペの大半は，まったくの無から創作されたのではなく，その創作にも法則があり，私たちが普段使っている慣習的オノマトペを何らかの形で利用して，創作されたと考えられます．以下に賢治独特の創作オノマトペの法則の1つ「慣習的オノマトペに音を挿入する」を見てみましょう．

…空の桔梗のうすあかりには，山どもがのっきのっきと黒くたつ．
　　　　（楢ノ木大学士の野宿）

賢治独特の「のっきのっき」に対応する慣習的オノマトペは「にょきにょき」と思われますが，両者を比べてみると，まず「の」と「にょ」の出だしの鼻音が異なっています．もう1つの相違点は，「のっきのっき」には促音が含まれていますが，「にょきにょき」には含まれていません．このことから，「のっきのっき」が「にょきにょき」から「にょ」を「の」に変え，さらに促音「っ」を挿入して，創作されたと推測されます．賢治は，「にょきにょき」を変化させた「のっきのっき」を用いることによって，山々が凛としてそびえ立っている様を表現しようと考えたのではないでしょうか．

こもった音」を表すと言えそうです．

(9) a. 豆が {ばらばら / ほろほろ} こぼれる．
　　b. 滴が {ぽたぽた / ぽとぽと} 落ちる．
　　c. {がさがさ / ごそごそ} 探し物をする．

(9a)の「ばらばら」からは，豆が広範囲にこぼれる様子が，対照的に「ほろほろ」からは，ある限られた個所にこぼれる様子がイメージできます．(9b)の「ぽたぽた」からは，滴がテーブルのような堅いものに落ちて飛び散っている様子が，「ぽとぽと」からは，滴がカーペットのような柔らかいものに落ちて吸収される様子がイメージされます．また，(9c)の「がさがさ」からは，人目もはばからず堂々と何かを探す様子が，「ごそごそ」からは，対照的に人目を気にして，秘かに探し物をする様子が窺えます．このことから，「あ」は「広がり」といったニュアンスを，「お」は「内包・部分」といったニュアンスを含意すると言えます．

「広がり」というニュアンスの他に，「あ」は「全体」というニュアンスも表すようです．

(10) a. {ぱっ / ぽっ} と顔が赤くなる．
　　　b. {ぱっ / ぽっ} と火がつく．

(10a)では，「ぱっ」は顔全体が，「ぽっ」は顔の一部が赤くなる様子が窺えます．(10b)では，「ぱっ」は，火がつくと同時に燃え広がる様子を表しますが，「ぽっ」は，火が部分的につくだけで広がるイメージに欠けます．まとめると，「あ」は「広がり・全体」といった概念を，「お」は「内包・部分」といった概念を含意しています．

✂ 「さ」と「す」のニュアンスは？

「さくさく切る」「さらさら流れる」「さわさわ波立つ」「さばさばした性格」などに見られる，「さ」で始まるオノマトペと，「すいすい泳ぐ」「すくすく育つ」「するする降りる」「すぱすぱ切る」などに見られる，「す」で始まるオノマトペが共通して持っている意味は何でしょうか．これらのオノマトペがいずれも「滑らかさ・スムーズさ」と関連した意味を持っているのが分かるでしょうか．これら以外に，「さ」で始まり，「滑らかさ・スムーズさ」を含意するオノマトペには，「さっ」「さくっ」「さっくり」「さくり」「さっぱり」「さらっ」「さらり」「さっさ」「さやさや」などがあります．「す」で始まり，同様の意味を含意するオノマトペには，「すっ」「すかっ」「すっかり」「すっきり」「すくっ」「すっく」「すぽっ」「すぽり」「すっぽり」「するっ」「するり」「すたすた」「すってん」「すってんころり」「すってんてん」「すとん」「すう」「すうすう」「すべすべ」「すやすや」などがあります．

では，なぜ「さ」や「す」で始まるオノマトペは，「滑らかさ・スムーズさ」と関連した意味を表すのでしょうか．「さ」と「す」はともに[s]という子音を含んでおり，この[s]の音声的性質が「滑らかさ・スムーズ

「かぷかぷ笑う」ってどんな笑い方？

宮澤賢治の『やまなし』という作品に，「クランボンはかぷかぷわらったよ」という非常に興味深い賢治独特の創作オノマトペが使われています．

クランボンは，様々に解釈されていますが，英語のcrab（蟹）をもじったことばで，蟹と考えるのが一般的だと思われます．また，日本語には，「かぷかぷ」と音韻的に類似した，「ぷかぷか」と「ぷくぷく」という2つのオノマトペがあります．「ぷかぷか」はものが軽快に浮かぶ様子を，「ぷくぷく」は水中から泡を細かく吹き上げる音や様子を表します．

もし蟹の水中や水面に浮かんでいる様子が笑っているように見えると解釈すれば，「ぷかぷか」から「かぷかぷ」が創作されたと考えられます．その際，「ぷ」と「か」の位置を入れ換える，音位転換（metathesis）というプロセスを経て，創作されたと考えられます．一方，蟹が水中で泡を吹いている様子が笑っているように見えると解釈すれば，「ぷくぷく」から「かぷかぷ」が創作されたと考えられます．その場合，次の2つのプロセスが関わっています．まず，「ぷくぷく」から「ぷ」と「く」の位置を入れ換える音位転換によって，「くぷくぷ」が作られますが，語呂がよくなく発音しにくいので，「く」を「か」に変えてよりスムーズに発音できる，「かぷかぷ」になったと考えられるのではないでしょうか．皆さんはどのように解釈しますか？

さ」と関係していると考えることができます．すなわち，[s]を発音するとき，空気が口から出てくるのを完全に阻害するような閉鎖がない，という音声的な特徴（**連続音性**と呼ばれる）が「滑らかさ・スムーズさ」と関係していると考えることができます．

下に示すように，英語にも，「滑らかさ・スムーズさ」と関連している語が，[s]で始まる語，特に歩き方を表す語に多数見られますが，このことは，[s]の持つ連続音性が「滑らかさ・スムーズさ」を表すことを，さらに裏付ける根拠になるでしょう．

(11) sashay（滑るように歩く），saunter（ぶらぶら散歩する），scoot（駆け出す），scamper（跳ね回る），scramble（這い登る），scurry（ちょこちょこ走る），scuttle（急いで行く），skip（跳ね回る），sling（sling oneself up = するする登る），sprint（全力疾走する），straggle（ばらばらに行く），stride（大股に歩く），stroll（散歩する），scatter（ばら撒く），scrawl（走り書きする），skim（すれすれに飛んで行く），slash（さっと切る），slide（滑る），slick（磨く），slip（滑る），spew（吹き出す），spin（回る），spout（ほとばしる），spurt（噴出する），squirt（吹き出る），stew（とろ火で煮る），supple（しなやかにする），sway（揺れる），swift（速い），swing（揺れる），swill（ゆすぐ），swirl（渦を巻く），swish（［鞭などを］振り回す）

このように，[s]が日本語だけでなく英語においても，「滑らかさ・スムーズさ」を表すということは，音象徴が言語によらず，普遍的である可能性を示唆しています．[s]の他にも，日本語と英語に共通の音象徴が多数存在しますが，紙幅の関係上，音象徴の普遍性を示唆する例を，あと1つだけ見てみましょう[*8]．

✂ 水しぶきの音

日本語には，水しぶきの音を表すオノマトペが非常にたくさんあります．

(12) ばちゃっ　ばちゃばちゃ　ばちゃん　ばちゃり　ばしゃばしゃ　ばしゃっ　ばしゃり　びちゃっ　びちゃびちゃ　ぽちゃっ　ぽちゃん　ぽちゃぽちゃ　ぽしゃぽしゃ　ちゃぶちゃぶ　ちゃぷちゃぷ　ちゃぽちゃぽ　ちゃぽん　じゃぽじゃぽ　じゃぽん　ぱちゃっ　ぱちゃん　ぱちゃぱちゃ　ぱちゃり　ぱしゃっ　ぱしゃぱしゃ　ぱしゃん　ぱしゃり　ぽちゃっ　ぽちゃぽちゃ　ぽちゃり　ぽちゃん　しゃぶしゃぶ　ざぶっ　ざぶん　ざぶり　ざぶりざぶり　ざぶざぶ

水しぶきの音を表すオノマトペは，一見多様に見えますが，じっくり見てみると，共通の音を含んでいるのに気づくでしょう．いずれも，「ば」「び」「ぶ」「ぼ」の出だしの音の[b]ないし「ぱ」「ぴ」「ぷ」「ぽ」の出だしの音の[p]を含んでいます[*9]．さらに，「ちゃ」「しゃ」「じゃ」「ざ」のいずれかの音も含んでいるのが分かるでしょう[*10]．

では，英語の水しぶきの音を表す語は，一体どのような特徴があるの

連続音性（continuant）

[*8] 日本語と英語に共通の音象徴の例，および普遍性の可能性に関する詳しい議論については，田守育啓，ローレンス・スコウラップ (1999)『オノマトペ―形態と意味―』，くろしお出版を参照してください．

[*9] [p]と[b]は両唇を閉じて息を止め，一気に息を吐き出して作られる音なので，両唇閉鎖音（bilabial stop）と言います（115ページの*10を参照）．

[*10] これらの出だしの音は非常に耳障りな音で，歯擦音（sibilant）と言います．

でしょうか.
(13) splash（波が物をはね返す音―じゃぶじゃぶ）, splosh（splashの変形）, slosh（波が物をはね返す音―じゃぼじゃぼ）, sploosh（sploshの変形）, splish-splash（ぴちゃぴちゃ）, sprinkle（水を撒く）, spray（しぶきを飛ばす）, spatter（はねかける）, slop（水をこぼす）, lap（波が打つ）, slush（雪水をはね飛ばす）, plunge（飛び込む）

英語には, 水しぶきの音と関連する語は日本語ほど豊富ではありませんが, 日本語オノマトペと同様の音を含んでいるのが分かるでしょう. lap 以外のすべての語は, [s], sh で綴られている[ʃ], あるいは ge で綴られている[dʒ]という子音を含んでおり, これらはいずれも歯擦音です. また, slosh と slush 以外の語はすべて[p]を含んでいます.

以上から, 日本語においても英語においても, 水しぶきの音と関連する語には, [p][b]といった両唇閉鎖音と[ʃ][dʒ]といった歯擦音が含まれていることが確認できます.

では, なぜ水しぶきの音を表す多くの語に, 両唇閉鎖音や歯擦音が含まれているのでしょうか.「ぱしゃっ」と「ばしゃっ」を例に取ってみると,「ぱ」と「ば」の出だしの[p]と[b]は, 物体が水面に打ち当たるときに生ずる音を,「しゃ」の出だしの[ʃ]は, 水しぶきがはじけて飛び散る音を象徴的に表していると考えられます. それゆえ, 両言語に共通して, 水しぶきの音を表す語が両唇閉鎖音と歯擦音を含んでいることが多いのです.

系統的にまったく関係のない, 日本語と英語において, 共通の音象徴が見られ, 音象徴が普遍的なものである可能性があるなんて, オノマトペの世界は面白いと思いませんか.

✄ 日本語にオノマトペが豊富なのはなぜ

ところで, 一般に日本語はオノマトペに富んだ言語であると言われますが, 実際どれくらいあるのでしょうか.『日本語オノマトペ辞典』には方言, 漢語オノマトペ, 鳴き声オノマトペを含む, 総計4565語のオノマトペが収録されています. 一方, 英語は日本語のように, オノマトペと同定できる音韻・形態などの特徴がないので, 正確な数は分かりませんが, 日本語よりははるかに少ないと考えられます.

では, なぜオノマトペは英語に少なく, 日本語に豊富にあるのでしょうか. その理由の1つとして, 出来事を描写する際の表現形式の相違を挙げることができます. 歩き方を例にとってみると, 日本語では, 様々な歩き方を描写するのに, 歩き方を特定した多様な動詞がないので,「歩く」という一般的な動詞に, 歩き方を特定するオノマトペを付加して使います. 他方英語には, 一般的な walk の他に, オノマトペの意味を含んだ様々な歩き方を表す動詞があります. いくつか例を見てみましょう. 下の歩き方を表す日本語オノマトペと英語の動詞は, 必ずしも厳密に対

岩手方言と賢治オノマトペ

宮澤賢治のオノマトペには独自のものも多いですが, 東北方言のオノマトペも含まれているようです. 岩手方言と思われる面白いオノマトペを1つ見てみましょう.

すると鷺は, 蛍のように, 袋の中でしばらく, 青くぺかぺか光ったり消えたりしてゐましたが…
　　　　　（銀河鉄道の夜）

共通語の「ぴかぴか」が鋭い鮮明な光り方を表すのに対して, この「ぺかぺか」は鈍くて弱い光り方を表すと感じられます. しかし, 実はそうではなくて,「ぺかぺか」は何かが消えることを表す岩手方言ではないか, という指摘があります. 岩手県の民話集をまとめた『聴耳草紙』に次のような類似の例があるそうです（川越 2008）.

（人が）ペカッと消えてしまった　　　　　　　　（55話）
（火も女も）ペカリと消えてなくなってしまった　　（50話）
立派な鼠の館が, ペッカリと明かりを消したように暗くなって
　　　　　　　　　（69-1話）

この例をみると,「ぺかぺか」は消えることに焦点が置かれた, 蛍のような, 点滅した光り方を表した表現であることが窺えます.

川越めぐみ（2008）「東北方言的宮沢賢治オノマトペ考察」,『國文學特集おのまとぺ』53(14), 107-115.

小野正弘（2007）『日本語オノマトペ辞典』, 小学館.

応しないかもしれませんが，おおむね対応していると考えられます．

(14)
すたすた	hurry	のろのろ	loiter
てくてく	tramp, trudge	のそのそ	lounge
どたどた	lumber, stomp, tramp	のっそのっそ	lumber
とぼとぼ	plot, trudge	のしのし	stomp, lumber
せかせか	trot	ちょこちょこ	trot, waddle
てくてく	tramp, trudge	どしんどしん	stomp, tramp
よろよろ	stagger	よたよた	stagger, waddle
よちよち	toddle, totter, waddle		
ぶらぶら	loiter, lounge, ramble, roam, stroll, wander		

歩き方だけでなく，笑い方や話し方など，様々な動作を描写するのに，日本語では一般的な動詞とオノマトペを用いるのに対し，英語ではオノマトペの意味を含んだ多様な動詞が存在するため，その動詞だけで表現します．このように，日本語には，英語のような特殊な動詞がなく，具体的な描写を可能にするオノマトペが必要であったため，オノマトペが発達したと考えられます．

☞ まとめ　・オノマトペは一般語彙と違って，その指示対象と密接な関係にあり，音との結びつきが強く，各種の言語音がオノマトペに利用されています．
・日本語オノマトペに特徴的に見られる反復形・「り」・撥音・促音は，それぞれ象徴的な意味を表します．
・日本語だけでなく，英語においても，音象徴の普遍性の可能性を示唆する，共通の音象徴が見られます．

練習問題

1. 「ころん」「ごろん」「だらん」に含まれている撥音は，どのような象徴的意味を表すか考えてみましょう．
2. 「どすん」「ごとん」「ぽとん」は日本語オノマトペとして適格ですが，「*ぴかん」「*すぱん」「*にやん」が不適格なのは，なぜか考えてみましょう．
3. 「笑い声」や「笑い方」に関連する日本語オノマトペをできるだけたくさん挙げ，擬声語と擬態語に分類してみましょう．
4. 次の文は宮澤賢治の『耕耘部の時計』の中の一節ですが，その中で使われている賢治独特の「がちっ」は，「かちっ」とどのように違うか考えてみましょう．「時計が<u>がちっ</u>と鳴りました．あの蒼白いつるつるの瀬戸でできているらしい立派な盤面の時計です．」
5. 次の文は宮澤賢治の『銀河鉄道の夜』の中の一節ですが，その中で使われている賢治独特の「ぼくぼく」は，「ぱくぱく」とどのように違うか考えてみましょう．「けれどもぼくは…やっぱり<u>ぼくぼく</u>それ（お菓子）をたべていました．」

Further Reading

日本語オノマトペの諸相については，田守育啓『オノマトペ　擬音・擬態語をたのしむ』（岩波書店）が手軽に読める．日本語と英語のオノマトペの対照研究として，田守育啓，L. スコウラップ『オノマトペ—形態と意味—』（くろしお出版）がある．日本語の音象徴に関しては，Hamano, Shoko *The Sound-symbolic System of Japanese*（Kuroshio）が詳しく論じている．

筆者より

　私は学生時代から焼物に興味を持っていました．特に備前焼や立杭焼といった，落ち着きのある，渋い陶器を収集したり，観賞したりするのが好きでした．暇を見つけては，デパートの美術品売り場に行って，有名作家の花瓶や抹茶椀を眺めて，知らないうちに審美眼を養っていました．その甲斐あって，今では備前焼なら一目見ただけで，およその価値が分かるようになりました．退職した今，お気に入りの陶器を眺めては，にんまりほくそ笑んだりしています．

第4章　広告は魔術師!?

清　ルミ

【広告の言葉／コミュニケーション論】

> 《何が分かるか》　広告の言葉は，いつの間にか私たちの中に入り込んで心をつかみ，人を動かす魔力を持っています．そして，多くの人に影響を与えることで，広告主のイメージを高めます．時には，「こうすべきだ」「こうしよう」と旗を振るオピニオンリーダーのような役目を果たしたりもします．時代を反映する鏡のような役割を担うこともあります．このように，いくつもの顔を持つ広告の言葉には，実は様々な仕掛けがあるのです．

CM（commercial message）

リポビタンD（提供：大正製薬株式会社）

*1　インターネットで日本初のテレビCMがどのようなものだったか調べてみましょう．

*2　テレビを観ている最中に，リモコンで目的もなくチャンネルを他局にしきりに変える行為のことです．

何の気なしに口ずさんでいるCMソング，ありませんか？　♪さ～らりとした梅酒♪（チョーヤ梅酒），♪聞いてアロエリーナ，ちょっと言いにくいんだけど♪（マンナンライフ）など，いつかテレビで耳にしたフレーズがふと口を突いて出たりする経験，ないでしょうか？

また，「ファイト！一発！」と言われたら，「リポビタンD」（大正製薬），「元気ハツラツ！」と言われたら「オロナミンC」（大塚製薬），のように，キャッチフレーズを聞くと，反射的に商品名が飛び出したりしませんか？

このように，テレビやラジオで流されるコマーシャルの言葉は，知らず知らずのうちにスッと私たちの心に入り込み，いつの間にやら私たちを魅了するマジシャンなのです．

この章では，広告，特に，どなたにもなじみの深いテレビコマーシャルの言葉を取り上げ，その機能と特徴について見ていきましょう．

15秒の説得

日本で，テレビが始まって60年です．ということは，テレビCMも60歳．還暦を迎え，熟年の風格です．日本で最初に放送されたテレビCMは30秒でした*1が，現在では，15秒のCMが主流を占めています．テレビCMは，人の記憶に鮮やかに刻み込む15秒間のミニドラマだと言えます．そのドラマを支えるのは，商品のネーミング，タレント・歌手によるキャッチフレーズの音声表現や音楽，そして映像やロゴのグラフィックデザインなどの視覚表現です．

テレビ番組に夢中になっているとき，途中でCMが挟まるのをうっとうしく感じませんか？　テレビを観ている人にとって，お目当ては番組の内容だけで，CMの時間はトイレ休憩だったり雑用を済ませたり，ザッピング*2をしたりしがちです．

しかし，民放の番組は，スポンサーからの広告費で作られています．

CMなしでは番組そのものが成立しないのです．高い広告費を支払っている広告主の方では，肝心な広告を観てもらえないのでは困ります．そこで，バラエティ番組では，話題が盛り上がってきたところでCMを挟み込むなどして，いかにして視聴者を同じ番組にくぎ付けにしておくかということに神経を使います．そして，広告主は，観る気のない視聴者を引きつけ，好感の持てるCMを流して評判を作り，買いたい気持ちにさせて商品を売ることにかなりのエネルギーを費やします．そのことが，売り上げを向上させるだけでなく，広告主のイメージアップと企業ファンを増やすことにつながるからです．広告の送り手にとって，番組途中の15秒は，説得のための真剣勝負の時間なのです．

✂ ネーミングが鍵

CMの大黒柱は，商品のネーミングです．商品名が売れ行きを左右するからです．ネーミングがどれほど大切かは，特定のブランド名があたかも一般名詞であるかのように世の中に広まっている例を見れば分かります．「サランラップ」は旭化成ホームプロダクツのブランド名ですが，ラップの代名詞のように認知されています．「宅急便」もヤマト運輸のシステム名ですが，宅配便の代名詞となっていて，一社のブランド名だということを知らない人がいるほどです．外国のものでは，「ホッチキス」が代表的な例です．本来はステープラーが一般名詞ですが，アメリカのE. H. ホッチキス社の商標が一般名詞のように使われています．これらの商品は，当然のことながら，それぞれの分野で絶対的なシェアを獲得しています．

✂ ネーミングの手法

類似商品が2種類ある場合，CMで知っていて好感を持っている方の商品を購入するという実験結果があります（牧野2008，宇佐美，堺2006）．そこで，広告主は，抜群の好感度ですぐ覚えてもらえるネーミングに頭をひねります．

効果的な言語表現の手法をレトリックと言いますが，ネーミングに成功した商品には，様々なレトリックが用いられています[*3]．例えば，**直喩**[*4]という直接的なたとえで付けられたものに，「写ルンです」（富士フイルム）や「のどぬーる」（小林製薬），「ハリナックス」（コクヨ）などがあります．商品の機能や使い方そのものズバリが商品名になっていて，分かりやすく覚えやすい点が成功の秘訣でしょう．

また，関係ありそうなものにたとえる**換喩**[*5]という手法で名づけられたものに「グリコ」（江崎グリコ）があります．これは，グリコーゲンという運動のエネルギー源になる糖を，キャラメルの甘さから連想させるネーミングです．両手を広げてゴールインする男性選手のマークとのダブル効果で，「元気」を印象づけて企業イメージを定着させました．

牧野幸志（2008）「広告効果に及ぼすコンテンツ情報の影響に関する研究（2）―受け手の気分，CM内容の印象とテレビ広告の好感度，商品評価との関連―」，『経営情報研究』16(1)，1-11，摂南大学．

宇佐美和歌子，堺新一（2006）「広告によるマーケティングと消費者心理に関する研究―女性消費者をターゲットとする日産自動車の事例を通して―」，『東京家政学院大学紀要』46，53-72，東京家政学院大学．

[*3] 詳しく知るには，岩永嘉弘（1998）『ネーミングが広告だ．―「売る広告の素」岩流ネーミング作法』，宣伝会議，などが参考になります．

[*4] 直喩（simile）は，「まるで（いかにも）〜のよう」のように，直接的ではっきりしているたとえ方です．

[*5] 換喩（metonymy）は，「永田町」と言えば単なる町名ではなく「国会」を意味するように，関係のあるものに置き換えるたとえ方です．

*6 隠喩（metaphor）は,「君の瞳はダイヤモンドだ」のように,「瞳」と「ダイヤモンド」は無関係なものですが,「ダイヤモンド」の光り輝く性質を「瞳」にたとえるような手法です.

*7 ステータスシンボルとは, 社会的地位や身分の高さを示すもののことで, 高級ブランド品や豪邸などがその例です.

擬人法（personification）

*8 越川靖子（2009）「ブランド・ネームにおける語感の影響に関する一考察—音象徴に弄ばれる私達—」,『商学研究論集』30, 47-65, 明治大学.

*9 カ行の"k"の音は, 濁りのない清音で, 音を作るときに声帯を振動させない無声音です. 舌の後ろの奥の部分を一度閉じてから破裂させる軟口蓋破裂音と呼ばれています.

*10 ガ行の"g"の音は, 濁る音で, 音を作るときに声帯を振動させる有声音です.

*11 サ行の"s"の音は, 濁りのない清音で, 音を作るときに声帯を振動させない無声音です. 上の歯

　一見無関係なものにたとえる**隠喩**[*6]という手法で成功したものには, 車の「クラウン」（トヨタ自動車）や「プレジデント」（日産自動車）があります. 王位の象徴である王冠や, 大統領, 社長などの組織のトップを意味する呼び名は車とは無関係ですが, 地位や威厳にふさわしい高級車であることをイメージさせ, ステータスシンボル[*7]になりました.

　人でないものを人格化させる**擬人法**という手法を用いて人気を得たものもあります. 例えば,「チャッカマン」（東海）や「ウォークマン」（ソニー）がそうです. 前者は着火するためのディスポーザブルライターを, 後者は歩きながら聴ける携帯型ステレオカセットプレーヤーをそれぞれ人に見立て,「役に立つ者」のイメージを持たせています. 飲食品にもよく用いられる手法です. インスタントラーメンの「ラ王」はいかにもラーメンの王者の, ペットボトル茶の「伊右衛門」も緑茶の歴史と伝統をイメージさせる固有名詞です. いずれも血の通った人のようで, 親近感のわくネーミングが人気の秘訣です.

✂ 音の効果とネーミング

　さらに, ヒット商品のネーミングには, 言いやすく聞きやすい音が選択されています.「スイスイ」とか「サクサク」などの擬態語は, 同じ音の繰り返しで発音しやすく, 動作の様子が伝わりやすい言葉です. このような擬態語の性質を用いてヒットした商品に, エアコンの「ひえひえ」（三洋電機）,「ごきぶりホイホイ」（アース製薬）,「らくらくホン」（NTTドコモ）,「キレイキレイ」（ライオン）などがあります.

　「ひえひえ」は暑い夏にこういう部屋だと気持ちがいいなあと思わせるネーミングです.「ごきぶりホイホイ」も, いかにもごきぶりが「ホイホイ」と無防備に捕獲器に入ってきそうなネーミングです.「らくらくホン」も, 多機能でボタンの多いケータイを敬遠する高齢者に「これなら使える」と思わせるネーミングです.「キレイキレイ」は擬態語ではありませんが, 薬用石けんに除菌を期待する消費者の清潔感に訴えています. いずれにも共通するのは, 買い手の願望を繰り返しの音で表現しているという点ではないでしょうか.

　また, ロングヒット商品名の音声を分析した研究[*8]によると, 快活で活気のある印象を与えるカ行[*9]が多いという結果が出ています.「かっぱえびせん」（カルビー）,「カルピス」（カルピス）,「カローラ」（トヨタ自動車）などがそうです. 男性には力強くインパクトの強いガ行[*10]が好まれるようです.「ガンダム」（サンライズ）,「ゴジラ」（東宝）などがその例です. 女性向け商品では,「サラサーティ」（小林製薬）,「ソフィーナ」（花王）など, 優しく洗練された響きのサ行[*11]が効果的なようです.

　商品名を印象づけるのに, 曲に乗せて同じ音で韻を踏むという仕掛けも見られます. ♪セブンイレブン, いい気分♪（セブン&アイ・ホールディングス）は,「ブン」で韻を踏みながら「いい気分」にさせるという

ポジティブなイメージを作っています．♪きのこのこのこ，げんきのこ♪（ホクト）も，商品の「きのこ」で韻を踏みながら，食べると「元気」になるというポジティブなイメージを与えています．♪バザールでござーる♪（NEC）は，このCMの放映後，「バザール・デ・ゴザール」というフランス語もどきの音感を生かして名づけたサルのキャラクターを誕生させ，イメージをより強化させました．

以上のように，CMは音1つとっても計算づくなのです．これには，言語学の中の**音象徴**の研究が生かされています．

✂ 文字替えのトリック

日本語は，アルファベットだけで表記する欧米の言語と違って，複数の種類の文字を使う世界的にも珍しい言語です．音を示す表音文字のひらがな，カタカナ，それに意味を示す表意文字の漢字，パソコン入力の際に必要不可欠なローマ字と，4種類を使い分けています．

このように表記の種類が豊富な日本語ならではのネーミングのトリックも見られます．35ページに挙げた「写ルンです」は，商品名を耳で聞くと，「写るんです」と機能を説明しているだけなのですが，「ルン」だけをカタカナにすることで日常会話との差別化をはかり，視覚的に目立たせて固有名詞化させています．また，「ルンルン気分で写す」という楽しさをイメージさせる効果もありそうです．36ページの「らくらくホン」も，漢字で「楽楽ホン」と書くのではなくひらがなで表記することで，いかにも易しいイメージを視覚的に訴える効果が感じられます．「キレイキレイ」は，一般には「きれい」はひらがなで書かれる語を，あえてカタカナで表記することで，薬品名のような効果を視覚的に持たせているのではないでしょうか．

表意文字の漢字の特性をうまく用いてヒットした商品もあります．男性用の抗菌靴下「通勤快足」（レナウン）がその好例です．ビジネスマンが利用する電車，通勤快速の「速」を同じ読みで異なる意味の漢字「足」に替えることで，靴下を連想させ，通勤に便利だという意味合いを持たせています．この商品は，最初は「フレッシュライフ」というネーミングで発売されましたが，「通勤快足」に改めてから，売り上げが10倍になったそうです．

「音姫」というトイレの消音装置も，浦島太郎の童話に出てくる「乙姫」の文字替えです．日本人なら誰もが知っている童話の登場人物と同じ発音で親しみやすさと覚えやすさを狙い，なおかつ商品の特性を示す「音」の漢字を使うことで，視覚的にも聴覚的にもアピールしています．

ここで見てきたように，広告メッセージの1つ1つを記号としてとらえ，それぞれの記号を人がどのように意味づけるかの研究は記号学で扱われますが，記号学では人が広告をどのようにとらえるかが具体的に解明されています[*12]．

茎の裏に舌先を近づけて音を作る歯茎摩擦音と呼ばれる音です．

音象徴（sound symbolism）

通勤快足（提供：株式会社レナウン）

*12 例えば，バルト，R.（1984）

✂ キャッチコピーのツボ

　CMでネーミングの次に重要なものは、「コピー」と呼ばれるキャッチフレーズです．映像があっても、最後に記憶に残るのはキャッチコピーです．

　成功するキャッチフレーズの条件は、短くシンプルで商品のポジティブなイメージにつながる表現で、「そうだよね」という共感を呼び起こす言語表現ということです．キャッチフレーズの多くが、印象に残りやすいよう、体言止めでインパクトを強めています．冒頭で挙げた「元気ハツラツ」がその好例です．よく用いられる品詞は、おいしい、さわやか、早い、軽い、良い、きれいなどの形容詞や、すっきり、はっきり、くっきりなどの副詞です．そして、押しつけがましくなく、さりげなく、共感を高めることが重要視されます．

　起用されるタレントは、商品のポジティブなイメージに近い好感度の高い人です．タレントがすでに得ているイメージと商品とを重ね合わせ、商品が魅力的に感じられるような効果を狙っているのです．そのタレントの口からキャッチフレーズがささやかれることで、商品への信頼性が高まるのです．

　そして、キャッチフレーズをどのように発音するかも重要です．声の調子や高さ、速さ、間の取り方などの声の表情を**パラ言語**と呼びますが、聞き終わった後の印象が良いように、広告の送り手はパラ言語にも目配りしています．

　もののとらえ方とことばの働きとの関係を研究する学問に**認知言語学**[*13]がありますが、効果的なキャッチフレーズやその表現方法を考えるとき、認知言語学の研究が生かされています[*14]．

✂ リズムが命

　キャッチフレーズには、節回しが大切です．出だしのフレーズを聞けば商品名がスッと口を突くように、音の響きやリズムに重きを置き、問いかけや掛け声などが駆使されています．例えば、次のようなものがその例です．

　　「やめられない，とまらない」→「かっぱえびせん」（カルビー）
　　「日本の夏」→「キンチョーの夏」（大日本除虫菊）
　　「24時間戦えますか」→「リゲイン」（第一三共ヘルスケア）
　　「どうする？」→「アイフル」（アイフル）
　　「あ，せーのー」→「CCレモン」（サントリーフーズ）

　曲に乗せる場合、五七調や七五調がよく用いられています．これらは万葉集や古今集などの短歌の古典で使われている日本語のリズムですが、日本人のDNAにはこういうリズムが昔から組み込まれているからでしょう．五七調は5文字と7文字で一セット、七五調は7文字と5文字で

『第三の意味』、みすず書房、などが参考になります．

パラ言語（paralanguage）

[*13] 認知言語学（cognitive linguistics）とは、簡単に言うと、人が世界をどのように認識して言語化するかを明らかにする学問です．

[*14] 例えば、レイコフ, G., M. ジョンソン（著）、渡部昇一、楠瀬淳三、下谷和幸（訳）（1986）『レトリックと人生』、大修館書店、などが参考になります．

一セットです．五七調は素朴で力強く，七五調は優しく優雅で流れが軽妙です．童謡で例を挙げると，五七調は，「名も知らぬ　遠き島より　流れたる　やしの実ひとつ」が，七五調では「どんぐりころころ　どんぶりこ」がそうです．七五調の童謡「おたまじゃくしはカエルの子」を替え歌にしたCMソングで人気を得たものがあります．♪まるいみどりの山手線，真ん中通るは中央線……カメラはヨドバシカメラ♪（ヨドバシカメラ）．調子がいいので，自然に覚えてしまいませんか．

✂ その気にさせるメッセージ

　CMのキャッチコピーには，直接的には商品とは結びつかないものもあります．そういうコピーが売り物にするのは商品ではなく，ブランドイメージです．誰もが理想とするような「安心」「平和」「夢」「希望」「自信」などをイメージさせるメッセージで，人のハートに訴えます．

　こういうメッセージは時代性がものを言います．CMの作り手は，時代を先読みして，「こうしたかった」「こういうのがほしかった」という気持ちを刺激し，気づかずにいた人生の本質的な価値や置き去りにしていた価値観の見直しをさせるフレーズを産み出すのです．少し時代を経てから振り返ると，そういうキャッチコピーがその時代を反映する鏡のような役割を果たしていることに気づかされます．

　日本の高度経済成長期の1960年代から1980年代は，CM全盛期と呼ばれています．1980年代に流行ったコピーで，現在でも人の口から出たり，他の商品名に使われたりしているものを3つ取り上げてみましょう．

　まず，1982年の「不思議，大好き」（西武百貨店）です．当時は飽食時代と言われた時代で，好きなものが好きなだけ食べられ，物が豊かになり，あふれ出した時代でした．そういう時代に，物欲ではなく，「そんな生き方がしたい」と思わせるようなキャッチコピーで人々の知的好奇心を刺激し，大きな話題を呼びました．物を買うことより，生き方そのものがかっこいいという気分にさせるコピーで，今でも他社のテレビ番組名や雑誌名にこのタイトルがつけられたりしています．

　同じ1982年にヒットしたコピーに「ピッカピカの1年生」（小学館）があります．学習雑誌のCMですが，商品の雑誌は登場せず，小学校に上がる一般の子供の表情をとらえたCMでした．新一年生を「ピッカピカ」と形容することで新鮮さや希望を引き出し，エールを送る効果がありました．このCM以降，このコピーは，教育機関の新入生だけでなく，新入社員などへの形容句としても市民権を得て，一般の表現として使われるようになりました．

　1983年の「いつかはクラウン」（トヨタ自動車）も夢を与えたコピーです．36ページで触れたように王冠を車にたとえたネーミングでこの車種は高級イメージを不動にしました．このコピーは7代目のCMですが，特に若い世代の男性は「いつかステータスが上がったら」「いつか経済的

に余裕ができたら」と願望をふくめました．当時，このCMに触れた男性たちは，今でも「いつかはクラウンではないけれど，いつかは〇〇」のように，自分の夢や抱負を語るとき，このコピーを用いたりします．

✂ 流行語になるメッセージ

ブランドイメージを高めるタイプのメッセージの中からは，その時代の流行語が生まれたりもします．例えば，2013年の流行語年間大賞に選ばれたのは，タレントやドラマのセリフではなく，テレビCMの「いつやるの？　今でしょ」（東進ハイスクール）でした．予備校での授業中に講師が放ったセリフですが，聞き手に選択の余地を与えず，有無も言わせず「即実行」を促しています．シンプルで短いセリフですが，パンチが効いていて，あちらこちらで転用されました．このように，キャッチコピーには，旗振り役になるようなパワーも秘められているのです．

✂ コミュニケーション喚起

2005年以降，テレビCMは，「この続きはウェブで」のように，わざと半完成品で出してウェブに誘導する広告が増えました．現代のウェブ環境下では，従来型のような自己完結したキャッチコピーでは，受け手に関わる余地を与えません．意図的に隙間を作って，呼びかけたり問いかけたりして反応を呼び起こし，受け手がコメントしやすい環境を作っています．受け手を巻き込んで，コミュニケーションを起こさせることで企業ファンを増やすダイアローグ型が急増中です．CMの作り手は，たえず時代に合った言葉の使い方を模索するコミュニケーションのプロなのです．

【☞ まとめ】・広告の言葉には実に多くの計算が働いています．その計算を裏づけるのは，言語学の様々な領域の研究です．
・テレビCMの15秒の説得には，人の心を動かしたりその気にさせたりする魔力があります．それは，CMの作り手が，時代を読み，人に夢や希望を与え，先導するからです．
・CMの作り手はコミュニケーションのプロフェッショナルです．

|練習問題|

次の問題を調べてみてください．インターネットや雑誌『広告批評』のバックナンバーなどが参考になります．
1. 特定の企業のブランド名が一般名詞化している例を5つ探してみましょう．
2. 商品のネーミングについて，レトリック分析をしてみましょう．「直喩」「換喩」「隠喩」「擬人法」それぞれの手法が用いられている商品名を3つずつ挙げ，それぞれどのような効果があるのか考えてみましょう．
3. テレビCMの全盛時代と言われる1970年代から1980年代に話題を呼んだCMのことばを調べ，流行った理由を考えてみましょう．

4. 最近印象に残った CM のキャッチフレーズを 5 つ書き出し，印象に残った理由について考えてみましょう．
5. あなたの住んでいる地元の特産品を 1 つ取り上げ，全国的に売り出すためのネーミングとキャッチフレーズを作ってみましょう．

広告関係の博物館にアド・ミュージアム東京（東京都港区東新橋 1-8-2 カレッタ汐留 ADMT B1F）があります．この中には広告図書館もありますので，直接行ってみるといいでしょう．

Further Reading

広告表現の効果については，八巻俊雄，天津日呂美『広告表現の科学』（日経広告研究所）や山田理英『広告表現を科学する』（日経広告研究所）が調査結果を報告していてわかりやすい．広告の効果と心理学の関係を知るには，小嶋外弘，林英夫，小林貞夫（編著）『広告の心理学』（日経広告研究所）を薦める．広告の作り手の視点から書かれたものとしては，山川浩二「ヒット CM の条件」，南博，江藤文夫（監修）『CM 文化論』（マドラ出版）が気軽に読めて理解しやすい．

理論を学びたい人には，ウィリアムソン, J.（著），山崎カヲル，三神弘子（訳）『広告の記号論 I，II』（拓殖書房）を薦める．英語で書かれたものでも構わないという人には，Myers, G. *Words in Ads*, Arnold と Perloff, R. M. *The Dynamics of Persuasion*, Lawrence Erlbaum Associates の 2 冊が明快である．

最後に著者の論文を 1 つ挙げる．清ルミ「テレビにおけるコマーシャルの言語表現」，岡部朗一（編），中島平三（監修）『シリーズ朝倉〈言語の可能性〉7 言語とメディア・政治』（朝倉書店）．広告理論を概説し，日本とイギリス，アメリカの CM を例にとり，具体的な読み解きを試みている．

筆者より

広告も魔術師ですが，私がもしタイムマシンに乗って高校時代に戻ることができたら……．今度は人の心と体を癒す魔術師になりたいです．人の病気をみる西洋医学ではなく，人が病気にならないようにする伝統医学にとても興味があります．実はいくつか免許を持っているのです．写真はインドの伝統医学アーユルヴェーダを学んだときの修了式の写真です．

第5章 「あたし，おなかすいたわ」なんて誰が話してるの？

中村 桃子

【言語とジェンダー】

《✍ 何が分かるか》 ことばとジェンダー（女らしさや男らしさ）の研究には，大きく2つの領域があります．第1の領域では，私たちがことばを使って自分の〈女らしさ〉や〈男らしさ〉をどのように表現しているのかを考えます．そのためには，ことばを使うことでアイデンティティを作り上げると考える構築主義が有効です．第2の領域では，女性や男性はどのようなことばで表現されているのかを考えます．男女に使われることばが差別を生み出している場合もありますが，差別をなくす新しいことばが社会を変化させています．

　　A：あたし，お腹すいたわ．
　　B：おれ，腹減ったぞ．

　この2つの発言を読んで，AとBはどのような人だと思いますか．たいがいの人は，Aが女性でBが男性だと推測するのではないでしょうか．そのような推測ができるのは，日本語には，女性が話す「女言葉」と男性が話す「男言葉」の区別があると考えているからです．

　女言葉と男言葉は，それぞれ〈女らしさ〉と〈男らしさ〉を表現すると考えられています．だから，女性がBのように話したら「女らしくない」と感じ，男性がAのように話したら「男らしくない」と思う人がいるのです．

　一方で，私たちの周りを見回すと，「おれ，腹減ったぞ」と言う女性もいますし，「あたし，お腹すいたわ」のような言葉遣いをしているのは，女性よりもテレビで活躍しているおネエタレントであることに気付きます．

　では，女言葉と〈女らしさ〉，男言葉と〈男らしさ〉は，どのような関係にあるのでしょうか．この問いには，言語とジェンダー（女らしさや男らしさ）の研究が答えてくれます[*1]．

　言語とジェンダー研究は，ことばと社会のかかわりを研究する社会言語学の1つの分野で，大きく，女らしさや男らしさを表現することばの使い方と，男女を表すときに使われることばを研究しています．以下では，この2つの領域について，私たちがことばを創造的に使って社会を変化させている側面に焦点を当てて見ていきましょう．

✂ 「女言葉」と「男言葉」とは

　女言葉や男言葉がどのような話し方なのかについてはいろいろな意見がありますが，典型的な違いを指摘することはできます．研究書を見てみると，高い声は女らしさに，低い声は男らしさに結びつき，「あら，ま

[*1] ジェンダー（gender）とは，各々の社会や文化によって共有されている，いわゆる「女らしさ」や「男らしさ」を指します．人間の性は大変複雑で，「セックス」(sex 生物学的性別)，「ジェンダー」(gender 社会文化的性役割)，「セクシュアリティ」(sexuality 性的嗜好，性的指向，性的欲望) の3つの側面からとらえる必要があります．この3つの側面は密接に関わりあっているため，言語とジェンダー研究では，以下で見るように，セックスとセクシュアリティも十分考慮して研究します．

あ」は女性,「おい,こら」は男性の感嘆詞だとあります.「だわ,ね,かしら」は女性,「ぜ,ぞ」は男性の文末詞で,「あたし」は女性,「おれ,おまえ,きみ」は男性の人称詞だとあります.「おなか,すいた」は女性,「腹,減った」は男性の表現だとあります.だから,「あたし,お腹すいたわ」は女性の発言で,「おれ,腹減ったぞ」は男性の発言だと言われるのです.

けれども,女言葉に関しては,ずいぶん前から日本女性はほとんど使っていないことが明らかにされています.1993年に職場における女性の会話を分析した研究によると,女言葉の文末詞と考えられている「だわ」「だわね」や女の疑問表現だと見なされている「かしら(ね),わね,わよね,のよね」を使う女性はほとんどいません[*2].では,一体だれが女言葉を使っているのでしょうか.

✂ ハーマイオニーの女言葉

　　まあ,あんまりうまくいかなかったわね.私も練習のつもりで簡単な呪文を試してみたことがあるけど,みんなうまくいったわ.私の家族に魔法族は誰もいないの.[*3]

これは,ハリー・ポッターのシリーズに登場する女の子のハーマイオニー・グレンジャーが,初めて登場するシーンのせりふです.よく読むと,「私,わね,わ,の」を伴った女言葉に訳されています.しかし,ハーマイオニーのこのときの年齢は11歳.日本で言えば,小学5年生です.日本の小学5年生の女子で,このように話している子どもなどいるでしょうか.勉強家のハーマイオニーには,このような言葉遣いがぴったりな気もしますが,ハーマイオニーは,同じように勉強家でも,日本人の少女なら使わないような女言葉で話しているのです.

翻訳の中の女性が女言葉を使うのは,翻訳家が「この登場人物は女性なので女言葉を使うだろう」と考えて,自分が知っている「このような話し方が女言葉なのだ」という知識を使ってしまうからです.

翻訳家の大島かおりは,「同じ言葉であっても,男が言っているときと女が言っているときでは,訳し分けることがある.いわゆる女ことばに縛られているつもりはなくとも,身にしみついた『女らしさ』の約束事に無意識に引きずられて,自分の言葉の選び方を自分で規制している.」と述べています[*4].

これは,女言葉が,女性がいつも使っている言葉なのではなく,「こういう話し方が女言葉なのだ」という知識であることを示しています.考えてみれば,日本に住んでいる人のほとんどは,その地域の言葉を話しているので,身近にいる人から標準語の女言葉や男言葉を日常的に聞くことがありません.むしろ,私たちはマンガやドラマなどから,どのような言葉遣いが女言葉や男言葉なのかを知識として学んでいるのです[*5].

[*2] 現代日本語研究会(編)(1997)『女性のことば・職場編』,ひつじ書房.また,2004, 2005年に首都圏の20代から40代までの女性の会話を対象にした調査によると,「わ,だわ,わよ,わね,かしら,体言+ね,体言+よ」など,いわゆる女らしい文末詞は,40代以上には残存しているものの40代前半から30代末にかけて徐々に死語になりつつあり,20代ではほぼ消滅しています(水元光美(2010)「テレビドラマ」,中村桃子(編著)『ジェンダーで学ぶ言語学』,89-106,世界思想社).

[*3] J.K.ローリング(著),松岡佑子(訳)(1999)『ハリー・ポッターと賢者の石』,158,静山社.翻訳の中の日本語については,中村桃子(2013)『翻訳が作る日本語』,白澤社,に詳しい.

[*4] 大島かおり(1990)「女が女を訳すとき」,『翻訳の世界』,43.

[*5] メディアから知識として学ぶ言葉遣いには,女言葉や男言葉以外にも,地域語や職業語などさまざまなものがあります.これについては,金水敏(2003)『ヴァーチャル日本語―役割語の謎―』,岩波書店,がおもしろい.

✂ アイデンティティを表現することば—本質主義と構築主義

では，知識としての女言葉や男言葉は，どのような働きをしているのでしょうか．上に挙げた感嘆詞や人称詞，文末詞は，会話に関わる人のアイデンティティを表現する言葉です[*6]．私たちがコミュニケーションをするときには，言葉を使い分けることで，自分はどのような人間なのか，相手をどのように扱っているのか，あるいは，会話に出てきた第三者はどのような人間かなど，会話に関わる様々な人たちの人物像も伝えています．「あたし，お腹すいたわ」と「おれ，腹減ったぞ」では，話し手の人物像が異なります．アイデンティティを表現するものには，ファッションやしぐさなど様々な材料がありますが，「ことば」も，そのような材料の1つだと考えることができます．

ことばとアイデンティティの関係は，大きく**本質主義**と**構築主義**に分けて理解することができます[*7]．

これまでは，話し手にはあらかじめ特定のアイデンティティが備わっていて，話し手は，そのアイデンティティに基づいて特定の話し方をすると理解されていました．ある人が女言葉を使うのは，「女らしいから」あるいは「女だから」と言われました．このように，アイデンティティをその人にあらかじめ備わっている属性のように捉えて，人はそれぞれの属性に基づいて言葉を使うという考え方を「本質主義」と呼びます．

しかし，このような考え方では説明の付かないことがたくさん出てきました．最も大きな問題は，人は誰でもそれぞれの状況に応じて言葉を使い分けているという事実です．私たちが実際の場面で使っている言葉遣いは，多様に変化しています．同じ人でも，家庭と学校での言葉遣いは異なるし，同じ学校でも，話す相手や，場所，目的によっても異なります．私たちが，あらかじめ持っているアイデンティティに基づいて特定の話し方をすると考えると，このように言葉を使い分けていることを説明することができません[*8]．

そこで提案されたのが，アイデンティティを言語行為の原因ではなく結果と捉える構築主義です．私たちは，あらかじめ備わっている〈日本人・男・高校生〉という属性に基づいて言葉を選択するのではなく，特定の言葉を使う行為によって自分のアイデンティティを作り上げる．「私は日本人だから」「男として恥ずかしい」「もう，高校生だから」などと言う行為が，その人をそのとき〈日本人〉〈男〉〈高校生〉として表現すると考えるのです．私たちは，女言葉や男言葉だけでなく，様々な言葉を使うことで，それぞれの場面ごとに多様なアイデンティティを表現しているのです[*9]．

私たちが表現する〈自分〉は，相手との関係の中で少しずつ違っています．それでも，自分を1つの統一された人間だと考えることができるのは，繰り返し習慣的に特定のアイデンティティを表現しつづけること

[*6] アイデンティティ (identity) は，人種，国籍，年齢，職業，宗教などに関わる様々な部分から成り立っていますが，そのうち，ジェンダーに関わる部分は，ジェンダー・アイデンティティ (gender identity) と呼ばれます．

[*7] 本質主義 (essentialism)．構築主義 (constructionism) は，社会構築主義 (social constructionism) とも呼ばれます．ことばと特定のアイデンティティの結びつきは，指標性 (indexicality) という用語で呼ばれます．

[*8] 女言葉や男言葉も，女らしさや男らしさを表現するためだけに使われるわけではありません．最近は，強く意見を主張するときや高飛車な態度を表現するときに女言葉が使われる傾向があります（因京子 (2010)「マンガージェンダー表現の多様な意味—」，中村桃子（編）『ジェンダーで学ぶ言語学』，73-87，世界思想社）．

[*9] 構築主義の入門書には，バー，V.（著）田中一彦（訳）(1997)『社会的構築主義への招待—言説分析とは何か—』，川島書店，があります．

で，そのアイデンティティが自分の「核」であるかのような幻想を持つからなのです[*10]．

ことばで創造する人間関係

構築主義は，人間関係が流動的になった後期近代社会[*11]に必要になった考え方だとも言われています．現代では，離婚や再婚も珍しくなくなり夫婦関係や親子関係も固定していません．終身雇用が当たり前だった時代には職場の人間関係も固定していましたが，現代の職場には，正社員・パート・アルバイト・派遣社員など様々な立場の人が同時に関わっており，場面ごとにそれらの人々との関係を調整していくことが求められています．

これらの人間関係の調整に大きな役割を果たしているのが，「言葉」です．それは，相手をどのような言葉で呼ぶか，相手とどのような言葉で話すかによって，相手との関係や自分のアイデンティティを表現することができるからです．

こうした点に着目して，言葉によって，以前よりも民主的な人間関係を築こうとする動きもあります．例えば，自分の子どもに「お母さん，お父さん」や「ママ，パパ」ではなく，「さやか」と自分の名前で呼ばせる親がいるそうです[*12]．その理由は，「子どもと対等な関係でいたい」からで，そのために親たちが選んだのも言葉です．また，お互いを「○○さん」で呼ぼうという会社も現れました．従来のように「社長」「部長」と呼び合っていたのでは，意思疎通がスムーズにいかない．ここでも，言葉によって職場の人間関係が変化することが前提になっています．

言葉を使ったアイデンティティの調整は，若者の方言使用にも観察されます．近年，若者がメールなどに自分と無関係な方言の語尾などを挿入する「方言コスプレ」が注目されています[*13]．その方言に付随したイメージを使って，そのときどきに相手との関係や自分のアイデンティティを調整しているのです．

これらの例は，多くの人が言葉を従来とは違う方法で使うことで，人間関係を変化させようとしていることを示しています．構築主義の最大の特徴は，このような創造的な言葉の使用が，言葉や社会を変化させていく過程に注目している点です．

ことばは，私たちが様々なアイデンティティを表現することを可能にしてくれる材料です[*14]．ただし，すでにある言葉を使わざるを得ないという意味で，使える材料は限られています．自分の言葉を相手に理解してもらうためには，社会ですでに共有されている言葉を使うしかありませんが，特定のアイデンティティと結びついた言葉は限られています．

その結果，私たちは，限られた言葉を様々に組み合わせたりずらしたりして，そのときどきの「自分」を表現しています．対等な関係に使われる名前や「〜さん」を，上下関係にある親子や会社で使うのは「ずら

*10 作家の平野啓一郎（2012）は，『私とは何か—「個人」から「分人」へ—』（講談社現代新書）で，1人の人が様々な側面を持っている状態を「分人」と呼んでいます．

*11 後期近代社会とは，欧米や日本などの資本主義社会の場合は，1970年代以降を指します．

*12 「ママと呼ばないで！」，『日本経済新聞』2008年4月14日夕刊．

*13 田中ゆかり（2011）『「方言コスプレ」の時代—ニセ関西弁から龍馬語まで』，岩波書店．例えば，関西人でないのに「なんでやねん！」と関西弁を使ってつっこむなど．

*14 アイデンティティを表現する材料としての言葉は，**言語資源**（linguistic resource）と呼ばれます．

し」の例です．そのような創造的な言葉の使用は，今ある言葉や社会を変化させていく可能性を秘めています．

✂ 小中学生女子の「おれ，ぼく，うち」

こうした構築主義の考え方は，ジェンダーについても当てはまります．例えば，小中学生女子が「おれ，ぼく」などの男子の自称詞を使うことは，「男子のようになりたいからだ」と批判されることがあります．しかし，アイデンティティ創造の視点から読み解くと，これまで批判されていた言葉遣いも新しい視点から見ることができるようになります．

実は，女子が男子の自称詞を使う現象は，明治時代から見られます．明治時代の新聞には，女子学生がお互いを「僕」「君」と呼び合う会話が載っています[*15]．第二次世界大戦中も，言語学者が，「若し若い女子が『僕』とか『君』とかつかったとしたら，……さういふ女子は日本の女子ではないと言はなければなりません．」と怒っています[*16]．

女子が男子の自称詞を使う理由は様々でしょうが，女子が明治時代から男子の自称詞を使ってきたのなら，その理由の1つは，最近の社会変化ではなく，〈大人の女性〉になる前の段階である「少女期」にあると考えられます．

日本語には「わたし」と「ぼく」という男女で異なる自称詞が用意されています．「わたし」と「ぼく」の違いの1つは，「わたし」に比較して「ぼく」は「大人度」がずっと低いという点です．男子でも大人になれば「わたし」を使う機会もあるでしょうが，小学生で「わたし」を使う男子がいたら，非常に大人びた印象を受けるのではないでしょうか．

つまり，男子の自称詞には，小さいときには「名前＋ちゃん（くん）」を使い，次第に〈少年性〉に印づけられた「ぼく」や「おれ」を経て，完全な大人になったら「わたし」も時には使うというゆるやかな道筋が用意されています．しかし，女子には，「○○ちゃん」から「わたし」へいっきょに大人の女性になる自称詞しか用意されていないのです．

少女にとって「大人の女性になる」ことは，様々な意味を持っていますが，その1つは，男性の異性愛の対象になることです．

小学校も高学年になると，子どもたちは異性を意識し始めます．社会言語学者のペネロピ・エカートは，アメリカの小学五年生には「異性愛市場」が出現すると指摘しています[*17]．異性愛市場が出現した集団では，異性愛の対象になるかどうかという基準で，子どもどうしが秩序付けられるようになります．

しかし，異性愛の規範では，女性は男性の性的欲望を受け入れる性の対象物と見なされるため，女子はジレンマに直面します．作家の橋本治は，異性愛は能動的な男性が女性を「犯す」という側面をはらんでいるために「少女達は性に目覚めると同時に自分のうちにある一つの危険を抱えこみ，それを殊更に自覚することになる」と表現しています[*18]．

[*15] 中村桃子 (2012)『女ことばと日本語』，岩波書店．

[*16] 木枝増一 (1943)『言葉遣の作法』より．詳しくは，中村桃子 (2007)『「女ことば」はつくられる』，ひつじ書房．

[*17] Eckert, Penelope (2002) "Demystifying Sexuality and Desire," Kathryn Campbell-Kibler, Robert J. Podesva, Sarah J. Roberts and Andrew Wong (eds.) *Language and Sexuality: Contesting Meaning in Theory and Practice*, 99-110, CSLI Publications, Stanford, CA.

[*18] 橋本治 (1984)『花咲く乙女たちのキンピラゴボウ』, 174, 河出書房新社．「異性愛規範 (heteronormativity)」とは，異性愛だけを唯一の自然で正しい性愛のあり方として規定している社会制度を指す（カメロン, D., D. クーリック (2009)『ことばとセクシュアリティ』, 三元社）．

「大人の女性になる」ということは，性愛の対象になりたいという欲望と，なってしまうと性の対象物に堕落させられてしまうというジレンマの中で，微妙なバランスを保って生きていくという側面を持っています．少女にとって「わたし」を使う意味の1つは，〈大人の女性〉に近づいて，このジレンマを引き受けることなのです．

　そう考えると，少女が「わたし」を使わない理由を理解することができます．少女たちは，性の対象物になることも，友だちから相手にされない〈子ども〉のままでもいたくないから「わたし」以外の自称詞を使うのです．いつか〈大人の女性〉のジレンマを引き受けなければならないときがくるまでは，どちらの選択もしたくないのです．

　「わたし」以外の自称詞を使うといっても，まったく新しい自称詞では通じません．そこで女子は，男子の「おれ，ぼく」や地域語の「うち，わし」を借用するのです．女子が「わたし」以外の自称詞を使うのは，日本語に〈子ども〉でも〈女〉でもないアイデンティティを表現する自称詞がないからなのです．

　このことに気付くと，女子が「おれ，ぼく，うち」を使うのは「男子のようになりたい」からなのではなく，むしろ，新しい〈少女性〉の創造であることが分かります．その証拠に，「おれ，ぼく，うち」の中で最も普及しているのは，男子の自称詞である「おれ，ぼく」ではなく，「うち」です．

　女子が使う「おれ，ぼく，うち」は，女は「わたし」で男は「ぼく」という男女で異なる自称詞の区別を変化させる可能性を秘めています．この意味で，女子の言葉遣いは，日本語の不足を超越した創造的な言語行為なのです[19]．

　女子が「うち」を使って表現する女らしさは，大人の女性が「わたし」を使って表現する女らしさとは異なります．つまり，〈女らしさ〉や〈男らしさ〉は2つしかないのではなく，その人の年齢や職業，人種や会話における立場によって無数にあるのです．

✄ 言語研究の思い込み─言葉の性差という神話

　女らしさや男らしさの多様性に気付くと，従来の研究の問題点が見えてきます．これまでは，言葉の性差，つまり，「男女はどのように異なる言葉遣いをするのか」を知ることが研究の目的でした．このような研究では，あらかじめ男女に分けられた話し手の会話を比較して，「女は男よりおしゃべりか」「男女はどのように異なる語彙や文法を使うのか」「聞き手の性別によって話し方は異なるのか」などが調べられました．比較をすれば必ず違いが出てきますから，それが「言葉の性差」として報告されたのです[20]．

　しかし，研究がすすむと矛盾する結果が出てしまいました．「女は男よりおしゃべりだ」という結果も，「男は女よりおしゃべりだ」という結果

[19] このように見てくると，「わたし，ぼく」というジェンダーで異なる自称詞を子どもに使わせることは，異性愛を強制する働きをしていることが分かります．詳しくは，中村桃子（2007）『性と日本語─ことばがつくる女と男』，日本放送出版協会．若い男子が使い始めた，「オレじゃないっス」という表現も新しい敬語として取り上げている．

[20] これまでに行われた性差研究については，中村桃子（2001）『ことばとジェンダー』，勁草書房，に詳しい．

もあったのです．先に見たように，私たちは「女だから」「男だから」という理由だけで話し方を決めているわけではなく，そのときどきで言葉を使い分けていることを考えれば，これは当然の結果だと言えます．「言葉の性差」とは，性差研究が作り出した神話だったのです．

階級や職業が流動的になった現代社会では，ジェンダーが私たちのアイデンティティの大きな部分を占めるようになりました．けれども，ことばとジェンダーについて考えるときには，男女を二つに分けて「言葉の性差」を考えるのではなく，女らしさや男らしさは社会の様々な要因に応じて無数にあり，しかも絶えず変化していることを念頭に置くことが大切です[*21]．

ことばは行為である

次に，言語とジェンダー研究のもう１つの領域である，女性や男性はどのような言葉で表現されているのかという問題を見ていきましょう．私たちは，様々な「ことば」で特定の人や集団を表現していますが，その表現方法が偏見や差別を作り出してしまう場合があります．特に，言語とジェンダー研究で問題になったのは，ことばが**性差別**（性別で人を差別すること）を助長する働きです[*22]．

どのような表現が問題になったのでしょうか．英語では，男性の敬称が Mr. 1つなのに，女性だけが結婚しているかいないかで Mrs. と Miss に呼び分けられることは，女性に関してだけ既婚か未婚かという私的な情報を公開させていると指摘されました．そこで，女性にも Ms.（ミズ）という新しい敬称が提案されました[*23]．日本では「ミスコン」などの形で Miss が残っています．

日本語では，第一に，「未亡人」や「（夫を指す）主人」が問題にされました．「未亡人」とは，妻を，「（夫が死んでも）まだ，死んで（亡）いない（未）人」と表現する言葉です．また，夫を「主人」と呼ぶことは夫婦の上下関係を作り出すと問題視されました[*24]．

第二は，「女社長，女性社員，女子選手，女流作家」などです．このような表現は，これらの職業の基準は男性であることを前提にしているだけでなく，「女である」ことを必要以上に強調しています．「社長」がミスをすれば本人のせいだと言われますが，「女社長」のミスは「女だから」と見なされる傾向を助長しています．

第三は，差別語を含まない差別表現です．会社にかかってきた電話に女性が出ると，「誰か男の人いない？」と言うことは，「女のあなたでは役に立たない」ということです．女性社員を「女の子」と呼ぶことも女性を蔑視しています．その結果，「差別語」という単語のレベルに終始していた議論が「差別表現」に拡張しました．出版社などに流通していた「禁句集」に代わって，文章全体を扱う「ガイドライン」が作成されました[*25]．

[*21] ジェンダー論では，「どのような社会現象もジェンダーを考慮しないで説明することはできないが，どのような現象もジェンダーだけでは説明できない」と言われています．

性差別（sexism）

[*22] スペンダー，D.（著），れいのるず・秋葉かつえ（訳）(1987)『ことばは男が支配する―言語と性差』，勁草書房．

[*23] 英語と性差別については，中村桃子 (1995)『ことばとフェミニズム』，勁草書房，に詳しい．

[*24] 遠藤織枝 (1987)『気になる言葉―日本語再検討』，南雲堂．代案として，自分の夫には「名前」や「つれ合い」，他人の夫には「おつれ合い」が提案されている．

[*25] 斉藤正美 (2010)「差別表現とガイドライン―差別をつくる／変えることば」，中村桃子（編）『ジェンダーで学ぶ言語学』，183-196，世界思想社．

しかし，これらの指摘には「言葉を変えても社会は変わらない．女の賃金が上がるわけでもない」という反論が繰り返されました．このような反論の背後には，社会はことばより先にあり，ことばは社会をそのまま伝達する道具にすぎないと考える言語観があります．

この状況を変えたのが，ことばには社会的行為としての側面があるという指摘です[*26]．「明日10時に会いましょう」という発言は約束という行為です．約束を破れば社会的な制裁もあります．

この転換は重要です．ことばが行為であるならば，差別表現も行為と見なされます．「女のくせに」などの発言も，女に対する暴力と同じ行為となります．この転換は，「差別する意図はなかった」という弁明を許しません．差別表現の背後に差別意識があるかどうかが問題なのではなく，差別表現を言うこと自体が差別する行為だと見なされるからです．差別意識を持つことよりも，差別意識を言葉にして発言することを問題視するのです．

また，ことばには，単なる伝達の道具である以上に，性差別的な考え方を社会の常識にする働きがあることも見えてきました．「女のくせに」という発言が日常的に行われると，女性を差別することが常識となり，その結果，女性の賃金が男性よりも低いことが当たり前になるのです．

現代では，ネットを中心に人を中傷する言葉が氾濫している一方で，「表現の自由」と「差別表現」のバランスの難しさも指摘されています．このような状況で大切なことは，「差別表現は暴力行為なのだ」と主張し続けることです．たとえ匿名で他者を中傷している人でも，表だっては「これは表現の自由だ」と言えない状況を作っておくことが重要です．

✂ 「セクハラ」が変えた社会

ことばが差別を作り出しているとしたら，それを変化させることができるのも，ことばです．女性たちは，ガイドラインの作成や差別表現に対する異議に加えて，新しい言葉も提案してきました．

中でも，「セクハラ」という言葉の普及は，私たちの日常を大きく変化させました．それまで，自分の身に何が起こっているのか理解することすら難しく苦悩していた女性たちが，「これはセクハラという犯罪なんだ」と認識し，それを人に伝え，仲間とともに闘うことが可能になったのです[*27]．

セクハラの認知は，アカハラ（学校における嫌がらせ）やパワハラ（職権をかさに着た嫌がらせ）など，権力関係を利用した様々な嫌がらせに対して，女性だけでなく男性の被害者も訴えることを可能にしました[*28]．

また，「売春」「売春婦」に対して「買春」「買春夫」という言葉を提案し，性行為を金銭によって「買う」男性に焦点を当てました．その結果，児童買春は処罰の対象となりました．

[*26] オースティン，J.L.（著），坂本百大（訳）（1978）『言語と行為』，大修館書店．

[*27] 丹羽雅代（2010）「セクシュアル・ハラスメント―女性への暴力を可視化させたことば」，中村桃子（編）『ジェンダーで学ぶ言語学』，197-213，世界思想社．

[*28] 上野千鶴子編（1997）『キャンパス性差別事情―ストップ・ザ・アカハラ』，三省堂．また，夫婦間の暴力を指す「DV」（ドメスティック・バイオレンス，家庭内暴力）や恋人間の暴力を指す「デートDV」，「ストーカー」なども，それまで他人が介入するべきでないと見なされていた私的領域の暴力を明らかにした言葉です．

言葉を新しい視点から定義する試みも行われました．近年電車内で聞かれる「ちかんは犯罪です」という放送は，「ちかんなどささいなことだ」という意識をくつがえし，多くの被害者に声を挙げる勇気を与えました．「看護婦，スチュワーデス，保母」が「看護師，客室乗務員，保育士」に変更され，これらの職種への男性の就業を促進しました．

これらの試みが社会に広く普及してきたという事実は，ことばに織り込まれている差別をなくしていくのは，私たちのことばを通した行為であることを示しています．

そのためには，ことばは偏見や差別とは無関係な伝達の道具であるという言語観から離れて，ことばにはすでに，そして，これからも差別的な考え方が入り込むものだということを受け入れ，その事実を意識してことばを使っていく必要があります．表現の自由を守りながらも人を差別しないことばを作り出していくのは，私たち1人1人の言語行為なのです．

【☞ まとめ】
・「女言葉」や「男言葉」は私たちがアイデンティティを表現するために利用することができる知識です．
・女らしさや男らしさは社会の様々な要因に応じて無数にあり絶えず変化しています．
・「女は男よりおしゃべりか？」などと「言葉の性差」を問うことは，性別が言葉遣いを決定するという見方を助長して，言語使用の創造性を見えにくくしてしまいます．
・差別する意図にかかわらず，差別表現を言うこと自体が差別する行為です．

練習問題

1. 同じ言語現象でも，本質主義と構築主義では解釈が異なります．女性が「おれ，腹減ったぞ」と言った場合，次の2つの解釈は，それぞれ本質主義と構築主義のどちらの解釈でしょうか．
   (1) この人は，女らしくない人だから，このような言葉遣いをしたと考える．
   (2) この人は，なぜ，このような言葉遣いをしたのだろうかと考える．

2. 次の(a)と(b)は，2012年のロンドンオリンピックで，陸上男子100メートルのウサイン・ボルト選手の発言を翻訳した新聞記事です．それぞれ，①と②のどちらの状況での発言なのか考え，「俺」と「僕」が表現しているアイデンティティの違いを書いてみましょう．
   (a)「俺は五輪チャンピオンだ．まだ，俺が最も速いということを，世界に見せなければならない」
   (b)「本当に名誉なこと．節目の年に開かれるこの五輪は，僕にとっても思い入れが深いから」
   ①落ち着いた部屋でジャマイカの旗手を務める心境について神妙な面持ちで語った言葉．
   ②競技場で練習後に，競技への抱負ややる気を聞かれたインタビューで語った言葉．

3. 自分がこれまで使ってきた自称詞を，幼児期，小学校，中学校，高校，大学と書きだして，なぜ異なる自称詞を使い分けてきたのか，友だちと話しあってみましょう．

4. 職業名の前に「女・女性・女子」のどれが付くのかには，傾向があります．「女社長，女性社員，女子選手」とは言いますが，「女子社長，女社員，女性選手」とは言いません．どのような職業に「女・女性・女子」がつくのか列挙して，「女・女性・女子」それぞれが付く職業の傾向を見つけましょう．その結果から，最近「女子会」のように「女子」が多用されている理由を探りましょう．

5. 差別表現の中には，直接人を侮辱していなくても，書かれている表現を理解するためには特定の

人を差別する考えを受け入れなくてはいけないものがあります．次の(a)と(b)の養毛剤の広告コピーを理解するためには，どのような基準で特定の男性を差別する考え方を受け入れる必要があると思いますか．

(a) 頭髪の悩みを抱える人の人口は増加傾向にあります．
(b) 薄毛，抜け毛の悩みを根本解決．

Further Reading

言語とジェンダー研究の古典には，レイコフ, R.（著），かつえ・あきば・れいのるず（訳）『言語と性—英語における女の地位（新訂版）』（有信堂高文社）と寿岳章子『日本語と女』（岩波書店）がある．入門書は，中村桃子（編著）『ジェンダーで学ぶ言語学』（世界思想社）が手軽に読める．

筆者より

高校時代は，運動クラブに属して毎日学校の周りを走っていました．大学生のときにフェミニズムと出会って，「女性も社会に役立つ仕事ができるんだよ」と言われ，今の仕事に就くことができました．子どもたちが小さい頃は大変でしたが，若い学生さんたちと一緒に勉強することが大好きなので，フェミニズムに出会えてよかったと感謝しています．書くことが好きなので，別の職業を選ぶとしたら，作家にあこがれています．
（写真は関東学院大学の中村桃子ゼミの学生が撮影してくれました）

第6章 英語に敬語はあるのか？

櫻井千佳子

【ポライトネス／社会言語学】

《✎ 何が分かるか》 私たちは，相手や場面に応じて，円滑なコミュニケーションのために何らかの配慮をして，丁寧に話しています．このような言語行動をポライトネスと呼びます．ポライトネスは，日本語の敬語のような形式による丁寧表現から，遠まわしな言い方，あるいは冗談などに至るまで，多岐にわたる話し方を含んでいます．この章では，日本語の敬語を出発点にして，様々なポライトネスを見ていきます．

ポライトネス（politeness）

丁寧表現

敬語（honorifics）

*1 文化審議会答申（2007）の「敬語の指針」では，敬語は，尊敬語，謙譲語，丁寧語に丁重語と美化語を加えた5種類を指すとされています．

文部科学省文化審議会答申（2007）「敬語の指針」

✂ 日本語で丁寧に話すときには…

日本語の**ポライトネス**を考えるときに，まっさきに**敬語**[*1]のことを思い浮かべる人が多いかもしれません．日本語では，目上の相手や親しくない相手に話すときや，あらたまった場面では敬語を使います．例えば，レポートを相手に見てもらうことを依頼する表現を考えてみましょう．

(1) a. このレポート見て．
　　b. このレポートをご覧になっていただけませんか？

(1a) と比較すると，(1b) は丁寧な言い方であり，この言い方をする相手は丁寧に接するべき相手，例えば，先生や上司，あるいは，目上の人やビジネスの相手などであることが想像できるでしょう．一方，(1a) は丁寧ではない言い方であり，相手は必ずしも丁寧に接しなくてもよい相手，例えば，友達や同僚などの近しい関係にある人や，部下などの目下の人ではないかと推測できるでしょう．このように，敬語の使い方を見れば，相手との関係をある程度想像することができます．

(1b) では，「見る」という表現のかわりに，「ご覧になる」という尊敬語が使われています．尊敬語は，相手の行為に敬意を表して述べるものです．また，「ていただく」という補助動詞が使われていて，相手から恩恵を受けるという意味が添えられています．また，「ていただく」自体が「てもらう」の謙譲語であり，相手に対してへりくだった表現です．さらに，「ませんか」のように，丁寧語であるデス・マス体が使われています．また，疑問文が使われることにより，丁寧な感じがします．

このように，(1b) では，日本語の敬語と呼ばれる尊敬語，謙譲語，丁寧語を使うことによって，レポートを見てもらう相手に対して敬意を表し，結果として丁寧な言い方になっています．話し手の，相手を敬う気持ちやへりくだる気持ち，または場面に対してのあらたまった気持ちが，敬語によって表されているのです．この例から分かるように，日本語では，敬語が使われているか，使われていないか，またどのような種類の

敬語が用いられているか，平叙文であるか疑問文であるかなどによって，その場における話し手と聞き手の人間関係を推し量ることができます．

✂ 英語に敬語はあるのか？

では，英語には敬語というものはあるのでしょうか．英語には，敬称と呼ばれる Mr. や Mrs.，丁寧な**呼称**[*2] としての sir や ma'am などがありますが，日本語の敬語のような体系に相当するものはありません．では，英語を話す人は，どのような場合でも，どのような相手に対しても，皆が対等でフレンドリーな雰囲気で，同じ言い方で話すのでしょうか．

(1a)と(1b)で見た，レポートを見てもらう場合で考えてみましょう．英語で丁寧に依頼するには，(2a)よりも(2b)のような表現が考えられます．

(2) a. Look at these papers.
　　　（このレポートを見て）
　　b. Could you just look at these papers?
　　　（ちょっとこのレポートを見ていただけますか？）

(2b)のほうが，より丁寧な印象を与えるのは，次に挙げるような話し方をしているからだと考えられます．まず，Could you ～? というように疑問文の形をとっているため，相手にレポートを見るか，または見ないのかという選択の余地を与えていて，丁寧な印象を与えます．(1b)の日本語でも，敬語を使用しているだけではなく，疑問文が使われていたことを思い出してみましょう．日本語でも，命令文ではなく，疑問文を使うことにより丁寧な印象が増しています．さらに，(2b)では，could という助動詞の過去形を使い，「もしかしたら，レポートを見てもらえますか」という仮定の意味合いを添えています．

このように，英語では，疑問文を使ったり，仮定の意味合いを添える助動詞を使ったりすることによって，丁寧な感じを出しています．また，just という副詞を使うことによって，「ちょっと見る」というニュアンスを付け加え，レポートを見てもらうことの負担を軽減しているとも考えられます．

このように見てみると，「英語に敬語はあるのか？」という質問への答えは，「英語には日本語のような体系化された敬語はないけれど，疑問形や仮定法，ある種の副詞などの表現を使うことによって気遣いのある丁寧な言い方ができる」ということが分かります．

✂ ポライトネス理論

英語には，日本語のように体系化された敬語はないけれど，相手に対する気遣いや丁寧さを表現することができることが分かってきました．これまでにみた例は，日本語でも英語でも相手に対して失礼にならないように，丁寧な言い方をしていることを示しています．円滑なコミュニ

[*2] 呼称（address term）とは，相手に呼びかけるときに使う言語形式です．英語では，親しい間柄ではファーストネームのみで呼びかけることが多いのですが，相手への敬意を示したり，フォーマルな場面で使われる丁寧な呼びかけとして，sir や ma'am が使われます．

ポライトネス理論
(Politeness Theory)

ケーションを行うために，相手や場面に応じて適切な言語表現を使っているのです．では，日本語や英語も含めて，どの言語にも当てはまるような，丁寧な言い方をするための決まりというのはあるのでしょうか．

ブラウンとレビンソン（Penelope Brown and Stephen C. Levinson, 1978, 1987）[*3] は，ゴフマン（Erving Goffman, 1967）による**面子**（めんつ）の概念との関係から，どの言語にも普遍的とするポライトネス理論を提示しました．社会学者であるゴフマンは，面子とは，人間関係を維持するために人間がかぶっている顔のようなもので，人間には，相手に積極的に関わろうとする積極的面子と，相手に邪魔されたくないという消極的面子の2種類があると考えました．ブラウンとレビンソンは，このゴフマンの概念を出発点として，話し手と聞き手が互いの**面子を脅かすような行為**（FTA）を避けるために，様々な**ポライトネス・ストラテジー**を使っていることを体系として示しました．ブラウンとレビンソン（1978, 1987）では，このFTAの脅威の大きさは，①話し手と聞き手の社会的距離，②話し手と聞き手の力関係，③そのFTAがその文化において話し手と聞き手にとって重荷とされる度合い，を足したもので測られるとしています．

さらに，そのFTAを避けるストラテジーは以下のように5つに分けられるとしています．
1. あからさまに伝える．
2. ポジティブポライトネスを用いる．
3. ネガティブポライトネスを用いる．
4. オフレコ（言外にほのめかす）
5. FTAを行わない．

この5つのストラテジーは，FTAの脅威の大きさと関連していて，脅威が小さい場合から大きい場合について使われる順に並んでいます．つまり，1の「あからさまに伝える」というのは，FTAの脅威が小さい場合にとられるストラテジーであり，5の「FTAを行わない」というのは，FTAの脅威が大きい場合にとられるストラテジーです．

では，これらのストラテジーのうち，相手の面子に配慮して発話している，2の「ポジティブポライトネスを用いる」と，3の「ネガティブポライトネスを用いる」の具体的な例を見てみましょう．

初めに，**ネガティブポライトネス**です．例えば，何か頼みごとをするような場面では，頼みごとをされる側としては，相手から邪魔されるということになり，他人から邪魔されたくないという欲求[*4]が働きます．話し手は相手の消極的欲求を満たすためにネガティブポライトネスを用いた頼み方をします．

(3) If it's not too much trouble, could you please tell me the way to the station?
（もしご面倒でなければ，駅までの道を教えていただけますか？）

[*3] ブラウンとレビンソンは，英語，マヤ語，タミル語の研究から，ポライトネスによる言語使用は，円滑な人間関係を維持するための言語行動であるとして，言語形式の丁寧度の問題ではなく，語用論の枠組みから，どの言語にも普遍的とするポライトネス理論を提示しました．

Brown, Penelope and Stephen C. Levinson (1978, 1987) *Some Universals in Language Usage*, Cambridge University Press.

Goffman, Erving (1967) *Interaction Ritual: Essays on Face to Face Behavior*, Garden City.

面子（face）

積極的面子（positive face）

消極的面子（negative face）

面子を脅かすような行為（Face Threatening Act: FTA）

ポライトネス・ストラテジー（politeness strategy）

ネガティブポライトネス（negative politeness）

[*4] ゴフマン（1967）はこのような欲求を消極的欲求（negative wants）と呼んでいます．

(3)では，if 節を伴い「もし〜なければ」という条件を付けることによって，押し付けを弱め，相手が断りやすいように配慮を示しています．また，please という副詞を使うことにより，丁寧な印象を出しているとも言えます．また，日本語の(1b)，英語の(2b)でも疑問文が用いられていましたが，(3)でも疑問文を使うことによって同じ理由で丁寧な表現になっています．

次に，**ポジティブポライトネス**です．例えば，相手が褒めてもらいたいという気持ちを持っている場合，その相手の積極的欲求[*5]を満たすために，話し手はポジティブポライトネスを使って褒めることをします．ここでは，相手が新しい髪型にしたときに褒める表現を見てみます．

(4) I like your hair style.
　　(私はあなたの髪型が好きです＝素敵な髪型ですね)

(4)では，相手に対して関心を示し，自分がその髪型が好きだと伝えることで，素敵な髪型だと褒めています．このように関心を示すこと自体が気遣いであると考えられます．(4)では，いわゆる日本語の敬語のような丁寧表現は使われていませんが，相手への気遣いが言語表現で伝えられており，円滑なコミュニケーションのために使われているポジティブポライトネスの例であると言えます．他には，「冗談を言う」ということも，相手とは遠慮のない関係であることを示すことになり，ポジティブポライトネスのストラテジーと考えられています．

このようなポジティブポライトネスは，日本語の丁寧表現のイメージとは少し異なるように思えます．そこで，丁寧な表現とは，その場面で相手に対して配慮した表現である，と広く解釈する必要があることが分かります．

このように，ブラウンとレビンソンのポライトネス理論は，ポライトネスを従来の言語形式の丁寧度の問題ではなく，語用論的[*6]なものとして捉えています．つまり，ある言い方がその場面や相手に配慮した丁寧な表現であるかどうかということを問題にしているのです．このような捉え方は，ポライトネスを，言語形式に限定せず，相手と円滑なコミュニケーションをとるための人間の社会的な言語行動として見ていることを示しています．ポライトネス理論に関する研究には，他に，レイコフ[*7]や，リーチ[*8]によるものがあります．脇注のレイコフやリーチのポライトネス理論を参照して，(3)と(4)の文が，どのような決まりによってポライトネスに基づく表現であると言えるのか，調べてみましょう．

✂ もっと他のポライトネスの例を見てみよう

このように考えると，敬語という文法化された体系を持たない英語においても，相手への気遣いを示すために様々な表現が使われていることが分かります．これまで，疑問形や助動詞の仮定法の使用の例を見てきましたが，他にはどのようなポライトネスの例があるのでしょうか．

ポジティブポライトネス（positive politeness）

[*5] ゴフマン（1967）はこのような欲求を積極的欲求（positive wants）と呼んでいます．

[*6] 語用論とは，言語表現とその意味を，言語が使われている文脈に即して研究する言語学の分野のことです．

[*7] レイコフは，ポライトネスのルールとして，①形式的に言いなさい，②選択の自由を与えなさい，③共感を示しなさい，の3つがあるとしています．Lakoff, Robin (1975) *Language and Woman's Place*, Harper and Row.

[*8] リーチは，ポライトネスの原則（Politeness Principle）として，①気配り，②寛大さ，③称賛，④謙遜，⑤合意，⑥共感，という6つの格率（maxim）を規定し，自分と相手が受ける利益と負担の関係からポライトネス理論を唱えました．Leech, Geoffery N. (1983) *Principles of Pragmatics*, Longman.

垣根表現*9 と呼ばれる言語表現があります．この垣根表現を使うことにより，自分の意見を断定的に言うことを避けて，ぼやかした言い方をすることになり，気遣いを示すことができます．ここでは，ブラウンとレビンソン（1978, 1987）でも挙げられている，次の文を見てみましょう．

(5) I rather think it's hopeless.
　　（むしろ，望みはないと思うよ）

(5)では，rather（むしろ）という副詞が垣根表現となって，「望みがあるかないかと問われれば，むしろ，望みはない」ということを暗示することにより，間接的な表現になっていると考えられます．直接的に，I think it's hopeless. と言うより，ずっと気遣いのある言い方です．

次に，垣根表現の I was wondering if（私は～かどうか知りたいと思う）の例を見てみましょう．

(6) I was wondering if you could help me with my assignment.
　　（宿題を手伝っていただけないでしょうか）

(7) I was wondering if you'd like to join us tonight.
　　（今晩ご一緒しませんか）

(6)と(7)は，両方とも，I was wondering if という表現を使っていて，相手に自分の言うことを押し付けていない，丁寧な印象を与えます．I wonder という表現を，I was wondering if と過去進行形にすることによって，断定的な言い方を避けています．つまり，相手が応じるのが当然という態度ではなく，if 以下のことを相手が断りやすくする余地を与えているのです．また進行形には「一時的」という意味が含まれるので，「仮の」というニュアンスが出てきます．さらに，(6)と(7)の if 以下を見てみましょう．(6)の if 以下は，「宿題を手伝う」という依頼の内容のため，垣根表現を使うことによって，丁寧な依頼の表現となっています．(7)の if 以下は，「一緒に過ごす」という勧誘の内容のため，垣根表現を使うことによって，丁寧な勧誘の表現となっています．相手の肯定的な答えを期待している依頼や勧誘の場面では，直接的な言い方をすると，相手にとって押し付けがましい印象になるため，垣根表現を使って，それを和らげているのです．上で見た垣根表現は，相手から自分の面子を脅かされたくないという消極的欲求を満たすためのネガティブポライトネスのストラテジーであると考えられます．

では，次に，人から認められたいという積極的欲求を満たすためのポジティブポライトネスのストラテジーを見ていきましょう．

(8) A: John went to London this weekend!
　　　（ジョンは今週末ロンドンに行ったんですよ！）
　　B: To LONDON!
　　　（ロンドンにですか！）

(8)では，会話で，A が話したことの一部である「ロンドンに」とい

---

*9 垣根表現（hedge）とは，発話の婉曲性や丁寧さの効果のために用いられる語・句・節のことです．例として，perhaps, rather, roughly, in a way, in one sense, more or less, kind of, sort of, I wonder, I think, I suppose などが挙げられます（『英語学用語辞典』参照）．

うフレーズをBが強く発音して繰り返すことで，BがAの話にとても興味を持っている様子が強調されています．BがAに，ジョンがロンドンに行ったことに自分も同じように驚いているということを示すことで，相手の気持ちと自分の気持ちを一致させているのです．相手と自分に共通したものを作ることで，人の関心を示してもらいたいという積極的面子を満足させることになります．

　日本語の敬語は言語表現を丁寧な形にするという語彙のレベルのポライトネスによる言語行動ですが，英語ではこれまでの例で見たように，文のレベルで丁寧さを表したり，相手への共感を表したりすることによって，失礼にならないような配慮をした言い方をすることができます．これも，日本語の敬語と同様に，ポライトネスによる言語行動なのです．

　最後に，敬語や丁寧な呼称以外の語彙のレベルの適切な表現として，**婉曲語法**[*10] と言われる語彙の使い分けについて考えてみましょう．婉曲語法というのは，人前で直接的に話すことがはばかられる事柄について，別の表現を用いて間接的に表現することですが，例えば，英語では，die（死ぬ）の代わりに pass away を用いたり，toilet（トイレ）の代わりに washroom を用いたりします[*11]．この婉曲語法もポライトネスと考えることができます．

　他にもどのような婉曲語法があるか，少し大きめの英和辞典[*12] には実例が載っているので，調べてみましょう．また，それに相当する日本語があるか考えてみましょう．

✂ 日本語の敬語の枠を超えて

　ここまで，ポライトネス理論から，丁寧表現には敬語のような体系化された語彙レベルの表現だけではなく，文レベルや，何を言うか，どのように言うかというレベルの表現に至るまで，様々な方法があることが分かってきました．日本語ではポライトネス＝敬語と考えられがちですが，英語の丁寧な言い方を見ることによって，敬語以外の方法でも丁寧さを表現できることが分かります．そして，このような見方は，敬語をポライトネスの中心に見てきた日本語に，新しい見方を与えることになります．

　例えば，井出 (1989) は，日本語によるポライトネスは「わきまえ方式」と「働きかけ方式」によって構成されると考えました．「わきまえ方式」によるポライトネスとは，社会や文化の慣習に従って定まっている方式であり，そこにはポライトネスを行わないという選択の余地はあまりありません．例えば，学生が先生に話すときは，特別な状況を除いては，デス・マス体を使います．このような敬語使用は，日本人のポライトネスに関わる言語行動に支配的な枠組みであるとされています．一方，「働きかけ方式」によるポライトネスとは，ポジティブポライトネス，あるいは，ネガティブポライトネスのストラテジーを使って，積極的に相

[*10] 婉曲語法（euphemism）とは，身体部位，身体機能，性，死，排せつなど人前で直接的に話すことがタブー視される事柄を比喩，あるいは別の表現を用いて間接的に表現することをいいます（『英語学用語辞典』三省堂を参照）．

[*11] このような婉曲表現は，日本語にも見られます．「死ぬ」の代わりに「亡くなる」，「トイレ」の代わりに「お化粧室」などという婉曲表現を使って，間接的な言い方をします．

[*12] 例えば，『新英和大辞典』（研究社），『ジーニアス英和大辞典』（大修館）など．

井出祥子 (1989) "Formal Forms and Discernment: Two Neglected Aspects of Universals of Linguistic Politeness," *Multilingua* 8, 223-248.

手に働きかける方式で，アメリカ人のポライトネスに関わる言語行動に支配的な枠組みであるとされています．例えば，相手を褒めるという言語行動は，この「働きかけ方式」によるものだと考えられています．このように，ポライトネスの文化差の観点からの問いかけを含めて，その普遍性についてはさまざまに議論されています．

✂ 私って東京生まれじゃないですか，は丁寧？

ここまで，ポライトネスとは，言語形式ではなく，言葉がどのような人に対してどのように用いられるかという文脈も視野に入れた言語行動であることを説明してきました．そのため，言語行動が，気遣いがあるのかないのか，また，丁寧であるかそうでないかの判断は，文脈に応じて（相手の受けとめ方によって）変わり得ます．

その例として，若者言葉として知られている次のような表現を考えてみましょう．

(9) 私って東京生まれじゃないですか．

この表現は，丁寧であると言えるでしょうか．「東京生まれである」という自分に関することを疑問文で表現しているため，相手に判断をさせているという点で相手の考えを尊重した丁寧な表現であると考えることもできます．また，デス・マス体という丁寧語を使用しているので，敬語を使っているから丁寧な感じがするかもしれません．相手が，話し手は東京生まれであることを知っている場合には，失礼には当たらないかもしれません．しかし，相手が，話し手が東京生まれであることを知らない場合にこの表現を使ったらどうでしょうか．または，相手が，話し手が東京生まれかどうかということ自体にさして関心がなかったらどんな印象を与えますか．相手にとって知らないことを，そして，さらには関心がないかもしれないことを，知ってもらっていることとして話しているので，ずうずうしい感じがしませんか．

この例から，ある発話が丁寧であるかそうでないかは，相手がどのような情報をもっているのか，相手の話題への関心の有無など，その状況に応じた解釈が可能であり，判断が難しいところがあるということが分かります．つまり，(9)のように，敬語という言語形式を使い，また，疑問文という言語表現をとることで間接的な表現にして押し付けがましくないようにするなどのネガティブポライトネスのストラテジーを使っているにもかかわらず，適切とは受け取られない場合があるのです．

✂ 異文化コミュニケーションにおけるポライトネス

このように考えると，ポライトネス理論とは，普遍的な理論である一方で，それが実践される場では，言葉の使い方が丁寧なものであるかどうかという判断は難しく，それぞれの文脈による，ということが分かってきます．特に，異なる社会，文化においては，どのようなことが丁寧

として受け止められるのか，何が気遣いになるのか，何が適切なのかという価値観が異なるため，ポライトネスによる言葉の使い方も異なってくる可能性があります．

人に贈りものを渡す場面で言うセリフとして，次の日本語の文を考えてみましょう．

(10) つまらないものですが……．

(10)では，「つまらないもの」として贈りものが表現されていますが，話し手は本当につまらないものだと思っているわけではありませんね．これは，「つまらないものだから相手には負担をかけない」と述べているネガティブポライトネスによる表現です．または，「贈りものをもらった」という借りを負わせないことを示しているネガティブポライトネスとも考えられるでしょう．では，これを英語で言うとしたらどのようになるのでしょうか．

(11) This is a worthless/trivial/trifling thing, but…

(11)は(10)を直訳したものですが，人に贈りものを渡す場面で言うセリフとしては不自然な英語で，丁寧な印象を与えません．「つまらない」と思っているものをあげるなど，なんとなく後ろ向きな，または「つまらないと思っているものを贈るなんて」という失礼な印象さえ与えかねません．日本の文化では，自分は素晴らしいものだと思っていても，それを相手に押し付けないために「つまらない」とまで卑しめて言うことがありますが，英語では卑しめて言うという慣習がないためであると考えられます．それでは，英語では，人に贈りものを渡す場面では，どのように言うのが自然なのでしょうか．

(12) I hope you'll like it!
　　（気にいっていただけたら嬉しいです！）

(12)は，自然な英語としてよく使われています．相手が気に入ってくれたらいいと思う，とやや遠慮がちに自分の希望を伝えています．この英語の表現も「相手が気に入ってくれるかどうか分からない」ということを前提に，I hope という表現と，will という未来形を使うことにより，とネガティブポライトネスの表現を使っていますが，「つまらないもの」というように贈りもの自体を卑しめるネガティブポライトネスとはかなり違った印象を与えます．

では，英語では，「つまらないもの」に似た表現を使うことはないのでしょうか．

(13) This is a little something for you.
　　（これはあなたへのちょっとしたものです）

(14) This is a small token of my appreciation.
　　（これは，感謝のためのほんのしるしです）

(13)の little や(14)の small では，贈りものに「ささいな」という意味の形容詞をつけることによって，控え目な表現になっています．日本語

では贈りものを「つまらない」と形容することによってポライトネスを示し，英語では「小さい」と形容することによってポライトネスを示しているのは，贈りもの自体を「卑しめて」表現する，「小さくして」表現するという慣習的な言葉の使い方の違いであると考えられるかもしれません．このように考えると，表現の仕方は慣習的に異なっても，そのもとにあるポライトネスは異なる言語でも同じように見られるのではないかと考えることができます．

同様に，日本語でも(12)のように，「気に入っていただけたら嬉しいです！」と言っても，相手に対して失礼な感じにはならないかもしれません．では，次の文はどうでしょうか．

(15) I thought you might like this.
　　　（こういうのお好きかなと思いまして）

(15)では，助動詞の might で「かもしれない」という推量の意味を添えて，自分の意見を押し付けることを和らげ，また，過去形の動詞 thought を使うことで，より距離を置いたような遠慮がちな表現になっています．日本語で，「こういうのお好きかなと思いまして」と言うのは，ポライトネスに基づく丁寧な表現と言えるでしょうか．丁寧であるような相手や場面もあるかもしれないし，また逆に，このように言うことで，押しつけがましく聞こえてしまような相手や場面もあるかもしれません．

このように見てみると，どの言い方が丁寧かそうでないか，という判断には，実際に会話が行われている場面における話し手と聞き手の関係や，場面のあらたまりの度合いや，前後関係などの文脈，そしてそれを取り囲む社会や文化での約束事など，様々なことが影響しているということが分かります．相手との上下関係，親疎関係を示す日本語のデス・マス体は，社会における役割の関係が言語で表されるポライトネスに影響を与えている一例です．

ポライトネスには，どの言語にも見られる普遍的な決まりがあります．実際の場面では，その決まりに基づいたうえで，どのような言い方をするのがその文脈において丁寧なのかということを，自分と相手の気持ちに照らし合わせて的確に判断し，言葉で表現する必要があると言えるでしょう．

【☞ まとめ】・ポライトネスとは，敬語のような形式的な言語表現から，配慮に基づいた表現までを含む，円滑なコミュニケーションのための言語行動を指します．
・その言語行動が丁寧であるかどうかは，文脈によって決まります．
・ポライトネスには，どの言語にも普遍的に見られる一定の決まりがあります．しかし，それがどのように表現されるかについては，言語ごとの慣習的な表現の仕方や，その言語行動を取りまく文脈，広くは，社会や文化によって異なります．

練習問題

1. 本文中では，英語では，助動詞を使う，過去形にする，仮定の意味合いを添える，垣根表現を使うなどによって，ポライトネスによる適切な表現を行っているということを見てきました．相手に「窓を開けてもらう」という依頼の場面で，最も丁寧な依頼のしかたを考えて，(1)を丁寧な言い方に変えてみましょう．

   (1) Open the window.

   そして，どのような言語表現が使われているから丁寧に感じられるのか，その表現をリストにしてみましょう．

2. 練習問題1でみた「窓を開けてもらう」という依頼の場面で，今度は日本語で，最も丁寧な依頼のしかたを考えて(2)を丁寧な言い方に変えてみましょう．

   (2) 窓を開けろ．

   そして，どのような言語表現が使われているから丁寧に感じられるのか，その表現をリストにしてみましょう．練習問題1で作った丁寧な英文と同じような言語表現が使われているでしょうか．英語，または日本語だけで使われているものはあるでしょうか．

3. 本文中で見たように，英語では助動詞を使うことによって，丁寧な意味を表します．レイコフ (1975)で問題となっている，お客にケーキを勧める言い方で使われている助動詞に注目してみましょう．

   (3) You may have some of this cake.
   (4) You should have some of this cake.
   (5) You must have some of this cake.

   この3つでは，どれが一番丁寧に感じられますか．ここで使われている3つの助動詞，may, should, mustでは，mustが最も強制力の強い助動詞です．そのことを手掛かりに，どれが一番丁寧度が高いのか，そしてその理由はなぜかについて考え，友だちの考えと比べてみましょう．

4. 日本語の「よろしくお願いします」は，依頼の表現であると考えられます．依頼をするというのは，相手に邪魔されたくないという消極的面子を脅かすものですが，この表現が使われるような場面を想像すると，この言語行動自体が脅かしであるとは考えにくく，むしろ丁寧な表現であると考えられます．それはなぜでしょうか．Matsumoto, Yoshiko (1988) "Reexamination of the Universality of Face: Politeness Phenomena in Japanese," *Journal of Pragmatics* 12, 403-426 を参照して考えてみましょう．

5. 近年，主に接客の場面で使われる「マニュアル敬語」がしばしば批判的に取り上げられています．どのような場面でも，画一的に同じ表現を使うことで，かえって客が不愉快に感じたり，場にそぐわなかったりする，と言われています．ファミレスやコンビニで，店員がお客に，「以上でよろしかったでしょうか」と尋ねる「マニュアル敬語」について考えてみましょう．この言い方は，なぜ形式上は丁寧な表現なのでしょうか．そして，それにもかかわらず，なぜ，相手に不愉快な印象を与える場合もあるのでしょうか．

Further Reading

　ポライトネスの全般を理解するためには，大坊郁夫，永瀬治郎（編）『講座社会言語科学』（ひつじ書房）の岡本真一郎「ポライトネス」が分かりやすい．また，ポライトネス理論のはじまりから今後の展望までについて書かれた，井出祥子『わきまえの語用論』（大修館書店）が参考になる．異文化コミュニケーションの観点からのものでは，井上逸兵『伝わるしくみと異文化間コミュニケーション』（南雲堂）がある．他には，三宅和子，野田尚史，生越直樹（編）『「配慮」はどのように示されるか』（ひつじ書房）の配慮と言語行動に関する多彩な視点が興味深い．

筆者より

　大学3年生のときに1年間，姉妹校であるアメリカのカレッジで学びました．大学寮の Multicultural Floor に住んでいたのですが，多様な背景を持つ友達と交流し，貴重な経験を得ました．お祭りのようなことを企画したり，討論会を行ったりしました．友達のことを理解することにより，自分とは何だろう，と考えることにつながりました．この経験が，その後，言語と文化のつながりを研究していくきっかけとなりました．

第7章 乳幼児への話しかけ方は大人への話しかけ方と違っているか？

小椋たみ子

【言語発達心理学】

《✎何が分かるか》 養育者は乳幼児に話しかけるとき，大人どうしが話す言葉（成人語）とは異なった，音声，語彙，文法，語用などの点で特徴的な言葉かけをしています．これは，養育者が「育児語」を使って子どもに話しかけているからです．ここでは，育児語の音声上および語彙上の特徴について，養育者が育児語を使う理由，育児語使用が子どもの言語獲得に及ぼすメリット，育児語使用は子どもの言語発達に合わせて調整されていること，育児語使用の文化差などについて学びます．

読者の方も赤ちゃんに話しかけるときに，大人に話しかけるときとは違った言い方や発音で話しかけていませんか．身近に赤ちゃんがいたら，お母さんが赤ちゃんに話しかけているのに耳を傾けてみてください．表1は，15か月児の男児が母親とままごと遊びをしている3分間の母子の発話を書き起こしたものです．

母親は，"あつい"を〈あちい〉〈あっちっち〉というふうに違った言い方で発音（音韻転化）したり，食べ物を〈まんま〉，"食べる"を〈もぐもぐ〉，"ぶつける"を〈ごん〉とオノマトペ*1 で動作を表したり，フライパンをコンロにかけながら〈ジュージュージュー〉〈ボーボーボー〉と料理の様子をオノマトペで表したりしています．また"パンダ"に

*1 オノマトペは動物の鳴き声や無生物の出す音をあらわす語で，模写的な音声で，擬音語とも言います（第3章参照）．

表1 15か月児男児と母親のままごと遊びの発話例

母	あちい あちい		母	はい
子	あちい		母	もぐもぐ
母	こっちこっち		母	おいしー
子	ここ		母	ぱくぱく おいしい
母	ん？		子	はい
母	おにんぎょうさんがねんねしてたけどおきた		母	もぐもぐもぐ
母	おきろって			略
母	こんにちは		母	あっちっちだよね あっちっちだよね
母	こんにちは		子	たっ たっ （いたい）
母	まんま ちょうだい		母	いたいの ジュージュー
母	ちゅなの		母	ジュージュー ジュージュー
母	まんま ちょうだい		母	ボーボーボー
母	まんま ちょうだい		子	あちー
子	はい		子	あったい たー たい （いたい）
母	ん？		母	ん？ いたーい
子	これ		子	いた （いたい）
母	ん？		母	そこ いたいのね ごんしたもん いたいね
子	じゃー		母	ごんしたら いたいね
母	もぐもぐ もぐもぐ		母	Kちゃん ぱんださん とって
子	はい		母	ぱんださん ぱんださん ぱんださん

注）下線が母親の育児語

motherese（マザリーズ，母親ことば）
baby talk（育児語）
CDS（Child Directed Speech）：子どもに向けられた発話）
IDS（Infant Directed Speech）：乳児に向けられた発話）

*2 基本周波数とは声帯の振動周波数，つまり「声の高さ」のことです．

"さん"を付けたり，何度も言葉を反復し，子どもに話しかけています．このような発話は大人どうしの会話には見られません．

　母親などの養育者が乳幼児に話しかけるときに使用する言葉は，大人どうしが話す言葉とは異なり，音声面，語彙面，文法面，語用面で独特な言葉かけであることが指摘されています．**motherese**，**baby talk**，**CDS/IDS** などと呼ばれていますが，ここでは「育児語」という用語を用います．母親だけでなく，父親や年上の兄姉などを含めた大人や年長者が子どもに語りかけるときの言葉遣いのことを言います．後に述べるサモア語やカルリ語を話す文化ではこの育児語を使用しないとの報告がありますが，世界の多くの国の人々は赤ちゃんに話しかけるときにこの育児語で話しかけると言われています．ここでは，育児語の特徴，育児語が乳幼児期の言語発達に及ぼす影響，育児語の文化差について概説します．まず，育児語の特徴から見ていきましょう．

育児語の特徴

◇**音声面の特徴**　音声には韻律的な側面と音韻的な側面があります．韻律とは音声の強さ・長さ・高さ，さらにそれらの反復により作り出される言葉のリズムのことです．音韻とは言葉を組み立てている母音と子音のことです．

　音声面の特徴は，どの言語の育児語にも共通して見られる特徴です．まず韻律的な特徴としては，基本周波数[*2]が高い，基本周波数の変動が大きい，発話の持続時間が短い，ポーズが長い，などといった特徴があります．イタリア人の母親の大人への発話と乳児（1歳1か月）に向けられた発話の基本周波数の比較を図1に示しました．乳児に向けられた対乳児発話（図1の下の波形）は大人への対成人発話と比べ，基本周波数が高く，基本周波数の変動が大きく，ポーズが長いといった特徴が見

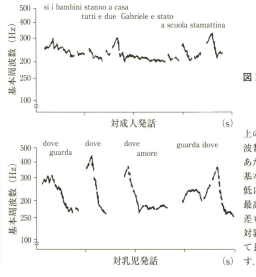

図1　イタリア人の母親の対成人発話（上）と1歳1か月児への対乳児発話（下）の基本周波数曲線（Fernald et al. 1989）
上の対成人発話の図では最高基本周波数は，ほぼ350 Hz，最低200 Hzあたりで，下の対乳児発話の図では基本周波数の最高はほぼ450 Hz，最低は150 Hzで，対乳児発話の方が最高基本周波数が高い，また，高低差も大で，発話と発話の休止が下の対乳児発話の方が対成人発話に比べて長いことがこの図からわかります．

てとれます．

　次に，育児語の音韻的な特徴として，音韻転化（"どうぞ"を〈どうじょ〉，"おなか　すいた"を〈おなか　ちゅいた〉）や反復（"め"を〈めめ〉，"て"を〈てて〉）が挙げられます．もう1つの音韻面の特徴に，英語の場合 doggie や foxy のように，小さいことや親密さ，かわいさを表す派生接辞の1つである**指小辞**を付加することがあります．日本の養育者は，"くま"を〈くまさん〉〈くまちゃん〉というように，"さん"・"ちゃん"・"くん"といった接尾辞や，"おみみ"のように"お"の接頭辞をつけて子どもに話しかけますが，この接頭辞や接尾辞が指小辞と類似のものと考えられます．子どもに向けられた発話では，動物ばかりでなく，食物やいろいろな対象に対して接頭辞や接尾辞が付加されています（村瀬他 1998, 2007）．

　日本の育児語の音韻的特徴について乳児を持つ母親に調査した研究があります．林（2003）は日本人の23名の乳児の母親に質問紙調査を行い，知っている育児語を挙げてもらいました．その結果，1人当たり平均22語の育児語を挙げ，また計512語のうち85%が3モーラ（拍）[*3]または4モーラからなる語で，さらに3モーラ語の80%が語中に，撥音（ん）や促音（っ），長音（ー）などの特殊モーラを含むRSR型（Rはレギュラー，Sは特殊モーラ）の語形（自立モーラ＋特殊モーラ＋自立モーラ（〈ねんね〉〈くっく〉〈ぶーぶ〉など））で，4モーラ語の60%がRSRS型（〈ねんねん〉〈ぶーぶー〉など）でした．これらのことから，日本語の育児語は特殊モーラを含む独特のパターンを持っていることが分かりました．

◇**語彙面の特徴**　語彙面の特徴は，日本の養育者の育児語に特に顕著に見られます．動作を表すのに〈ねんね〉〈ないない〉の語や表1の〈ごんする〉などのように**オノマトペ**を使ったり，〈ワンワン〉〈ニャーニャー〉〈ブーブー〉といったオノマトペをいぬ，ねこ，自動車といった物の名前を表したりするのに使っています．日本の養育者はアメリカの養育者に比べオノマトペの使用が多いという研究があります（Fernald and Morikawa 1993）．日本とアメリカの6, 12, 19か月児とお母さんの遊びで，4つの対象事物（Dog, Pig, Car, Truck）に対して母親がどのような言い方をしているかを分析したところ，日本の母親は平均して52%が対象事物に〈ブーブー〉のようなオノマトペの語を名詞として使用していました．一方，アメリカの母親は1名だけしかオノマトペを使用しませんでした．また，アメリカの母親は，玩具を命名するときに，特定の対象事物に対して一貫して同じ語彙アイテム（表現）を用いたのに対して，日本の母親は異なる言い方をしており一貫性が低いという結果でした．

　また，3か月児の乳児への日米の母親の働きかけを比較した他の研究（Toda et al. 1990）でも，日本の母親がアメリカの母よりも5倍も育児

指小辞（diminutives）

村瀬俊樹, 小椋たみ子, 山下由紀恵（1998）「育児語の研究（2）」, 『島根大学法文学部紀要社会システム学科編』2, 79-104.

村瀬俊樹, 小椋たみ子, 山下由紀恵（2007）「養育者における育児語使用傾向の構造と育児語使用を規定する要因」, 『社会文化学論叢（島根大学法文学部紀要社会文化学編）』4, 17-30.

林安紀子（2003）「乳児における言語のリズム構造の知覚と獲得」, 『音声研究』7(2), 29-34.

[*3] モーラとは一定の時間的長さを持った音の分節単位．拗音（例えば"ちゃ"），長音（ー），促音（っ），撥音（ん）は1モーラ．ここではこれらは特殊モーラと記載されています．

オノマトペ：*1参照．

Fernald, Anne and Hiromi Morikawa (1993) "Common Themes and Cultural Variation in Japanese and American Mothers' Speech to Infant," *Child Development* 64, 637-656.

Toda, Sueko, Alan Fogel and Masatoshi Kawai (1990) "Maternal Speech to Three-month-old Infants in the United States and Japan," *Journal of Child Language* 17(2), 279-294.

語を使っていました（日本の母親の平均頻度は6.1(SD=7.64), アメリカの母親は平均頻度1.2(SD=2.14)）[*4]．また，アメリカの母親が育児語として用いているのは"mama"と"tummy"の2語であったのに対して，日本の母親の育児語は多様で，その62%は大人の語彙を変化させたもの（オノマトペ〈ぶーぶー〉〈えんえん〉など，音韻反復（〈めめ〉），語中の子音の長さの変容（〈くっく〉〈ねんね〉），"お"の付加（〈おちゅうしゃ〉），"さん"，"ちゃん"の付加，接尾辞の付加，（〈だっこ〉〈ほっぺ〉）などでした．残り，38%は音韻転化（〈あそびまちょ〉〈どおじょ〉など）でした．

　質問紙調査によっても研究がされています．16〜27か月児の親291名に質問紙を配布し，8つの意味領域（動物，乗り物，食べ物・飲み物，衣類，身体各部，挨拶・日課，行為語，性質）の256語へ「親の子どもへの言い方」を記入してもらった研究があります（村瀬ら 1998, 2007）．日本語を母語とする母親は擬音語擬態語（〈ワンワン〉〈ポーン〉など），音韻の反復〈カミカミ（かむ）〉，接尾辞（さん，ちゃん，くん及びその変形）の付加（〈クマサン〉〈ワンちゃん〉など），接頭辞（お）の付加（〈オサカナ〉），音の省略（〈ヤダ（いやだ）〉），音の転用（〈ニューニュー（ぎゅうにゅう）〉）という特徴を持つ育児語を使用し，育児語の言及対象は動物だけに限らず，乗り物，飲食物，衣類，身体各部，動作，性質など様々な対象・事象に及んでいたことが確認されました．

　日本の母親が使用する育児語を発達心理学的側面から50年以上も前に研究し，育児語研究の重要性を指摘した村田（1960）は，1歳台の子どもの生活に特に関係が深いと思われる378項目について母親の育児語と子どもの幼児語を原音声に忠実に面接で報告させ，その特徴を分析しています．第一の特徴として，育児語延べ頻度（ある事物を表現するのに育児語で表された頻度．例えば，"就寝する"に対する育児語の延べ頻度は96であり，母親100名中96名が就寝するに対して〈ネンネ〉〈オネンネ〉〈ネンネン〉のような育児語を報告しました）が，50%以上であった42項目中17項目がオノマトペでした．第二の特徴は〈ポンポン〉のような音の反復型の語が育児語全体の過半数を占めていました．第三の特徴は，例えば，〈マンマ〉をお菓子もご飯もパンを表すのにも使い，成人における使用よりもその適用範囲が広いことでした．

　50年以上前も現在も，日本の養育者は同様な特徴をもった育児語で話しかけをしていることが分かります．日本の養育者のオノマトペの使用の高さは，オノマトペが大人の言葉で広く用いられている要因も関係していると考えられます．

　これまで見てきた以外の他の育児語の特徴として，韻律面では先に挙げた特徴のほかに，文末の高い音，ゆっくり明瞭な話し方，また統語面[*5]の特徴としては短い文，単純構造，短い平均発話長[*6]が挙げられます．また，話されるトピックは"いま，ここ"でに限定され，反復が多

[*4] 母親が言った育児語の個数を頻度と言い，日本の母親の平均の育児語が6.1語，アメリカの母親の育児語の平均が1.2語で，5倍日本の母親の方がアメリカの母親よりも育児語を言いました．SDとはstandard deviationの略で標準偏差のことです．標準偏差はデータの分布の広がり幅（ばらつき）をみるものでデータの平均値との差（偏差）の2乗を平均し，これを変数と同じ次元で示すために平方根をとった値です．日本の母親のSDが7.64，アメリカの母親のSDが2.14で，平均からのちらばりは日本の母親の方が大きいです．

村瀬，小椋，山下（1998, 2007）前掲

村田孝次（1960）「育児語の研究—幼児の言語習得の一条件として—」，『心理学研究』31, 359-364.

[*5] 統語とは言葉と言葉の構造的な結びつきのこと．

[*6] 平均発話長（mean length utterance: MLU）とはブラウン（Brown 1973）が考案した英語圏では頻繁に用いられている文法指標で，発話資料から取り出された100個の発話サンプルが1発話あたり，平均何個の形態素を含んでいるかを表したものです．形態素とは意味を持つ最小単位で，英語で例を示すとunkindnessはun, kind, nessで形態素数を3，wentは形態素数を1とカウントします．wantedはwantとedで2形態素とカウントします．
Brown, Roger (1973) *A First Language: The Early Stages*, Harvard University Press, Cambridge.

い，模倣・拡充模倣が多い，聞き返しが多いなどの特徴があります．

✂ なぜ，育児語を養育者は使うのか

　進化論的な考えからすると，育児語は，種を保存するために子孫を養育することを目的として進化してきた人間が行っている育児行動の1つと考えられています（Falk 2004）．最後の文化差のところで述べますが，育児語を使わない文化もあります．先進国のように幼児語で話しかけるのが普通であり，幼児語で話しかけない社会はまれで異常である，などと考えるべきではありません．育児語を使わない社会では，言葉以外の育児行動が，以下に述べる育児語の機能のいくつかを引き受けています．

　育児語の機能として，第一に，感情の絆を強める機能があります．育児語は養育者の子どもへのポジティブな情動の表出を助けます．子どもにとっても養育者からのポジティブな注視は，養育者への愛着を助長します．育児語は，ペット，外国人，恋人，高齢者に対しての話しかけ方とも，特徴を共有しています．育児語とペットへの話しかけは主にイントネーションで類似しています．ペットの飼い主や恋人は，ポジティブな感情を育児語を使うことで表しています．育児語は情緒的な友好的なコミュニケーションを深めるのに大きな役割を果たしていると言えます．

　第二に，育児語は子どもの覚醒状態や行動をコントロールする力があります．育児語のイントネーションのパターンによって，言葉を発する前の子どもをなだめたり，注意を引き付けたり，認めたり，禁止したりします．子どもの言語能力が発達してくると，大人は子どもの行動にうまく対応するのに，韻律で説得や命令の言語メッセージの内容を変化させます．

　第三に，親は育児語を用いて，子どもに重要なスキルを教えていきます．育児語は乳児が言葉を獲得しやすくするための足場づくりを提供しているという多くの報告があります．育児語は語彙の獲得だけでなく，文法発達を促進する言語レッスンであることを報告している研究もあります（Furrow et al. 1979）．

　子どもの言語発達において，養育者の子どもへの直接的な話しかけだけが必ずしも言語学習に必須であるわけではありません．2歳児は大人どうしの会話を偶然に聞いて語を学習しているという報告もあります．少なくとも2歳までに子どもは第三者が話している言葉をしっかりと聞いており，このような場面でも言語学習をしています[*7]．こうした大人のやり取りでの会話を聞くことが，直接的に子どもに話しかけることのない文化における子どもの言語学習の1つの方法と言えるのではないでしょうか．

✂ 育児語使用が子どもの言語獲得に及ぼす影響

◇**音声面**　　育児語の音声面が言語発達に及ぼす影響については沢山の

Falk, Dean (2004) "Prelinguistic Evolution in Early Hominins: Where Motherese?" *Behavioral and Brain Sciences* 27, 491-541.

Furrow, David, Katherine Nelson and Helen Benedict (1979) "Mothers' Speech to Children and Syntactic Development: Some Simple Relationships," *Journal of Child Language* 6, 423-442.

*7　子どもは直接に自分に向けられた状況だけでなく，親やきょうだいや仲間など多数の関わりややり取りの状況で他の人の会話をふと耳にすること（overhearing）を通して子どもは言葉を学習していることが明らかになっています（Akhtar, 2005）．Akhtar, Nameera (2005) "The Robustness of Learning through Overhearing," *Developmental Science* 8(2), 199-209.

研究が行われています．月齢による違いもありますが，乳児は，育児語の韻律的特徴を持つ音声を，成人へ向けた言葉の韻律的特徴を持つ音声よりも，好んで聴取します（Hayashi et al. 2001 など）．また，6～8か月児に無意味語からなる文が与えられたとき，育児語の韻律的特徴で話しかけた方が，成人に向けて話す言葉の韻律的特徴で話しかけたときよりも，文から語の抽出がしやすいとの報告もあります（Thiessen, Hill and Saffran 2005）．子どもが単語を学習するためには，連続した音声の流れからその単語を切り出すことを行わなければなりません．これを分節化（セグメンテーション）と言います．子どもは，音節が隣り合って出現する確率を手がかりとして語を抽出します．例えば，「～ちゃんあそこにねこがいるよ」という音声を子どもが聞いたとき，「ねこ」という音声のまとまりを取り出して，目の前にいる猫に結びつけるのに，「ね」と「こ」が続く確率が高く，「に」と「ね」が隣り合う確率は低いことを手がかりとして「ねこ」を切り出して学習します．育児語の韻律的特徴がこの隣り合う確率の情報の獲得を助け，単語の切り出しを容易にすると言われています．

子どもは育児語に含まれる音声の特徴を好み，生後半年の乳児でも母語に典型的な音声や音素配列に非常に敏感なので，育児語の誇張した音響学的・音声的特徴は，乳児の音韻弁別の発達を促進していると言えます．また，育児語の韻律的特徴は，話し言葉の切れ目を乳児が理解するのを助けています．

◇**語彙面**　育児語の大きな特徴であるオノマトペが言語獲得に果たす意義について，触れておきましょう．オノマトペは音声刺激として好まれるだけでなく，何を意味しているのかが分かりやすいです．例えば，ワンワンは犬の鳴き声であり，この表現は指示対象の特徴にそのまま結びついた音韻です．養育者はこのように指示対象と結びついた子どもに身近な音を使用することにより，子どものことばの獲得を容易にする語りかけをしていると言えます．

最近，言語音声に含まれる様々な感覚・イメージと音声の結びつきを象徴する，言語の音声そのものが持つ**音象徴**と呼ばれる性質が，動詞とその意味の対応付けの理解を促す可能性があることが示されています（Imai et al. 2008）．日本語話者にとって，"ごろごろ"という言葉からは比較的重いモノが転がる様子がイメージできるし，"ころころ"からは軽いモノが転がる様子がイメージできます．kという音と軽さ，gという音と重さの間には意味のある直接的なつながり（有縁性）があり，音声から直接的に感覚的イメージを引き出すことができ，音象徴と言われます．音象徴を含む言葉として代表的なのが，育児語の特徴でもあったオノマトペです．

子どもの語の獲得において，動詞は事物を表す名詞よりも獲得が難し

いことが知られています．今井，針生（2007）は，動詞獲得の難しさを次のように説明しています．名詞はたいてい物を指示していて，時間的にも空間的にも環境からすでに切り出されています．テーブルの上に置かれたリンゴをテーブルとは切り離された1つのまとまりとして容易に認識できます．一方，動詞の指示する概念は時間的な恒常性がなく，時間的，空間的な境界が不明確で，場面から動詞の指示対象を切り出すことは容易でありません．また，動詞の般用に当たっては，動作主体や動作対象は同一ではありません．例えば，"投げる"という動詞の動作主体は人間が主ですが，ゴジラでもロボットでもいいわけです．動作対象もボールであったり，石であったりします．動作主体や動作対象は変数であり，動作が同じであるならば同一の動詞をいろいろな状況を描写するのに広く使ってよいという動詞使用の基本原則を理解することは，3歳以前では，どんな言語を獲得する子どもでも困難であることが分かっています．動詞獲得の困難さを示す研究が報告される一方で，言語音声に含まれる音象徴の性質が，動詞とその意味の対応付けの理解を促進することが明らかになっています．今井ら（Imai et al. 2008）の研究によると，日本の3歳児は，動作を音象徴的に対応性のある擬態語[*8]で表現した場合，その語（擬態語）へ別の動作主体の同じ動きにも使用することができました[*9]．音象徴を含む動詞は，子どもの語彙獲得において，語の意味を抽出しやすく，動詞を新しい状況にも使うことができるという音象徴ブートストラピング仮説[*10]が成り立つ可能性を示唆していると言えます．

　母親は実際に動作について子どもに説明するときに，どのような言葉かけをしているでしょうか．宮崎，岡田，針生，今井（2010）[*11]の研究によると，動作を行っているイラスト（たとえば，子どもがボールを投げている）を渡して，そこに書かれた状況について，母親が自分の子どもに説明する場合と大人（女性実験者）に説明する場合を比較しました．母親の用いた表現を，一般動詞表現，名詞的表現，オノマトペ表現の3種類に分類したところ，子どもにはオノマトペ表現が高かったのに対して，大人には一般動詞の使用が一番高いことが分かりました．

　このように，育児語の特徴であるオノマトペは，物の名前を表す語（名詞）ばかりではなく動作を表す語（動詞）についても，子どもの語彙の獲得を容易にする役割を果たしていることが分かってきています．

✂ 母親の育児語使用と子どもの言語発達

◇**母親の育児語使用と子どもの幼児語使用**　母親の育児語使用頻度には個人差があります．母親が育児語を多く使用する子どもは幼児語を多く使用するのでしょうか．村田（1960）では1歳台の子どもへの育児語の性質が幼児自身の用いる語の性質とどのような発達的関連があるかを，衣類，履物，食べ物をはじめとする9つのカテゴリーに属する51語につ

今井むつみ，針生悦子（2007）『レキシコンの構築―子どもはどのように語と概念を学んでいくのか』，岩波書店．

Imai et al.（2008）前掲

*8　擬態語　状態や感情などの音を発しないものを字句で模倣したもの．きらきら，つるつる，さらっと，ぐちゃぐちゃ，どんよりなど．

*9　Imai et al.（2008）の実験
ある動作主体のある動きを，新奇な動詞のことばで表現した場合，その動作と音象徴的に対応性のある擬態語で表現した場合，その動作と音象徴的に対応性のない擬態語で表現した場合の3つの条件を設け，その語へ別の動作主体の同じ動きを般用する傾向について3歳児を対象に調べました．例えば，訓練段階で「ノスノスしている」の音声とそれに対応しているゆっくり歩いている動画を見せられた条件では，子どもはテスト段階で「ノスノスしているのはどっち」と聞かれたとき，動作主体は異なっているが音象徴的に対応性のある擬態語に対応している同じ動きをしている画像を選択できました．その動作と音象徴的に対応性のない擬態語で表現された条件や新奇な動詞のことばで表現された条件では同じ行為をしている画像でなく，同じ動作主体の画像を選びました．

*10　ブートストラピング仮説とは，自分の履いているブーツのつまみを引っ張って自分自身を引き上げるという慣用句からきていて，ここでは音象徴の情報を使い，動詞の意味の学習を行うことができるようになることを指しています．

*11　宮崎他（2010）の実験
18〜24か月児の幼児の母親の動作説明の発話を分析した結果，対幼児発話では動作に対する言及が多く，また，動作はオノマトペを使用した表現が多く，さらに，オノマトペの使用形態は単体でのオノマトペだけの動詞的使用型（例：ぴょん）が多かったことがわかりました．一方，対成人発話ではオノマトペの使用は減り，一

いて分析しました．母親と子どもが1つの語を使用する範囲を調べたところ，母親の育児語と子どもの幼児語がまったく同じで同一の範囲に含まれる語の使用（例えば，クラッカー，ビスケット，おせんべいを，母親も子どもも〈マンマ〉と言う）は約1/3でした．育児語よりも幼児語の方が，使用範囲が概して広かったこと（例えば，母親は育児語で靴を〈クック〉，下駄を〈ゲッコ〉，ゾーリを〈ゾーリ〉と言っているが，子どもは靴も下駄もゾーリも〈アイヤ〉と幼児語で言っていた）を報告しています．私たちが行った研究でも，母親の使う育児語と子どもが発する幼児語は関連していることが分かりました．小椋ら（1997）が縦断研究[*12]した1歳台2名の子どもでは，ほとんどの幼児語は母親が発した育児語の中の語彙でした．小椋（Ogura, 2006）は1歳から2歳までの母子のままごと遊び場面と絵本場面を設定し，子どもが言った幼児語と母親が言った育児語を分析し，事物（〈ワンワン〉〈タイタイ〉など），人（〈ジージー〉など），動作（〈ネンネ〉など）といった幼児語系と，ガチャンなど外界の音をそのまま表しているオノマトペ系に大きく分けて，母親の幼児語系の育児語使用が多いと，子どもの幼児語の使用も多く，その中でも特に事物の名前について母親の育児語使用と子どもの幼児語使用の多少が相関していました．

◇養育者は子どもの言語発達に合わせて育児語使用を調節している

母親は子どもの言語発達に合わせて，子どもへの話しかけを調節していると言われています．スノウら（Snow et al. 1987）は，子どもの言語発達に応じて母親が入力言語の統語的・意味的複雑さを調整しているという**敏感調整仮説**を提案しています．ここで取り上げた育児語についてはどうでしょうか．小椋他（1997）はK児（1歳1か月から1歳10か月まで），M児（1歳から2歳4か月まで）をほぼ1か月間隔で観察し，子どもの幼児語使用と母親の育児語使用の発達的変化を調べました．図2はK児（男児）の幼児語と母親の育児語（幼児語形，擬音語，擬態語を育児語としてカウント）の異なり語数（ワンワン，ニャンニャン，ブーブー，ワンワンといった場合，異なり語数は3語）が，それぞれの総異なり語数に占める割合の変化を示しています．この図をみると，20か月

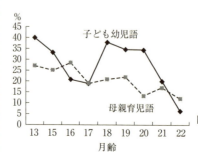

図2 K児における母親の育児語と子どもの幼児語の各異なり語数に占める割合の年齢推移

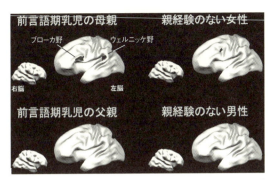

図3 他人の育児語音声を聞いたときの脳活動（出典：理化学研究所サイト 2010年8月10日報道発表資料 http://www.riken.jp/pr/press/2010/20100810/）
前言語期乳児の母親（左上），父親（左下），親経験のない女性（右上），男性（右下）の脳活動．前言語期乳児の母親のみ，言語野（ブローカ野とウェルニッケ野）で強い活動が見られます．ブローカ野は言葉を話すために必要な脳部位，ウェルニッケ野は言葉を聞くために必要な脳部位といわれています．

から22か月に子どもの幼児語は減少していました．この付近で母親の育児語が減少する時期は，子どもの側の幼児語が減少する前の回の19か月から20か月でした．ちょうど，子どもが，助詞や助動詞を他の単語と結合させはじめる頃でした．子どもが幼児語でなく，成人語で言うことができるようになったことは，カテゴリを指すラベル（"いぬ"という言葉で子どもの家で飼っている犬も他の犬も指す）で伝達することが可能になったことを示しており，これは子どもの認知発達に裏付けられています．このように，母親は子どもの認知能力，言語能力に合わせ，言葉かけを調節していると考えられます．

育児語を聞いたときの脳活動について，松田ら（Matsuda et al. 2011）がfMRI[*13]で調べた結果を報告しています．親経験のない男性と女性，前言語期[*14]の乳児の父親と母親，二語文期[*15]の幼児の母親，小学校1年生の児童の母親が育児語を聞いたとき，前言語期の乳児の母親の言語野（ブローカ野とウェルニッケ野）が最も活発に活動し，次が二語文期の幼児の母親の言語野と発話運動に関わる運動野[*16]が活動したことを報告しています（図3）．小学生の母親や父親，親経験のない女性や男性は成人向けの発話と同程度しか活動しませんでした．松田らは，前言語期の母親は自分が話していないにもかかわらず，あたかも話しているかのように脳が活動しているということは，母親は乳児に何とか言葉を伝えようとしている意図の表れであり，脳内ではミラーニューロン[*17]が働いていると考えています．育児語を聞いたときの母親の脳活動が，自分の子どもが前言語期の母親が一番活動し，次が二語文期の母親であったことは，育児経験の有無や子どもの言語発達の時期に応じて母親の育児語への反応が異なることを脳レベルで明らかにした興味深い研究といえるでしょう．

Matsuda, Y-T., K. Ueno, R. A. Waggoner, D. Erickson, Y. Shimura, K. Tanaka, K. Cheng and R. Mazuka (2011) "Processing of Infant-directed Speech by Adults," *NeuroImage* 54(1), 611–621.

*13 磁気共鳴機能画像法（functional magnetic resonance imaging: fMRI）は，MRI装置を使って無害に脳活動を調べる方法です．MRI装置には磁石の強い力（磁場）が働いていて，中に入った人の頭や体にごく弱い電磁波を当てる仕組みになっています．返ってきた信号を計算することによって，まったく人を傷つけないで断面の画像を撮影することが可能です．

*14 前言語期：乳児が言葉を話す前の時期のことを言います．個人差が大きいですが，おおよそ12か月で各言語の初語を話すようになります．

*15 二語文期：〈ママだっこ〉，〈ワンワンきた〉など幼児が2つの単語をつなげて作った文を話す時期．個人差が大きいですがおおよそ2歳頃に多くの子どもは二語文を話すようになります．

*16 運動野：体を動かすために必要な脳部位で，手を動かす部位，足を動かす部位，舌を動かす部位など，脳の中に詳細な地図があります．また，親指，口など細かい動きができる部分に対応する脳部位は，脳の中で広い場所を占めています．

*17 ミラーニューロン：自分で行動するときにも活動するが，他の個体がその行動と同じ行動をしているのを見ているときにも活動する神経細胞群のことです．

✄ 育児語使用には文化差・言語差があるか

　育児語の使用は文化や言語により違いがあるのでしょうか．言語学的に単純で，誇張した韻律や頻繁に繰り返すという育児語の特徴は，多くの文化で共通していると言われています．ただ，キチェ族ではマヤ語を獲得している子どもに育児語を特徴付けている韻律的に高いピッチで話しかけなかったり（Bernstein-Ratner and Pye 1984）[*18]，西ケニアのニャンザ州のグシイ族のように，前言語期の子どもには一切話しかけたりしない文化もあるといったことが報告されています．

　「育児語の特徴」の育児語の語彙面の特徴の項で紹介したファーナルドら（1993）の日米比較の研究では日本の母親は子どもに話しかけるときに育児語を頻繁に使い，また，長い期間，日本の母親は育児語を使用していました．ファーナルドらはこの結果を育児の哲学が日米で文化的に異なっていることからきているとしています．アメリカの母親が子どもの自立心を育てることに価値をおくのに対して，日本の母親は甘え（相互依存）を奨励しています．日本の母親はやさしく話しかけ，子どもが模倣しやすい音で話しかけるために育児語を使用しているのに対して，アメリカの母親は子どもの注意をひき，子どもに言葉を教えることを目標として育児語を使用していました．日本の母親は言語能力を育てることには関心が薄く，情緒的なコミュニケーションを確立し，母親自身の発話を未熟な子どもの発話に合わせることに関心がありました．子どもの発話に大人が調節するのは，日本文化が価値を置く"おもいやり"の理想を反映しているのかもしれないとファーナルドらは考えています．

　このように育児語の使用は育児環境や育児観，価値観の違いによっても異なります．オックス（E. Ochs）によるサモア語やシェフェリン（B. B. Shieffelin）のカルリ語の研究によれば，育児語の特性がみられない文化もあります．オックス（Ochs 1982）は，サモアの養育者は育児語の語彙や指小辞のような特別な形態変化の語を使わない，単純な統語構成や縮小した長さの構成を用いない，子どもの発話を拡充しない，養育者と子どもの間では最小限しか協力して発話を構築していないことを報告しています．子どもたちが自ら言語を学習していかなければならないという強い考えや，子どもに合わせて育児語を使うことは高い地位の養育者が低い地位の人に合わせることになるので相入れないという考えからきているのかもしれません．

　育児語のない文化で育った子どもたちの言語発達は，まだ，ほとんど明らかにされていません．育児語の言語発達に果たす役割を明らかにしていく点からも，言語発達における環境の役割を明らかにする点からも，育児語がない文化で育った子どもの養育環境と言語発達についての研究は興味深いと言えます．

Bernstein-Ratner, Nan and Pye Clifton (1984) "Higher Pitch in Babytalk is not Universal: Acoustic Evidence from Quiche Mayan," *Journal of Child Language* 11(3), 515-522.

*18　Fernald and Morikawa (1993) 前掲

Ochs, Elinor (1982) "Talking to Children in Western Samoa," *Language in Society* 11, 77-104.

> 【☞まとめ】・子どもに話しかける育児語は音声面，語彙面などで大人への発話と異なっています．
> ・養育者は育児語で話しかけ，子どもとの情緒的絆を強め，重要なスキルを獲得する足場づくりを提供しています．
> ・育児語は音声面や語彙面で子どもの言語発達に役立っています．
> ・育児語を使わない文化もあります．

練習問題

1. 育児語の音声上の特徴を挙げてみましょう．
2. 育児語の語彙上の特徴を挙げてみましょう．
3. 育児語は子どもの言語発達にどのような役割を果たしているでしょうか．
4. 文化による養育者の子どもへの言葉かけの違いについて調べてみましょう．
5. 実際に子どもとお母さんが遊んでいる場面を観察して，お母さんの子どもへの言葉かけを記録してみましょう．

Further Reading

「幼児語・育児語の世界」『月刊言語』35(9)は，育児語の日本の方言地図や育児語の音韻構造や語形について広く，わかりやすく解説した論文が掲載されている．村瀬俊樹『社会—文化的環境における子どもの語彙獲得』（多賀出版）は，日本の子どもにおける初期の語彙獲得に関して，社会—文化的環境の中で養育者と子どもが行う活動において，子どもが語を用いて活動に参加する発達過程をアメリカの子どものデータもいれて比較検討した研究書．Snow, C. E. and C. A. Ferguson (eds.) *Language Input and Acquisition* (Cambridge University Press) は，言語学者，心理学者，文化人類学者が育児語についてとりあげ，育児語研究の先駆的な役割を果たした研究書．

(http://ja.wikipedia.org/wiki/京都府立鴨沂高等学校)

筆者より

私が学んだ高校は京都御所のすぐ近くにある京都府立鴨沂高校です．私が通学していたときは京都の高校制度は，総合選抜制・地域制・男女共学の高校三原則があった時代で，制服はなく，「自由の学園」鴨沂高校でした．国語の授業で石川啄木の研究をしたり，アッセンブリーアワーでいろいろな分野の専門家の話を聞いたことなどを思い出します．中学は東京都文京区で"受験受験"でしたので高校で開放感を味わい過ぎて，もっと勉強しておけばよかった（特に数学）とこの年になっても思います．

第8章　ヒトは構造が大好き！

遊佐典昭

【ことばの獲得】

《✍ 何が分かるか》 子どもは，短期間のうちに，ことば（母語）を獲得します．これには，生後に接する言語に加えて，遺伝的に生まれ持った言語機能が関与します．そして，第二言語を学ぶときには，これらに加えて，母語からの影響が見られるのです．

---

*1　ミツバチのダンスは，次のサイトで見られます．
http://www.youtube.com/watch?v=-7ijI-g4jHg&feature=related

*2　屋台で売っている「チョコバナナ」と，お菓子の「バナナチョコ」も類例です．また，赤塚不二夫の漫画『天才バカボン』のキャラクターに犬の一種である「ウナギイヌ」が登場します．Wikipediaで確認して下さい．2つの単語を組み合わせた場合に，常に右側の要素が全体の意味を決定するように思えますが，言語間で相違が見られます．イタリア語母語話者は，"banana alligatore" をバナナの一種と判断します．この例では，左側の単語が全体の意味を決定しています．

*3　日本手話と音声日本語の類似性，相違を示したものに岡典栄，赤堀仁美 (2011)『文法が基礎からわかる日本手話のしくみ』，大修館があります．また，日本手話と似ているがまったく性質が異なるものに「手指日本語」である日本語対応手話があります．これに関しては，木村晴美『日本手話と日本語対応手話（手指日本語）間にある「深い谷」』，生活書院を参照下さい．

*4　生後20か月頃から部屋に隔離されたため，言語経験を剥奪され，13歳に救出されたジーニー（Genie）と呼ばれる子どもがいま

　人間だけがことばを持ちます．動物も「ことば」を持っていると考えている人も多いかと思います．確かに，動物は，鳴き声や身振りに，その場の状況の意味を対応させることで情報を伝えることができます．例えば，ミツバチは，ダンスの方向で蜜畑の方向を，おしりの振動数で蜜畑までの距離を仲間に伝えます*1．しかし，動物は，鳴き声を組み合わせて，新しい意味を創り出すことはできません．一方，人間の3歳児が，「ワニ」と「バナナ」の2つの単語を組み合わせた「ワニバナナ」「バナナワニ」という複合語を初めて聞いたとします．どちらがバナナの一種かと聞けば，正確に答えられることでしょう*2．このように，今まで使われたことのない表現を生み出したり，理解したりできることを「言語使用の創造的側面」と言います．この創造的側面が発揮できるのは，普段は意識しない言語の知識が，脳内に何らかの形で実在するからです．この言語知識を，脳の中に存在するという意味で「脳内言語」と呼びます．言語使用の創造的側面は，人間言語の大きな特徴の1つであるため，脳内言語の性質を調べることは「人間らしさとは何か」を探るうえで重要です．

✄ 模倣による言語獲得

　「子どもはどのようにしてことばを獲得するの」と，聞かれたらどのように答えますか．日本人ならば日本語の能力を，アメリカ人ならば英語の能力を生まれつき持って生まれてくると思っていませんか．実はそうではありません．子どもは，何語であれ自分が生まれ育った地域社会で話されていることばに接することによってこそ，その言語を苦もなく身につけるのです．国籍に関係なく，生後たまたま日本語に接すれば日本語を，英語に接すれば英語を，日本手話に接すれば日本手話を獲得するわけです*3．したがって，世界共通語も，世界共通手話も存在しません．つまり，言語獲得には生後の言語経験が不可欠であることが分かります*4．このような観察から，多くの人は「子どもは，親の話すのを真似して言語を獲得するのだ」と，答えるかもしれません．これを**模倣学習**

8. ヒトは構造が大好き！

説と呼ぶことにします．模倣が，言語獲得のある段階で関わっていることは否定できません．例えば，大人が話す「ネコ」や「イヌ」という単語を聞き模倣することで，これらの単語を覚えることがあるかもしれません．模倣は学習の重要な方法であり，人間の音声模倣能力について言えば，猿や類人猿よりもはるかに優れています[*5]．

しかし，子どもの発話には，しばしば大人が使わない表現が含まれることがあります．

(1) a. あおいのブーブ（青い車）
    b. さむいない（寒くない）[*6]

(1a)は，「の」の過剰な使用です．この過剰使用は，「あの面白いの先生」のように，日本語を第二言語として学んでいる学習者の発話にも頻繁に観察される「誤用」です．(1b)は，形容詞「寒い」に，そのまま否定辞「ない」をつけてしまった例です．英語を母語とする子どもも，不規則動詞のholdの過去形をheldとせず，規則動詞の過去形を作る接辞の-edをつけてholdedと言います．また不規則変化をする名詞footの複数形をtwo feetとせず，規則的に複数名詞を作る接辞の-sをつけてtwo footsと言うのが知られています．重要なことは，これらの誤りに，規則を過剰に適用したという共通点があるということです．子どもは，単に大人の真似をしているのではなく，子どもなりの規則を使っているのです．

子どもが規則を使っていることを見つける別な方法があります．もし，子どもが今まで聞いたことのない単語の複数形を作れるならば，複数形を作る規則を脳内にすでに持っている証拠となります．これは，**ワッグテスト**と呼ばれています（Berko 1958）．子どもに，小鳥のような動物の絵を見せて，「これは，ワッグですよ（This is a wug）．」と告げます．次に，この動物が二匹いる絵を見せます．実験者は子どもに，「さあ，もう一匹いますよ（Now there is another one）．全部で二匹になりました（There are two of them）．二匹の…がいます（There are two…）．」と言うと，6歳の子どもは"wugs"と言えることが分かりました（図1）．これは，子どもが，脳内にある複数形を作る規則を使っていることを示しています[*7]．

した．救出後の訓練で，語彙は獲得しましたが，構造に関係する側面は獲得できませんでした（Curtiss 1977）．Curtiss, Susan (1977) *Genie : A Psycholinguistic Study of a Modern-Day "Wild Child"*, Academic Press.

模倣学習説（Imitation Learning Theory）

[*5] 生後3週間の赤ん坊でも，本能的に他者の口の動きを模倣することができます（Melzoff, Andrew and Keith Moore (1977) "Imitation of Facial and Manual Gestures by Human Neonates," *Science* 198, 75-78）.

[*6] 香港で流れている日本メーカーの宣伝に「暑いない，寒いない，気持ちいい，ダイキン」という台詞があります．

ワッグテスト（wug-test）

Berko, Jean (1958) "The Child's Learning of English Morphology," *Word* 14, 150-177.

[*7] 遺伝的に，名詞を規則的に複数形にする知識に障害がでることがあります．「特定言語障害（Specific Language Impairment）」を参照下さい．

図1

さらに、模倣だけで言語を獲得するならば、経験する範囲のことしか理解できないことになってしまいます。3, 4歳児に「お父さんが、お母さんに自分のスカートを見せた」と言ったとします。この文で示される状況は、子どもにとって経験したことがないはずですが、子どもたちはこれを聞いて、笑ったり、いぶかったりします[*8]。これは、子どもが、「自分」という語が「お父さん」を指すことを無意識に理解できるからです。この知識は、経験や常識から得ているとは考えられません。つまり、言語知識には、経験しなくても分かるものが含まれている、ということにほかなりません。模倣学習説では、このような言語の創造性が説明できません[*9]。

✂ 強化による言語獲得

それでは、正しいことを言ったときに親が褒めて、間違ったことを言ったときに訂正することで、子どもは言語を獲得するという説はどうでしょうか。これを、**強化学習説**と呼びます。強化学習は、一種の「アメとムチ」で、動物の訓練には頻繁に利用されています。言語の場合はどうでしょうか。英語母語話者の赤ちゃんが"da-da"と言ったときに、母親は"That's right, Dada. Dada's home."（そうだよね、おとうたんだよ。おとうたんが家に帰ってきたよ）と言って、ことばの練習をさせるかもしれません。この背後にあるのは、ことばは親が子どもに教えるという考えです。しかし、強化学習説には、多くの欠陥があります。次の例は、ブラウン（Brown 1973）のよく知られた、強化学習説の反例です。

(2) 子ども：Nobody don't like me.
　　母　親：No, say "nobody likes me."
　　子ども：Nobody don't like me.
　　［このやりとりが8回繰り返されたあと］
　　母　親：No, listen carefully; say "nobody likes me."
　　子ども：Oh! Nobody don't likes me.

大人が子どもの間違いを矯正しようとしても、子どもは、どこが間違っているか理解できず、訂正を無視します[*10]。親子の相互作用に関する統計的研究によると、親が子どもの発話を修正することはめったにありません。あったとしても、それは、発音が誤っている場合や、文の内容が事実に反する場合であり、文法についてではありません。もし、楽器を学ぶのと同じように、言語を模倣や教育で学ぶならば、獲得の程度や、獲得に要する時間には個人差が出るはずです。しかし、子どもは3, 4歳頃までには、誰もが豊かな言語知識を苦もなく獲得します。つまり、親が訂正によって子どもにことばを教えることは、言語獲得に大きな影響を及ぼすほど頻度が高くないし、有効でもないということなのです。これは、母鳥がひな鳥に飛び方を教えないのと同じで、人間も子どもにことばを教えたりはしないのです。そもそも母語の獲得に「学習」という

[*8] ちょっとおかしな文ですが「お父さんが、お母さんに自分のスカートをはかせた」では、「自分」は「お父さん」も「お母さん」も指すことが可能です。

[*9] 人間は、脳内言語のおかげで、目の前の状況を超越して、想像上のことや未来について創造的に語ることができます。ある意味、言語は思考の道具と言えます。

強化（reinforcement）

Brown, Roger（1973）*A First Language : The Early Stages*, Harvard University Press.

[*10] Searchinger（1995）の中に、pajamas を jamamas という子どもを母親が何度も修正してもうまくいかないシーンがあります（Searchinger, Gene (1995) *The Human Language Series, Part 2*, video, Ways of Knowing）。次のサイトで、映像を見ることができます。
http://www.youtube.com/watch?v=enCVk5zU8v4

概念は不適切で，言語は周りの言語にふれることで，脳内で「成長」するものです*11．

✂ 類推による言語獲得

類推*12 が，言語獲得の基盤となっているという考えがあります．類推とは，「類似性に気がつくことで，既存の知識から新しい知識を生み出す」プロセスで，一般性を見つけるのに有効な手段です．類推は，経験を蓄積していくことで用いることができ，多様な問題解決や学習の基盤になっていると考えられています．この類推学習説で，言語獲得が説明できるのでしょうか．

(3) a. I painted the red chair.
    b. I painted the blue chair.

類推とは，(3a)を聞いて，red chair の red の代わりに同じ形容詞の blue で置き換えることで，(3b)を生み出す類の方策です．類推は，知っている文をモデルとして，語を組み合わせ句や文を作ることで，今までに聞いたことのない文を生み出すという点で，言語使用の創造性の基盤となるように思えます．それでは，(3a)に加えて(4)を耳にしたとしましょう．

(4) I painted the chair red.（椅子を赤く塗った）

そうすると the red chair は the chair red となることから，名詞 chair と形容詞 red の順番を入れ替えてもいいことが分かります．これを(3a)と構造が類似している(5a)に，当てはめたらどうなるでしょうか．

(5) a.   I saw the red chair.
    b. * I saw the chair red.

今度は，非文法的な(5b)ができてしまいます．ここで問題なのは，(5b)が非文法的であることを示すデータがないということです．大人は，(5b)のような文を使いませんし，子どもも使いません．ここでも，単純な類推はうまくいきません．

別の例を，考えてみましょう．

(6) a. * I doed it.［I did it］
    b. * I haved it.［I had it］

(6)は，本動詞の do, have の過去形を did, had でなく doed, haved とした例です．これは，規則動詞の過去形形成（walk → walked, play → played）を基盤とした，類推による過剰な一般化と考えられます．しかし，子どもは，(7)のように助動詞として使われる do, have には，過剰に規則化して doed, haved とは言いません（Gusti 2002）．

(7) a. * Doed you come?［Did you come?］
    b. * I haved eaten.［I had eaten］

ここでも，類推のメカニズムだけでは，言語獲得が説明できないことが分かります．子どもは，無意識のうちに，助動詞と本動詞を区別してい

*11 手話を母語とする聾児は，音声言語を母語とする幼児と同じ時期に，手話で喃語（なんご）を発し，同じような言語発達過程を経ることが明らかになっています (Pettito 2005). Pettito, Laura-Ann (2005) "How the Brain Begets Language," McGilvary, James (ed.) *The Cambridge Companion to Chomsky*, 84-101, Cambridge University Press. このことは，手話と音声言語には共通点が存在することを意味し，音声を使うかどうかは，人間言語の発達にとって些細な相違であることを意味しています．

*12 類推（analogy）．帰納と呼ぶこともあります．

Gusti, Maria Teresa (2002) *Language Acquisition : The Growth of Grammar*, MIT Press.

るのです．

✂ 言語機能と言語獲得

これまで考慮したことをまとめると，以下の通りになります．

(8) a. 人間言語の大きな特徴に，言語の創造的使用がある．
 b. 子どもは誰もが，生育した環境の言語を獲得する．
 c. 獲得した言語知識の内容は，言語経験をしのぐほど豊かなものである．
 d. 親は，言語を教えないし，類推といった**一般学習機構**も言語獲得には十分ではない．

このような状況で，言語獲得が可能であることを説明するには，人間の脳に，言語獲得を可能にする**言語機能**と呼ばれるシステムが生得的に存在していると仮定し，その仮説を検証することが必要です（Chomsky 1968）．人間という種に共通の普遍的特質である言語機能は，子どもが生後接する言語が引き金となり，脳内に日本語や英語の個別言語知識として成長するのです．言語機能自体は学習で学ぶものではなく，遺伝的に与えられたものです．言語機能がなぜ遺伝的に脳に組み込まれているのかは，言語進化の問題が関わってきます．

✂ 構造依存性

言語獲得を可能にする言語機能を考えるために，平叙文から疑問文をつくる規則を考えてみましょう．

(9) a. The man is happy.
 b. Is the man happy?

(9a)から(9b)を作り出すには，平叙文の助動詞 is を文頭に移動させます．このデータからだけ見ると，この規則は，(10)，(11)のどちらでも可能であるように思えます．

(10) 構造に依存しない規則
 文頭から数えて最初に出会った（＝最も左側にある）助動詞を文頭に移動せよ．
(11) 構造に依存する規則
 主節の主語の直後の助動詞を文頭に移動せよ．

(10)は，単語の語順（線形的な順序）だけを見ている規則なので，構造を考慮しない，つまり，「構造に依存しない規則」です．一方(11)は，「主節」「主語」といった，抽象的な構造に言及しているという意味で，「構造に依存した規則」です．それでは，(12a)のような，主語位置に関係節を含む文はどうでしょうか（＿は，文頭の is がもとあった位置を示しています）．

(12) a. The man who is tall is happy.
 b. * Is [the man who _ tall] is happy?
 c. Is [the man who is tall] _ happy?

(10)を用いると，(12a)の平叙文からは，(12b)の誤った疑問文ができてしまいます．一方，(11)を適用すると，カギ括弧で示した主節の主語の直後の助動詞を移動して，文法的な(12c)ができます（(12b)は主語内の助動詞を移動しています）．このことは，(10)の規則が脳内言語には含まれていないことを示します．さらに，子どもが(12b)のようには誤って言わないことが，実験で確かめられています[*13]．問題は，順番だけを数えるほうが単純な規則であるのに，どうして，(10)が子どもの言語知識の中に含まれていないのかです．幼い子どもが接するのは，(9)のような長さも構造も単純な文なので，このような言語経験から，(10)と(11)を区別することは不可能です．子どもは，文の構造について教えられることはないし，どれほど模倣，強化，類推があっても，(11)を選び出すことはできません．したがって，子どもは，物理的に知覚できる語順の情報ではなく，抽象的な構造に基づいて脳内言語を構築していく原理を，生得的に持っていると想定できます．つまり，人間言語の特質でない(10)は，そもそも人間には獲得できないと考えるのが自然です．

人間言語の規則が構造に依存することは，疑問文を作る規則だけに見られるものではありません．(13)で再帰代名詞「自分」が「太一」を指せるかどうかを考えてみましょう[*14]．

(13) a. 太一が自分の車を運転した．
b. *自分が太一の車を運転した．
c. 自分の車を太一が運転した．
d. *太一の車を自分が運転した．

ここで「自分」が「太一」を指せるのは，(13a, c)です．(13b, d)では，「自分」が「太一」を指す解釈は存在しません．(13a, c)，(13b, d)の対比から，「自分」が「太一」を指せるかどうかを決定するのは，両者の左右関係ではないことが分かります．問題となっているのは，「自分」が指し示す「太一」の構造的な位置です．すなわち，「太一」が主語の位置にある(13a, c)では，「自分」が「太一」を指し示すことが可能です．それでは，(14)はどうでしょうか．

(14) a. 太一の妹が自分の車を運転した．
b. 自分の車を太一の妹が運転した．

ここでも，「自分」が指すのは主語である「太一の妹」です（「太一」は，主語の一部であることに注意して下さい）．

それでは，次の英文の（ ）に適切な be 動詞を入れてみてください．

(15) The mother of the boy and the girl
 ( ) in the room yesterday.

2つの可能性があることに気づきましたか．部屋にいたのが「少年の母と少女の二人」と考えた人は，主語を [[the *mother* of the boy] and [the *girl*]] と見なし be 動詞として were を選択したはずです．一方，「母親一人」だけが部屋にいたと考えた人は，主語を [the *mother* [of [the

[*13] 3歳から5歳を対象とした Crain and Nakayama (1987) の実験を参照．
Crain, Stephen and Mineharu Nakayama (1987) "Structure-Dependence in Grammar Formation," *Language* 63, 522-543.
また，*Is the Man who is Tall Happy? : An Animated Conversation with Noam Chomsky* という Michel Gondry 監督作のアニメ映画があります．

[*14] (13)のすべての文で，「自分」が話し手である「私」を指すことは可能ですが，この解釈はここでは問題にしません．(13)の * は，「自分」=「太一」の解釈が不可能であることを示します．

boy and the girl]]]と見なしwasを選んだと思います．このような単純な例を見ても，語順ではなく主語の構造が動詞選択に影響していることが分かります．このように脳内知識が文の解釈を行うとき無意識的に，構造に依存していることが分かります．

　構造依存性は，遺伝的に脳内に備えられた生物学的特質で，言語の創造性に加えて，人間言語の重要な特性です．言語の天才でも，構造依存性に違反した**人工言語**の規則（例えば，人工言語Epunでは左から3番目の語に接辞nogを付けると強調の意味がでる）*15は，どんなに訓練しても獲得できません*16．もちろん，**人間言語**である手話も構造依存性に従います．最近の脳科学研究から，脳の**ブローカ野***17は，構造に依存した規則を選択的に好み，構造に依存しない規則を無視することが明らかになっています（Musso et al. 2003）．さらに，第二言語のいわゆる「臨界期・感受性」を超えてから外国語の規則を学ぶ場合でも，ブローカ野は生物学的制約である構造依存性に敏感で，経験以上の知識を獲得することを可能にし，新しい規則を学んだ後に機能変化を起こすことを示すデータもでています（Yusa et al. 2011）．最後に，第二言語獲得について考えてみます．

✂ 第二言語獲得

　第二言語とは，母語を獲得した後に身につける言語の総称です．日本人が，英語圏に住んで第二言語（生活言語）として学ぶ英語も，日本の教室で外国語として学ぶ英語も，第二言語に含まれます．まず，確認しておきたいのは，前節の最後に少し触れましたが，第二言語知識も脳内言語だということです．第二言語学習途上の学習者の脳内言語は，学習者の母語体系でもなく，目標言語の母語話者の言語体系とも異なる，独特の体系を持ち，**中間言語**と呼ばれます．

　この中間言語は，脳内にすでに存在する母語知識の影響を受けます．これを，**転移**（あるいは，言語間影響）と呼んでいます．みなさんも，日本語に存在しない，英語の冠詞や，三単現の -s が難しいと感じたことがあるかと思います．日本語にこれらに対応するものがないために，英語でもこれらを落としがちです．また，日本語の「は」と「が」の区別は，英語母語話者には困難ですが，同じような使用区別のある韓国語母語話者には，おおむね問題がありません．発音や語彙の転移は気がつきやすいものですが，社会的，文化的なコンテクストで言語を適切に使う語用論の領域にも転移があり，なかなか気がつきません．例えば，エレベーターを降りるときに "Go ahead." あるいは "After you."（お先にどうぞ）と言われて，"Thank you." と言うべきところを，お礼のつもりで日本語の影響で "I'm sorry."（すみません）と言ってしまいがちです．すなわち，「すみません」は，英語では感謝の気持ちとはならず "I'm sorry." とは異なります．

---

*15　人工言語（artificial language）：文法規則を人間が人工的に作った言語のこと．反対は，**自然言語**（natural language）や人間言語と呼ばれます．

*16　Smith and Tsimpli (1995) を参照のこと．Smith, Neal and Ianthi-Maria Tsimpli (1996) *The Mind of a Savant*, Blackwell, Oxford.

*17　ブローカ野（Broca's area）：大脳皮質の左半球前頭葉にある．従来は，失語症の研究から発話の中枢と考えられていたが，最近は，文法処理の中枢として注目をあびています．

Musso, Mariacristina et al. (2003) "Broca's Area and the Language Instinct," *Nature Neuroscience* 6, 774-777.

Yusa, Noriaki et al. (2011) "Second-Language Instinct and Instruction Effects: Nature and Nurture in Second-Language Acquisition," *Journal of Cognitive Neuroscience* 23, 2416-2430.

第二言語（second language）

中間言語（interlanguage）

転移（transfer）
言語間影響（cross-linguistic influence）

また，興味深いことに，第二言語が使われている環境に長く生活していると，母語に影響がでることがあります．例えば，英語圏の生活が長い日本人は，主語を省略するのが自然な文脈で，英語の影響で「彼が」「彼女が」を頻繁に用いることがあります．また，日本語が上手な英語母語話者の英語が聞きやすいのは，日本語の影響で母語である英語が少し「日本語化」していることに原因があります．例えば，英語の ten は，日本語の「天（ten）」と比較すると，英語の語頭の t は，日本語よりも強い破裂を伴います．しかし，日本在住の長い英語母語話者の中には，この破裂が日本語の影響で弱くなる人がいます．

それでは，初級レベルの日本語母語話者の英語使用例を見てみましょう．

(16) a. * This violin can play like this.
　　　b. * In Japan is May is cold.

これらの英文が誤っている原因は何だと思いますか．(16a)は，正しくは "This violin can be played like this." なので，受動文の知識がないのでしょうか．面白いことに，(16a)を使った人は，受動文を使うことができるので，受動文の知識不足だけが原因ではなさそうです．(16a)は，「このバイオリンはこのように弾ける」の意味ですが，「は」の働きは何でしょうか．日本語の「は」は，「〜について言えば」という文の**話題**を示し，「が」で示される**主語**ではありません．(17)で「美味しい」のは主語である「牛タン」であり，話題の「仙台」ではありません．

(17) 仙台は牛タンが美味しい．

この「〜は」で示される日本語の話題を，英語の主語と混同すると(16a)のような誤った英文になることがあります．大学生でも，時間的な制約のある会話などでは，「こんにゃくは太らない」を "Konnyaku doesn't get fat" とすることがあります*18．(16b)は，be動詞が2つ出ています．最初の is は，「日本は，五月が寒い」の主題を示す「は」を is で表したもので，頭の中で「は＝is」と考えている結果です．英語を使うときでも，日本語の「話題」と「主語」を意識することが英語上達の秘訣です*19．

最後に，次の英文をどう思いますか．そんなに文法的におかしいと感じないのではないでしょうか．

(18) a. * The accident was happened there.
　　　　(The accident happened there).
　　　b. * Most people are fallen in love with someone.
　　　　(Most people fall in love with someone).

(18)は，母語にかかわらず英語中（上）級レベルの英語使用者に見られるもので，happen, fall などの自動詞を「受動化する誤り」です．

興味深いことに，この種の誤りは，exist, appear などの「存在や存在変化」を意味する自動詞に限って見られ，同じ自動詞でも，自分の意志

話題（topic）
主語（subject）

*18 「こんにゃくは太らない」をネットの自動翻訳サイトを使って英訳してみて下さい．

*19 日本語に多い「〜は〜だ」（例えば食堂で用いる「僕はウナギだ」など）の影響で，初級レベルでは，"A is B" を多用する傾向があります．

*20 自動詞は，「存在や存在変化」を意味する非対格動詞（unaccusative verb）と，「主語の意志の行為」を意味する非能格動詞（unergative verb）に分類できます．非対格動詞の主語は，他動詞の目的語と類似の性質を示します．そうすると，(a)(b)のように，非対格文の主語は，受動文の主語と同様に，もともと動詞の目的語の位置にあったのが，主語の位置に移動したと考えられます．この類似性から，第二言語学習者は，非対格動詞を使用するときに，動詞を「受動化」してしまいがちです．
(a) was written the book → the book was written.（受動文）
(b) happened the accident → the accident happened.（非対格文）
さらに，現代英語では完了形を have で表しますが，古英語では非対格動詞の場合は be で表して

いました．現代英語でも，"Winter is gone." などに名残が見られます．(18) の「誤り」に見られる be は，完了形と見なすことも可能です．

遊佐典昭 (2012)「ナル動詞と英語教育」, 藤田 他（編）『最新言語理論を英語教育に活用する』, 開拓社．

で行為を行う talk, walk などの動詞には出ません（John walked to the station. の意味で，John was walked to the station. のような間違いはありません）[20]．第二言語使用者が，この2つの動詞の相違に関する教授を受けていないのにもかかわらず無意識のうちに両者を区別していることは不思議な現象で，受動態の知識不足という理由だけでは説明ができません．さらに，この種の「誤り」は，母語と関係なく発現することを考慮すると，第二言語使用者の「誤り」が，言語機能を解明するうえで大きなヒントを与えているように思えます（遊佐 2012）．

【☞ まとめ】・母語獲得は，模倣，強化，類推では説明がつかず，生得的な要因が関与しています．
・生得的特質の一つに，構造依存性があります．
・第二言語獲得の誤りには，母語に起因するものと，母語に関係なく生じるものがあります．

練習問題

1. 子どもが1歳頃に「ママ」と言ったのを覚えている親も多いかと思います．母語に関係なくどうして，子どもが「ママ」というのかを，mama に含まれる子音と母音の観点から，友達と考えてみよう．
2. 言語獲得を説明するのに，類推では不十分であることを，次の例を用いて説明してみよう．
    (a) John ate apples.
    (b) John ate（＝John ate something）.
    (c) John grew tomatoes.
    (d) John grew（≠John grew something）.
3. 次の表現の曖昧性を考えなさい．
    (a) 古本屋
    (b) 太一が好きな女の子
    (c) more intelligent leaders
    (d) I saw the man with binoculars.
4. hiker, lost, kept walking, in circles を用いて，英文を作ると(a), (b)が可能ですが，(b)のほうが，意味的に自然だと思われます．しかし，(c)はどうして，(b)の疑問文と解釈されないのでしょうか．
    (a) The hiker who lost was kept walking in circles.
    (b) The hiker who was lost kept walking in circles.
    (c) Was the hiker who lost kept walking in circles?
5. 自分の外国語学習を振り返り，母語からどのような転移が生じたかを，語彙，音声，構文，語用論から例をあげ，友人とその原因を考えてみよう．

Further Reading

言語獲得の入門書として，オグレディ，ウイリアム（著），内田聖二（訳）『子どもとことばの出会い』（研究社），ジャッケンドフ，レイ（著），水光雅則（訳）『心のパターン―言語の認知科学入門』，岩波書店の第8章などが手軽に読めます．チョムスキー，ノーム（著），田窪行則，郡司隆男（訳）『言語と知識―マナグア講義録（言語学編）』（産業図書）は，言語知識を研究することの意義を平易に説

明しています．本文で触れた母語獲得については，Searchinger のビデオ（*The Human Language Series, Part 2, video,* Ways of Knowing）が参考となります．本格的なものとして日本語で読めるものは，大津由紀雄「心理言語学」，大田朗（編）『英語学体系 6　英語学の関連分野』（大修館書店）が最も充実しています．

筆者より

　食いしん坊なもので，全国規模の食倶楽部のメンバーとして，仙台の食情報を紹介するのを趣味のひとつにしています．

　高校時代は，雨の日も雪の日も下駄を履いて通学するようなバンカラ校で過ごしました．そこが赤点をつけないという校風だったせいで，大事なのは，教えられたことを再確認することではなく，創造することだと叩きこまれました．あれが今の職業の土台を作っているような気がします．

　大学院時代には，学んできた言語理論を英語教育に応用実践すべく，某有名予備校で授業をしてみたりしていました．そのころの予備校生を含め，今や多くの教え子が，言語学の研究者や英語力を発揮する様々な領域で活躍してくれているのは，教師冥利に尽きるところです．

　もし今の職業に就いていなかったら…，そうですね…，『ロンリー・プラネット』のガイドブックに載るような，外国人旅行者に人気の居酒屋のバイリンガル親方でしょうか．毎晩カウンターの向こうから，酒や肴のウンチクを英語で語って聞かせるので有名な．

　（マッターホルンの上に立ったつもりで）

第9章 バイリンガルの頭の中はどうなっているの？

平川眞規子

【バイリンガル／バイリンガリズム】

《✍ 何が分かるか》 世の中にはバイリンガルと呼ばれる2つ以上の言語を流暢に話せる人たちがいます．英語では，1つの言語を話す人をモノリンガル，2つの言語を話す人をバイリンガルと呼びます．バイリンガルに特徴的な行動現象，バイリンガルのタイプ，バイリンガルに育つ環境，バイリンガルの言語体系などについて考えていきます．最近の研究により，2つの言語を常に使うバイリンガルの人たちには，モノリンガルの人とは異なる能力や利点があることが分かり始めています．

*1 バイリンガル（bilingual）：bicycle 2つの車輪を持つ自転車でも分かるように「2つの」言語．
トリリンガル（trilingual）：trio トリオ，3人組でも分かるように「3つの」言語．
モノリンガル（monolingual）：mono- モノクロなどカタカナにもなっている「1つの」という意味，[1つの] 言語．
*2 マルチリンガル（multilingual）とも呼ばれる．
Tucker, G. Richard (1998) "A Global Perspective on Multilingualism and Multilingual Education," Cenoz, J. and F. Genesee (eds.) *Beyond Bilingualism : Multilingualism and Multilingual Education*, 3-15, Clevedon, England : Multilingual Matters.

Paradis, Johanne, Fred Genesee

2020年の東京オリンピック招致活動で「おもてなし」をアピールして招致成功に貢献したとされるタレント・フリーアナウンサーの滝川クリステルさんは，日本語，フランス語，英語の3つの言語を話すことができるそうです．バイリンガルどころか，トリリンガル*1と言えます．本章では，3つ以上の言語を話す人*2も含め，母語とそれ以外の言語を流暢に話す人をバイリンガルと呼ぶことにします．

✂ バイリンガルは特別な人か？

バイリンガルとして育つ子どもの数は，実はモノリンガルとして育つ子どもとほぼ同じぐらいいると考えられています（Tucker 1998）．つまり，世界中を見渡すと，バイリンガルは特別な人とは言えないのです．日本でも，母語に加え日本語を上手に話す外国人が増えてきました．ヨーロッパなどでは，2つ以上の言語を操る人々はたくさんいます．また2つ以上の言語を公用語（国の言語）と定めている国もたくさんあります．例えば，カナダでは英語とフランス語が公用語です．さらに，シンガポールなどは，英語，マレー語，中国語，タミル語の4カ国語を公用語としています（そのため，カナダで生産される製品，例えばガムなどの菓子類，のパッケージには原材料などがフランス語と英語の二言語で表記されています．シンガポールでは交通標識が4カ国語で書かれていたりします）．日本では，2つの言語を自由に話せるバイリンガルは特別な人と思われがちですが，世界中の多くの国で2つ以上の言語を話す人はたくさんいるのです．人間には，そもそも2つ以上の言語を獲得できる能力が備わっていると考えられています（Paradis et al. 2011）．

✂ バイリンガルに対する考え方

1980年代までは，2つの言語を使うこと（バイリンガリズム）や子どもをバイリンガルに育てることは望ましくないと捉える風潮が特にアメ

リカなどに見受けられました。移民など外国人を敬遠する気持ちが強かったことが原因とも考えられますが（Bialystok 2008），学問的にもバイリンガリズムを否定的に考える研究者がいました。例えば，マクナマラ（MacNamara 1966）はバイリンガル児のことばの獲得を天秤にかかる2つの皿のバランスにたとえ，1つの言語のレベルが上がる（比重が重くなる）と，もう一方の言語のレベルは下がる（比重が軽くなる）と考えました。つまり，2つの言語を同じようには習得できないとする見解です。また，子どもの能力を風船にたとえた場合，1つの言語のインプットで風船が膨らむと，もう1つの言語のインプットの入る余地はなくなり，無理に入れると風船が破裂してしまうということになります。実際，まだこのように考える人々も一般的に多くいるようです。母語が確立しないうちに2つ目の言語を学ぶと混乱し母語が育たない，という考えもこの流れに沿っています。

しかしながら，バイリンガル児は生まれる前から，つまり母親の胎内にいるときから，2つの言語を聴き分けていることや，また生まれてきた後も，各言語のモノリンガルの子どもに遅れることなく，同様の道筋をたどってそれぞれの言語を獲得してくことが分かってきています。例えば，バイリンガル児が発話以前から二言語の音を聴き分けていることや，**喃語**[*3]や初語・一語文・二語文の産出時期や獲得過程がモノリンガル児と同様であることが研究により示されています（Paradis et al. 2011）。

✂ バイリンガル児のメリット

カナダの認知心理学者ビアリストック（Bialystok 2008）は，40年にわたりバイリンガリズムが人の認知[*4]や脳の働きにどのような影響を及ぼすかを調べ，その利点について報告しています。

例えば，5〜6歳のモノリンガルとバイリンガルの子どもを対象に実験をしています。(1)のような英語の文を聞いて，どのように感じますか？

(1) Apples grow on noses.

直訳すると，「鼻の上にリンゴが育つ」となりますね。この文が「正しい英語」かどうか，尋ねられたとき，モノリンガル児は「そんなの馬鹿げてる！」とだけしか答えられなかったそうです。しかし，バイリンガル児は「おかしな文だけれど，英語としては（文法的に）正しい文だよ」と答えたそうです。この違いは，バイリンガル児が言葉の「意味」と「構造」を別々に考えることができることを示しています。例えば，(1)の文と(2)の文を比べるとどうでしょうか？

(2) Noses apples on grow.

(1)に比べると，(2)の英文は「でたらめ」と感じられませんか？ そして，意味も理解できないのではないでしょうか。つまり，(1)は意味がおかしいけれど，英語の語順には適っているので構造は正しいと言えます。

and Martha Crago (2011) *Dual Language Development and Disorders: A Handbook on Bilingualism & Second Language Learning*, 2nd ed., Paul Brookes Publishing, Michigan.

Bialystok, Ellen (2008) "Cognitive Effects of Bilingualism Across the Lifespan," Chan, H., H. Jacob and E. Kapia (eds.) *BUCLD 32 Proceedings*, 1-15, Cascadilla Press.

MacNamara, John (1966) *Bilingualism and Primary Education*, Edinburgh University Press, Edinburgh, Scotland.

日本語が上達すると英語の力が落ちる

*3 喃語（babbling）：乳児がまだことばを話しはじめる前に発する声，mama, baba など。
Paradis et al. (2011) 前掲

Bialystok (2008) 前掲
*4 認知：注意，記憶，推論，問題解決，知覚，想像など，人が知識を得るために行う脳の働き全般を指す。

一方，英語の語順に従わない(2)の文は，構造も意味もおかしいことになります．さらに，(3)の文の文法性については，モノリンガル児もバイリンガル児も正しく答えられたのです．

　(3) Apples growed on noses.

grow という動詞は不規則動詞なので，過去形は growed ではなく，grew となります．(3)のように，動詞の形という1つの観点で文全体の文法性を判断できる場合は，モノリンガル児もバイリンガル児も同じように判断できたのです．しかし，(1)の文法性を判断するには，意味のおかしさに惑わされずに，文の構造のみに注意を向ける必要があります．この実験から，バイリンガル児は幼いときから優れた言語分析能力を持っていることが分かります．

✄ バイリンガルの認知能力

　バイリンガルは，重要な情報に注意を払い，あまり重要でない情報は無視できる能力があるのではないか，とビアリストックは考えています．これは，2つの言語を常に使うバイリンガルは，状況に応じてどちらかの言語に注意を向けてその言語で会話をします．そうした日々の経験により，重要なものに集中し，他方を抑制する能力が向上するのではないか，というのです．この能力は，専門用語では**実行制御**[*5]と呼ばれます．複雑な課題を行う際に，人間の思考や行動を制御する認知システムの総称です．

　ビアリストックは，別の実験では，子ども，青少年，中高年のバイリンガルとモノリンガルを対象に，様々な色や形が描かれたカードをいくつかの基準に基づき分類するという課題を行ってもらいました．まず「色」でカードを分類，次に「形」で分類したのですが，2つ目の課題を行う際には，最初の分類基準であった「色」を無視し，「形」のみで分類する必要があります．モノリンガルは1つ目の分類基準の「色」に引きずられがちでしたが，バイリンガルは，すべての年齢層で正しく分類ができました．このように課題の基準やルールを切り替える能力も実行制御の1つで，成長期の最後に発達する脳の前頭葉という部位の働きと強く関係していると考えられています（Bialystok 2008）．

　さらに，「携帯電話で話しをしながら運転する」という動作を実験装置（シミュレータ）の中で行ったところ，携帯電話を使い始めると携帯電話に注意が向いて運転に向ける注意が散漫になります．そのため，全体的に運転技術が悪くなったのですが，バイリンガルは携帯へ向ける注意を抑制し運転に集中できたので，モノリンガルほどには運転技術が悪くならなかったと報告しています．

　また，ビアリストックの研究チームは，60〜88歳のバイリンガルの認知症の発症がモノリンガルに比べて4年ほど遅いこと，またアルツハイマーなどの認知症を発症した後でも，平均するとバイリンガルの病気の

[*5] 実行制御（executive control）：複雑な課題を行うときに，課題のルールを維持したり切り替えなどを行うことで，思考や行動を制御する認知制御機能の総称．

Bialystok（2008）前掲

進行はモノリンガルよりも遅いと報告しています．これは，バイリンガルが日常的に2つの言語を使い，あるときは一方の言語に注意を向け，あるときはもう1つの言語に注意を向けるというように切り替えを行い続ける経験により，生涯にわたって認知機能がよりよく保たれるためではないかとしています（*The NY Times*, May 31, 2011）[*6]．

✂ バイリンガルのタイプ

バイリンガルと言われる人々でも，実際に2つの言語をまったく同じように使える人はいないと言われています．つまり，ほとんどの場合，どちらかの言語が優位になります．これは，2つ目の言語に触れた時期が違うこと，また生後すぐに2つ目の言語に触れたとしても，育った環境により，様々な能力の差が生まれるからだと考えられています（久津木 2006）．

まず，2つ目の言語に触れる時期によって，バイリンガルは次のような2つのタイプに分類されます．

同時バイリンガル：生後すぐに，または遅くとも生後1年以内に2つ目の言語に接し始め，その後も両言語を日常的に聞きながら育つ環境にある場合

継続バイリンガル：1つ目の言語がある程度話せるようになった後に2つ目の言語に接触し始めた場合

「同時バイリンガル」の場合は，どちらが母語というわけではなく，2つの言語とも母語（第一言語）と言える人々で，第一言語として2つ目の言語を学んでいるので，**第一言語としてのバイリンガル獲得**と言うこともあります（De Houwer 2009）．両親がそれぞれ違う言語を母語とし，また子どもにそれぞれの母語で話し，子育てをしている場合です．「継続バイリンガル」は，幼いながら第二言語として2つ目の言語に触れるので，**第二言語としてのバイリンガル獲得**となります．ただし，同時バイリンガルか継続バイリンガルかを区分する年齢については，厳密な定義はなく，おおむね3歳と考えられています．

子どもが2つの言語を耳にしながら育ったとしても，2つの言語を話さず，どちらか1つの言語しか話さない子どももいます．例えば，日本に住むバイリンガルの子どもで，母親が日本人，父親がアメリカ人でも日本語が話せる場合，子どもは日本語しか話さない傾向があります．それに対して，父親が日本語をまったく話せない場合には，子どもは日本語と英語の2つの言語を話すようになるでしょう．

どのような2つの言語の組合せでも，子どもたちは，同じような発達過程をたどります．ただし，発達の速度は個人差が大きいことが分かっています．これはバイリンガルの子どもに限るわけではなく，モノリンガルの子どもでも発達の道筋は同じでも，その速さは異なると言われています．全体的に，バイリンガルの子どものことばの発達は，モノリン

[*6] ここまでビアリストックの記述は主に文献 Bialystok（2008 前掲）によりますが，本書の趣旨と重なる内容のインタビュー記事が，インターネットサイトでも読むことができます（The Bilingual Advantage, The NY Times, May 11, 2011：http://www.nytimes.com/2011/05/31/science/31conversation.html?_r=1&）．

久津木 文（2006）「バイリンガルの言語発達について」，『心理学評論』，49(1)，158-174．

同時バイリンガル（simultaneous bilingual）

継続バイリンガル（sequential bilingual, successive bilingual）

第一言語としてのバイリンガル獲得（bilingual first language acquisition）
De Houwer, Annick（2009）*An Introduction to Bilingual Development*, MM Textbooks, Bristol.

第二言語としてのバイリンガル獲得（bilingual second language acquisition）

ガルの子どもよりも遅いと言われますが，詳しい研究によると，例えば日本語と英語のバイリンガルの子どもは，日本語については日本語のモノリンガルの子どもと同じ速さで，また英語については英語のモノリンガルの子どもと同じ速さで，発達していると言われます．

バイリンガルの子どもの2言語の発達過程や最終的な言語能力は，上記で述べたようにいつから2つの言語を聞くようになったか（接触時期），また子どもが育つ環境における2言語の使用頻度や社会的・文化的優勢度，2言語の組合せなどにより，大きく異なることが知られています．例えば，移民の子どもたちがバランスのとれたバイリンガルに育つためには，第二言語に接触し始めた後も第一言語へのサポートが十分に得られなければなりません．このような環境を**加算的バイリンガル環境**と呼びます．第一言語へのサポートが整わず，第二言語の接触により，第一言語が失われてしまう環境を**減算的バイリンガル環境**と呼びます（Lambert 1977）．それぞれの環境をもう少し正確に定義すると，次のようになります．

加算的バイリンガル環境：第一言語を維持しながら，第二言語も発達できる環境．社会の主要言語が第二言語であっても，第一言語が社会的にも文化的にも重んじられている場合など．

減算的バイリンガル環境：第二言語の発達により，第一言語が喪失されてしまう環境．例えば，移民の子どもの場合，社会や学校での主要言語が第二言語で，第一言語は家庭内でしか話されない場合など．

加算的バイリンガル環境さえ整えば，バイリンガル児の2言語は順調に発達していくと考えられています．社会経済的に同じ環境にあるバイリンガルとモノリンガルの子どもを対象にした研究では，上記で述べたビアリストックの研究同様に，バイリンガルの子どもの方が認知的ストラテジーの使用や音声の聴き分けの領域（bat, boss, car, cat などの語を聴き，同じ音で始まる語や，同じ音で終わる語を判断するなどの課題）においても優れていることが報告されています（Paradis et al. 2011）．

✂ コード・ミキシングの種類

バイリンガル児のことばの特徴として，2つの言語の要素が混在する**コード・ミキシング**[*7]という現象があります．例えば，英仏のバイリンガル児の発話の例をみてみましょう．斜体字がフランス語の語句です（例は Paradis et al. 2011：104-105 ページより引用）．

(4) "big *bobo*"（big + *bruise*）「大きい青あざ」
　　big（大きい：英），*bobo*（青あざ：仏）
　　〈語レベルでのミキシングの例〉

(5) "*Elle coupe* her hair"（she cuts + her hair）
　　「彼女は髪の毛を切る」
　　elle coupe（彼女が切る：仏），her hair（彼女の髪の毛：英）

加算的バイリンガル環境（additive bilingual environment）

減算的バイリンガル環境（subtractive bilingual environment）

Lambert, Wallace E. (1977) "The Effects of Bilingualism on the Individual: Cognitive and Socio-cultural Consequences," Hornby, P. A. (ed.) *Bilingualism : Psychological, Social and Educational Implications*, 15-28, Academic Press, New York.

Paradis et al. (2011) 前掲

*7　コード・ミキシング（code mixing）：発話または会話の中で2つ（以上）の言語の要素が使用される現象．混在する要素は音・語・句・文・談話レベルのものがある．子どもから大人までバイリンガル話者にしばしば観察されるが，でたらめに起こるわけではなく，各言語の文法に従って生じる．コード・スイッチング（code switching）と呼ばれることもある．対話者により意図的に言語を切り替える場合をコード・スイッチング，意図的でない場合をコード・ミキシングとする研究者もいる．

Paradis et al. (2011) 前掲

〈(名詞)句レベルでのミキシングの例〉

(6) "*ello(h) te invitan a bailar*, so I go, you know"（they invite you to go dancing ＋ so I go, you know）

「かれらは君をダンスに招待してるよ，だから私も行くよ，ね」

ello(h) te invitan a bailar（彼らが君をダンスに招待する：仏），so I go, you know（だから私も行くよ，ね：英）

〈文レベルでのミキシング例〉

コード・ミキシングは，形態素，語，統語，意味，音韻，語用など文法構造の様々なレベルで起こります．ここで重要な点は，ミキシングされた要素がその言語の文法規則に合致していて，非文法的ではないことが多くの研究により分かっていることです．コード・ミキシングが起こる理由の1つに，語彙の欠如が挙げられます．通常，バイリンガル話者の持つ語彙は2言語で異なるため，一方の言語で何と言ってよいか分からない場合，つまり適当な語彙が不足している場合，もう一方の言語から借用すると考えられています．これは，バイリンガル話者が熟達度の高い言語を話しているときよりも，熟達度の低い言語を話しているときに，より頻繁にミキシングが起こるという報告に裏付けされます．また，自分の伝えたいことを強調する場合や，インフォーマルな場面などで，コード・ミキシングがよく起こります（Paradis et al. 2011）.

Paradis et al.（2011）前掲

✂ バイリンガル児の言語体系

2つの言語に接しながら育つ子どもは，最初から2言語を別々に習得していくのでしょうか？ 1990年代の初め頃までは，バイリンガル児は2つの言語を区別しないという考えが主流でした．最初の段階では言語体系が単一であり，そのため，2つの言語の語彙や文法が混在しコード・ミキシングが起こると唱えられました．**単一言語体系仮説**（Volterra and Taeschner 1978）と呼ばれる考え方で，3段階を経て2つの言語体系に分離していくとするものです．第1段階では，1つの言語体系に2つの言語の語彙が入っています．第2段階では語彙が2つの言語体系に分かれ，第3段階（3歳頃）で文法が分化し，2つの言語体系が独立すると唱えられました．仮にこの仮説が正しいとすると，第1段階のときから状況や対話者に関係なく2つの言語の語句のミキシングがランダムに生じることが予測されます．しかしながら，その後の多くの研究により，すでに述べたように，子どもによるコード・ミキシングはでたらめに生じるのではなく，それぞれの言語の文法規則にかなっていることが明らかになりました．現在では，バイリンガル児の言語体系は最初の段階から二言語が分離しているとする**二元言語体系仮説**（Genesee 1989）が支持されています．

単一言語体系仮説（Unitary Language System Hypothesis）：同時バイリンガル児の言語発達過程において，初めは1つの言語体系しかないとする仮説．2言語は徐々に分離していき，3歳頃独立した2つの言語体系になる．

Volterra, Virginia and Traute Taeschner（1978）"The Acquisition and Development of Language by Bilingual Children," *Journal of Child Language* 5, 311-326.

二元言語体系仮説（Dual Language System Hypothesis）：同時バイリンガル児の言語発達過程において，初めから2つの言語体系に分かれているとする仮説．2言語の語彙や文法が独立して発達する．

Genesee, Fred（1989）"Early Bilingual Development: One Language or Two?" *Journal of Child Language* 6, 161-179.

✂ バイリンガルとモノリンガルの語彙数

コード・ミキシングが生じる要因の1つとして，語彙の欠如が考えられると上述しました．バイリンガルは必ずしもある事物の名前を2つの言語で言えるとは限りません．例えば，英語とスペイン語のバイリンガル児の語彙を調べた研究では，2言語で共通の意味を持つ語[*8]は30%であったという報告があります．子どもは生活を通して語彙を習得していきます．必ずしも2つの言語での生活体験が同じとは限りません．家ではスペイン語を使い，学校では英語を使う場合，より日常生活に密着した衣食住に関わる語彙はスペイン語，反対に勉強に関する語彙は英語でしか言えないでしょう．ただし，成長するにつれて，共通の語彙は増え，大学生では90%まで増加するが，決して100%同じになることはないようです（Pearson 1998）．

バイリンガルは，モノリンガルと比較した場合，語彙数が通常少ないと言われています．特に子どものときにその傾向が顕著で，絵をみてその事物の名前を言う標準化された語彙テストを用いた調査では，5歳から9歳までのバイリンガル児と各言語のモノリンガル児を比較した場合，1つの言語における語彙数はバイリンガル児の方が少なく，またその差は年齢が増しても変化がなかったことが報告されています（Bialystok 2008）．しかしながら，2言語で共通の意味を持つ語は1つの語として数え，2つの言語のそれぞれの語彙数を足した場合，同じ年齢のモノリンガル児の語彙数と同じか，または多くなる傾向があると言われています（Pearson 1998）．つまり，バイリンガルとモノリンガルの語彙数を1つの言語だけで比較していては駄目なことが分かります．語彙数は，その言語に触れている時間や家庭や学校，そして社会の中でその言語を使用している時間数によるところが大きいと考えられています．

✂ バイリンガル児にみられる言語間の影響

バイリンガルの持つ2つの言語は独立して発達しますが，ときには2つの言語間での影響があることが報告されています．ここでは，主語や目的語の省略現象に注目して考えてみましょう．文法性の問題というよりも，統語と談話または語用レベルでの影響と捉えることができます．例えば，日本語では，話したり書いたりする際に，主語や目的語は省略されることがよくあります．これは省略される方が自然である場合や，省略しても意味が分かる場合などに起こります．しかし，英語やフランス語など，通常，主語や目的語を省略できない言語もたくさんあります．次の日本語と英語の例をみてみましょう．

(7) A：太郎が新車を買ったの知ってる？
　　B：へえ，ついに買ったんだ．
(8) A：Do you know that John bought a new car?

[*8] 2言語で共通の意味を持つ語 (translation equivalent) とは，例えば英語の"shoes"（靴）とスペイン語"zapatos"（靴）などのこと．

Pearson, Barbara Z. (1998) "Assessing Lexical Development in Bilingual Babies and Toddlers," *International Journal of Bilingualism* 2(3), 347-372.

Bialystok（2008）前掲

Pearson（1998）前掲

B: Oh, he finally bought one.

日本語の答え(7B)には主語(太郎)も目的語(新車)も省略されています．英語の答え(8B)では主語のhe(彼，Johnを指している)もone(新車を指している)も省略できません．省略してしまうと非文法的な文になります．日本語では，主語や目的語が省略されない場合も省略される場合もありますが，英語では省略されないことが分かります．日本語と英語のバイリンガルとモノリンガルの2～3歳児と親の会話を調べた研究によると，バイリンガル児が日本語を話すときに，主語を落とした方が自然な場合にも，「わたし」や「ぼく」，名詞など，主語や目的語を明示的に言う傾向にあることが報告されています（Matsuoka et al. 2008；Mishina-Mori 2015）．

同様に，日本語とフランス語のバイリンガル児とモノリンガル児を実験的に調べた研究でも，4～6歳のバイリンガル児が日本語を話す際により頻繁に代名詞を用いたことが報告されています（Blais et al. 2010）．主語の省略現象については，その他様々な言語の組合せを持つバイリンガル児を対象に研究が行われていますが，重要な点は，言語の影響により非文法的な誤りが出ることはないということです．つまり，日本語の影響を受けて，バイリンガル児が英語やフランス語の主語を省略してしまうことはないのです．これは，バイリンガルの2つの言語の文法システムが独立して発達するという「二元言語体系仮説」と一致する結果です．例えば，「私が…私が…」と主語を言い過ぎると，日本語として非文法的だとは言えませんが，談話的に不自然な印象を受けるでしょう．最近の研究によれば，このように談話レベルに関わる領域，つまり言語使用においては，バイリンガル話者でも言語間の影響を受ける可能性があることが報告されています．

Matsuoka, Kazumi, Satomi Mishina-Mori and Yoko Sugioka (2008) "Discourse-Pragmatic Analysis of Subjects in Japanese/English Bilingual Children's Speech," *Paper presented at Conference on Bilingual Acquisition in Early Childhood, The Chinese University of Hong Kong*, December 12.

Mishina-Mori, Satomi (2015) "The Locus of Cross-linguistic Influence in Simultaneous Japanese-English Language Development," 『立命館言語文化研究』，26(4), 8-13.

Blais, Mary-Jane., Yuriko Oshima-Takane, Fred Genesee and Makiko Hirakawa (2010) "Cross-linguistic Influence on Argument Realization in Japanese-French Bilinguals," Franich, K. et al. (eds.) *BUCLD 34 Proceedings*, 34-45, Cascadilla Press.

【☞まとめ】・人間には2つ以上の言語を習得する能力が備わっていると言えます．
・しかし，バランスのとれたバイリンガル話者になるためには様々な条件があります．
・2つの言語を日常的に使うバイリンガル話者には，認知的にも利点があることが分かってきています．

練習問題

1. カナダやシンガポール以外の国で，2カ国語以上を公用語としている国を調べてみましょう．そして公用語は何語であるか，挙げてみましょう．
2. 以下の日英語のコード・ミキシングの例では，どのような要素がミキシングされているでしょうか．語，句，文レベルで考えてみましょう．
   a. This is my お弁当．
   b. じゃ，you have a lot to say，ね．
3. 84ページの写真は英語とフランス語とを公用語としているカナダのお菓子の袋です．日本のものでも英語など他の言語が並記されていることもあります．それらと，どこが同じで，どこが違うかを議論してみましょう．

4. バイリンガルのタレントや友達を知っていたら，その人の2つの言語の接触時期やその言語で育ってきた環境を調べたり，聞いてみてください．そして，タイプに分類してみましょう．また，小さいときに海外にいてバイリンガルだったのに，大学生になったらすっかり忘れてしまったというような人がいたら，帰国後の環境を調べて，一方の言語を話せなくなってしまった原因を考えてみましょう．

Further Reading

日本語による入門書として，山本雅代（編著）『バイリンガリズム入門』（大修館書店）が挙げられます．バイリンガル全般について網羅しており，逸話や具体的なデータも盛り込まれています．英語で書かれた一般向けの書籍としては，本文中でも言及している De Hower, Annick *An Introduction to Bilingual Development* (Multilingual Matters) は初学者向けのテキストで読みやすく，さらに，Paradis, Johanne, Fred Genesee and Martha Crago *Dual Language Development & Disorders : A Handbook on Bilingualism & Second Language Learning*, 2nd ed.（Paul H Brookes Pub.）は，国際的な養子縁組の子どもの言語発達にも言及し，バイリンガルに関わるトピックを幅広く取り上げています．

筆者より

体を動かすことが好きで，高校時代は山岳部に所属．土曜日はよく登山スタイルで授業を受け，早弁をし，授業が終わると，丹沢（神奈川県）へと出かけました．夏休みに入ると，八ヶ岳や北アルプスも縦走．「苦しい，もう嫌だ」と毎回思うのに，また登りたくなるから不思議でした．頂上から見る絶景や日の出，登頂したという達成感がたまらなかったからでしょう．最近，当時登った北アルプスの槍ヶ岳に再挑戦したところ，恐怖感で足が震えました．高校生のときにはまったく怖いと思わなかったのに…これまた不思議．でもめげずに登山を続けています．　　　　　　（写真は八ヶ岳の天狗岳周辺）

第10章 子どもが外国語を覚えるのがうまいのは，なぜだろう？

亀井 尚

【ことばの臨界期】

> 《✎ 何が分かるか》 年齢と言語習得とは重要な関係があります．一定の年齢を過ぎてから，言語（母語）を獲得することは困難であると考えられています．この現象を説明する手掛かりが「**臨界期説**」という考え方です．この仮説を最初に提唱したのは 1960 年代に活躍したレネバーグ（Lenneberg 1967）という学者ですが，現在でも，この考え方は言語障害や外国語学習の分野で応用されています．

子どもがことばを覚える能力には驚かされるでしょう．例えば，小さい子どもを英会話教室に入れると，瞬く間にお母さんよりも上達してしまいます．英語は小さい頃から習った方が上達すると思っている親も多いはずです．この章では，「子どもが外国語を覚えるのがうまいのは，なぜだろう？」という疑問に対して，「臨界期」や「年齢」といった切り口で考えてみましょう．言語学の知識以外に，動物行動学，言語障害学，脳科学などの研究も紹介していきます．

✂ 臨界期とは何か

まず，臨界期とは何であるのかを説明しましょう．もともとは生物学で使われていた用語で「一定の刺激に対する反応が高まる期間」という意味です．ここで，臨界期に関する動物行動学の実験を紹介します．1981 年にノーベル医学生理学賞を受賞したヒューベルとウィーセル（Hubel and Wiesel）[*1] による「仔ネコの片眼遮蔽実験」です．この実験で，仔ネコの片眼を一時的に遮蔽した後，大脳視覚野の神経細胞がどちらの眼に与えた光刺激によく反応するかを調べています．その結果，視覚野の神経細胞は遮蔽した眼に反応しなくなっていることが発見されました．また，このネコの行動を観察してみると，遮蔽した眼からはものが見えなくなっていることも明らかとなりました．ただ，この変化は，生後 3～4 週頃に最も起こりやすいのですが，生後 15 週を過ぎると起こらないことが分かりました．この実験から，ネコでは視覚野の機能発達において「臨界期」が存在することが発見されたのです．動物行動学の分野では，ネコの視覚機能以外にも，鳥の囀り方[*2]などに臨界期があることが知られています．

人間の場合も同様です．言語習得に関する臨界期について，レネバーグ（Lenneberg 1967）は，その著書『言語の生物学的基礎』の中で，次のように考えました．

母語[*3]の習得は 2 歳前後で開始され 12, 3 歳前後で終了するが，その時期

臨界期説（Critical Period Hypothesis）

Lenneberg, E. H. (1967) *Biological Foundations of Language*, John Willey & Sons.［レネバーグ，E. H.（著），佐藤方哉，神尾昭雄（訳）(1974)『言語の生物学的基礎』，大修館書店］

[*1] ヒューベルとウィーセルは，1960 年代，大脳の視覚情報処理のメカニズムをネコの神経細胞の反応で調べる研究により数多くの成果を収め，1981 年にノーベル医学生理学賞を受賞しました．

[*2] 鳥が囀りを獲得するには，生後 3～6 週間，親鳥や成鳥について学習が必要とされています．

Lenneberg（1967）前掲

[*3] 母語とは，生まれてから最初に習得した言語のことです．文献の中では，母語のことを第 1 言語（略語として L1），外国語のことを第 2 言語（略語として L2）と表現されることもあります．

をのがすと，言語能力の可能性は可能性のままで終わってしまう．

ただし，動物行動学とは異なり，一定の条件で人間が言語を獲得できるかどうか，実験を行ったわけではありません．なぜなら，人間の場合，このような実験を行うことは倫理的に許されないからです．

レネバーグはその根拠について，①失語症が回復する可能性が幼児と成人では異なっており，思春期以前に失語症を発症した場合には回復が可能であること[*4]，②幼児が左脳に手術を受けた（左半球を切除された）場合には言語障害は起こらないが，成人の場合はほぼ完全に言語機能を失うこと[*5]を報告しています．

✂ 臨界期はなぜ起こるのか

レネバーグは，臨界期が起こる原因として，**脳の一側化**を最も重視しました．それでは，脳の一側化とは何でしょう．人間の脳は，発達するに従い，左右の脳に機能分化が起こる現象です．例えば，言語の機能は左脳に，視空間的な機能[*6]は右脳に固定されます．レネバーグは，「臨界期は，脳の一側化が原因で起こる」と考えたのですが，その後，脳の一側化による説明には反論がありました．

近年では，臨界期が起こる原因については，**脳の可塑性**が重視されています．脳の可塑性とは，いろいろな刺激に対して脳が変化する性質を指しています．すなわち，脳の中の神経回路網（ネットワーク）[*7]は，遺伝情報で決定されるような，固定された性質もありますが，周りの環境に適応して変化しうる柔らかい性質があることが分かってきました．幼少期は脳の可塑性が最も強く働く時期であるため，母語となる言語を容易に習得できると考えられます．

レネバーグは思春期以降には母語の習得が不可能になると考えていました．最新の研究では，脳の可塑性は思春期以降弱くなるが，持続することが分かってきました．母語の習得についても，一定の年齢以降は不可能という考え方ではなく，個人差があり，努力次第で可能という考え方に変わりつつあります（Oyama 1976）．

このことから，レネバーグが用いた「臨界期」という用語に代わり，**敏感期**[*8]という用語が好んで使われるようになりました．

✂ 野生児から分かったこと

1970年11月17日，アメリカ西海岸の街で1人の少女が発見されました．この少女は生まれたときから約13年間，閉ざされた小部屋の中で監禁されていたことが分かり，衝撃的な事件として報道されました．

この少女は，発見された当時，13歳6か月でした．彼女は，過度の栄養不良でやせ細っており，歩行もできず，着衣習慣もなく，言葉もまったく話さなかったと記録されています．この少女の生い立ちが明らかになるにつれて，様々な領域の研究者による**チームアプローチ**が開始され

[*4] 失語症は，「大脳の損傷により，一旦獲得された言語機能の喪失」と定義されますが，このうち，言語発達期に大脳の損傷を受けた場合を「小児失語」（child aphasia）と区別しています．小児失語は成人に比べて改善が速く予後も良好であると考えられています．

[*5] 左半球の切除は，「大脳半球切除術」（hemispherectomy）と呼ばれ，てんかんの治療法として実施されています．小児の場合，手術により言語機能を左脳から右脳に転移することが可能であると考えられています．左脳と言語との関係については，後述する「脳の一側化」を参照してください．

脳の一側化（lateralization）

[*6] 視空間的な機能は，視覚を通して知覚される形，方向，遠近などのことですが，この機能が障害されると，「図形が模写できない」「道順が分からない」といった問題が起ります．

脳の可塑性（brain plasticity）

[*7] 神経回路網は，ニューロンと呼ばれる神経細胞が結合したもので，シナプス（接合装置）を介して情報伝達を行っています．シナプスでは，神経伝達物質と呼ばれる化学物質の働きによって情報がやり取りされます．

Oyama, S. (1976) "A Sensitive Period for the Acquisition of a Nonnative Phonological System," *Journal of Psycholinguistic Research* 5, 261-283.

[*8] 「敏感期」（sensitive period）の定義は，「臨界期」に比べて，緩やかで絶対性が弱い現象として使われています．

チームアプローチ（Genie Research Project）

ましたが，共通の課題は次のようなものでした．

　　生まれた直後から隔絶された少女が，臨界期（13歳）以降に言語習得できるか？

　彼女は「ジーニー（Genie: 童話に出てくる妖精の意味）」と名付けられ，過去に報告された野生児の中では考えられないほどの成長をとげました．

　ここで，野生児ついて簡単に触れてみましょう．**野生児**とは極端に孤立した環境で生育した事例のことで，**野生人**という用語も使われています．野生児についての研究は，18世紀のヨーロッパに遡ります．その当時は大きな戦争による変動の時代で，野生の動物に育てられた子どもや荒野で迷子になり生き延びた子どもが，野生児として報告されました．その代表例が，イタール（Itard）による「アヴェロンの野生児」（1807）です．1799年にフランスのアヴェロンで発見された野生児・ヴィクトル少年は，12歳で見つかるまで木の実や果実などを常食とする野生の生き物として生活してきました．この野生児に対して，イタールは様々な治療教育[*9]を試みて，知的な遅れはあるが，ある種の要求を持つようになるまで成長させました．しかし，ヴィクトルは40歳で亡くなるまでに，3語しか言葉を習得できなかったと報告されています[*10]．

　20世紀以降になると，野生児の報告例は，親の虐待や育児放棄（ネグレクト）により隔離環境で生育させられた事例が多くなります．発見された年齢の違いはあっても，正常あるいは正常に近い言語習得に成功した事例はこれまでありませんでした．

　ジーニーの場合はどうだったでしょう．13歳半で発見されたジーニーに対しては，言語学，心理学，脳科学などの専門家による言語習得のための治療教育が4年間にわたり集中的に試みられました．訓練内容として，言語発達を促進するための文法や発音の訓練を行う一方，**ASL**（アメリカ手話のこと）の習得に取り組みました．その結果，発語は不明瞭でしたが，ASLを交えて身近な人と会話することがある程度可能になりました．他方，文法や意味の獲得では依然として障害が残り，文の表出は2，3歳児レベルにとどまりました．

　ジーニーに対しては，**タキストスコープ**[*11]や**両耳聴取検査**[*12]など神経心理学的検査も実施されました．その結果，ジーニーの脳では，左脳に特別の障害がないにもかかわらず，言語機能が右脳に定位されていて，正常な一側化が起こらなかったことが分かりました．

　ジーニーは，臨界期以降に言語習得を始めた事例として注目されました．集中的な訓練の結果，あるレベルまでの言語獲得が可能になりましたが，正常な言語発達には見られない制限や障害が存在することも明らかとなりました．ところが，ジーニーが発見されてから9年後に，ジーニー研究には倫理的問題（守秘義務違反や生体実験）があるという裁判が起こされました．裁判の結果はジーニー側の勝訴となり，ジーニーに

野生児（wild child）
野生人（feral man）

[*9] イタールが試みた治療教育は，感覚運動教育として，セガン（Seguin），モンテッソーリ（Montessori）に受け継がれ，知的障害児に対する治療・訓練法として発展しました．イタールによる治療教育の内容は，フランス映画『野生の少年』（1969年，フランソワ・トリュフォー監督作品）において忠実に再現されています．

[*10] イタールの報告書（1807）によると，(1)社会的接触により，新しい要求や観念を作り出すこと，(2)ことばを使って自分の要求を表すことが，治療教育の目標でしたが，(1)についてはある程度達成されたものの，(2)については達成できなかったと報告されています．

イタール，J. M. G.（著），中野善達，松田清（訳）（1978）『野生児の記録シリーズ⑦新訳アヴェロンの野生児』，福村出版．

ASL（American Sign Language）
第Ⅲ部9章を参照．

[*11] タキストスコープ（tachistoscopic test）は，一定の視覚刺激を，左または右視野に対して200ミリ秒以下の短時間提示する実験装置です．反応時間や正答率などにより，脳の左右半球の優位性を調べることができます．例えば，正常者では，文字や数字は左脳優位，図形や顔は右脳優位という結果でした．

[*12] 両耳聴取検査は，dichotic listening testとも呼ばれ，左右の耳に同時に異なった刺激を提示し，左右の耳の認知成績から，脳の半球優位性を調べる実験装置です．正常者による実験では，言語音や単語は左脳優位，メロディは右脳優位という結果でした．

関する臨床研究はその後まったく行われておりません。

✂ 外国語習得の臨界期

レネバーグは，母語あるいは第一言語（L1）の習得に臨界期が存在するという仮説と同様に，外国語あるいは第二言語（L2）の習得においても臨界期が存在すると考え，次のように述べています．

> 思春期以降に第二言語を習得する場合には，体験するだけで自動的に習得することは不可能となり，外国語なまりも矯正することができない．しかし，人は年をとっても外国語によってコミュニケーションすることを学習することは可能である．

果たして，外国語習得にも臨界期は存在するのでしょうか．確かに，「子どもは外国語を覚えるのがうまい」と考えている人は多くいます．その考え方は専門家の間でも定着しています．それでは，「子どもが外国語を覚えるのがうまいのは，臨界期によって説明できるのか？」考えていきたいと思います．

多く引用されるものとして，ジョンソンら（Johnson and Newport 1989）による調査研究があります．アメリカ在住の韓国語，中国語が母語で，第二言語として英語を習得した46名（3～39歳）を対象に，文法性を判断するテスト（文法性判断テスト）を実施し，英語母語話者によるテスト成績と比較しました．その結果，対象者の年齢が低いほどテスト成績は高くなること，7歳以下の対象者では母語話者とほとんど変わらない成績であったことが分かりました．

次に，ディケイザー（Dekeyser 2000）による調査研究を紹介します．アメリカ在住のハンガリー人移民57名（1～40歳）を対象に，文法性判断テストと外国語学習の適性を測るテスト（**MLAT**）[13]を実施し，それらの成績を検討しました．その結果，16歳以前にアメリカに移住した人の場合，文法性判断テストの成績は高く，高い英語力がありました．16歳以降に移住した人の場合は，個人差があり，MLATの成績が高い人は英語力も高いことが分かりました．

2つの調査研究は，いずれも臨界期説を肯定する結果でした．年齢と外国語習得とは負の相関関係があると考えられます．また，思春期以降の外国語習得者の場合は，外国語学習の適性が高ければ，高い言語能力を身に付けることができると考えられます．

これまでの研究から，少数ですが，思春期以降に外国語を習得し，母語話者レベルまで達した事例が報告されています．このような上級習得者の事例を根拠に，臨界期説に否定的な立場を取る研究者もいます．しかし，誰でも，母語話者レベルになれるわけではないようです．外国語学習に適性があるか否かといった，個人の資質や才能により差があることが報告されています．例えば，21歳から自然習得によりアラビア語を習得し始めて，母語話者レベルまで達したイギリス人女性の例が参考に

Johnson, J. and E. Newport (1989) "Critical Period Effects in Second Language Learning: The Influence of Maturational State on the Acquisition of English as a Second Language," *Cognitive Psychology* 21, 60-99.

Dekeyser, R. (2000) "The Rubustness of Critical Period Effects in Second Language Acquisition," *Studies in Second Language Acquisition* 22, 499-533.

[13] MLAT（Modern Language Aptitude Test）は，アメリカで用いられている外国語学習の適性検査で，4つの能力を測るよう作成されています．①音に対する敏感さ，②文法に関する敏感さ，③意味と言語との関連パタンを見つける能力，④暗記する能力．

なります．彼女の場合，生まれながらの才能に恵まれていたこと，そして，意識的な文法に対する自己学習力が備わっていたことが成功への鍵であったと考えられます（Ioup et al. 1994）．

それでは，外国語習得の臨界期説について，現在までの研究動向をまとめてみましょう．大人と子どもの外国語習得の違いについて，専門家の間では次のような考え方があります（Krashen et al. 1979）．

　　大人の方が覚えるのが早いが，子どもの方が覚えるのがうまい．
　　"Older is faster, younger is better."

つまり，短期的には大人の方が外国語を素早く学習できるが，長期的に観ると，子どもの方がより母語に近い習得ができると考えられているのです．このような年齢によるギャップを説明する手掛かりが臨界期説でした．臨界期説は，現在でも一定の評価を受けていますが，いくつかの論争も続いています．その内容を紹介してみましょう．

　　思春期を境にして，そんなにはっきりとした臨界期があるわけではなく，個人差も大きいことから，敏感期と定義すべき（Oyama 1979）．
　　外国語（L2）とひとくくりにするのではなく，発音，文法，語彙など言語項目により臨界期の時期は異なっている．発音は早いが，文法は遅い（Seliger 1978）．
　　年齢だけで外国語習得の成否を決めるのではなく，学習環境，インプット量，言語間距離[*14]など様々な要素が絡んでいる（白井 2008）．

✂ 臨界期説論争と英語教育

外国語習得の臨界期説については，早期教育の導入など英語教育の現場に少なからず影響を与えてきました．また，子どもを持つ親の立場からは，「早期に英語教育を受けることで，誰でも英語力が向上するのか」とか，「何歳までに英語教育を始めれば，母語レベルまで習得できるのか」といった疑問があります．臨界期説論争はこれらの疑問にすべて答えるだけの水準には達していないと思いますが，今後の研究・発展が期待される分野であることは確かです．そこで，英語教育の開始時期について考えるうえで役立つ知見を紹介します．

まず，「臨界期」という定義が妥当であるか否かという論争についてです．我々の言語習得能力は，ある時期から急激に衰えるのではなく，緩やかに下降すると考えられています．また，思春期以降に外国語習得を開始しても，母語話者レベルに達するのは不可能ではないというのも現在の考え方です．外国語習得に関しては「敏感期」という定義も好んで使われるようになりました．臨界期を過ぎたから諦めるのではなく，大人になっても努力次第で母語話者に近い言語能力が獲得できると考えた方がよいでしょう．

次に，言語項目（すなわち，発音や文法などことばの領域）により臨界期の時期は異なっているのかという論争です．この考え方は「**複数臨**

Ioup, G., E. Boustagui, M. El Tigi and M. Moselle (1994) "Reexamining the Critical Period Hypothesis," *Studies in Second Language Acquisition* 16, 73-98.

Krashen, S., M. H. Long and R. C. Scarcella (1979) "Age Rate and Eventual Attainment in Second Language Acquisition," *TESOL Quarterly* 13, 573-582.

Oyama (1979) 前掲

Seliger, H. W. (1978) "Implications of a Multiple Critical Periods Hypothesis for Second Language Learning," Ritchie, W.C. (ed.) *Second Language Acquisition Research: Issues and Implications*, 11-19, Academic Press.

[*14] 言語間距離とは，母国語（L1）と外国語（L2）とが，どの程度似ているかという考え方で，よく似た言語どうしは「言語間距離が近い」と表現されます．言語間距離が近いほど，言語習得が容易になると考えられます．

白井恭弘（2008）『外国語学習の科学（岩波新書）』，岩波書店．

界期説」とも呼ばれ，外国語習得において発音（音韻）は6歳頃，文法（統語）は15歳頃に臨界期がくると考えられています．また，近年，語彙（意味）については臨界期の影響を受けにくいことが脳科学による研究から分かりました．事象関連電位（ERP）[*15]という脳波を用いた実験成果で，外国語習得の開始が早い人と遅い人とではERPに違いが見られ，その違いは語彙学習よりも文法学習において顕著であったと報告されています（Birdsong 1999）．これまでの研究から，開始年齢により最も影響を受けやすい言語項目は発音（音韻）です．次に文法（統語）が影響を受けやすく，語彙（意味）については影響を受けにくい言語項目と考えられています．

　年齢以外の要素や条件についての議論にも触れてみましょう．大人と子どもとでは学習環境が基本的に異なるので，年齢そのものが外国語習得の成否を決めるのではなく，学習環境が原因だと考える研究者もいます．例えば，先に紹介した2つの調査研究は，いずれもアメリカへの移民を対象としています．同じ移民でも，大人と子どもでは行動パタンがまったく異なっています．子どもの場合は，テレビ視聴や英語を話す友だちが多いといった学習環境により，外国語の習得水準が上がったと考えられます．

　また，外国語習得におけるインプット量を重視する考え方もあります．これは，クラシェン（Krashen 1985）により提唱された「インプット仮説」がもとになっていますが，その内容は次の通りです．

　　言語習得は，母語も外国語も，多量の理解可能な**言語資料**との接触によってのみ起こる．

　アメリカ在住の中国人移民を対象とした調査研究では，アメリカで生活することによる英語の上達は，インプット（聞くこと，読むこと）の量を多く受けた場合に限られると結論されました．大人が子どもに比べて習得水準が低いのは，インプットの少ない環境が原因であると考えられます（Fledge and Liu 2001）．

　学習環境にしても，インプット量にしても，外国語習得を始めた年齢と複雑に絡み合っているため，どの要因が重要であるのか，はっきりとした結論を得るのはやはり難しいのではないでしょうか．今後の研究課題として，その言語が話されていない「外国語環境」において，年齢や学習環境の影響を調べる必要があります．例えば，アメリカではなく，英語が母語として話されていない日本とか中国において，英語習得の調査研究を行うことも，臨界期説の検証としては重要です．

　外国語習得において，年齢要因が影響していることは，多くの研究者が認めています．しかし，外国語習得における年齢要因の役割は，即，臨界期説という考え方のみで説明できるのかどうか，今後の臨界期説論争を待ちたいと思います．

複数臨界期（multiple critical period）

[*15] 事象関連電位（event-related potential: ERP）は，脳波を用いて，様々な認知活動に伴う脳の電気的な反応（電位）を計測する方法です．1980年代以降は，N400成分のように言語学的処理（例えば，統語構造の解析など）に特異的な電気的反応があることが発見され，生物学的な根拠が期待される研究成果と考えられます．

Birdsong, D. (ed.) (1999) *Second Language Acquisition and the Critical Period Hypothesis*, Lawrence Erlbaum Associates.

Krashen, S. (1985) *The Input Hypothesis: Issues and Implication*, Longman.

言語資料（comprehensive input）

Fledge, J. E. and S. Liu (2001) "The Effect of Experience on Adults' Acquisition of a Second Language," *Studies of Second Language Acquisition* 23, 527–552.

【☞ まとめ】・母語（第一言語：L1）習得にも外国語（第二言語：L2）習得にも，年齢要因が影響しています．
・一定の年齢以降，言語習得が困難になる原因として，脳の可塑性が重視されています．
・言語習得には臨界期が存在するという考え方は一定の評価を受けてはいるものの，習得年齢，言語項目，個人差などについて多くの議論があります．

練習問題

1. 野生児に関する過去の事例を調べてみましょう．次の文献が参考になります．野生児の記録シリーズ（全7巻，福村出版），Curtiss, S. *Genie: A Psycholinguistic Study of a Modern-day "Wild Child,"* Academic Press.［久保田競，藤永安生（訳）『ことばを知らなかった少女ジーニー』（築地書館）］．Rymer, R. *Genie: An Scientific Tragedy*, Harper Perennial.［杉山陽子（訳）『隔絶された少女の記録』（晶文社）］．下記事例の（ ）内は報告された年です．

    アヴェロンの野生児（1807）
    カスパー・ハウザー（1833）
    ミドナプールの狼少女，アマラとカマラ（1920）
    アンナとイサベル（1938）
    ジーニイ（1977）

    野生児は，環境要因による言語発達の遅れと定義されていますが，その言語行動にはどのような特徴があるか，調べてみましょう．自閉症との類似点についても考えてください（亀井尚（1982）「環境要因による言語発達の遅れ」，秋山高二他（編）『言語の社会性と習得』（文化評論出版）に収録）．

    野生児に対する治療教育により，どのレベルまで言語習得が可能になったか，調べてみましょう．発見された当時の年齢と言語習得レベルとの関係も考えてください．

2. 外国語（L2）習得と学習開始年齢との関係について，どのような研究や報告があったかを調べてみましょう．学習開始年齢以外に，外国語学習の適性や動機付けなどの要因についても考えてください（白井（2008）前掲など）．

    思春期以降に外国語習得を行い，母語話者レベルまで達した事例が報告されています．彼らはどのような学習法を取り入れて，成功したかを調べてみましょう．

Further Reading

ことばの臨界期説を学習する出発点は，レネバーグ『言語の生物学的基礎』（大修館書店）の「第4章：生長と成熟を通じて見た言語」がよいと思われる．野生児の事例研究として，野生児の記録シリーズ（全7巻，福村出版），カーチス，S.『ことばを知らなかった少女ジーニー』（築地書館）などが参考になる．外国語習得の臨界期については，白井恭弘『外国語学習の科学』（岩波新書）が手軽に読める．

筆者より

　子どもの頃から，映画や演劇を観るのがとても好きで，演劇のプロデューサー（制作者）になるのが夢でした．学生の頃には，自分で脚本やシナリオを書いて，映画会社に持ち込んだこともあります．自分としては，論文を書くよりも，戯曲を書く方がうまいと思っています．

　奈良の明日香村を旅行したときに，「亀石（かめいし）」という石像に出会いました．いつごろ何の目的で作られたかは不明ですが，亀が西を向くと災いが起こるとの言い伝えがあるそうです．ミステリアスで癒されるところが，とても気に入っています（写真は石像の全景）．

第II章　度忘れはなぜ起こるのか？

毛束真知子

【言語病理学／失語】

《✍ 何が分かるか》　"度忘れ"を起こすと「喉まで出かかっているのに…」といった無念さが頭の中に渦巻くと同時に，「よく知っているはずなのにどうして思い出せないのだろう」と不思議な思いにもとらわれるものです．"度忘れ"という現象は，語がどのように私たちの脳に蓄えられ，どのように引き出されるのかという興味深い問題を考えさせられる現象でもあるのです．
　また"度忘れ"は，年をとると増えることがよく知られていますが，これはどうしてなのでしょうか．
　ここでは，このような問題に関する知見を整理してみましょう．

✂ TOTとは何か

　"度忘れ"は苦しいものです．言葉が喉まで出かかっていて，あと少しで思い出せそうなのに，いくら頭の中を探ってもその語を手繰り寄せることができない…．ほとんどの人が"tip-of-the-tongue phenomena"（舌先現象：以下TOT）と呼ばれるこのような現象に心当たりがあるのではないでしょうか．TOTでは，「その語を確かに知っている」という明確な意識があります．また，言わんとする語は探し当てられなくても，「片仮名の語だった」「三文字のことばだった」「頭にナがついたような気がする」など，目標語の部分情報や関連情報をたやすく思い出すことができるのも大きな特徴です．健常者46名のTOTを分析したブラウンとマクニール（Brown and McNeil 1966）の報告では，目標語を引き出せない場合でも，目標語の語頭の音は57％，音節の数は60％という高い確率で思い出すことができています．

　TOTでは，目標語が私たちの頭から消失しているわけではないのは言うまでもありません．部分情報や関連情報を思い出しながら目標語の周りをグルグル巡っているうちにポコッと浮かんできたり，しばらく時間をおいてから突然ひらめいたりすることもあることから明らかなように，目標語の音韻情報に一時的にアクセスできなくなる状態がTOTです．

　1800年代から心理学者はTOTに興味を示してきました．なぜなら，このような現象は，私たちが語をどのように脳に貯蔵し，どのように検索しているのかといった興味深い問題を覗き見る窓でもあるからです．

　また，TOTは，自分の将来の姿を垣間見ることができる窓でもあります．あなたは自分の数十年後の姿を想像したことがありますか？　若いときには自分が年をとったときのことなどは想像もつかないのではないでしょうか．あるいは，自分が年をとるということさえも，信じられな

Brown, R. and D. McNeill (1966) "The "Tip of the Tongue" Phenomenon," *Journal of Verbal Learning and Verbal Behavior* 5 (4), 325-337.

いかもしれません．でも，幼稚園時代の自分，小学生だった自分，中学生の自分の姿は具体的に思い浮かべることができるでしょう．私たちは，過去には記憶を通して容易につながることができます．しかし，未来についてはっきりしたイメージを持つのはとても難しいのではないでしょうか．若年齢の成人にも起こり得るTOTは，加齢という自然現象によって生じる障害をつかの間実体験する現象である，とも言うことができます．私たちが立場を越えて相手の心情をより深く洞察できるのは，共通体験を通して同じ眼線に立ったときです．あなたの周りにいるお爺さんやお婆さんの心のうちを考えるきっかけにもなる現象，それがTOTです．

✂ 脳内辞書

　私たちは，生まれてから今日に至るまでに獲得した膨大な数の語を，長期記憶[*1]として大脳に蓄えています．2～6歳の子どもは1日に平均20語を獲得するとも言われ，外国語を学ぶときのことを考えると，母語の習得で子どもが示す能力の高さには驚くべきものがあります．このようにして蓄積された母語の語の貯蔵庫は，**脳内辞書**（あるいは心的辞書）と呼ばれています．この辞書は通常の辞書よりもはるかに便利にできています．五十音順に検索する必要はなく，しかも，常に内容が更新された最新版を利用することができるのです．

　私たちが一生かけて完成していく脳内辞書には，どのくらいの語が書き込まれるのでしょうか．きっと驚くべき数字になるに違いありません．このような情報は，私たちが見たり聞いたりするそのままの形ではなく，脳の記録方式に書き換えられて保存されますが，これがどのようなものなのかはよくわかっていません．言語音に関する情報は**音韻表象**，意味に関する情報は**意味表象**などと，脳に保存された情報は"表象"と言う言葉で表されることがあります．

✂ 健常者のTOTと失語のTOT

　脳内辞書を脳はどのように整理し，保存しているのでしょうか．
　このような疑問を解き明かす別の糸口として注目されてきたのが，失語で生じる「**語想起の障害**」です．**失語**とは，脳梗塞[*2]や脳出血，頭部外傷，脳腫瘍などの様々な原因で大脳が傷つき，獲得したことばの能力が損なわれて思うように言葉を操れなくなる状態のことです．失語では，聞いたことを正確に理解できなくなり，言いたいことを自由に表現できなくなるだけでなく，読んだり書いたりするのも不自由になります．失語によって引き起こされる様々な症状の中で，多くの失語症者が悩まされるのが，TOTのように語をなかなか思い出せなくなる症状です．軽度な失語を除けば，コップや靴，自動車といった身近な物の名前が出てこなくなるのも珍しいことではありません．失語で圧倒的に多いのは，こ

---

*1　長期記憶：脳に長い間貯蔵される記憶．

脳内辞書（mental lexicon）

音韻表象（phonological representation）
意味表象（semantic representation）

失語（aphasia）

*2　脳梗塞：脳の血管がつまる病態．

のように名詞を思い出せなくなる**失名詞**の症状です．

健常者のTOTと失語のTOTで異なるのは，前者がどちらかといえばまれな現象であるのに対し，後者は常にその状態に置かれているということです．しかし，これらをまったく同質のものと考えてよいかどうかは検討を要します．なぜなら失語では，大脳の損傷によって，語の音韻情報へアクセスする経路が障害されるだけではなく，語が持つ意味や意味の体系が変容してしまうこともあり，このような意味表象の不確かさが語の検索を妨げていることも考慮に入れなくてはならないからです．

◇**語の顕在的性質と内在的性質**　目標語を思い出せないという症状は，失語ではその多くが線画*3や物品の"呼称"*4という方法で検討されてきました．呼称能力は様々な要因に影響されます．

初期の研究で着目されたのは，対象が実物品か描いた絵か，その絵が線画か着色画か，などの語の顕在的特性でした．ビシーチ（Bisiach 1966）は，実物そっくりの彩色画，線画，余分な線が上書きされている線画の3種類の絵で呼称能力が異なるかどうかを検討し（図1），失語の9症例では，実物そっくりの彩色画の呼称が最も良好であるとの結果を得ました．彼は，視覚的な情報量の差が呼称成績に反映したものと解釈しましたが，この結論はその後の検討で支持されることはありませんでした．1960年代に入ると，語の呼称成績に影響するのは，顕在的要因よりも使用頻度，心像性*5，親近性*6などの語に内在する要因であることが繰り返し報告されるようになり，その後の多くの研究によっても確認されています．

◇**感覚モダリティー特異的な障害**　呼称は通常，目の前の物品や線画の名称を思い出す"視覚性呼称"の意味で用いられます．しかし脳では，鳴き声を聞いて「鶯」と思うのも，手探りで「毛糸」と分かるのも，匂いで「カレー」という名前が頭に浮かぶのも，すべて同じ"呼称"です．これらは，感覚刺激という外からの刺激によって引き起こされる音韻想起*7という点で同質であり，聴覚や触覚，嗅覚による音韻想起は，それぞれ「聴覚性呼称」「触覚性呼称」「嗅覚性呼称」と区別されます．

失語の呼称障害は，複数の感覚モダリティー（五感）にまたがって出現するのが普通です．つまり，見ても触っても匂いをかいでも名前が思い浮かばないということです．しかし，まれではありますが，視覚や触覚など特定の感覚モダリティーだけに呼称障害が生じることもあります．例えば，絵や写真を見ても名前を思い出せないのに，鳴き声を聞けばすぐに「セミ」と名前が思い浮かぶ，手で触るだけでは分からないが見ればすぐに「クシ」と言えるなど，特定の感覚を通した場合だけ呼称できたり呼称できなくなったりすることがあるのです．ボーヴォワらは，見た場合には物品の呼称ができないのに，手で触れればその物品の呼称が

失名詞（anomia）

*3　線だけで描いたモノクロの絵．
*4　呼称（naming）：線画や物品を見て名前を言うこと．

Bisiach, E. (1966) "Perceptual Factors in the Pathogenesis of Anomia," *Cortex* 2, 90-95.

図1　検討で用いられた3種類の図版（Bisiach 1966）
左から，実物そっくりの彩色画，線画，余分な線が上書きされている線画．

*5　心像性：具体な形として思い浮かべられる性質．
*6　親近性：身近なものと思える性質．

*7　音韻想起：音韻表象を思い出すこと．

Lhermitte, F. and M. F. Beauvois (1973) "A Visual-speech Disconnexion Syndrome. Report of a Case with Optic Aphasia, Agnosic Alexia and Colour Agnosia," *Brain* 96(4), 695-714.

Beauvois, M.F., B. Saillant, V. Meininger and F. Lhermitte (1978) "Bilateral Tactile Aphasia: a Tacto-verbal Dysfunction," *Brain* 101(3), 381-401.

McKenna, P. and E. K. Warrington (1978) "Category-specific Naming Preservation: a Single Case Study," *Neurology Neurosurgery Psychiatry* 41(6), 571-574.

Hart, J., R. S. Berndt and A. Caramazza (1985) "Category-specific Naming Deficit Following Cerebral Infarction," *Nature* 1-7; 316(6027), 439-440.

Miceli, G., R. Capasso, A. Daniele, T. Esposito, M. Magarelli and F. Tomaiuolo (2000) "Selective Deficit for People's Names Following Left Temporal Damage: an Impairment of Domain-specific Conceptual Knowledge," *Cognitive Neuropsychology* 17(6), 489-516.

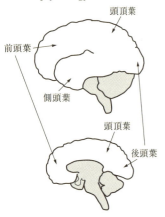

図2 大脳の区分
上が外側面，下が内側面（脳の断面）．
網かけ部分以外が大脳．

可能になる症例（Lhermitte and Beauvois 1973），反対に，見た場合には物品呼称が可能で，眼を閉じると呼称が困難になる症例（Beauvois et al. 1978）を報告しました．このような症例では，名前を言えなくても物品の形を説明したり使用方法をジェスチャーで示すことはできたことから，物品の意味表象は保たれていると考えられ，視覚あるいは触覚という感覚ルートを介した場合だけ音韻表象を引き出すことができなくなる状態だと考えられました．名称を引き出す経路は，感覚モダリティー別に複数存在すると考えられるのです．

◇**カテゴリー特異的な障害**　1970年代に入ると，特定の意味グループだけに問題が生じるカテゴリー特異的な障害が次々と報告されるようになり，脳内辞書の研究に大きな衝撃と成果をもたらしました．語の理解や呼称の障害が，ある特定の意味カテゴリーに著しく偏っていたり，あるいは逆に，特定の意味カテゴリーに含まれる語の理解や呼称が他よりもはるかに良好な失語例が存在することが明らかになったのです．

この問題に最初に取り組んだのは，イギリスのワリントン（Warrington）たちの研究グループです．彼女たちは，カテゴリー特異的な障害を持つ症例を詳細に検討して，脳内辞書が意味カテゴリー別に組織化されている可能性を強く示唆しました．例えば，左側頭葉にできた大きな脳腫瘍を手術で取り除いた後，すべての言語機能が低下して重度な失語になった53歳の男性では，身近な物品や動物の呼称は困難なのに，国の名前は言うことができ，写真を見てガンジーとは言えなくても「インド」と言うことはできた（McKenna and Warrington 1978）ことが報告されています．

その後もカテゴリー特異的な障害を持つ失語例の報告は相次ぎ，果物や野菜が呼称できなくなった症例（Hart et al. 1985），色の知識だけ喪失した症例（Miceli et al. 2000），よく知っている人物や国，競走馬の名前を呼称できなくなった症例（Samson and Pillon 2003）など，多くの失語例が記載されています．

このような症例が蓄積されるにつれ，左側頭葉（図2参照）の損傷では，動物，果物，野菜，花，食物といった生物の意味カテゴリーが最も障害されやすいということが分かってきました．キャピターニ（Capitani et al. 2003）は十分な情報がある79の報告例を分析し，その80%弱にあたる61例が生物カテゴリーに偏った障害で，道具や楽器などの非生物（人工物）が著しく障害された症例は18例に過ぎないと述べています．そして，このようなカテゴリー特異的な意味障害は，**動物などの動き回る生物**，**果物/野菜などの動き回らない生物**，**道具などの人工物**といった大きな3つの意味カテゴリーで分類できる可能性があることを示唆しました．

◇**普通名詞と固有名詞の乖離**　カテゴリー特異的障害の中には，固有名詞の理解や想起が選択的に障害された症例の報告も相次いでいます．

フェリラ（Fery et al. 1995）は，左内頸動脈にできた動脈瘤のクリッピング手術[*8]を受けてから人名が思い出せなくなった63歳の女性を報告しています．物品の呼称は術後数か月のうちに改善しましたが，有名人，親戚や友人など，よく知っているはずの人の名前を思い出せない症状はその後も変わりませんでした．職業などその人にまつわる知識は問題なく思い出すことができたことから，この女性では，人物の意味表象はおかされていないと考えられました．反対に，物品の理解や呼称に障害がみられ，人名想起には問題ない症例も報告されています．ライオンズら（Lyons et al. 2002）が経験した68歳の男性は，脳梗塞の後，物品（普通名詞）の詳細な意味表象を思い出せなくなり，物品の聴覚的理解や呼称が困難になりましたが，人名（固有名詞）の理解や呼称にはまったく問題がみられなかったのです．こうした例からすると，同じ名詞でも，「トトロ」と「アニメ」は，固有名詞の貯蔵庫と普通名詞の貯蔵庫に別々に整理されることになります．

✂ 脳内辞書の区分

それでは脳は，「猫」と「猫じゃらし」，あるいは「リンゴ」と「ナイフ」といった語をどのように見分けているのでしょうか．

ワリントンたちは，語の表象における感覚情報や機能的な情報の割合が，これらのカテゴリーの区分として反映されるという説を唱えました．互いに見た目がよく似ている生物のカテゴリーでは視覚的な意味情報が重要であり，形と機能が密接に関連している道具などの人工物では機能的な意味情報の比重が高くなると考えられることから，語の意味表象では種々の意味情報の比重が異なるはずで，こうした比率の違いが意味カテゴリーとして区分されることになると主張したのです（Warrington and Shallice 1984）．**感覚/機能仮説**と呼ばれるこの考え方は，"機能的"とされる要素は道具使用に関する概念や操作，言語的な知識などの総体であって，さらにその総体を構成する要素をつきつめないとカテゴリー特異的な失語の臨床症状を説明できないとの批判にさらされ，複数の新たな仮説が唱えられるようになりました．脳が1つの語の意味を解釈したときに生じる種々の感覚や運動の脳活動のパターンが，それと同じパターン形式でその語の意味として脳に記録されるとする**統合認知仮説**と呼ばれる仮説もその1つです．fMRIなどの，機能的イメージング研究[*9]でも，どのように見えるか，どのように動くか，どのように用いられるかなどの特性は，語の情報としてそのまま感覚システムや運動システムに貯蔵されるという（Martin 2007），この仮説を支持する結果が得られています．動物や道具といった異なるカテゴリーの意味表象は，語が持つ運動や感覚の特性に応じて記録され，言語でラベル付けをされること

Samson, D. and A. Pillon (2003) "A Case of Impaired Knowledge for Fruit and Vegetables," *Cognitive Neuropsychology* 20(3), 373-400.

Capitani, E., M. Laiacona, B. Mahon and A. Caramazza (2003) "What are the Facts of Semantic Category-specific Deficits? A Critical Review of the Clinical Evidence," *Cognitive Neuropsychology* 20(3), 213-261.

動物などの動き回る生物 (animate objects)
果物/野菜などの動き回らない生物 (inanimate biological objects)
道具などの人工物 (artifacts)

Fery, P., E. Vincent and S. Brédart (1995) "Personal Name Anomia: a Single Case Study," *Cortex* 31 (1), 191-198.

[*8] 血管にできた瘤のようなふくらみが破裂しないように血管をしばる手術．

Lyons, F., J. R. Hanley and J. Kay (2002) "Anomia for Common Names and Geographical Names with Preserved Retrieval of Names of People: a Semantic Memory Disorder," *Cortex* 38 (1), 23-35.

Warrington, E. K. and T. Shallice (1984) "Category Specific Semantic Impairments," *Brain* 107 (3), 829-854.

感覚/機能仮説 (Sensory/Functional Theory)

統合認知仮説 (Embodied Cognition Theory)

[*9] 頭を使うことで変化する脳の血流量を色の違いとして視覚的に表し，脳の活動を研究する方法．

Martin, A. (2007) "The Representation of Object Concepts in the Brain," *Annual Review of Psy-*

chology 58, 25-45.

抽象モデル（abstract/amodal model）

*10 文で表現できるような内容.

言語中枢（language area）

図3 言語中枢であるブローカ野，ウェルニッケ野の位置

*11 複数の情報が統合される領域.

Damasio, H., T. J. Grabowski, D. Tranel, R. D. Hichwa and A. R. Damasio (1996) "A Neural Basis for Lexical Retrieval," *Nature* 380 (6574), 499-505.

Damasio, H., D. Tranel, T. Grabowski, R. Adolphs and A. Damasio (2004) "Neural Systems Behind Word and Concept Retrieval," *Cognition* 92(1-2), 179-229.

Kertesz, A. (2010) "Anomia," Whitaker, H. A. (ed.) *Concise Encyclopedia of Brain and Language*, 42-46, Elsevier.

Capitani, E., M. Laiacona, R. Pagani, R. Capasso, P. Zampetti and G. Miceli (2009) "Posterior Cerebral Artery Infarcts and Semantic Category Dissociations: a Study of 28 Patients," *Brain* 132 (4), 965-981.

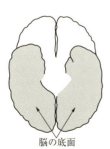

図4 脳の底面

で1つの意味表象としてまとめられていると考えるわけです．例えば，生物で一番重要な構成要素は視覚情報ですが，道具では運動情報が重要になり，果物/野菜では色の情報がより重要になると考えられるのです．

このような新たな説は，従来から唱えられてきた**抽象モデル**とは対立する考え方です．抽象モデルでは，意味表象あるいは概念といったものは命題的なもの*10 で，1つの抽象的な表象として脳に保存されると仮定されます．このような仮説では，動物，果物/野菜，道具などのカテゴリーは生存に重要な事柄であり，素早く認知する必要があるために生得的なカテゴリーとして脳に内在していて，意味表象はこのようなカテゴリーのネットワークによって組織化されていると考えるわけです．

脳内辞書のありか

意味の表象が1つにまとめられた抽象的な命題的情報として貯蔵されているのか，あるいは感覚や運動などの多種類の情報で構成された情報なのか，あるいはそれ以外の表象として存在しているのかといった議論はさておき，何らかの方法で脳内辞書が細かく区分され，異なる脳領域に貯蔵されていることは間違いないでしょう．

左半球には，言語機能の神経ネットワークで中心的な役割を果たす**言語中枢**が存在します（図3）．左前頭葉には言語表出に関与するブローカ野，左側頭葉には言語理解を担うウェルニッケ野と呼ばれる言語中枢がありますが，言語性の意味知識はこれらの言語中枢を取り囲む連合野*11 に貯えられると考えられています（Damasio et al. 1996, 2004）．しかし，脳内辞書のありかについては，まだ十分な意見の一致が見られているわけではありません．脳の損傷では，広範な領域がおかされて症状と脳部位との対応がはっきりしないことも多く，機能的イメージング研究でも，実験の結果やそれに基づく解釈が一致しないことが多いのです．従来は左側頭葉の下方の領域（中側頭回や下側頭回）が重視されてきましたが（Kertsz 2010），近年では，底面（図4参照）が重要だとする見解も出されており，キャピターニら（2009）は，左側頭葉底面の紡錘状回と呼ばれる領域の中央から後方が植物の意味表象に重要で，それよりも前方が動物の意味表象に関わっていると主張しています．

人名の意味表象は，左側頭葉の前部にあるとする見解が多数を占めています．難治性てんかんの治療のために左側頭葉前部の切除を行うとしばしば人名を思い出せなくなることが知られており，イメージング研究でも，健常者では人名の呼称で左側頭葉前部が活性化されることが示されていて（Grabowski et al. 2003），いろいろな検討結果が一致しているのです．

意味を汲み取るには，まずそのものが何であるかを認識する必要がありますが，多数の脳損傷例を検討した結果から，人の顔の認知には右の側頭葉前部が，動物の認知には右の後頭葉中央部から側頭葉にかけてと

左の後頭葉の中央部が，道具の認知には左の後頭葉-側頭葉-頭頂葉の境界領域が重要であるという知見が得られています（Tranel et al. 1997）．言語的に表象された意味表象は，言語機能に優位性を持つ大脳半球（通常は左半球）に貯蔵され，画像的に表象された意味表象は，視空間的な能力に優位性を持つもう片方の大脳半球（通常は右半球）に蓄えられます（Gainott 2013）が，意味を表象する神経ネットワークは左右の半球の様々な脳部位に張り巡らされており，このような神経ネットワークを総動員して私たちは多岐にわたる意味表象を引き出すわけです．

呼称と喚語

語を思い出すということは，ある特定の意味表象と結びついている語の音韻表象を思い浮かべることです．語想起に関する検討は，前述したように，そのほとんどがいろいろな条件をコントロールしやすい"呼称"という方法で検討されてきました．しかし，考えてみると，誰かとおしゃべりに花を咲かせているときや，何か文章を考えているときの語の想起は，内的な意図に基づくもので"呼称"ではありません．語の想起の神経ネットワークには，外的な刺激によって誘発される場合（呼称）と内的な意図から発する場合（喚語）があるわけです（毛束 1996）．「ピトル型の健忘失語」では，この2つの語想起の乖離が著しくなります．左側頭葉の損傷で生じるこの失語型では，聴理解はかなり良好なのですが，発症直後から重度な名詞の呼称障害が生じます．しかし，呼称以外の自発話では名詞をたやすく思い出す（つまり，喚語する）ことができ，時に固有名詞に詰まる程度で特に不自由なく自由に話すことができるのです（毛束 1996）．

厳密に言えば，私たちは，呼称ではなく喚語のプロセスで出現する語想起の障害を TOT と言っているのではないでしょうか．呼称と喚語という2つの語想起の神経ネットワークは，出発点こそ違え，意味から語の音韻表象を引き出す神経ネットワークという点で共通基盤があると考えられ，実際の発話では両者を区別しがたいこともあるのかもしれません．

TOT と加齢

年をとるにつれて言い誤りや TOT が多くなり，中でも名詞が，特に人名や地名といった固有名詞が思い出しにくくなることは経験的によく知られています．複数の研究からも，TOT が出現する頻度は加齢によって増加する，固有名詞は普通名詞より TOT が生じやすい，年をとると語頭音や音韻の数などの周辺情報も思い出しにくくなる（White and Abrams 2002），などの事実が明らかにされています．

加齢によって，身体の生理学的な機能には様々な老化現象が見られるようになります．このような変化を反映して，脳機能の効率も悪くなる

Grabowski, T. J., H. Damasio, D. Tranel, G. E. Cooper, L. L. Ponto, G. L. Watkins and R. D. Hichwa (2003) "Residual Naming After Damage to the Left Temporal Pole: a PET Activation Study," *Neuroimage* 19(3), 846-860.

Tranel, D., H. Damasio and A. R. Damasio (1997) "A Neural Basis for the Retrieval of Conceptual Knowledge," *Neuropsychologia* 35(10), 1319-1327.

Gainotti, G. (2013) "The Contribution of Language to the Right-hemisphere Conceptual Representations: a Selective Survey," *Journal of Clinical and Experimental Neuropsychology* 35(6), 563-572.

毛束真知子（1996）「語想起に影響するいくつかの要因について」，『聴能言語学研究』13(3), 231-235.

White, K. K. and L. Abrams (2002) "Does Priming Specific Syllables During Tip-of-the-tongue States Facilitate Word Retrieval in Older Adults?" *Psychology and Aging* 17(2), 226-235.

であろうことは，十分予想されることです．しかし，加齢によってすべての認知機能が同じように低下するわけではありません．近年の研究から，判断に至る認知処理の速さは年齢によってそれほど差があるわけではなく，加齢の影響をより強く受けるのは，脳における反応の仕方を決める段階とそれを表出するプロセスであることが分かってきました（石井他 2012）．

言語機能にも，加齢の影響を強く受けるものとそうではないものとがあります．脳内辞書に加わる語彙は年とともに増えていきますし，意味の処理も保たれます．読字経験の積み重ねによって語や文を認知する能力も効率よくなっていきます．耳が遠くなるなどの感覚機能の低下を考慮に入れなければ，言語の理解能力は基本的に維持されるか向上するのです．一方で，言語表出は加齢の影響を大きく受けることになります．話しているときにTOTがしばしば生じるようになるばかりではなく，呼称も遅く間違いやすくなります．綴りの誤りも加齢とともに増加し，日記では年をとるにつれて複雑な構文よりも単純な表現を使うようになるという分析結果もあります（Stine-Morrow and Shake 2010）．

✂ TOTの原因

TOTは，意味と音韻の間の伝達障害として説明されてきました．加齢によってTOTが増える原因として，音韻想起の神経ネットワークに関わる「島(とう)」と呼ばれる領域（図5参照）の老化が指摘されています（Shafto et al. 2007）．島は，脳溝をおし広げると見えてくる，普段は覆い隠されている脳の領域です（図5）．島の神経細胞は加齢で最も影響を受けやすい脳領域の1つであることが分かっており，この領域の神経細胞の数が少なくなって大脳皮質が徐々に萎縮していくことで機能が低下し，TOTが生じやすくなると考えられるのです．

そもそも音の情報というものは，本質的に脆弱性をはらんでいるものです．語の聴覚表象は失われやすく，私たちは頭の中でリハーサルを繰り返したり文字に置き換えるなどして，そのイメージを逃さないように工夫します．脳の委縮がなくても，日頃から使っていなければ，意味と音韻のネットワークはすぐに希薄になってしまうでしょう．

一方で，意味表象は豊富なネットワークを持っています．「ヤマネ」という言葉を思い出せなくても，「冬眠する動物」「小さくてかわいい」「森に棲んでいる」「茶色の身体をしている」などいくつもの意味が次々と思い浮かんできます．しかしそれらと結びつく音韻表象は「ネズミ」でも「ヤマネコ」でもなく「ヤマネ」でしかありません．意味が持つ神経ネットワークに比べると，意味と音韻との連合は融通が効かず，いつも通っていないとすぐに薄れてしまうような一本道を頼りにするような脆弱な神経ネットワークだとも言えるでしょう．私たちが名前を思い出すときには，このような経路が働いているのです．

石井良平，青木保典，栗本龍，池田俊一郎，畑真弘，岩瀬真生，今城郁，田中美枝子，松崎晴康，武者利光，朝田隆，武田雅俊（2012）「脳波・生理学的所見と認知機能低下」，『老年精神医学』23, 420-428.

Stine-Morrow, E. A. L. and M. C. Shake (2010) "Language in Aged Persons," Whitaker, H. A. (ed.) *Concise Encyclopedia of Brain and Language*, 285-290, Elsevier.

図5　脳の島の位置

Shafto, M. A., D. M. Burke, E. A. Stamatakis, P. P. Tam and L. K. Tyler (2007) "On the Tip-of-the-tongue: Neural Correlates of Increased Word-finding Failures in Normal Aging," *Journal of Cognitive Neuroscience* 19(12), 2060-2070.

【☞ まとめ】・TOT は意味と音韻との一時的な伝達障害で，加齢や不使用によって引き起こされます．
・脳は名詞を意味カテゴリー別に区分し，異なる場所に貯蔵している可能性があります．
・豊富な神経ネットワークを持つ意味に比べて，意味と音韻をつなぐ神経ネットワークは脆弱で，TOT が生じやすい要因になっています．

練習問題

1. 周りの人の TOT を観察してみましょう．幼児にはみられますか？ 高齢者には多いでしょうか．どのような語が TOT になりやすいですか．
2. TOT が生じたとき，関連情報や部分情報がどの程度思い出せるかどうか試してみましょう．
3. 日常物品，野菜や果物，動物や植物，有名人，地名などをできるだけ多く思い出してみましょう．普通名詞と固有名詞で差があるでしょうか．
4. 「あ」が付く語を 1 分間にできるだけたくさん思い出しましょう．思い出すときに，どのような手がかりを用いていますか．「か」や「た」などでも試してみましょう．
5. 「動物」の名前を 1 分間にできるだけ沢山思い出しましょう．思い出すときに，どのような手がかりを用いていますか．「野菜」や「植物」でも試しましょう．

Further Reading

失語については，岩田誠『臨床医が語る脳とコトバのはなし』（日本評論社），山鳥重『言葉と脳と心—失語症とは何か』『ヒトはなぜ言葉を使えるか』（ともに講談社現代新書）などが，読み物風に書いてあって楽しく読むことができる．加藤正弘ら『失語症のすべてがわかる本』（健康ライブラリーイラスト版）も比較的分かりやすい．

筆者より

小さい頃から動物が大好きで，高校生のときには獣医になるのが夢だった私が，偶然あるいは必然の多くの出会いによって言語障害の領域に導かれ，言語障害児者の方々から本当に多くのことを学ばせていただいてきました．その間，動物との付き合いも絶えることなく，犬や猫，ウサギやハムスター，亀やトカゲなど，縁がある動物はすべて面倒をみてきて，天国で再会したときに名前を思い出せるかしらと心配になるほどです．今は馬にも夢中で，駆け足をしているとそのままどこまでも駆けていきたくなってしまいます．

II

ことばの基礎を知る

第Ⅰ章　ママは昔パパだったのか？―五十音図の秘密―

窪薗 晴夫　　　　　　　　　　　　　　　　　　　　【音韻論】

> 《✎ 何が分かるか》　日本語の五十音図は日本人が作り出したものと思われがちですが，実は古代インド人が原型を作り，仏教とともに日本に伝わってきたものです．この五十音図には様々な音の秘密が隠されています．この章では，なぜ「あいうえお」の5母音がこの順序に並んでいるのか，なぜ横軸（子音）が「あかさたなはまやらわ」という順序に並んでいるのかという2つの疑問を軸に，五十音図に隠された音の秘密を探ってみます．

✂ 阿吽の呼吸

日本で育った人で五十音図（図1）を知らない人はいないでしょう．小学校では教室の前に貼ってあり，子どもたちは毎日のように見ています．また日本語を学ぶ外国人も，同じ五十音図を見て日本語を習っています．では，この五十音図はどのような構造を持っているのでしょうか[*1]．

ん	わ	ら	や	ま	は	な	た	さ	か	あ
―	―	―	―	―	―	―	―	―	―	―
―	り	―	み	ひ	に	ち	し	き	い
―	る	ゆ	む	ふ	ぬ	つ	す	く	う
―	れ	―	め	へ	ね	て	せ	け	え
―	ろ	よ	も	ほ	の	と	そ	こ	お

図1　五十音図

ローマ字を考えるとすぐに分かると思いますが，五十音図は母音と子音を組み合わせた表です．母音というのは [a, i, u, e, o] などの音で，口を比較的大きく開けて作られます．一方，子音は [k, s, m] などの音で，母音に比べると口を狭めて作り出されます．ローマ字で書いてみると分かるように（図2），五十音図では縦軸に母音，横軸に子音が並べてあります[*2]．五十音図の中で「ん」は母音を含まない特殊な音です．

w	r	y	m	h	n	t	s	k	ゼロ	子音 / 母音
wa	ra	ya	ma	ha	na	ta	sa	ka	a	a
―	ri	―	mi	hi	ni	ti	si	ki	i	i
―	ru	yu	mu	hu	nu	tu	su	ku	u	u
―	re	―	me	he	ne	te	se	ke	e	e
―	ro	yo	mo	ho	no	to	so	ko	o	o

図2　五十音図

人間の言葉は，**子音**と**母音**を組み合わせて作り出されます．日本語では子音＋母音で1つの**音節**を作り出すことが普通で，例えば「横浜」という単語では，そのような構造を持つ音節が4つ組み合わさっています

---

*1　ワ行に「を」を入れる場合もありますが，現代日本語の標準語には [wo] という音はありません．昔の [wo] という音は今では [o] と発音されます．「を」という文字が格助詞の表記だけ残っていますが，「おやつ」の「お」も「リンゴを」の「を」も標準語では同じ発音です．この「を」の名称は地域によって異なり，[wo] と呼ぶ地域もあれば，「つなぎの [o]」，「くっつきの [o]」「難しい方の [o]」などと呼ぶ地域もあります．中には「お」の方を特別に「普通の [o]」と呼ぶ地域もあるようです．

*2　図2のローマ字は訓令式と呼ばれる，日本語の音韻体系に則した表記です．一般に使われている表記（ヘボン式）は日本語を英語流に書く方法で，「し，ち，つ，ふ」などの表記が訓令式とは異なります．たとえば訓令式は (si, ti, tu, hu)，ヘボン式は (shi, chi, tsu, fu) と表記します．

子音（consonant）
母音（vowel）
音節（syllable）

（yo-ko-ha-ma）．このように，子音と母音が一緒になって音節を作り，音節がいくつか組み合わさって単語が作られているのです．

ところで，五十音図は日本固有のものと思われがちですが，実はそうではありません．その原型は古代インドで作りだされ，仏教とともに日本に伝わったものと言われています．この五十音図の第一の特徴は，「あ」に始まり「ん」で終わっていることです．仏教では「あ」は人が口を開いて最初に出す音，「ん」は口を閉じて出す最後の音であり，そこから，宇宙の始まりと終わりを表すとされています．寺社の仁王像や狛犬（写真参照）を見ると，一方が口を開いて「あ」と言い，他方が口を閉じて「ん」と言っています．左右一対で，物事の始まりと終わりを示しているのです．この「あ」と「ん」の音を組み合わせて「あうん」ということばが生み出されましたが，このことばは「吐く息と吸う息」，つまり呼吸を表し，今でも「阿吽の呼吸」*3，「阿吽の仲」という表現に残っています．

✂「あいうえお」の秘密

ところで五十音図（図1）には5つの母音が並んでいますが，「あいうえお」の5つの音を並べようとすると，「あいうえお」から「おえういあ」まで合計120通り（5×4×3×2×1）の並べ方があります．実は，この120通りの中から「あいうえお」という順序が必然的に作り出されているのです．

このことを理解するためには，まず[a]が人間にとって一番基本的な音であることを理解する必要があります．どの言語でも，赤ちゃんが最初に話す言葉には[a]という母音が多く含まれています．赤ちゃんにとって大事な言葉の1つは食べ物（おっぱい）をくれる人，つまり「お母さん」ですが，ヨーロッパの言語でも中国語でも（アフリカの）スワヒリ語でも「ママ」と言います．これはヨーロッパの言語からの借用ではなく，「お母さん」を表す言葉に自然発生的に[ma]という音が使われているのです．日本語でも「お母さん」を表す言葉──「はは」「おかあさん」「ママ」──に[a]という母音が使われています．「はは」の昔の発音である「ぱぱ」も同様です（後述）*4．また日本語の赤ちゃん言葉*5で食べ物のことを「マンマ」と言いますが，ここにも[a]という母音が入っています．

(1)「お母さん」を表すことば
   中国語：ママ（mama）
   英語：マミー（mommy）
   ラテン語：マテル（mater）
   イタリア語：マンマ（mamma）
   スワヒリ語：ママ（mama）
   日本語（昔）：パパ（papa）

「あ」が最も基本的な母音であることは，どのような現象に現れてい

〈写真：狛犬〉

*3 「阿吽の呼吸」とは「吐く息と吸う息」を表し，転じて，複数の人が気持ちをあわせて1つのことに取り組む様を表します．「阿吽の仲」もそのような人間関係を表します．

*4 「はは（母）」に濁点をつけると「ばば（婆）」（＝おばあさん）ができます．ちなみに「ちち（父）」に濁点をつけると「ぢぢ（爺）」ができますが，「ぢぢ」は今では「じじ」と表記しているため，「ちち」との関係がわかりにくくなってしまいました．

*5 赤ちゃん言葉（motherese）は大人が赤ちゃんに話しかけるときの言葉で，育児語とも呼ばれます．日本語には，「おんぶ」（＜おぶう），「だっこ」（＜抱く），「くっく」（＜靴），「はいはい」（＜這う）のように大人の言葉から派生したものと，「ぽんぽん」（お腹），「ブーブー」（豚，車）のように擬音語から派生したものがあります．

のでしょうか．日本語では例えば，「あっと言う間に」「人をあっと言わせる」といった慣用句や，驚いたときの「キャー」という音にも現れています．口を開いて自然に出てくる母音が[a]なのです．これに対して[o]や[i]などの母音は少し加減しながら口を開いて作り出され，「あ」ほどに自然に出てくる音ではありません．「おっという間に」「人をいっと言わせる」などの慣用句や「キュー」という言い方が出てこなかったのもうなずけます．

次に，日本語の笑い方を表す表現(2)の中で，どれが一番含みのない中立的な笑い方でしょうか．多くの人が[a]からできた「あはは」を選ぶはずです．このことも「あ」が一番作り出しやすい，基本的な母音であることと符合しています．

(2) あはは（ahaha）
　　えへへ（ehehe）
　　おほほ（ohoho）
　　うふふ（uhuhu）
　　いひひ（ihihi）

このように五十音図は「母音の中の母音」である「あ」の音で始まっていますが，そのあとに「いうえお」と続くのはどうしてでしょう．実はここにも音の法則が隠れています．カリフォルニア大学の音声学者たちが世界の言語[*6]を分析して作った音のデータベース UPSID（UCLA Phonological Segment Inventory Database）によると，日本語のように5つしか母音（正確には短母音）を持たない5母音体系が世界の言語では最も多く，英語のように多くの母音を持つ体系は珍しいそうです（表1）．

表1　短母音の数による言語の分布

短母音の数	2	3	4	5	6	7	8	9	10
言語数	2	25	30	109	54	44	23	20	10
割合（％）	0.6	7.9	9.5	34.4	17.0	13.9	7.3	6.3	3.1

その5母音体系の中では，[a, i, u, e, o]の5つの母音の組合せが最も一般的で，[a, i, u, e, ɔ]のような他の組合せは珍しいということがわかっています．同じように，3つしか母音を持っていない体系（例えばアラビア語や日本語の琉球方言[*7]）では，[a, e, o]という組合せなどより[a, i, u]という組合せが圧倒的に多く，4母音体系では，[a, i, e, o]などより[a, i, u, e]という組合せが多いそうです．つまりカリフォルニア大学の調査によると，3母音体系の言語に一番多いのは[a, i, u]，4母音体系に多いのは[a, i, u, e]，5母音体系では[a, i, u, e, o]となります．(3)のように母音が増えていくわけです．このことから，五十音図は基本的な母音からそうでない母音へ順番に並べていることが分かります．論理的に可能な120通りの組合せの中から「あいうえお」という順番が選ばれている背後には，このような法則が働いているわけです．

(3) 3母音体系　a, i, u

---

*6　世界の言語は6000も7000もあると言われていますが，UPSIDのデータベースに入っているのはその10％にも満たない数です．言語の研究がまだまだ道半ばであることを意味しています．その一方で，世界の言語の大半は母語話者数が比較的少ない言語で，ある言語学者の研究では現存する数千の言語の90〜95％が21世紀末までに消滅すると言われています．消滅危機言語の調査研究の必要性が声高に叫ばれている理由がここにあります．同じ状況が日本語の方言にも当てはまり，琉球や離島の諸方言を中心に，消滅の危機に瀕した方言は多数あります．

*7　沖縄の伝統的な方言では本土の[e]と[o]がそれぞれ[i]，[u]に対応する傾向があります．例えば，心は[kukuru]，豆は[mami]，踊りは[udui]，暦は[kujumi]となります．

    4 母音体系　a, i, u, e
    5 母音体系　a, i, u, e, o

　音の生起頻度にこのような法則があることは，20世紀後半になってカリフォルニア大学の研究者たちが世界の諸言語を総合的に分析して初めて明らかにされましたが，そのような法則に従った五十音図の原型を二千年以上前に古代インドの人たちが作り出していたという事実は驚きです．古代インド人は，音声学者が20世紀になって証明した法則を知っていたということになります．

　日本語の中では，五十音図と同じ順番が動詞活用にも観察されます．五段活用[*8]では終止形が一番基本的なようにも思えますが，活用表は「行く」「歩く」などの終止形ではなく，「行かない」「歩かない」のような否定形から始まっています．ローマ字で書いてみるとわかるように，動詞語幹に続く母音が[a, i, u, e, o]の順になるように並んでいるのです．

(4)　行かない　(ik-anai)
　　　行きます　(ik-imasu)
　　　行く　　　(ik-u)
　　　行くとき　(ik-utoki)
　　　行けば　　(ik-eba)
　　　行け　　　(ik-e)
　　　行こう　　(ik-oo)

✂「あかさたなはまやらわ」の秘密

　次に，五十音図の横軸〈あかさたなはまやらわ〉を見てみましょう．実はこの横軸も音声学の原理に従って並べられています．この横軸は〈かさたなはま〉と〈やらわ〉の2つのグループから成っています．前者に含まれる子音（k, s, t, n, h, m）は口の中を通っていく空気の流れが少なからず妨げられて作り出される音で，後者に含まれる子音（y, r, w）[*9]は空気が比較的自由に流れていく中で作り出される音です．母音に似ていない子音を前半に，母音に近い子音を後半に置いた配置になっています．

　次に，それぞれのグループの中では，口の奥の方で作り出す音から口の先の方（唇）で作り出す音の順に並んでいます．音を作り出す場所のことを音声学では「調音点」[*10]と言いますが，〈かさたなはま〉のグループでも〈やらわ〉のグループでも，調音点が「口の奥→前」のように並べられているのです．〈かさたなはまやらわ〉と順に発音してみると，この順番が実感できます．図1, 2に準じて〈かさたなはまやらわ〉を右から左へ並べると次のようになります．

(5)　五十音図と調音点（図3）
　　（w　　r　　　j　　　）（m, h,　n, t, s,　　　k　）
　　　唇　歯茎　硬口蓋　　　唇　歯〜歯茎　軟口蓋

〈か〜わ〉の中で「口の奥→前」という原則に反していると思われる音

---

*8　五段活用は現代日本語において一番生産性の高い活用で，「事故る」（＜事故を起こす），「コピる」（＜コピーする），「マクる」（＜マクドナルドに行く）などの新造動詞もこの活用となります（マクらない，マクります，マクる，マクるとき，マクれば，マクれ，マクろう）．

*9　ヤ行の子音は，ローマ字ではyの文字で表されますが，発音記号では[j]と表記されます．

*10　言語音は，肺から排出された空気が口や鼻から出ていくまでの過程で，舌や唇などによって妨げられて作り出されます．ここで問題となるのが，空気の流れが<u>どこで</u>，<u>どの程度</u>妨げられるかという点です．子音の場合には，空気の流れが妨げられる場所を調音点（place of articulation），妨げられる程度を調音法（manner of articulation）と呼びます．これらは母音の記述における舌の前後位置（前舌・後舌）と舌の高さ（口の開き具合）とそれぞれ対応しています．

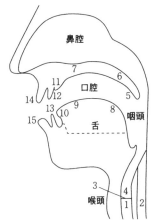

図3　発音器官（窪薗 2005）
1. 気管, 2. 食道, 3. 声帯, 4. 声門, 5. 口蓋垂, 6. 軟口蓋, 7. 硬口蓋, 8. 後舌, 9. 前舌, 10. 舌端, 11. 歯茎, 12. 上歯, 13. 下歯, 14. 上唇, 15. 下唇．

窪薗晴夫（2005）「音韻論」，中島平三（編）『言語の事典』，20, 朝倉書店．

が 1 つあります．ハ行の [h] です．「は」を繰り返し発音してみると分かるように，[h] の音は実は唇ではなく，口の奥で作り出される音です．この音だけは (5) に示した五十音図の法則に違反しているように見えますが，実はこれは日本語の歴史的事情によります．日本語のハ行音はもともとマ行と同じく唇で作り出される音で，「ぱぴぷぺぽ」のように [p] という発音であったと言われています．紫式部や清少納言の時代には，例えば「母」は「ぱぱ」という発音だったというわけです．そのように考えると，五十音図の構造が例外なく説明できるようになります．またこの他にも，ハ行音が「ぱぴぷぺぽ」だったという証拠がいくつもあります．

例えば室町時代のなぞなぞに，「母には二度あへど父には一度もあはず」という問いがあり，その答えは「唇」とあります．「母」を発音するときには二度も上唇と下唇が合う（会う）けれども，「父」の発音では両唇がくっつくことはない，という意味です．「母」の子音が唇で作られていたことを物語っています．

「母」を「パパ」と発音していたという解釈は，子どもの**言語獲得**の法則とも一致します．どの言語の子どもたちもパ行やマ行などの唇の子音（p, m）を真っ先に獲得しますが，それに比べて口の奥で発音するハ行の子音（h）は習得が難しい音の 1 つです．昔の赤ちゃんがお母さんのことを「パパ」と呼んでいたという仮説は，この言語獲得の事実と一致します．一方，現代の日本語では「はは」は赤ちゃんが使うことばでなく，英語から入った「ママ」がより一般的です．

もうひとつ，「母」がもともと「パパ」だったという解釈は，大人の言語に見られる音の法則とも一致します．子どもが [p] の音を [h] の音より早く獲得することと関連して，大人の言語でも [h] の音を持つ言語は必ず [p] の子音も有しています．昔の日本語のハ行音が「ぱぴぷぺぽ」という発音であったという仮説は，この法則とも一致します．ちなみに，現代の日本語は [p] も [h] も持っており，こちらも世界の言語に見られる音の生起事実と一致しています．現代日本語では，[p] の音が「パン」「ペン」などの外来語や「ピヨピヨ」「ピカッ」といった**オノマトペ**[*11] に多く見られます．

日本語のハ行音がもともと [p] という音だったという解釈は「ひよこ」や「光」などの名詞の起源とも一致します．「ひよこ」「光」という名詞はそれぞれ「ピヨピヨ」「ピカリ（ピカッ）」というオノマトペから派生したとされていますが，名詞の方がもともと「ぴよこ」「ぴかり」という発音だったと考えると，名詞とオノマトペの関係が理解できるようになります．名詞の方だけ「ぴ」から「ひ」に発音が変わってしまったため，現代日本語ではオノマトペの発音との間にずれが生じているわけです．

(6) （昔）ぴよこ—ぴよぴよ，ぴかり—ぴかり
　　（今）ひよこ—ぴよぴよ，ひかり—ぴかり

言語獲得 (language acquisition)

オノマトペ (onomatopoeia, mimetics)

*11　オノマトペは「ピヨピヨ」「ざあざあ」のような擬音語（擬声語）や「ピカピカ」「ゆらゆら」のような擬態語の総称です．赤ちゃん言葉の「ぽんぽん」や「ブーブー」もオノマトペの一種です．

✂ 清音と濁音

話を五十音図に戻して，この図にはガ行やザ行のような濁音が含まれていませんが，これはなぜでしょう．濁音とはひらがなやカタカナで濁点を付けて表記される音で，現代日本語ではガ行，ザ行，ダ行，バ行の音が該当します．これらの音に含まれる子音（g, z, d, b）は喉にある声帯[*12]が振動して作られる音（有声子音）で，かな文字の濁点はこの音声特徴を表しているわけです．濁音に対して，声帯の振動を伴わずに作り出される音を清音と言い，カ行，サ行，タ行，ハ行がこれに当たります．

(7) カ行―ガ行
　　サ行―ザ行
　　タ行―ダ行
　　ハ行―バ行

ここでは，声帯の振動の有無によって濁音と清音がペアを組んでおり，清音の方だけが五十音図に載っていることになります．ではなぜ濁音が載っていないかというと，濁音は清音を前提に後から出てきた音だからです．「か」と「が」を比べてみて，「が」という文字が「か」をもとに作られていることはすぐ分かります．この関係は発音についても当てはまり，日本語に限らず，人間の赤ちゃんは濁音より清音を先に習得します[*13]．「ざ」よりも「さ」を先に獲得するのです．言語獲得において濁音は清音を前提に言語に現れてくるため，大人の言語でも清音が基本になっています．清音しか持たない言語はあっても，濁音しか持たないという言語は存在しないのです．たとえば，ガ行の音は持つけれどもカ行の音は持たないというような言語はありません．清音という基本的な音だけを載せた表が五十音図なのです．

では，五十音図に出てくる他の音（ナ行，マ行，ヤ行，ラ行，ワ行）はどうでしょう．これらは清音の中に入れられていますが，その一方で，声帯が振動する有声子音（n, m, j, r, w）を含んでいます．有声子音を含んでいるのになぜ五十音図に載っているかというと，これらも人間の言語では基本的な音だからです[*14]．例えば「ナ」の中の子音[n]から声帯の振動を抜くと[n̥]という記号で表される音になります．[n̥]のような特殊な表記を用いていることからも分かるように，この音は人間の言語にめったに出てこない特殊な音です．

清音・濁音の区別と子音の有声・無声の関係をまとめると(8)のようになります．人間の言語で基本的な音を清音と呼び，五十音図はそのような基本的な音だけを載せているのです．

(8) 清音・濁音と子音の有声・無声の関係

	無声子音	有声子音
清音	カ行，サ行，タ行，ハ行	ナ行，マ行，ヤ行，ラ行，ワ行
濁音	―――	ガ行，ザ行，ダ行，バ行

[*12] 声帯は人間の喉にある長さ1cmくらいの一対のひだで，上から見ると唇のように見えます．肺から流れてくる空気によってこの器官が振動し，その振動が逆に空気に伝わることによって声（有声音）が作り出されます．また声帯の振動数によって声の高さが変わってきます．

[*13] 例えば英語を母語とする赤ちゃんは bad を bat，bag を back と発音する（つまり，有声子音の[d]や[g]を，対応する無声子音[t]，[k]で置き換える）と言われています．現代英語の five ― fifty, fifteen などに見られる[v]と[f]の交替も，歴史的には[f]の音の方が古く，[f]から[v]が派生しました．

[*14] [n, m, j, r, w]の子音が有声であるのは偶然ではありません．音を作り出すときに流れる空気の量と声帯の振動は相関関係にあり，空気の流れがあまり妨げられずに作り出される音は有声音となる傾向があります．母音が基本的に有声となるのはこのためです．ナ行，マ行，ヤ行，ラ行，ワ行の子音も比較的空気の流れが妨げられずに作り出されるため，自然に声帯の振動を伴って作り出されるのです．

II. ことばの基礎を知る

【☞ まとめ】・人間が作り出す言語音には母音と子音があり，それらを組み合わせて「か」や「と」などの音節ができます．
・五十音図は母音を表す縦軸（あいうえお）も子音を表す横軸（かさたなはまやらわ）も，音声学的に理にかなった並び方をしています．
・日本語のハ行音は昔「ぱぴぷぺぽ」と発音していました．

練習問題

1. 五十音図の原型は誰によっていつ頃作られたのでしょう．
2. 五十音図の「あいうえお」という順番にはどのような音声の法則が隠されているのでしょう．
3. 五十音図の「あかさたなはまやらわ」という順番にはどのような法則が隠されているのでしょう．
4. 日本語のハ行音が昔「ぱぴぷぺぽ」と発音されていたことは，どのようなことから分かるでしょう．現代日本語ではどのような現象にその痕跡が見られるでしょう．
5. 日本語の清音・濁音という区別にはどのような原理が働いているでしょう．

Further Reading

音韻論の入門書としては参考文献欄に挙げた小松英雄『日本語の世界7 日本語の音韻』（中央公論社）と窪薗晴夫『現代言語学入門2 日本語の音声』（岩波書店）が読みやすいと思われます．前者は日本語の音韻構造を国語学，国語史の立場から，後者は一般言語学の立場から解説しています．音声をもう少し広い視点から学びたい人には日本音響学会（編）『音のなんでも小事典』（講談社ブルーバックス）がお薦めです．五十音図の構造については上村幸雄「五十音図の音声学」（杉藤美代子（編）『講座日本語と日本語教育2 日本語の音声・音韻（上）』（明治書院））と馬渕和夫『五十音図の話』（大修館書店）が参考になります．

筆者より

五十音図が日本人の作ったものではないということも驚きですが，それが音声学の法則に従って作られているという事実も驚きです．さらに，そのような五十音図が大昔に作られていたということにも驚かされます．昔の人はどのようにしてそのような法則を知ったのでしょう．また，そのような法則をもともと作ったのは誰なのでしょう．疑問は尽きません．地球や宇宙などの自然界はいろいろな法則によって支配されていると言われますが，人間のことばもいろいろな法則に支配されています．ここで取り上げた五十音図のように，私たちの日常生活の中に潜んでいる「ことばの法則」を一つ一つ発見していくのが言語学の仕事であり，言語研究の醍醐味でもあります．ことばの世界には，私たちがまだ気がついていない法則がいくつも眠っているに違いありません．

（筆者が勤務する国語研）

第2章 「むっつ」と「みっつ」の関係とは？—数詞の謎—

窪薗 晴夫　　　　　　　　　　　　　　　　　　　　　【音韻論】

> 《✍ 何が分かるか》　私たちが毎日のように使っている日本語の「ひとつ，ふたつ，みっつ…」という数詞には，倍数の法則とアクセントの法則が隠されています．前者は 1 (hitotu)—2 (hutatu)，3 (mittu)—6 (muttu)，4 (yottu)—8 (yattu) のように，ある数詞とその倍数が同じ子音で始まるという法則です．後者は，日本語の諸方言に共通して，「ひとつ」から「ここのつ」までのアクセントが「1，5，7，9」と「2，3，4，6，8」の2つのグループに分かれるという法則です．この章ではこれらの2つの法則を軸に，数字に隠されたことばの法則と謎を紹介します．

✂ 倍数の法則

　1から10まで数字を読むように言われたら，多くの人が「いち，に，さん，し，…」と読むでしょう[*1]．実はこれは中国語から取り入れた発音（音読み）で，日本語にはもう1つ，日本語独自の発音（訓読み，和語読み）があります．「ひとつ，ふたつ，みっつ，よっつ，…」という読み方です[*2]．

(1) ひとつ，ふたつ，みっつ，よっつ，いつつ，むっつ，ななつ，やっつ，ここのつ，とお[*3]

　数字に複数の読み方があるのは日本語の1つの特徴ですが，これは漢字に音読みと訓読みの複数の読み方を持つという日本語の特徴に還元できます．「風車」に「ふうしゃ」と「かざぐるま」という複数の読み方があるのと同じように，数字にも音読みと訓読みがあるのです[*4]．

　数字については「ひとつ，ふたつ」という日本語独自の読み方は廃れつつありますが，この昔ながらの読み方の中に発音の法則が隠れているのが分かるでしょうか．単語の最後に付いている「つ」は1個，2個，3個などの「個」に対応するもので，これを取ると数詞の語幹が残ります．さらに「みっつ」「よっつ」はもともと「みつ」「よつ」という発音だったので[*5]，「っ」をとると，次のような形が残ります．これが数詞のもともとの語幹です．

(2) ひと，ふた，み，よ，いつ，む，なな，や，ここの，とお

　法則が見えてこないという人は最初の音に注目してみましょう．

(3) ひ，ふ，み，よ，い，む，な，や，こ，と

　これでも分からない場合には，訓令式のローマ字で書いてみます．子音の繰り返しが見えてこないでしょうか．

(4) hi, hu, mi, yo, i, mu, na, ya, ko, to

[*1] 1から10まで読むときと10から1へカウントダウンするときでは，いくつかの数字の発音が変わってきます．4と7と9の読み方がどのように変わるか，自分で確認してみましょう．個人差，年齢差もありますが，1から読み上げるときは4（し），7（しち），9（く）と読み，10からカウントダウンするときは9（きゅう），7（なな），4（よん）と読む人が多いようです．

[*2] 和語では10〜90を次のように読みます．10（とお），20（はたち），30（みそ），40（よそ），50（いそ），60（むそ），70（ななそ），80（やそ），90（ここのそ）．30以上には「数字＋そ」という規則が働き，たとえば30は「3（み）＋そ」となります．

[*3] 「十」は和語なので「とお」と書きますが，現代日本語では「とう」（党，塔，棟）という表記と同じ発音です．同様に「大阪（おおさか）」や「通り（とおり）」は和語なので「お」と表記し，「王様（おうさま）」や「同士（どうし）」は漢語なので「う」と表記します．昔の発音の違いを反映した表記が今でも用いられています．

[*4] 他にも，「上下」（「じょうげ」と「うえした」），「松竹」（「しょうちく」と「まつたけ」），「竹馬」（「ちくば」と「たけうま」）など

の例があります．左右（さゆう）と右左（みぎひだり），表裏（ひょうり）と裏表（うらおもて）のように，音読みと訓読みで語順が逆になる例もあります．

*5 「っ」が付く前の古い発音が慣用句に残っています．「3（みつ）」は「三つ編み，三ツ星，三つ巴（みつどもえ）」，「4（よつ）」は「四谷，四つ角，四つん這い，四つ相撲，右四ツ」，「6（むつ）」は「明け六つ，暮れ六つ」，「8（やつ）」は「八つ当たり，八つ裂き，おやつ（＜八つ時）」という表現に残っているのです．

窪薗晴夫（2011）『数字とことばの不思議な話（岩波ジュニア新書）』，岩波書店．

*6 荻生徂徠（おぎゅう・そらい，1666～1728 年）は江戸時代の儒学者・思想家．忠臣蔵で知られる赤穂浪士の元禄赤穂事件では，赤穂義士に切腹を命じる考えを支持したとされています．

*7 「はたち」は今では主に「20 歳」の意味で使われています．「20 日」を表す「はつか」も語幹（hatu）の部分は「はたち」と同じ子音構造です．

母音交替（ablaut）

自動詞（intransitive verb）
他動詞（transitive verb）

よく見てみると，同じ子音が2度出てきて，しかもその現れ方に規則性があることが分かります．1と2，3と6，そして4と8というように，倍数の関係にある数字同士が同じ子音で始まっているのです（窪薗 2011）．

(5)　1―2（hi―hu）
　　　3―6（mi―mu）
　　　4―8（yo―ya）

この法則をここでは「倍数の法則」と呼ぶことにします．この法則は「ひ（とつ），ふ（たつ），み（つ），…」という読み方が日本語に定着してから，ずっと私たちの言語に存在していたはずですが，その存在に気が付いた人は少なかったようです．最近の研究によると，最初に「発見」したのは江戸時代の学者，荻生徂徠*6 だそうです．日本語の長い歴史の中で，今から 300 年前にようやく「ひとつ，ふたつ，みっつ，…」に潜む法則に気がついたということになります．

「ひとつ―ふたつ」と同じ関係が，二の 10 倍である二十にも見られます．子音の並び方（h-t-t）が同じで，母音が異なるという関係です．

(6)　一　　ひとつ（hitotu）
　　　二　　ふたつ（hutatu）
　　　二十　はたち（hatati）*7

このような法則が存在すること自体驚きですが，それと同時にいくつか新たな疑問が出てきませんか．例えば 4―8 までは倍数の法則が働くのに，5（itutu）―10（too）の間には同じ法則がなぜ観察されないのでしょう．あるいは，1（hitotu）から 2（hutatu）を，3（mitu）から 6（mutu）を作り出すのに，どうして子音を固定して母音を変えたのでしょう．論理的には，母音を固定して子音を変えるという選択肢もあったはずです．また，かりに母音を変えるのが一般的だとしても，数字によって母音の種類が異なってくるのも不思議です．(5)からも分かるように，1―2と3―6では[i]―[u]という母音の交替が見られるのに，4―8では[o]―[a]という交替を見せています．母音も統一した方がより規則性が高まったのではという疑問が出てきます．このように，1つの事実や法則が理解できると，新たな疑問がいくつも出てくるのです．ことばの研究の醍醐味がここにあります．

✂ 「上がる」と「上げる」

「ひとつ，ふたつ，みっつ，…」に潜んでいる倍数の法則は，1つの語から関連する語を作る場合の造語法を表しています．子音列を変えずに，母音だけを変えて関連する新語を作るという形式で，言語学では**母音交替**と呼ばれています．この造語法は数字以外の現象にも見られます．

人間の言語には**自動詞**と**他動詞**の2種類の動詞がありますが，倍数の法則と同じ形式で一方から他方を作るという例が珍しくありません．例

えば「成績が上がる」と「成績を上げる」は，前者が「…が…する」という自動詞，後者が「物を…する」という他動詞です．このペアは，__g__r__という子音の枠組みをもとに，1か所だけ母音が異なっています．

(7) 上がる　ag a ru
　　上げる　ag e ru

「上がる—上げる」のような自動詞／他動詞のペアは日本語にはたくさんあります．その中には，「廃る—捨てる」「座る—据える」のように異なる漢字を使うようになって，両者の関連性が見えにくくなっているものもあります*8．

(8) 自動詞　　　　　　　　他動詞
　　下がる（sag a ru）　　　下げる（sag e ru）
　　伝わる（tutaw a ru）　　伝える（tuta e ru）
　　植わる（uw a ru）　　　 植える（u e ru）
　　廃る（sut a ru）　　　　 捨てる（sut e ru）
　　座る（suw a ru）　　　　据える（su e ru）
　　閉まる（sim a ru）　　　 閉める（sim e ru）
　　変わる（kaw a ru）　　　変える（ka e ru）
　　曲がる（mag a ru）　　　曲げる（mag e ru）
　　終わる（ow a ru）　　　　終える（o e ru）
　　横たわる（yokotaw a ru）横たえる（yokota e ru）

✂ mouse と mice

母音だけ変えて関連する語を作る方法は英語にも見られます*9．例えば sit—set のような自動詞と他動詞の間に，日本語の「座る—据える」と同じような関係が観察されます．

(9) sit［sit］— set［set］（座る—据える）
　　lie［lai］— lay［lei］（横たわる—横たえる）
　　rise［raiz］— raise［reiz］（上がる—上げる）

英語ではまた，一部の名詞が同じ形式で複数形を作りだします．

(10) ねずみ　mouse［maus］— mice［mais］
　　 足　　　foot［fut］— feet［fi:t］
　　 男，人　man［mæn］— men［men］

mouse—mice や foot—feet は英語では不規則な複数形と言われていますが，母音だけ変えて関連する単語を作るという点では不規則ではありません．mouse—mice は m__s, foot—feet は f__t, man—men は m__n という共通の子音枠を使って単数形から複数形を作っているのです．

このほかでも，tick-tack［tik tæk］（時計の音，チックタック），zigzag［zigzæg］（ジグザグに）などのオノマトペ（擬音語・擬態語）や，Kit Kat［kitkæt］（キットカット）のような商品名，King Kong［kiŋkɒŋ］（キ

*8 「伝わる」と「伝える」では，後者で以前存在していた［w］の子音が消えています．これは［we］の［w］が落ちて，［e］と同じ発音になったことによります．「植える」「据える」「変える」「終える」の［e］も同様の変化を経ています．一方，自動詞の［wa］は今でもそのままの発音です．

*9 英語ではこのほかに，不規則な動詞変化（run—ran—run, sing—sang—sung, ring—rang—rung）や，品詞間の交替（動詞の sing, 名詞の song）などに母音交替がよく見られます．

ングコング)のような映画のタイトルなどにも，sit — set や mouse — mice と同じ造語法が見られます．

✄「ひとつ，ふたつ」のアクセント

次に，「ひとつ，ふたつ，…」の読み方に潜んでいるもう 1 つの規則性について考えてみましょう．標準語では，「一つ」から「九つ」までの数詞が次のようなアクセント（高低のメロディー）で発音されます[*10]．上の傍線部分が高く発音されるところです．例えば「ひとつ」は低高低，「ふたつ」は低高高というメロディーで発音されます．

(11) ひとつ，ふたつ，みっつ，よっつ，いつつ，むっつ，ななつ，やっつ，ここのつ

全体が 2 つのアクセントグループに分類できるのが分かります．(12a) は助数詞「つ」が低くなるグループ，(12b) は「つ」まで高く発音されるグループです．

(12) a. ひとつ（一），いつつ（五），ななつ（七），ここのつ（九）
    b. ふたつ（二），みっつ（三），よっつ（四），むっつ（六），やっつ（八）

面白いことに，(12) と同じアクセントグループが日本語の諸方言に見られます（ローレンス 2008）．例えば東京とは遠く離れた鹿児島でも，標準語と同じグループ分けが見られます．(13a) は最後の音節（シラブル）が高く，(13b) はその前の音節が高く発音されるアクセントです（「みっつ」は「みっ」と「つ」の 2 音節からできています）（窪薗 2006, 2011）．

(13) a. ひとつ（一），いつつ（五），ななつ（七），ここのつ（九）
    b. ふたつ（二），みっつ（三），よっつ（四），むっつ（六），やっつ（八）

「一つ」を標準語では「ひとつ」，鹿児島方言では「ひとつ」と発音しています．このように実際のアクセントは方言間で異なっていますが，その一方で，アクセント型別に分類したときのグループ構成は標準語と鹿児島方言で一致しており，どちらの方言でも「一つ」は「五つ」と同じグループに，「二つ」は「四つ」と同じグループに入っていることが分かります．日本語の諸方言でこれと同じグループ構成が見られることから，(a) と (b) のグループはおそらく日本語の諸方言が分岐する前の段階で作られ，その後，それぞれの方言においてアクセントが変わっていったのではないかと想像できます．

✄ 奇数・偶数説と語幹長説

では，私たちのご先祖はどのような基準で (a) と (b) を分けたのでしょうか．よく見てみると (a) のグループはすべて奇数の数字，一方 (b) は「三つ」を除いて偶数です．昔の日本人は数字が奇数か偶数かでアクセン

[*10] 人間の言語には，日本語のように音の高さでメリハリを付ける「高低アクセント（pitch accent）」と，英語のように音の強さでメリハリを付ける「強弱アクセント（stress accent）」があるとされています．

ローレンス，Wayne (2008)「与那国方言の系統的位置」，『琉球の方言』32, 59-67.

窪薗晴夫 (2006)『アクセントの法則（岩波科学ライブラリー）』，岩波書店．

窪薗晴夫 (2011)『数字とことばの不思議な話（岩波ジュニア新書）』，岩波書店．

トを区別したのでしょうか．もしそうだとすると，どうして「三つ」という奇数が「二つ」や「四つ」などの偶数グループに入っているのでしょう．

奇数と偶数という分析とは別に，数詞の長さによってアクセントが決まるという分析もあります（ローレンス 2008）．2つのアクセントグループを見てみると，数詞の語幹の長さに違いがあることが分かります．(14)に示したように，数詞の語幹が1音節か2音節以上かという違いです．この分析では「二つ」が例外で，この語は2音節の語幹を持ちながら，なぜか1音節の語幹グループに入っていることが分かります．

> ローレンス（2008）前掲

(14) a. ひと+つ，いつ+つ，なな+つ，ここの+つ
　　　b. ふた+つ，みっ+つ，よっ+つ，むっ+つ，やっ+つ

(a)と(b)の2つのアクセントグループが，奇数・偶数という基準によって分けられているのか，それとも語幹の長さによって分けられているのか結論は出ていません．前者は奇数・偶数という意味に基づく規則[*11]，後者は音韻構造に基づく規則ですが[*12]，いずれの分析にも例外が1つずつあります．右に示すように，規則の複雑さという点では優劣が付かないようです．

> *11 奇数・偶数説
> 規則：数字が奇数 → (12a)
> 　　　数字が偶数 → (12b)
> 例外：三つ

> *12 語幹長説
> 規則：語幹が複数音節 → (12a)
> 　　　語幹が1音節 → (12b)
> 例外：二つ

その一方で，規則の一般性という点から見ると語幹長説の方が有利なように見えます．奇数か偶数かという違いによってアクセントが異なってくるという現象は他に見あたりませんが，要素の長さによってアクセントなどの音韻構造が異なってくる現象はいくつも存在するからです（窪薗 2006）．例えば標準語におけるアクセントの現象として「__次郎」という名前（金次郎，菊次郎など）のアクセントを見てみましょう．「__次郎」は，次郎の前にくる要素の長さによって(15)のように3つのアクセント型を示します．

> 窪薗（2006）前掲

(15) a. 全体を平たく発音する型（1型）
　　　　小次郎（こじろう），与次郎，弥次郎
　　b.「次郎」の前で低くなる型（2型）
　　　　万次郎（まんじろう），長次郎，庄二郎，菊次郎
　　c.「郎」が低くなる型（3型）
　　　　桜次郎（さくらじろう），ウルトラマン次郎

(15a)のアクセントは「次郎」の前に1モーラの要素が入るときに現れ，一方(15b)のアクセントは「次郎」の前に2モーラの要素が入る場合に，(15c)のアクセントは同じ位置に3モーラ以上の要素が入る場合に現れます[*13]．**モーラ**とは語の長さを数えるときの単位で，日本語では基本的にかな文字1つが1モーラに相当します（ただし「ちょ」や「しょ」に出てくる小さい「ゃ, ゅ, ょ」は1モーラとしてカウントされません）．このように「__次郎」という名前では，「次郎」の前にくる要素の長さによって3つの異なるアクセント型が出現するのです．語幹の長さの違いをアクセントで区別していると言うこともできます．

> *13 音節とモーラ
>
> | 単語 | 音節数 | モーラ数 |
> |---|---|---|
> | トヨタ | 3 | 3 |
> | ニッサン | 2 | 4 |
> | ホンダ | 2 | 3 |
> | 金（きん） | 1 | 2 |
> | 桃（もも） | 2 | 2 |
> | カラー | 2 | 3 |
> | 力（ちから） | 3 | 3 |
>
> モーラ（mora）

ちなみに，桃太郎や金太郎などの「__太郎」という名前も「__次郎」に似たアクセントを示しますが，「金太郎」—「金次郎」などに微妙な違いが見られます（窪薗 1999）.

(16) 「__太郎」と「__次郎」のアクセント

窪薗晴夫（1999）『現代言語学入門2 日本語の音声』, 岩波書店.

後部要素 前部要素	太　郎	次　郎
1音節1モーラ	1型：鬼太郎	1型：鬼次郎
1音節2モーラ	1型：金太郎	2型：金次郎
2音節2モーラ	2型：桃太郎	2型：桃次郎
3モーラ以上	3型：力太郎 ウルトラマン太郎	3型：力次郎 ウルトラマン次郎

要素の長さによって音韻構造が変わってくるというのは，アクセントだけに見られる現象ではありません．日本語には**連濁**という現象があり，例えば book を意味する「本」が「ぼん」と濁って読まれることがあります．「__本」ということばには「…ほん」という発音と「…ぼん」という発音の2種類があるのです．この区別には「本」の前の要素の長さが大きく関与していると言われています．(16)の例はどうでしょう．多くの人が「カラー本」以降を「…ぼん」と読むのではないでしょうか．つまり「本」の前の要素が2モーラ以内の長さだと「…ほん」，3モーラ以上だと「…ぼん」と発音しているようです．

連濁（*rendaku*, sequential voicing）

(16) 絵本，見本，古本，エロ本，赤本，カラー本，エッチ本，
文庫本，漫画本，中古本，単行本，復刻本

このような現象まで視野に入れて「一つ，二つ，…」のアクセントを見直してみると，「つ」の前にくる要素（語幹）の長さによってアクセントが変化すると考える「語幹長説」の方が，奇数か偶数かによってアクセントが違ってくると考える「奇数・偶数説」よりも妥当なように思えます．

【☞ まとめ】・漢字に2種類の読み方（音読みと訓読み）があるように，数字にも2種類の発音があります．
・数字の伝統的な読み方（訓読み）である「ひとつ，ふたつ…」には倍数の法則とアクセントの法則が隠されています．
・子音枠を固定し，母音だけを変えて関連する新語を作り出すのは日本語だけではありません．

練習問題

1. 1〜10の数字に複数の読み方があります．どのような読み方でしょうか．またそのような複数の読み方が出てくるのはなぜでしょう．
2. 「ひとつ，ふたつ，みっつ…」という発音にはどのような音の法則が隠されているでしょうか．
3. 子音の枠を変えずに母音だけを変えて関連する新語を作り出すという造語法は，日本語にも英語にも見られます．それぞれ2つずつ例を挙げてみましょう．
4. 「ひとつ，ふたつ，みっつ…」は2つのアクセント型に分かれます．標準語ではどのように分かれ

ているでしょうか．その現象に対して，どのような分析が可能でしょうか．
5. 要素の長さによってアクセントが異なってくるという現象を例示しなさい．

Further Reading

　ことばと数字の関係を扱った文献として注記の文献に挙げた窪薗晴夫『数字とことばの不思議な話』（岩波ジュニア新書）があります．高校生向けに書かれたこの本では，数字の発音にどのようなことばの規則や法則が潜んでいるかを探っています．アクセントの規則・法則に関心のある人には同じく文献欄に挙げた窪薗晴夫『アクセントの法則』（岩波科学ライブラリー）と，松森晶子他（編）『日本語アクセント入門』（三省堂）を薦めます．前者は標準語と鹿児島方言に見られるアクセント法則を解説しながら，英語のアクセントと日本語のアクセントの共通点も指摘しています．後者は日本語のアクセントを方言や歴史まで視野を広げて解説しています．

筆者より

　私は鹿児島県で生まれ育ったため，「母語」は鹿児島弁です．18年間ずっと鹿児島弁の世界で育ち，語彙も発音も違う「標準語」を初めて話したのは関西の大学に進学したときでした．大学では英語（学）を専攻し，その後英米に留学して英語も身につきましたので，今では3つの「言語」を駆使できるようになりましたが，私の頭の中には鹿児島弁と標準語と英語が別々の言語として入っている感じがします．鹿児島弁で話しかけられたら自然に鹿児島弁が出てきて，英語で話しかけられると英語が出てきます．同じ「日本語」でも鹿児島弁と標準語が混ざることはほとんどなく，標準語から鹿児島弁に，標準語から英語にというように，自然にコードスウィッチングが起こっている感覚です．私の人生は鹿児島弁から標準語，そして英語という方向に広がってきましたが，研究の方はこれとは逆に，英語から標準語へ，標準語から鹿児島弁へと重心が移ってきています．自分が母語をどのように操っているのか，その仕組みが分かったときが一番うれしいときです．
（西郷さんは鹿児島弁だけだった？）

第3章 アンガールズは un-English か？

中島平三

【形態論／派生】

《✎ 何が分かるか》 語（word）は独自の意味を持つ小さな要素ですが，もっと小さな要素に「分解」できることがあります．例えば unhappy は1つの語ですが，un- という接頭辞と happy という語に分けられます．接頭辞などは，どのような語でも付着できるわけではなく，付着できる相手を「選り好み」します．語という小さな世界にも，小さな要素の結び付きの決まり（文法）があるのです．そうした決まりに則りながら新しい語が作り出されていきます．

*1
http://talent.yahoo.co.jp/pf/detail/pp18494

少し前に人気を博したお笑いコンビの「アンガールズ」という名称を覚えているでしょうか*1．英語で書けば ungirl の複数形 ungirls ということになります．この語を辞書で引いてみると，どんな大きな辞書——例えば世界中で一番大きな英語の辞書とされる *Oxford English Dictionary* や，新語をたくさん含んだウェブ上の辞書——にも載っていません．

本章の表題の中に入っているもう1つの un-English もあまり聞き慣れない語ですが，こちらはどうでしょうか？ 中高校生向けの英和辞典でも，「英語らしくない」とか「英語の用法に当てはまらない」という意味で載っています．

これは，ungirl は英語の語でないのに対して，un-English はれっきとした英語の語だからです．ungirl という語は un-English な（つまり「英語の用法に当てはまらない」）わけです．では，なぜ ungirl は un-English なのでしょうか．この問題は，英語の形態論が答えてくれます．

✂ 語より小さな単位

ungirl は英語の語ではありませんが，どのような意味かと問われれば，「少女でない」とか「女の子でない」などと答えるでしょう．このような意味が推測できるのは，ungirl は girl と un- に分けられ，un- は「〜でない」という否定の意味を表すということにうすうす気付いているからでしょう．

確かに下記(1)の例では，共通して un- が含まれており，共通して「〜でない」という否定の意味が含まれています．

(1) unhappy（幸せでない），unkind（親切でない），unwise（賢明でない），unclear（明瞭でない），unlike（同じでない）

(1)に挙がっている例はいずれも英語の辞書に載っていますから，ちゃんとした英語の語です．(1)の語を少し注意して見てみると，それ以上分けられないわけではなく，例えば unhappy ならば un- と happy に分け

られ，unkind ならば un- と kind に分けられることに気付きます．つまり 1 つの語は，それ以上不可分なわけではなく，un- と happy のようなより小さな 2 つの要素に分けられるのです．happy が「幸せな」という意味を持っていると同様に，un- も「〜でない」という独自の意味を持っています．

　独自の意味を持つ小さな（最少の）単位を**形態素**と呼びます．un- も happy もそれぞれ形態素であり，unhappy は 2 つの形態素から成る 1 つの語です．happy は 1 つの形態素から成る 1 つの語です．un- という形態素には「〜でない」という独自の意味があるので，それが付いている (1) の語は，共通して「〜でない」という意味を持っているのです．

　(2)　unhappy　＝　un-　＋　happy
　　　　　　　　　「〜でない」「幸せな」

　ungirl が英語の語でないにもかかわらず，あえて「少女でない」と推測できるのは，un- が「〜でない」という否定の意味を表すことを知っているからです．ungirl に限らず，(3) に挙がっているような語についても，あえて意味を推測しようと思えば推測できます．ただし，正しい英語の語ではありませんので，どんな辞書にも載っていません[*2]．

　(3)　*unnight, *unpeace, *unwoman, *unboy, ...

独り立ちできない形態素

　unhappy の un- も happy も，どちらも形態素ですが，どこか違うように感じられますね．そう，happy はそれだけで英語の語になりますが，un- はそれだけでは語になれません．必ず，独り立ちできる語に付かなければなりません．形態素には，happy のように独り立ちできるものと，un- のようにできないものがあります．独り立ちできるものを，自由に独りで生じることができるという意味で**自由形態素**，独り立ちできないものを，必ず自由形態素に縛り付けられる（付着される）という意味で**拘束形態素**と呼びます．拘束形態素は，自由形態素に接着される要素なので**接辞**ということもあります．

(4)　形態素

接辞は相手を選ぶ

　un- のようにハイフォンが付いているのは，接辞であることを表しており，ハイフォンの右側に自由形態素がくることを「要求」しています．同じ un- が付いた語でも (1) の語は正しい英語の語であり，(3) の語は正しくないとなると，接辞は付着する自由形態素を選んでいることになります．接辞が付着する自由形態素のことを，**語基**ということがあります．un- はどのような語基にでも付くことができるのでなく，相手となる語

形態素（morpheme）

2 星印（）は「正しくない」ということを示しています．

自由形態素（free morpheme）

拘束形態素（bound morpheme）
接辞（affix）

語基（base）

*3 語基と類似した用語に語根 (root), 語幹 (stem) があります. 語根は接辞が一切ついていない語. 語基は接辞が付いているか否かに関わりなく, 派生や屈折のもとになる語. 語幹は, 特に屈折のもとになる語. 屈折とは, 動詞の時制変化 (kick-kicked) や名詞の数の変化 (apple-apples) などの文法上の変化を指します.

*4 in- によく似た接辞辞に im- があります. これは, 同一人物が場所や状況に応じて, スーパーマンになったり新聞記者のクラーク・ケントになったりするのに似ています. in- が, possible, patient, balance のように /p/ や /b/ で始まる語基の前に生じると, in- の /n/ がそれらの音 (破裂音) に合わせて /m/ の音に変化します. それを綴りで表したのが im- です. 周囲の環境に合わせて, ある音が別の音に変わることを**同化** (assimilation) と言います.

派生 (derivation)
接頭辞 (prefix)
接尾辞 (suffix)

基を「選り好み」しているのです*3.

un- と同じように「〜でない」という否定の意味を表す接辞に, in- という接辞があります. in- が付いている語の例を(5)に挙げました. いずれの語にも,「〜でない」という否定の意味が含まれています*4.

(5) informal (形式的でない), invisible (見えない), independent (依存していない), insufficient (十分でない), incapable (能力がない), intangible (触れられない)

in- も un- も「〜でない」という意味を表しますが, in- は, (1)で見た un- が付着できる語基には付くことができません. (1)の語の un- を in- に置き換えてみると, 次のような英語の語ではない語ができます. 辞書に載っているか確かめてみましょう.

(6) *inhappy, *inkind, *inwise, *inclear, *inlike

逆に, (5)でみた in- が付着できる語基には, un- が付くことができません.

(7) *unformal, *unvisible, *undependent,
    *unsufficient, *uncapable, *untangible

また, (3)でみた un- が付くことができない語基には, in- も付くことができません. この点では, in- と un- は同じです.

(8) *innight, *inpeace, *inwoman, *inboy

このように, un- は付くことができるが in- は付くことができない語基もあれば, 逆に in- は付くことができるが un- は付くことができない語基もあり, さらに un- も in- も付くことができない語基もあります. 接辞が相手(語基)を選んでいることが一層明らかになりましたね.

✂ 相手の何を選ぶのか

語基に接辞を付着して新しい語を作ることを**派生**と言います. 語基の頭に付く接辞を**接頭辞**, しっぽに付く接辞を**接尾辞**と言います. 接頭辞も接尾辞も相手を選びます. では相手の何について選り好みするのでしょうか.

一番大きい要因は, 相手がどのような品詞であるかということです. (3)と(8)で見たように, un- も in- も, night, peace, woman などのような, 名詞の語基に付くことができません. girl も名詞ですから, un- も in- も付くことができません. そのために ungirl (及び ingirl) は un-English, つまり「英語の用法に当てはまらない」語というわけです.

un- や in- が付くことができるのは, 形容詞です. (1)では un- が, happy や kind などの形容詞に付いています. (5)では in- が, formal や visible などの形容詞に付いています. では, なぜ un- は形容詞の formal や visible に付くことができないのでしょうか. 同様に, なぜ in- は happy や kind などの形容詞に付くことができないのでしょうか.

接辞は, 品詞という条件に加えて, その「出自」を見ることがありま

す．英語はもともとドイツ語やオランダ語と同じゲルマン語系の言語ですが，キリスト教が入ってきたり，11世紀には北フランスのノルマン人に征服されたりして，ラテン語系の言語，特にフランス語の影響を大きく受けています．英語の語彙の6割以上がフランス語をはじめとするラテン語系の語だと言われています．英語のもととなっているアングロ・サクソン語[*5]やそのほかのゲルマン語系の語を**本来語系の語**，フランス語などを語源とする語を**ラテン語系の語**と言います．

接辞の中には，語基が本来語系かラテン語系かという出自（語源）を選り好みするものがあるのです．プラグ（Ingo Plag 2003）によると，un- と in- もそうした接辞で，un- は本来語系の形容詞を選ぶ傾向があり，in- は専らラテン語系の形容詞を選びます．(1)に挙げた語のもとになる happy, kind, wise などはいずれも本来語系の形容詞であるのに対して，(5)に挙げた語のもとになる formal, visible, dependent などはいずれもラテン語系の形容詞です．少し大きめの英和辞典[*6]には語源が載っているので，調べてみましょう．

表題に出ているもう1つの語 un-English の語基 English も，「英語」とか「イギリス人」という名詞ですが，なぜ un- が付けるのでしょうか．English には，こうした名詞の用法とは別に，「英語の」とか「イギリス人の」という意味の形容詞もあります．しかも English は本来語（「アングル人」を表すアングル語の Angli に形容詞化の接尾辞 -isc が付いてできた形容詞）ですから，否定を表す接辞として un- が付くわけです．un- に課せられている品詞に関する条件も，語源に関する条件も満たしています．形容詞の「英語の」が否定されて，「英語のようではない」「英語の用法ではない」という意味になります．

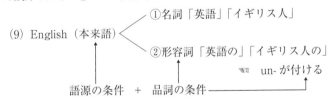

(9) English（本来語）

①名詞「英語」「イギリス人」
②形容詞「英語の」「イギリス人の」
　　　　　　　　　　☞ un- が付ける

語源の条件 ＋ 品詞の条件

[*5] 北欧のユトランド半島あたりから入ってきたアングル人やサクソン人の言語．
本来語系の語（native word）
ラテン語系の語（Latinate word）

Plag, Ingo (2003) *Word-Formation in English*, Cambridge University Press.

[*6] 例えば『新英和大辞典』（研究社），『ジーニアス英和大辞典』（大修館）など．

✂ もっとほかの接辞をみてみよう

ほかの接辞についても見てみましょう．まず un- や in- と同じように形容詞に付く接辞ですが，(10)に挙げたのは，接頭辞ではなく接尾辞の例です．多くの場合，接頭辞は，un- や in- の例からも明らかなように，それが付く語基の品詞を変更しませんが，接尾辞は変更します．例えば，-ness や -ity は形容詞の語基に付いて名詞を作り，-en は形容詞の語基に付いて動詞を作ります．

(10) 形容詞に付く接辞
　　a. -ness（名詞を作る／本来語系の形容詞に付く傾向がある）：happiness, kindness, clearness, selfishness, likeness

b. -ity（名詞を作る／ラテン語系の形容詞に付く）：maturity, purity, sincerity, curiosity, necessity, familiarity

c. -ist（名詞を作る）：romanticist, fundamentalist, humanist, realist, finalist

d. -en（動詞を作る）：blacken, redden, soften, harden, widen

次に，動詞に付く接辞を見てみましょう．(11a〜e)は接尾辞の例，(11f)は接頭辞の例です．(11f)は接頭辞なので，動詞に付いた結果新たにできる語も動詞です．

(11) 動詞に付く接辞

a. -al（名詞を作る）：arrival, refusal, proposal, trial, signal

b. -ment（名詞を作る）：assessment, treatment, statement, assignment, development

c. -tion（名詞を作る）：exploration, foundation, transportation, invitation, refutation

d. -able（形容詞を作る／他動詞に付く）：changeable, eatable, understandable, drinkable, answerable

e. -ive（形容詞を作る）：connective, passive, active, comparative, progressive

f. re-（動詞を作る）：reuse, recycle, reappear, regain, refund

今度は，名詞に付く接辞を見てみましょう．

(12) 名詞に付く接辞

a. -ful（形容詞を作る）：beautiful, careful, insightful, thoughtful, meaningful

b. -ic（形容詞を作る）：economic, academic, parasitic, carbonic, Islamic

c. -ize（動詞を作る）：computerize, hospitalize, organize, symbolize, customize

これらの接辞のうち，(10a)の -ness と(10b)の -ity は，接頭辞の un- と in- の場合と同じように，語基の語源を問題にします．-ness は un- と同様に本来語系の語基に付く傾向があり，一方 -ity は in- と同じように専らラテン語系の語基に付きます．この事実から，次のようなおもしろい予想が成り立ちます．形容詞を語基として「〜でない」という意味を持つ名詞が作られる場合，否定の意味を表す接頭辞が un- であれば名詞を作る接尾辞は -ness になり，接頭辞が in- であれば名詞を作る接尾辞が -ity になることが予想されます．果たしてどうでしょうか．予想がおおむね正しいことは，次の表から明らかです．

(13)

接辞 語基	否定の接頭辞 *un-* vs. *in-*	名詞化接尾辞 *-ness* vs. *-ity*	否定の意味の名詞化 *un-X-ness* vs. *in-X-ity*
本来語系	unhappy, unkind, unclear, unwise, unselfish, unlike	happiness, kindness, clearness, wiseness, selfishness, likeness	unhappiness, unkindness, unclearness, unwiseness, unselfishness, unlikeness
ラテン語系	inactive, immature, impure, insincere, incurious	activity, maturity, purity, sincerity, curiosity	inactivity, immaturity, impurity, insincerity, incuriosity

縦軸は語基の語源を表しており，横軸は否定の意味の接頭辞，名詞を作る接尾辞，及び2つの接辞の組合せを示しています．語基がhappyのように本来語系であれば，否定の接頭辞がun-，名詞化の接尾辞が-ness，そして接頭辞と接尾辞の両方を取るときにはun-と-nessの組合せになります[*7]．

本来語系とラテン語系の区別

本来語系とラテン語系はどのように区別されるのでしょうか．1つの目安になるのが，長さ（少し専門的な用語を用いると「音節」の長さ）です．本来語系の語は，だいたい短く，1音節のものが多いです．kind, clear, wise, likeなどはいずれも1音節です．ただし，happyやselfishなどは2音節ですが本来語系なので，あまり確実な基準とは言えません．

本来語系には，日常生活に密着した基本的な概念を表すものが多いのに対して，ラテン語系には学術や宗教，美術，法律，政治，美食など社会の上流階級に関係したものが多いです．これは上で触れたように，11〜13世紀にイギリスが北フランスのノルマン人に支配され，支配民族の言語が上流階級で用いられたことと関係しています．国がノルマン人に支配されても，一般市民は英語で日常生活を営んでいたので，日常生活に関係した本来語系の語はラテン語系の外来語に駆逐されることなく生き残っていました．ただこれも明確な区分ではなく，1つの目安にほかなりません．

では現代の英語の話し手（母語話者）は，接頭辞や接尾辞を選択する際に，どのように本来語系とラテン語系を区別しているのでしょうか．英語の母語話者は，直感的な語感を働かせて両者を区別しているように思われます．言い換えれば，本来語系とラテン語系の区別を英語の知識の一部として（無意識のうちに）持っていると考えられます．

このようなことを言うとちょっと意外に思われるかもしれませんが，私たち日本語の母語話者も，日本語の本来語系（大和ことば，和語）と外来語系（漢語）の区別を日本語の知識の一部として（無意識のうちに）持っています．例えば日本語には丁寧さを表す接頭辞として「お」と「ご」がありますが，次の語に「お」または「ご」を付けてみましょう．

(14) (A)　　　　　(B)
　　友だち　　　　友人
　　健やか　　　　健康
　　腹立ち　　　　立腹
　　名前　　　　　氏名
　　仕事　　　　　職業
　　身体（からだ）身体（しんたい）
　　手紙　　　　　書簡
　　さけ（酒）　　しゅ（酒）

[*7] ただし，こうした相関性が成り立たない例もあります．
　real, familiar, necessaryなどはラテン語系の形容詞ですが，否定の意味にするときは，unreal, unfamiliar, unnecessaryのように接頭辞としてun-を取り，名詞化するときにはreality, familiarity, necessityのように接尾辞として-ityを取ります．本文中でも述べたように，接辞のun-と-nessは本来語系の語基に付く傾向があるのですが，ラテン語系の語基に付くことも全くないわけではありません．

まず間違いなく（A）の語には「お」を,（B）の語には「ご」を付けることでしょう.これは, 私たち日本語の母語話者ならば誰もが,（A）の語は和語であり,（B）の語は漢語であることを無意識のうちに区別することができ（そのようなことを日本語の知識として持っており）, さらに, 接頭辞の「お」は和語に,「ご」は漢語に付くことを暗黙のうちに知っている（つまり, そのようのことを日本語の知識として持っている）からです. 両者の区別は, 漢字2字であれば必ず漢語であるというふうに, 形式の点からは区別できませんね. 英語や日本語に限らずどの言語でも, 母語話者はその言語の本来語と外来語の区別に関する知識を持っているものと考えられます[*8].

*8 食事, 勉強, 料理, 電話などは漢語ですが, 例外的に「お」を取ります.

【☞ まとめ】・語は不可分ではなく, より小さな形態素に分けられることがあります.
・形態素のうち接辞（拘束形態素）は, それが付着する語基の種類を選びます.
・母語話者は, 形態素の結合に関する決まり（文法）を脳の中に（無意識のうちに）持っているものと考えられます.

練習問題

1. 次の語には, 否定を表す接頭辞 un-, in- のどちらが付くでしょうか. 辞書で調べてみましょう.
 aggressive, valid, glorious, sensible, patient, sufficient, acceptable, safe, pleasant, tangible

2. 次の語には, 丁寧さを表す接頭辞「お」,「ご」のどちらが付くでしょうか. まず自分で答えを出し, それを友だちに確かめてみましょう.
 考え, 意見；住所, 住まい；楽しみ, 趣味；家（うち）, 家庭；心配, 悩み

3. 本文中で見た unreal, reality のように, 接頭辞として un-, 接尾辞として -ity を取る語を3つ挙げなさい. 接頭辞については辞書で調べることができますが, 接尾辞については逆引き辞典（例えば, *Reverse English Dictionary*, Mouton de Gruyter など）が役に立ちます.

4. (11d)で見たように, -able は他動詞に付いて形容詞を作ります. 語基となる動詞の語源は選びません. では -able が付いてできた形容詞（readable）に名詞化の接尾辞が付く場合 -ness が付くでしょうか, -ity が付くでしょうか. その理由を考えなさい. また -able が付く形容詞の名詞化の例を3つ挙げなさい. 接尾辞の -able の意味（「～され得る」）が形容詞の able の意味（「できる」）とよく似ていることに着目し, 大きい辞書（例えば, 『新英和大辞典』（研究社）, 『ジーニアス英和大辞典』（大修館）など）で able の語源を調べてみましょう.

5. (12a)で見たように, -ful は名詞に付いて形容詞を作ります. しかし語基としてどのような名詞でも許されるわけではありません. 品詞以外にどのような条件が課せられているのでしょうか. 次の例を参考にして考えなさい.
 peaceful — *warful   heartful — *stomachful   painful — *woundful   manful — *boyful   insightful — *instinctful

Further Reading

形態論全般の入門書として, 中島平三『ファンダメンタル英語学（改訂版）』（ひつじ書房）の第4章, 大石強『形態論』（開拓社）などが手軽に読める. 英語で書かれたものでは Plag, Ingo. *Word-Formation in English*（Cambridge University Press）が定評. 本文中で触れた英語の歴史について

は，唐澤一友『多民族の国イギリス』（春風社），織田哲司『英語の語源探訪』（大修館書店）などが分かりやすい．

筆者より

1980年から2年間弱ほど米国アリゾナ大学に留学しましたが，飛行機に乗るのも初めて，海外渡航も初めて，いわんやアメリカ中西部に行くのも初めて，何もかも初めてでした．見るもの聞くものがすべて珍しく，強烈なインパクトを受けました．その中の1つが，夏の夕闇に，ツーソン市街を覆う紅（くれない）色の空と漂う今紫（いまむらさき）の雲の鮮やかなコントラストでした．極楽浄土にサボテンがあるのか知りませんが，この世のものとも思えぬ美しさに見入り，研究に没頭できる喜びを噛みしめながら，家族を遥か西の地に残してきた寂寞さをしばし忘れていました．（ツーソンの夕焼け空．Old Pueblo Tours Day Tours から）

第4章　カワセミは，蟬ではないの？

中島平三

【形態論／複合】

《✎ 何が分かるか》「パンダ」という語と「桜」という語が結び付いて，辞書に載っていない「パンダ桜」という新しい語を作ることができます．複数の語が結び付いてできる語を複合語と言います．「パンダ桜」はどのような意味だか正確には分かりませんが，恐らく誰もが，桜の一種であろうと想像することでしょう．複合語の中で意味的な中心となる語（主要部と言います）は，日本語や英語など多くの言語で，複合語内部の右側の位置に生じるという一般性が見られます．この一般性は注目に値するものですが，例えば「葛桜」は右側に「桜」が付きますが，桜の種類ではなくお菓子の種類です．また魚の一種であるナマズは英語では catfish というふうに主要部の fish が右側に現れますが，フランス語では poisson chat（直訳すれば，fish cat）という具合に左側に現れます．こうした問題にどのように対応したらいいでしょうか．

カワセミ（撮影：石阪丈一）

*1 「川蟬」の語源は，カワ（川）とソビ（青土）の2語から成るとするのが有望．「蟬」の漢字表記は，ソビからセビ，セミに変化した音に合わせた当て字．

自由形態素（free morpheme）形態素のうち，独り立ちできるもの．拘束形態素／接辞と対比されます．
複合語（compound）
複合（compounding）

主要部（head）
非主要部（non-head）

地元小学校の低学年児童が，「市の鳥」がカワセミ（川蟬）であることを教えられて戸惑っていた，という話を聞いたことがあります．戸惑っていたのは，市の鳥がカワセミであることに対してではなく，カワセミが鳥であることに対してのようです．アブラゼミも，クマゼミも，ミンミンゼミも蟬なのですから，カワセミのことを蟬の一種と考えたとしても不思議ではありませんね．子どもたちは，セミやゼミで終わる語は一般的に蟬の一種であることを無意識のうちに知っているようです．

カワセミは「川」と「蟬」という2つの語が一緒になってできた1語*1，アブラゼミも「油」と「蟬」が一緒になってできた1語です．どちらも1つの語ですから，辞書や辞典に1つの独立した項目として載っています．前章で，派生語は1つの語（語基）といくつかの接辞から成り立っていることを見ましたが，カワセミのような語は2つまたはそれ以上の語（前節で導入した用語を用いれば，**自由形態素**）から成り立っています．2つ以上の語（自由形態素）から成る語を**複合語**，複数の語を合わせて1語を作る語形成の方法を**複合**と言います．

✂ 複合語の主要部は右側に

アブラゼミやクマゼミなどの複合語では，語末にセミが現れており，それが意味の中心となって，蟬の種類のことを表しています．手前に生じる語は，語末の語を修飾して，狭く限定する働きをしています．意味の中心となる語を複合語の**主要部**，それを修飾する語を**非主要部**と呼びます．

日本語の複合語では，アブラゼミやクマゼミのように，主要部が語末（右側）に現れ，非主要部が手前（左側）に現れる「非主要部＋主要部」

の型が一般的です．そのような一般的な複合語の例をもう少し見てみましょう．下記(1)では，コロンの左側に複合語の主要部となる語が示されており，コロンの右側に複合語の例が挙げられています．〈　〉の中には複合語に共通した意味が示されています．

(1) a. 鹿：カモシカ，蝦夷(えぞ)じか，おおじか，牡鹿(おじか)，雌鹿(めじか)〈鹿の一種〉
    b. 桜：山桜，八重桜，ヒガンザクラ，河津桜，大島桜〈桜の一種〉
    c. 粉：小麦粉，米粉，片栗粉，黄(き)な粉，くず粉〈粉の一種〉
    d. 車：乳母車，荷車，手押し車，大八車〈車の一種〉
    e. 奴(やっこ)：ひげ奴，旗本奴，町奴〈奴の一種〉

なるほど「茶そば」という複合語では語末の「そば」が主要部であり，そば粉に抹茶を混ぜたそばの一種を意味しており，左右入れ替えた「そば茶」では今度は「茶」が主要部となり，ソバの実を原料とした茶の一種を表しています．同じように「野球少年」は野球好きの少年，「少年野球」は少年たちが参加する野球競技．同じ語の組合せでも語順を交替するだけで，だいぶ意味が違いますね．語順の交替が，意味的中心となる主要部の変更をもたらすからです[*2]．

*2　さらなる例は練習問題1を見ること．

✂ へそ曲がりの外心型

一方，カワセミは一般的な「非主要部＋主要部」の型には当てはまりません．蟬でもなければ川でもありませんから主要部を含んでおらず，主要部のない「非主要部＋非主要部」の型になっています．この型の方が変則的であり，冒頭で紹介した小学生はカワセミを一般的な「非主要部＋主要部」の型に当てはめて理解し，その理解に反して，蟬ではなく鳥であると教えられたので，戸惑っていたのでしょう．このような変則的な「非主要部＋非主要部」の例を(2a〜e)に挙げました．(1a〜e)と対比させてみましょう．

(2) a. 河鹿(かじか)（鹿の一種ではなく，カエルの一種）[*3]
    b. 芝桜(しばざくら)（サクラ属の木ではなく，芝のように地面を這う草）
    c. しる粉（粉ではなく，小豆の入った甘い汁）
    d. 口車(くちぐるま)（確かに「乗る」のだが，運搬用の車ではない）
    e. 冷奴(ひややっこ)（無情な家来ではなく，冷たい豆腐）

*3　「かじか」は，清流に住む川魚の「鰍」を表すこともあります．

(1)のような「非主要部＋主要部」型は，複合語の内部に中心となる主要部があるので，**内心的な複合語**，これに対して(2)のような「非主要部＋非主要部」型では主要部がないので，内心的の反対の**外心的な複合語**と言うことがあります．(1)と(2)の対比からも明らかなように，内心型の方が，一般的であり，生産的です．

内心的な (endocentric)
外心的な (exocentric)

(3) a. 内心型　　クマ　＋　ゼミ
              非主要部　　主要部
    b. 外心型　　川　＋　セミ
              非主要部　　非主要部

外心型は，複合語を構成する語がいずれも主要部ではありませんから，

そこに含まれる語から複合語の意味を推測することが困難です．

(1)の内心型の例でも，(2)の外心型の例でも，大多数が「名詞（N）＋名詞（N）」の組合せであり全体がNとなっています．しかし，(1c)の「黄な粉」は古語の形容動詞「黄なり」と名詞「粉」が一緒になって全体がNになっています．また(1e)の「冷奴」は形容詞的な「冷」とNの「奴」が複合して全体がNになっています．さらに(1d)の「手押し車」は，動詞の「手押す」[*4]（ややぎこちないですが）とNの「車」が複合して全体がNになっています．このように，複合語の品詞は主要部の品詞によって決まってきます．主要部は，意味の中心であるとともに，品詞の決定でも中心的な役割を果たしています．

✄ 英語の複合語

今度は英語の複合語について見てみましょう．最も生産的なのが，日本語と同様に，名詞の複合語です．組み合わせられる語は，(4)のように名詞＋名詞，(5)のように形容詞＋名詞，(6)のように動詞＋名詞，(7)のように前置詞＋名詞と多様です[*5]．

(4) 名詞＋名詞：catfish（ナマズ），motorcar（自動車），housewife（主婦）

(5) 形容詞＋名詞：greenhouse（温室），wetsuit（ウエットスーツ），bluebird（ルリツグミ）

(6) 動詞＋名詞：paymaster（会計課長），rattlesnake（ガラガラ蛇），swearword（ののしり）

(7) 前置詞＋名詞：afternoon（午後），overcoat（外套），undergraduate（学部学生）

ナマズ（catfish）は魚の一種，温室（greenhouse）は建物の一種，会計課長（paymaster）は部署の長の一種ですから，英語でも，語末（右側）の語が主要部となっています．しかも，語頭（左側の非主要部）の語の品詞が何であろうと，複合語全体の品詞が語末の語の品詞と一致していますから，英語でも主要部が複合語の品詞を決定するうえでも中心的な働きをしています．

このほかに，worldwide（世界規模の）やovermature（盛りを過ぎた）のような複合形容詞や，birdwatch（野鳥観察する）やunderestimate（過小評価する）のような複合動詞があります．これらの複合語でも，語末（右側）の語が意味の中心となり，しかも複合語全体の品詞を決定しています．つまり，右側に主要部が現れています[*6]．

日本語と英語は系統的に全く関係がありませんが，主要部が右側に現れるという点では一致しています．そこで，複合語の形成には，どの言語にも当てはまる，(8)のような「右側主要部の原則」という原則が成り立つものと考えられます．

(8) **右側主要部の原則**：複合語では，右側の要素が主要部になる．

複合語は2語から成るとは限りません．新たに語を付け加えてより大

[*4] そうそう．「手押す」という動詞では，名詞の「手」と動詞の「押す」が一緒になって全体が複合動詞になっています．

[*5] (4)〜(7)の例は中島（2011a）などから引用．
中島平三（2011a）『ファンダメンタル英語学（改訂版）』，ひつじ書房．

[*6] take-off（離陸），breakthrough（飛躍的進歩），flyover（儀礼飛行）などでは，前置詞が語末に来ていますが主要部になっていません．

右側主要部の原則（Righthand Head Rule）

きな複合語を作ることができます．(9)では，英語とそれに対応する日本語の例が挙がっていますが，どちらの言語でも，右側に新たに加わった語が新しい複合語の主要部となっています．

(9) labor union　　　　　　　　　　　労働組合
　　labor union organization　　　　　労働組合結成
　　labor union organization plan　　　労働組合結成計画
　　labor union organization plan promotion　労働組合結成計画推進
　　labor union organization plan promotion committee
　　　　　　　　　　　　　　　労働組合結成計画推進委員会

✂ Walkman の複数形は？

これまで見てきた英語の複合語は，主要部を持っている内心型の複合語です．ところが，「カワセミ」のような変則的な外心型の複合語が英語にもあります．よく引き合いに出されるのが pickpocket（スリ）です．もし内心型であれば，ポケットの一種でしょうが，スリはポケットの一種ではありません．外心型の例として，ほかにも次のような複合語があります[7]．

(10) cutthroat（殺し屋），egghead（知識人），lazybones（のろま），scarecrow（かかし），lowlife（下層者），tenderfoot（新参者），mongoose（マングース）[8]

ソニーの携帯ステレオにウォークマンという製品があります．明らかに人間でも歩行でもありませんから，英語名称の Walkman は外心型の複合語です．では Walkman の複数形は，Walkmen となるでしょうか，それとも Walkmans となるでしょうか．man を含む businessman（会社員）や superman（超人），あるいは foot を含む forefoot（前足）などの複合語は，意味からして内心型であり，複数形は主要部の不規則変化に合わせて，businessmen や forefeet になります．一方(10)で見た外心型複合語の複数形は，次のように不規則形ではなく，単に -s が付いた規則形になります．

(11) lowlifes/*lowlives, tenderfoots/*tenderfeet, mongooses/*mongeese[9]

外心型では，語末の語が主要部の働きをしていないので，複合語が例えば life を含んでいてもそれとは関わりのない別個の名詞と見なされるためでしょう．こうした考え方からすると，Walkman は外心型ですから，複数形は Walkmans ということになります[10]．

✂ 動詞由来複合語

英語の複合語には，動詞から派生した名詞が主要部となるものがたくさんあります．動詞から派生した名詞を，動詞に由来している名詞なので**動詞由来名詞**，その名詞を主要部とする複合語を動詞由来名詞複合語，

[7] 英語でも外心型の複合語は生産的ではありません．

[8] mongoose の語源はインド語派のマラーティー語の mungus ですが，民間語源により goose が当てられています．mon- は複合語の成分であるが，cranberry の cran- と同じく，他の複合語では用いられることのない形態素で，クランベリー型形態素（cranberry morpheme）と呼ばれます．

[9] ただし母語話者の間では，lowlife などの複数形が lowlifes になるか lowlives になるかに関して微妙な揺れがあるようです．日本で出版されている英和辞典では両方を認めているものが多いようですから，この点では日本の英和辞典の方が実態に即しているのかもしれません．

[10] ソニーの公式見解では，どちらでもなく，Walkman Personal Stereos としており，やっかいな外心型の複数形の問題を回避しています（Pinker 1995）．Pinker, Steven (1995) *The Language Instinct*, HarperCollins, New York.

動詞由来名詞（deverbal noun）

略して**動詞由来複合語**と呼びます．これに対して，これまで見てきたfishや，coat, manのような元来名詞である語や，wideやmatureのような元来形容詞である語を主要部とするような複合語（catfishやworldwideなど）を，**根複合語**と言います．

動詞由来複合語の主要部となる動詞由来名詞として，(a)動詞cutと同形の名詞cutのような（動詞から名詞に「転換」*11している）**転換名詞**，(b)formから派生したformationのように動詞に派生接辞が付いている**派生名詞**，(c)makeから派生したmakerのように行為者を表す接辞 -erが付いている**行為者名詞**などがあります*12．

これらの動詞由来名詞を主要部とする，動詞由来複合語の例を見てみましょう．

(12) a. hair*cut*（散髪），hand*shake*（握手），life-*guard*（監視員）
　　 b. book-*production*（出版），self-*denial*（自己否定），word-*formation*（語形成）
　　 c. goal*keeper*（ゴールキーパー），shoe*maker*（靴屋），song*writer*（作詞家）

(12)の派生語には，非主要部と主要部の間で一定の関係が成り立っていますが，どのような関係でしょうか．まず主要部のもとになっている動詞が他動詞であることに注目してください．他動詞とは目的語を必要とする動詞ですね．そう，非主要部はその他動詞の目的語の働きをしています．例えば，haircutならばcut hair, goalkeeperならばkeep the goalという具合に他動詞とその目的語の関係になっています．(12)の他の複合語についても確かめてみましょう．

では，次の動詞由来複合語ではどうでしょう．今度はもとになる動詞が他動詞ではなく，自動詞です．

(13) a. day*dream*（白昼夢），gun*fight*（銃撃戦），home*work*（宿題）
　　 b. ceasefire *agreement*（停戦協定），accident *compensation*（事故補償），drug *dependence*（麻薬依存）
　　 c. freedom-*fighter*（自由の戦士），theater-*goer*（芝居好き），Sunday-*painter*（日曜画家）

いずれも自動詞ですから目的語は取りませんが，agreeや，compensate, dependなどは，例えばagree on the ceasefireやcompensate for accidentsのように何らかの前置詞句を必要とします（第5章で見る用語を用いていれば，補部を伴う）．非主要部として生じているのは，その前置詞句内の名詞句（すなわち前置詞の目的語）です．

またdream, work, paint（絵を描く）などはいわゆる完全自動詞ですから，前置詞句を必要とするわけではありませんが，随意的に副詞的な要素を伴います．非主要部として生じているのは，動詞のすぐ後に現れる副詞的働きの前置詞句の目的語です．daydreamであればdream in the day, homeworkであればwork at homeのように，時，場所，手

根複合語（root compound）

*11　転換（conversion）：形を変えずに品詞が替わること．tax（税→課税する），hand（手→手渡す），carpet（敷物→敷く）などでは名詞から動詞へ転換しており，逆にwalk（歩く→歩行），stand（立つ→観客席）などでは動詞から名詞へ転換しています．

転換名詞（conversion noun）
派生名詞（derived nominal）
行為者名詞（agentive nominal）

*12　動詞由来名詞には，もう1つ動名詞（gerund）があります．動名詞を主要部とする動詞由来複合語については，練習問題4を見ること．

段，目的などを表す前置詞句内の名詞句です．

となると，動詞由来複合語では，主要部のもとになっている動詞が他動詞であれ自動詞であれ，その一番近くに続いている名詞句——目的語の名詞句か，動詞に直近の前置詞句内の名詞句——が非主要部になるという共通性が成り立っています．しかも，動詞を中心としてできる句（動詞句，VP）の内部で，動詞VとそれにNPが一番近い名詞句（NP）が「姉妹関係」になっています．姉妹関係というのは，下図(14a)で，VPを「親」とすると，その下にあるVと目的語のNPが姉と妹の関係になっています．(14b)では，VとNPとは姉妹関係になっていませんが，NPを含む前置詞句（PP）が姉妹関係になっています．

(14) a.　　　　　　　　　b.

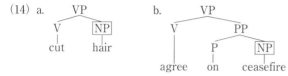

そこで，動詞由来複合語の非主要部になるのは，主要部となる動詞と「姉妹」関係にあり（つまり動詞句内にあり），しかも動詞に「1番近い」ところの句の中の名詞句（その句が名詞句であれば，名詞句自体）である，ということができます．この動詞由来複合語の非主要部に関する原則を，**第一姉妹原則**と呼ぶことがあります（Roeper and Siegel 1978）．

主語は，動詞句内には含まれておらず，その外にあります（第5章参照）．第一姉妹原則からすると，動詞の主語となる名詞句は，動詞由来複合語の非主要部にはなれないものと予測されます．実際次のような動詞由来複合語は容認されません[*13]．

(15) *woman-smile（女性ほほ笑み），*child-driver（子ども運転手），*army-intrusion（軍隊侵略），*kid-eating（子ども食事）

✂ 安室奈美恵の *Girl Talk*

ところが，歌手の安室奈美恵が歌う曲に *Girl Talk* という題名の曲（2004年リリース）があります．もし「女の子のする話」という意味だとすると非主要部が主語の働きをしており，第一姉妹の原則に違反しています．この曲名に限らず，女性ことばの研究分野でも，ゴシップの一種として girl talk という用語が用いられており，英語の表現としても問題がないようです[*14]．

よく似た複合語に baby talk というのがあります．赤ちゃんがする話というよりも，その特徴を捉えた，母親や保育士さんなどが赤ちゃんに話しかけるときに用いる言葉遣いのことです（第Ⅰ部7章参照）．その話し手は明らかに非主要部の baby ではありませんね．そうだとすると girl talk も，話しぶりや内容が「女の子っぽいおしゃべり」といった意味で，主要部をもとの動詞に戻せば talk like girls といったところでしょう．動詞に直近の名詞句が非主要部になっていますから，第一姉妹の原則に違

第一姉妹原則（First Sister Principle）

Roeper, Thomas and Dorothy Siegel (1978) "A Lexical Transformation for Verbal Compounds," *Linguistic Inquiry* 9, 199–260.

[*13]　sunrise（日の出），waterfall（滝），landslide（地滑り），earthquake（地震），weekend（週末），bus stop（バス停留場）などでは，自動詞の主語が非主要部として表れており，第一姉妹原則に違反しているように見えます．これらの自動詞は非対格（unaccusative）動詞と呼ばれ，表面上の主語はもともとは動詞の直後（他動詞の目的語に相当する位置）にあるものと仮定されています（中島，池内（2005），中島（2011b）などを参照）．したがって，第一姉妹原則の反例とはなりません．

中島平三，池内正幸（2005）『明日に架ける生成文法』，開拓社．

中島平三（2011b）『ファンダメンタル英語学演習』，ひつじ書房．

[*14]　複合語と句の相違の1つとして，強勢（アクセント）が複合語では左側の語に，句では右側の語にきます．Girl Talk が複合語であるとすれば Gírl Talk となり，名詞句の方は Girl's Tálk となります．

反していません．ゴシップの一種として用いられているのであれば，話し手は必ずしも女の子とは限りません．ニューハーフやかわい子ぶったおばさんが girl talk をすることもあり得ます．

✂ フランス語は原則に合わない？

動詞由来複合語でも主要部が右側に現れており，右側主要部の原則に適っています．右側主要部の原則は，本章で見た日本語や英語だけではなく，さまざまな言語の複合語に当てはまります．詳しく立ち入りませんが，第3章で見た派生についても当てはまると考えられています[*15]．複合と派生は，形態論における語形成上の二大プロセスですから，形態論の重要な原則ということができます．

ところが，フランス語などの複合語では，主要部が右側ではなく左側に現れます．(16) の根複合語，(17) の動詞由来複合語について，英語とフランス語を比較してみましょう．非主要部（立体字）と主要部（斜体字）が左右逆転していることが分かります．

(16) 英語　　　post *stamp*　　　coffee *table*
　　　　　　　（切手）　　　　　（コーヒーテーブル）
　　　フランス語　*timbre* poste　　*table* à café
(17) 英語　　　paper *cutter*（紙切り）　pen *holder*（ペン立て）
　　　フランス語　*coupe*-papier　　　　*porte*-plume

さて困りました．フランス語では右側主要部の原則が当てはまらないようです[*16]．ところが，第5章や6章で見る統語論の基本語順を考え合わせると，困りものはむしろ英語の方かもしれません．英語もフランス語も統語論の基本語順は「主要部先端」型ですから，名詞が補部を伴う場合，英語で *students* of physics，フランス語で *étudiants* de physique（どちらも，物理学の学生）のように斜字体の主要部が先端（左側）に現れます．フランス語では名詞句における主要部と複合語における主要部がともに左側であり，一致しています．それに対して英語では，名詞句における主要部は左側，複合語における主要部は右側であり，不一致となっています．日本語は「物理学の学生」のように「主要部末端」型ですから，名詞句においても複合語においても主要部が右側に現れます．もし一致するのが一般的であるとすれば，それから外れるのはフランス語ではなく，英語の方です．

こうした問題に対する1つの解決法は，複合語を作る操作に関して言語間で異なる部分があると考えることです．異なるといっても，ちょっとした違いです（Di Sciullo 2005）．会社に譬えると，複合という業務を担当する部署が「形態部」であるか，「統語部」であるか，それぞれの会社によって異なるという違いです．日本語や英語という会社では，複合が「形態部」で扱われるので，形態論の原則である右側主要部の原則 (8) に従って行われます．そのために，複合語の主要部が右側に現れるこ

[*15] 例えば read ― readable ― readability などでは動詞に派生接辞 -able が付いて形容詞になり，それにさらに別の派生接辞 -ity が付いて名詞になっています．接辞が派生語の品詞を決定しており，それゆえ派生語の主要部と見なすことができます．主要部となる接辞が右側に現れていますから，派生でも右側主要部の原則が当てはまるものと考えられます．

[*16] ベトナム語，中国語，ニジェール・コンゴ語族の言語などの複合語でも主要部が左側に現れます．注目すべきことは，これらの言語でも，統語論の基本語順が主要部先端型であるという点です．

Di Sciullo, Anna Maria (2005) "Decomposing Compounds," *Skase Journal of Theoretical Linguistics* 2, 14-33.

とになります．一方フランス語会社では複合が「統語部」で扱われるので，複合語の主要部の位置が統語論における基本語順と同じようになり，右側に現れることになります．多くの言語を調べると，複合を形態論で扱うのが一般的であり，やはりフランス語が少し例外的なようです．

この考え方はなかなかスマートな解決方法ですね．例外を例外として諦めるのではなく，少し角度を変えて眺めたり，関連した他の事柄に関係付けて考えてみたりすると，例外も困りものではなくなることがよくあります．

【☞ まとめ】・複合語は一般的に主要部を含む内心型ですが，主要部のない外心型もあります．カワセミは外心型の1例です．
・複合語には右側主要部という原則が成り立ちます．さらに動詞由来複合語には第1姉妹原則が成り立ちます．
・フランス語などでは右側主要部の原則が成り立たないように見えますが，複合という操作が形態論の仕事であるのか統語論の仕事であるのかに関して，言語間に相違があるためと考えられます．

練習問題

1. 次の複合語の対では同じ語が用いられており，左右の語順が逆転しています．それぞれの複合語について主要部を指摘し，意味を明らかにしなさい．
   (a) コーヒーミルク―ミルクコーヒー
   (b) 契約社員―社員契約
   (c) 発表報道―報道発表
   (d) school grammar ― grammar school（辞書で調べてみる）
   (e) art paper ― paper art

2. 複合語の非主要部が名詞の場合，下記(i)に見るように，その名詞は複数形になることができません．ところが(ii)では，非主要部の名詞が複数形になっています．(i)と(ii)の違いはどのような点にあるでしょうか．(ii)の非主要部の語については辞書を調べてみましょう．
   (i) dog-lover ― *dogs-lover   rat-chaser ― *rats-chaser   coat-rack ― *coats-rack
   (ii) systems analyst   parks department   admissions office

3. 次の複合語の非主要部に共通していることは何でしょうか．これらの非主要部と，上記2の(i)の＊が付いている複合語の非主要部とどのように違うでしょうか．
   feet-first（足から先に）   alumni club（同窓生倶楽部）   teeth-marks（歯型）

4. 動詞由来名詞として，本文で取り上げたもの以外に，動名詞（動詞のing形）があります．次の動名詞を主要部とする複合語の意味を調べ，第1姉妹原則に適っていることを説明しなさい．
   (a) dress-making (b) night-flying (c) church-going (d) house-keeping
   (e) Sunday-closing (f) hand-writing

5. 次の(a)～(c)は2通りに解釈できます．どのような解釈が考えられるでしょうか．またそれぞれの解釈において，どの部分が複合語であり，その主要部および非主要部となる語はどれでしょうか．
   (a) 学生野球監督
   (b) 女性週刊誌記者
   (c) English grammar teacher

Further Reading

形態論全般の解説は中島平三（編）『言語の事典』（朝倉書店）の中の伊藤たかね「形態論」を参照．伊藤たかね，杉岡洋子『語の仕組みと語形成』（研究社），由本陽子『レキシコンに潜む文法とダイナミズム』（開拓社）に，形態論の興味深い個別的テーマが扱われている．英語で書かれた形態論の概説書として Plag, Ingo (2003) *Word-Formation in English* (Cambridge University Press)，形態論の諸理論の説明は Spencer, Andrew (1991) *Morphological Theory*, Blackwell が参考になる．

筆者より

　カワセミは私が在住している町田市の鳥です．我が家にカワセミは飛んできませんが，早春にはあまり歓迎しないヒヨドリが飛んできて，趣味で植えた赤色系の花をついばんでいきます．

　小学生の純粋さや柔らかな感性，旺盛な好奇心に接した経験（小学校の校長先生をしたことがあります）から，別の職業を選ぶとすれば，小学校の先生，それも1年生の担任に就きたいです．

（写真は英国カンタベリー郊外）

第5章 世界一長い文は？

中島平三

【統語論／回帰性】

> 《何が分かるか》 まとまった考えを表すのに「文」という単位が用いられます．どの言語でも，文に含まれる語数には制限がなく，無限に長く，複雑にすることができます．それを可能にしているのが，文の中に別の文が繰り返し現れることができるという，回帰性と呼ばれる特性です．大きな文の中に部品として現れる1つ1つの文の組み立て方はきわめて簡単です．簡単な文の組み立てに関する決まり（文法の規則）を回帰的に用いて，どんな考えでも意見でも表現できるような複雑な文が作り出されます．

落語ファンならずとも，「寿限無」という落語の演目を耳にしたことがあるものと思います．子どもの健康や長寿を願って，縁起の良い語句を次々と取り入れて長い長い名前になってしまい，呼びかけたり言及したりするときに難儀するという話です．寿限無の本当の名前は，次の通りです．

　寿限無 寿限無 五劫の擦り切れ 海砂利水魚の 水行末 雲来末 風来末 食う寝る処に住む処 やぶら小路の藪柑子 パイポパイポ パイポのシューリンガン シューリンガンのグーリンダイ グーリンダイの ポンポコピーのポンポコナーの 長久命の長助[*1]

この名前をもっと長くしようと思えば，縁起の良い語句をさらに取り入れて，どんどん長くすることができます．

✂ 文は無限につづく

これは，名前という1つの**語**のこと（1つの語の内部にいくつもの語が現れ得ることについては第4章を参照）ですが，語が組み合わさってできる**文**についてはどうでしょうか．もし「一番長い日本語の文は，いくつの語から成っているのか？」と問われたら，答えに困りますね．日本語に限らずどの言語でも，例えば100語以上になるともはや当該言語の文ではない，などという語数の上限に関する制限がないからです．語の場合と同じように，文の場合も，いや文の方がより一層，長くしようと思えば「無限に」長く延ばすことができます．例えば次の文を見てみましょう．点線の後ろにさらに続けることができます．

(1) 与太郎がかぼちゃの行商を始めたらしいと，熊さんが言っていたのを，八っつぁんが聞いたという噂が，長屋中に流れているのを，ご隠居さんが耳にしたと，大工の棟梁が言いふらしているのを，…

文の無限性という性質は，人間のどの言語にも共通していて，しかも，動物のコミュニケーション体系[*2]などには見られないような，人間のこ

---

*1 Wikipediaなどインターネットで「寿限無」の項を参照してみてください．Wikipediaでは，語句の解説も記載されています．

語（word）

文（sentence）

文の無限性（infinity）

*2 例えば，ミツバチは巣で踊るダンスによって蜜の在り処の距離と方角を，ベルベットモンキーは叫び声で敵の種類を，日本ザルは三十数種類の異なったメッセージを鳴き声で伝達できるとされています．これらの例からも分かるように，伝達できるメッセージの種類は，ごく簡単な数種類に限られています．

*3 ことぶき【寿】①言葉で祝うこと．また，その言葉．②命の長いこと（『広辞苑』より）

*4 Crystal (1987) *The Cambridge Encyclopedia of Language*, Cambridge University Press によると，最少が東パプアのロトカス語の 11 音（正確には音素），最多がアフリカ南部のコイサン語の 141 音．世界中の言語の 70％が 20〜37 音の範囲内にあります．日本語，英語の音数に関しては，Tsujimura, Natsuko (1996) *An Introduction to Japanese Linguistics*, Blackwell を参照．

*5 文法と統語論 (syntax)：ことばの規則性は，文の作り方ばかりではなく，発音の仕方や語の作り方，語句や文の意味解釈などにも成り立ちます．これらを含めて文法と言うこともありますが，ここでは（一般に考えられているように），語を統合して文を作る際の決まり，すなわち統語論を文法と呼んでいきます．

とばだけに特有な際立った特性です．そういえば，寿限無は，「寿命が限り無く続く」と理解するのが一般的なのでしょうが，寿には「めでたい言葉」という意味もあるので*3，「めでたい言葉が限り無く続く」と解釈することもできます．文はいつもめでたいことを述べるとは限りませんが，ことばの無限性という特性を見事に言い当てた名称です．ことばは，語を無限に続けることが可能なのですから，「語限無」と言えるかもしれません．

ことばは音という小さな単位から成り立っています．音の種類は，世界中の多くの言語で 20〜37 種類ほどの幅に収まり，日本語では平均的な 33 種類，英語ではやや多めの 44 種類くらいです*4．こうした限られた種類の音を組み合わせて無数の語が作られ，さらに語を組み合わせて無限の文が作られます．文は，長さの点でも，内容やそれを表す形式の点でも，無限です．

✂ 文の決まりは簡単

その一方で，文は，厳密な決まりに則って組み立てられています．文を組み立てるのに使われる法（決まり），つまり「文法」が存在するのです．法といっても，憲法や民法などと違って人為的に定めたものではなく，それぞれの言語に自然のうちに内在している規則性です．ことばは，「規則性を秘めた無限性」ということができます．文の組み立て方（語の統合のし方）に内在している規則性を見つけ出そうとするので，文法の研究のことを統語論*5 と呼ぶことがあります．

文法というと，細かな面倒な決まりという印象があるかもしれませんが，大局的に捉えるときわめて単純でスッキリしています．簡単な文法規則が，一定の方法で用いられることにより，無限性という性質が生まれてきます．大局的に捉えるうえで，母語の日本語よりも，身近な外国語――例えば，英語――の方が，客観的に見ることができるかもしれません．

では，どれほど簡単か，英語を材料にして見ていくことにしましょう．

◇ **1 つの文に 1 つの動詞**　1 語（例えば，dog）だけでは，「何がどうした」とか，「何がどんなだ」とかいうように，まとまった考えを表すことができません．文というまとまりになって初めて，まとまった考えを表すことができます．次の表現はいずれも，dog という語を含む英語の文です．

(2) a. The dog barked.（犬が吠えた）
　　b. The dog bit the man.（犬が人を噛んだ）
　　c. He fed food to a dog.（彼は犬に餌を与えた）

これらの例からも分かるように，文には必ず 1 つの動詞が含まれています（2 つ以上の動詞が現れる「複雑な」文については後述）．動詞によ

って，どのような要素が，いくつ必要であるかが決まっています．(2a)のbark「吠える」であれば主語として**名詞句**（NP）*6 を1つ，(2b)のbite「噛む」であれば主語と目的語にそれぞれNPを1つずつ，そして(2c)のfeed「（食べ物を）与える」であればさらに**前置詞句**（PP）*7 を1つ必要とします．動詞が必要とする義務的な（なくてはならない）要素を，**項**と言います．

◇**項の数は3つまで**　動詞と項の関係は，高校の化学の授業で学んだ化合物を作る原子同士の関係とよく似ています．例えば，強い刺激臭がするアンモニアを知っていますね．アンモニアは窒素と水素が結合してできる化合物です．窒素は「手」を3本持っており水素は「手」を1本持っているので，1つの窒素Nに3つの水素Hが結合してアンモニア分子NH_3ができます．下図は，中心の窒素Nから3本の手が延びており，それが3つの水素Hと結び付いてアンモニア分子NH_3ができていることを示しています．

(3)

文の中心となる動詞も何本かの「手」を持っていると考えられます．その数は，少なければ1本，多くても3本までです*8．英語では必ず主語が必要なので，そのうちの1本が主語の項と結び付きます．(2a)のbarkは「手」の本数が1本，(2b)のbiteは2本，(2c)のfeedは3本です．いずれの場合もそのうちの1本は，動詞の左側に現れる主語のNPと結び付き，残りの「手」は動詞の後方に現れる項と結び付きます．動詞の後ろに現れる項は，動詞だけでは不完全なところを補う働きをするので，**補部**ということがあります．

(4) a. NP——bark

b. NP—bite—NP

c.
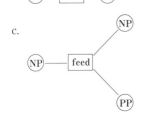

◇**項の種類は3種類**　項の種類は主に，これまで出てきたNPかPPか，のちに見る**文**（S）のいずれかに限られています．動詞とこれらの

---

*6　名詞句（Noun Phrase；頭文字を取ってNPと略記）．名詞を中心にしていくつかの語句が一緒になってできるまとまり．例えば，the dog も the big dog in the kennel も名詞 dog を中心にしてできる名詞句．

*7　前置詞句（Prepositional Phrase: PP）．前置詞を中心にしてできるまとまり．

項（argument）

*8　次のような文では，例外的に項が4つのように見えます．I bet you one hundred pounds on his success. この文を発することによって聞き手に賭けを誓う，という行為を行う遂行文です．you は余剰的であり削除しても不完全さが感じられないので，項と見なすに及びません．辞書では括弧に入れ，随意的であることが示されています．

補部（complement）

文（Sentence；Sと略記）
動詞（Verb；V）

項が一緒になって文という化合物を作ることになります．1つの文には動詞が1つ含まれ，その動詞によって項の数が決まり，動詞と一緒に現れる項の数は1〜3個の範囲内であり，その種類はおおむねNP, PP, Sのいずれかであるというわけですから，文の構成はとても簡単ですね．

✂ 項は日本語で考える

動詞（V）の取る項の数や組合せは，動詞の表す意味からしてどの言語でもほぼ一定しているので，日本語で考えてみると大方推測できます．(2a)のbarkは日本語の「吠える」に当たりますから，それだけで主語のNP（the dog）と一緒になって文が作れます．項を1つだけ取る，いわゆる完全自動詞と呼ばれるものです．下記(5)にこのグループに属する動詞の例が挙げられています．V+∅は，動詞（V）の後ろに補部として何もない（ゼロ∅である）ことを示しています．それぞれの動詞の意味を日本語に置き換えてみて，主語と動詞だけで1つのまとまった出来事や状態が表現できることを確認してみましょう[*9]．

(5) V+∅：例文 The baby smiled.
　　　　dance, laugh, cough, cry, run, swim, dream, work, exist, appear, …

補部としてNPを1つ取る動詞は，動詞として最も一般的な他動詞です．日本語で，だいたいヲを伴うNPを目的語として取る動詞です[*10]．

(6) V+NP：例文 The woman drank Irish beer.
　　　　eat, bake, hit, kick, destroy, build, know, like, hate, see, have, …

補部としてPPを1つ取る動詞は，多くの場合，日本語で「ニ頼る」「ヘ行く」「ト戦う」のようにヲ以外の助詞を伴うNPを取る動詞です．日本語のこれらの助詞は，英語では前置詞で表されますから，補部はPPとなります．補部は目的語ではないので，動詞は他動詞ではなく，自動詞です．

(7) V+PP：例文 The family depends upon his income.
　　　　go, come, fight, look, listen, agree, live, care, count, arrange, wait, …

今度は補部が2つの場合を考えてみましょう．まずNPとNPの組合せ．「〜ニ〜ヲ」というモノの受け渡しを表す，いわゆる二重目的語構文を取る動詞です．日本語の「〜ニ」に当たるNPは間接目的語，「〜ヲ」に当たるNPは直接目的語と呼ばれます．間接目的語をto+NPやfor+NPのPPに替えて，(10)でみる型に交替させることができます．

(8) V+NP+NP：例文 The father sent his son many books.
　　　　give, feed, lend, sell, award, offer, promise, tell, pass, throw, forward, …

PPとPPの組合せもできます．それぞれのPPが，日本語のヲ以外の助詞に対応する前置詞を伴っています．ほぼ「〜ニ〜ニツイテ伝える」という意味の動詞です．

(9) V+PP+PP：例文 He talked about the event to his colleagues.
　　　　speak, write, communicate, agree, …

[*9] 学校文法の「5文型」と比較してみましょう．5文型は，主語，目的語，補語などといった句の動詞に対する「文法関係」に基づいて定義されているのに対して，ここでの文型分けはNPとかPPといった「統語範疇」に基づいて定義されています．目的語であれ補語であれ，動詞の不完全さを補う「補部」であることに違いはありません．さらに，(7)(9)などの文型は5文型に収まりません．(10)の例文でも，PPを「目的語補語」としてSVOCの文型と見るのには少し無理があるようです．

[*10] ただし例外もあります．次のような動詞は補部としてNPを1つ取る他動詞ですが，日本語ではヲ以外の助詞が付きます．reach（ニ着く），meet（ニ会う），resemble（ニ似る），enter（ニ入る），marry（ト結婚する）など．以下に見る他のグループについても同様のことが言えます．

NPを1つとPPを1つの組合せも可能です．(10)に例示している動詞は，(8)の二重目的語構文に交替できない動詞です．

(10) V＋NP＋PP：例文 They accused <u>the driver</u> <u>for the car accident</u>.
put, place, spend, thank, congratulate, explain, excuse, prevent, …

✂ 複文はカンガルーの親子

これまで見てきた文は，1つの文に1つの動詞が含まれている「単文」と呼ばれる文です．単文の組み立て方が簡単であることはお分かりいただけたものと思います．

文には「複文」と呼ばれるものもあります．名前の「複」からすると，複雑そうですね．でも，複文の仕組みも簡単です．

ちょうど，母親カンガルーの袋の中に子どものカンガルーが入っているようなものです．母親であろうと子どもであろうと，カンガルーであることに変わりはありません．これまで見てきた単文を母親カンガルーとすれば，その一部として，それと同じ構成になっている別の文がいわば子どもカンガルーとして入り込んでいるのです．

人間のことばには，あるまとまり（例えば，文）の中にそれと同じ種類のまとまり（別の文）が繰り返し現れることができるという特性――専門用語で，**回帰性**といいます――があります[*11]．144ページで「簡単な文法規則が，一定の方法で用いられることにより，無限性という性質が生まれる」と述べましたが，「一定の方法」とは回帰性のことです．文の中に別の文が回帰的に（すなわち，繰り返し）現れることができるので，単文に関する簡単な決まり（文法規則）でもって，無限に長い文や多種多様の内容の文を作り出すことができるのです．長い文の例として(1)の例を見ましたが，その中にいくつもの単文（下線部）が繰り返し現れていることが分かりますね[*12]．

(1) <u>与太郎がかぼちゃの行商を始めたらしい</u>と，<u>熊さんが言っていた</u>のを，<u>八っつぁんが聞いた</u>という噂が，<u>長屋中に流れている</u>のを，<u>ご隠居さんが耳にした</u>と，大工の棟梁が言いふらしているのを，…

複文で，親カンガルーに当たる文を主文（学校文法では，主節），子どもカンガルーに当たる文を従文（従属節）と呼びます．従文の組み立て方は，基本的に，これまで見てきた単文の組み立て方と同じです．

英語の従文としてよく知られているのが，接続詞 that で始まる that 節です．接続詞の that は元来代名詞ですから，that 節は名詞句的であり，単文でNPが現れるところに現れることができます[*13]．NPが現れる位置として，まず主語の位置があります（下記(11)）．また上の(6)(8)(10)でもNPが現れていましたので，(6)の目的語の位置（下記(11)），(8)の二重目的語構文の目的語の位置（下記(13)），(10)のPPと一緒に現れる目的語の位置（下記(14)）にも現れます．ただし，(8)のV＋NP＋NPでは，2番目のNPの位置にのみ現れることができ，また(10)のV＋NP

© 中村友和（ROVARIS）

回帰性（recursion）
[*11] 文の中に別の文が回帰する仕方は，冒頭の寿限無の無限性とは少し異なります．寿限無の例では，基本的に，全体が[NPノN]という名詞句になっており，修飾部分のNPの中にいくつものNPが並列（等位接続）されています．

(i) [NP[NP NP, NP, NP, …..] ノ N]]

並列（等位接続）にも回数の制限がないので，寿限無の例のように，無限に長くすることができます．

[*12] 最近の言語理論における回帰性の考え方は，同じ操作を繰り返し行うことを指すという具合に，もう少し緩やかに捉えています．Further Readings に紹介してある文献を参照．

[*13] 疑問節（例えば whether he tells the truth）も名詞句的であるので，(11)〜(14)の that 節（平叙節）が生じている位置に現れることができます．ただし，補部として平叙節と疑問節のどちらが生じるかは動詞の意味に掛かっています．

+PP では，PP との語順が逆転し，that 節の方が後ろになります．これは，節というまとまりが長い（重い）ので，「重い要素はなるべく文末に」という原則に則って文末の位置を占めるためです．

(11) <u>That he won the prize</u> pleased all his colleagues.
(12) We all hope <u>that you'll succeed</u>.
(13) He told us <u>that he would help us willingly</u>.
(14) We explained to him <u>that we could not accept his request</u>.

that 節は，NP が現れる位置に生じ，NP と同じ働きをしているので，名詞的従属節と呼ばれることがあります．接続詞の that は従文を主文に接続し，従文の始まりを合図しています．(11)〜(14)の例文では，項の数は従来通り，主語を含めて1〜3個の範囲内ですが，項の種類として NP と PP のほかに文（Sentence の S と略記）が加わりました．項の種類は基本的に NP，PP，S の3種類です[*14]．

✂ 項以外の付属品

文の中に現れる要素は，動詞およびそれが取る項だけに限られているわけではありません．(2a)の The dog barked の後ろに様態を表す furiously（猛烈に）のような副詞や，in the evening（夕刻に）のような時を表す前置詞句や，because of hunger（空腹で）のような理由を表す前置詞句などを，随意的に付け加えることができます．動詞が必要とする項は，動詞にとってなくてはならない義務的な要素ですが，こうした副詞的な働きをする要素は随意的です．随意的に付加されるという意味で**付加部**と呼ぶことにします．付加部は随意的なので，動詞の「手」には加算されません[*15]．

付加部として，下記(15)の下線部のように文が現れることがあります．副詞的な働きをする文（節）なので，副詞的従属節と呼ばれるものです．副詞的従属節では，because や while などの接続詞が，従文を主文に接続し，従文の始まりを合図する働きをしています．

(15) a. The dog barked *because* <u>it felt hungry</u>.
    b. The dog barked *while* <u>it chased a cat</u>.

✂ 名詞の補部と付加部

これまで，動詞の後ろの補部や付加部の位置に従文が生じることについて見てきました．名詞の後にも補部や付加部が続き，その位置に文が生じることができます．まず次の(16a)の文と(16b)の NP を比較してみましょう．(16a)では動詞 believe の後ろに that 節が，一方(16b)ではその名詞形 belief の後ろにまったく同じ that 節が続いています．

(16) a. I believe <u>that God exists</u>.
    b. my belief <u>that God exists</u>

(16a)の下線部は信じている内容，(16b)は信念の内容です．どちらも内

---

*14 次のような文には形容詞句（斜体部）が現れています．
  (i) a. John seems *happy*.
     b. I consider Mary *very intelligent*.
(ia)のようないわゆる不完全自動詞に関しては主語と形容詞句で，(ib)の不完全他動詞に関しては目的語と形容詞句で，それぞれ小さな S（節）を成しているとする分析法があります．この分析法を採れば，形容詞句を項の4番目の種類として認める必要がありません．ただし，その小さな S の中で形容詞句をどのように分析するかという課題が残ります．練習問題5を参照．

付加部（adjunct）

*15 したがって，付加部の数に関しては制限がありません．次のように，1つの動詞に複数の付加部が修飾できます．The dog barked <u>furiously</u> <u>in the evening</u> <u>because of hunger</u>.

容を表しているので，前者が動詞 believe の補部であると同じように，後者は名詞 belief の補部と見ることができます．(16b)の下線部の that 節はその前の名詞（belief）のことを言い換え，その内容を具体的に述べている節なので，名詞と同格の節，つまり同格節と呼ばれています．名詞に続く同格節は名詞の補部として生じている従文であり，名詞と一緒になって NP（名詞句）を構成します．NP は，すでに(6)(8)(10)で見たように，主文の一部として生じますから，同格節も，NP を介して主文の一部として生じた従文です．

名詞の後ろに生じる節として，もう1つ，よく知られている関係節があります．

(17) the boy <u>that Mary hates</u>

(16b)の同格節は belief, news, rumor, statement, hypothesis のような考えや言説などを表す名詞の後に限られますが，(17)のような関係節は基本的にどのような名詞でも修飾することができます．先行詞の名詞について詳しく修飾する働きをします．こうした関係節の働きは，動詞を修飾する副詞的要素，すなわち動詞の付加部とよく似ています．そこで，関係節は名詞の付加部と考えることができます．動詞を修飾するのが副詞であるのに対して，名詞を修飾するのは形容詞ですから，関係節は形容詞的従属節ということができます[*16]．

従文には，名詞的従属節，副詞的従属節，形容詞的従属節があり，どの従文も，その始まりを合図する要素（接続詞や関係詞）で始まっています．この点を除けば，従文の構成は主文の構成と基本的に同じです．主文の一部として，従文が名詞的，副詞的，形容詞的などの働きをしながら回帰的に生じることにより，複雑な文を作り出すことができます．下記の文は，従文として，これまで見てきた(i)主語の名詞的従属節，(ii)関係節（形容詞的従属節），(iii)動詞目的語の名詞的従属節，(iv)同格節，(v)副詞的従属節をすべて含んだ1つの複文です．

(18) (i) <u>That the dog bit a girl</u> surprised the dog fanciers (ii) <u>that always said</u> (iii) <u>that they held a firm belief</u> (iv) <u>that no dog bites men</u> (v) <u>because every dog is docile</u>.（犬が少女を噛んだことは，どの犬も従順なので人を噛むはずがないと固く信じていると日頃から言っていた愛犬家たちを驚かせた）

このように，文の中に他の文が回帰的に生じることにより，1つの文はいくらでも長く，複雑にすることができます．とは言っても，大きな長い文の部品となる1つ1つの文の構成は基本的に同じですから，文の作り方はそれほど複雑ではありませんね．

同格節（appositive clause）

[*16] 同格節と関係節について，次の点を比べてみましょう．
(a) 節の頭の要素が that に限られるか．
(b) 節の中に動詞の項がすべて表れているか．
(c) 1つの名詞に対して同種の節が繰り返し現れることができるか．

> 【☞ まとめ】 ・文は無限に長く，複雑にすることができます．したがって，「世界一長い文」などは存在しません．
> ・文の「無限性」という性質は，「回帰性」という特性に帰することができます．回帰性は人間のことばのみに特有な特性と考えられます．
> ・1つの文には必ず動詞が含まれ，動詞の意味によって項の数や種類が決まってきます．項の数も，種類も，限定的です．

練習問題

1. 次の文には動詞が2つ（斜体部）含まれています．本文の説明からすると，1つの文（節）には1つの動詞が含まれるのですから，これらの文も，主文と従文から成る複文ということになります．どの部分が従文に当たるでしょうか．また本文の説明では，動詞は必ず主語を取るはずですが，従文の主語は何であると考えられるでしょうか．

   (1) a. He *wished* to *see* the movie.
       b. The French lady *wants* to *eat* sushi in Japan.
       c. The cat *attempted* to *catch* a rat.

2. 次の例では，NPの内部にPPが3つ繰り返し現れています．その繰り返し方は，PPの中に小さなPPが生じるという回帰の例でしょうか．それとも*11で見た並列（等位接続）の例でしょうか．PPの意味的なまとまり具合を[　]で括ってみましょう．

   (2) a. [the hypothesis about the motive for the shocking crime against children]
       b. [the books on the steel shelf in the carrel of the main library]

3. 下記(3a)には形容詞が，(3b)には副詞が繰り返し現れています．それぞれの反復の仕方は，回帰の例でしょうか，それとも並列の例でしょうか．

   (3) a. the thick, heavy, black, Russian book
       b. very seriously shockingly disastrous accidents

4. 本文で動詞および名詞の補部として生じる従文の例を見ました．形容詞の補部にも従文が現れることがありますが，そのような例を考えてみましょう．例えばawareやconfidentなどの形容詞を英和辞典で引いて，どのような「文型」を取るか調べてみましょう．

5. 形容詞はある面では動詞に類似しており，ある面では名詞に類似しています．生起する文中の位置（文中の分布），補部の種類，時制の変化，行為・状態の区分などに関して動詞と名詞のどちらに似ているか，友達と議論してみましょう．

Further Reading

回帰性に関しては多くの言語学の入門書で触れられているが，ジャッケンドフ『心のパターン』（岩波書店）などを参照（同書では「再帰性」という訳が与えられている）．回帰性の定義やことばの進化との関係で，池内正幸『ひとのことばの起源と進化』（開拓社）が参考になる．回帰性は広く人間言語に特有であると考えられているが，ヴェレット，ダニエル『ピダハン』（みすず書房）では，ピダハン語には回帰性が見られず，それゆえ回帰性はことばの普遍的な特質ではないと主張している．英語の文の構造，特に文を構成する部品の仕組みについては中島平三『スタンダード英文法』（大修館書店）を参照．

筆者より

　高校時代は，授業をさぼったり早弁をしたりして，あまりまじめな生徒ではありませんでした．にもかかわらず，高校3年生のときに東京オリンピックの聖火ランナー正走者に選ばれました．高校の同期会などでよく「なんでお前が選ばれたのか」と尋ねられますが，「当たり前じゃないか，容姿端麗，品行方正，学力優秀だったからさ」と答えることにしています．いずれも仮定法過去完了の反事実の願望に過ぎないようです．
(1964年の東京オリンピック)

第6章 併合る・移動る・痕跡る

行田 勇

【統語論／構造】

《✍ 何が分かるか》 世の中には，目に見える部分だけを観察していたのではその本質や規則性が解明できない現象というものがあります．物体の運動がその代表的なものです．「モノが落下する」という現象は，実は目には見えない「引力」という原理や仮説を想定して初めてその本質や規則性が説明可能となります．統語論においても，実際の文の背後にある目に見えない抽象的な統語構造を想定し，併合や移動といった文法操作を駆使しながら，言語現象に内在する規則性を説明します．

アメリカのジャーナリストであるボガート（John B. Bogart）は次のようなことを言いました[*1]．

(1) When *a dog bites a man*, that is not news, because it happens so often. But if *a man bites a dog*, that is news.
　　犬が人を嚙んでも，よくあることだからニュースにはならない．でも，もし人が犬を嚙んだらニュースとなる．

斜字体の部分はまったく同じ3つの語句（a dog / bites / a man）を使用しているにもかかわらず，正反対の意味を表しています．a dog は，動詞 bites の前にある場合には主語となり，動詞の後にある場合には目的語となります．動詞 bites と a dog や a man との相対的な順番，つまり語句の配列（語順）が意味の決め手となっています[*2]．文法の基本として学習した5文型は，語の線的順序と主語・目的語・補語などの動詞に対する関係（文法関係）の関連性を分類したものです[*3]．しかし，統語論は単に線的順序のみを考察の対象にしているわけではありません．以下では統語論がどのような道具立てを使って文を分析していくかを見ていきましょう．

ちなみに，この章のタイトルを見て，何と読むのか「さっぱりわからない」と思わず言ってしまいそうですが，読み進むにしたがって謎解きができることでしょう．

✂ 過疎の村とハワイの意外な関係とは？

次の文を読んで，どのような場面を思い浮かべるでしょうか．

(2) 私の地元では，たくさんの人が集まるイベントが行われます．

まず思い浮かぶのは，たくさんの人であふれかえるイベント会場の様子ではないでしょうか．脚本家だったら，(3)のような設定を思いつくかもしれません[*4]．

(3) 私の地元は，過疎に悩む北三陸の小さな漁村．そんな寂しいところで

[*1] Frank M. O'Brien (1981) *The Story of The (New York) Sun.*

[*2] 語や句の配列（語順）のことを線的順序（linear order）と言います．

[*3] [*1]の斜字体の文は，いずれも5文型でSVOと分類されます．

[*4] ある文が使用される設定や状況のことを文脈（またはコンテクスト）と言います．

も，年に1回村おこしのイベントが行われ，たくさんの人が集まります．

でも，(2)の文にはもう1つの解釈が存在するのです．ハワイ出身の大相撲元大関・小錦八十吉(やそきち)氏を思い浮かべながら考えてみましょう．世界有数の観光地ハワイでは，毎日何らかのイベントがあちらこちらで行われています．1年中イベントが目白押しのリゾート地です*5．まだ閃(ひらめ)かない人は，次のような文脈を想定してみましょう．

(4) 私の地元は，ハワイ・オアフ島です．ホテルが集中するワイキキビーチ周辺は，たくさんのイベントが行われて観光客で賑わっています．

今度は，日夜たくさんのイベントが行われていて集まった観光客を楽しませているといった場面が思い浮かぶことでしょう．

(3)と(4)の下線部から明らかなように，(2)において「たくさんの」は，「人」または「イベント」のいずれかを修飾することができます．「たくさんの」が「人」を修飾すれば，(3)のような過疎の村のことを述べた文として解釈できます．一方，「たくさんの」が「イベント」を修飾すれば，(4)のような人気観光地について述べた文として解釈できます．同一の文でまったく異なる「地元」を表現することができるとは，何とも不思議なことですね．

(2)のように，1つの文で2通り以上の意味解釈ができるものを**あいまい文**と言います．あいまい文は，多義文や二義文と呼ばれることもあります．

ところで，一体なぜこのようなあいまい文というものが存在するのでしょうか．それは見た目（語順）が同じでも，実はその「背後にかくれた何か」が違っているからなのです*6．(2)を例に具体的に考えてみましょう．

✂ 階層構造

すでに見たように，この文では「たくさんの」という形容詞が，「人」と「イベント」のどちらの名詞と強く結びつくかで意味が変わってきます*7．この違いをより視覚に訴えるような方法で表してみましょう．とはいってもこの本は3Dシステムを採用しているわけではないので，**樹形図**というものを使って図示します．

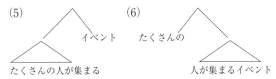

(5)　　　　　(6)

樹形図とは，文を構成する語句のまとまり（**構成素**）とそれらの構造を視覚化したものです．いずれの樹形図もいわゆる平屋建てではなく2階建てになっていることに注目してください．このように建築物の各階が積み重なって全体を構成しているように見えるので，これを**文の階層**

---

*5 実はハワイはいくつかの島からなるのですが，観光の中心地はホノルル市があるオアフ島です．

あいまい文（ambiguous sentence）

*6 「このはし渡るべからず」の「はし」が橋か端かあいまいであるといったような，音声上のあいまい文（同音異義）もありますが，ここでは考察の対象にしません．

*7 音声的には，「たくさんの人」と一気に言えば「人」を修飾する解釈になり，「たくさんの」の後に間をおいて言えば「イベント」を修飾する解釈になります．

樹形図（tree diagram）

構成素（constituent）

文の階層構造（hierarchical structure）

構造と言います[*8].

(5)は，(3)のような解釈ができる場合の樹形図です．「たくさんの」が「人」を修飾して，「たくさんの人が集まる」という1つの階（構成素）を作り，それが「イベント」という別の階（構成素）と結びついてより大きな構成素を形成しています．

一方，(6)は，(4)のような解釈ができる場合の樹形図です．こんどは「人が集まるイベント」というまとまりが1つの階（構成素）を作り，2階で「たくさんの」と結びついてさらに大きな構成素を形成しています．この場合には，「たくさんの」は「人」ではなく「イベント」を修飾します．

(2)のようなあいまい文を分析するとき，語順という表面に現れた構成素の左右関係だけを見ていたのではうまくいきません．なぜなら，どちらの解釈でも見た目の線的順序は同じだからです．でも(5)や(6)のように，構成素間の結びつきの強さ（階層構造）を考えると両者の違いが明確になります．あいまい文の「背後に隠れた何か」とは階層構造の違いでした[*9].

✂ 統語構造

実は，あいまい文に限らず，すべての文はこのような階層構造を持っています．文は，語が均等に結びついて単に左から右へ配列されてできているわけではありません．結びつきの強い語が一緒にまとまって句を作り，そのようにしてできた句が別の語や句と次々に組み合わさって階層構造を形成しています．2つの要素がこのように結合することを**併合(Merge)**と言います．

The dog bit a man. という英文を例に確認してみましょう．[*10]

(7) The dog bit a man.

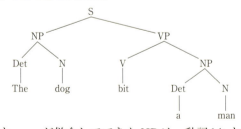

aとmanが併合してできたNPは，動詞bitと併合してVPという構成素を形成します．VPとは動詞句（Verb Phrase）のことで，動詞を中心にしてできるまとまりのことです．おおよそ述語に相当するものです．このVPが，theとdogが併合してできたNPと結びついて，Sが組み立てられています[*11]．(7)には，構成素の線的順序に加えて，それぞれの構成素がどのような統語範疇（N・Vなど）に属しているのかという情報や，構成素が結びつく強さの度合いに関する情報が階層的に表されています．このように線的順序・統語範疇・構成素関係といった情報を盛

[*8] ここでは簡略化された樹形図を用いています．詳細なものは(7)を参照してください．

[*9] (2)の文を見たときにまず(6)ではなく(5)のような解釈をするのが自然である理由については，ここでは扱いません．文処理 (sentence processing) あるいは統語解析 (parsing) と呼ばれる文を理解する過程についての研究成果を知るには，『言語の事典』（朝倉書店）の「統語解析」が参考になります．

併合 (Merge)

[*10] Sは文 (sentence)，Detは決定詞 (determiner) のことです．決定詞とは，冠詞 (a/the など) や，所有代名詞 (my/your など) や，指示詞 (this/that など) などのことです．

[*11] 文(S)は，主語名詞句(NP)と述語動詞句(VP)からなる外心構造であると考えます．外心構造については第4章を参照してください．

り込んだものを，文の**統語構造**と言います．統語構造は階層を成しているので，前述のように階層構造と言うこともあります．

(7)の統語構造は，次のような**標識付き括弧**を使って表すこともできます．

(7′) [S[NP[Det The][N dog]] [VP[V bit][NP[Det a] [N man]]]]

この場合でも線的順序・統語範疇・構成素関係が示されていることを，各自確認しておきましょう．

✂ Who's on first?

さて，前章で日本の古典落語の話が出てきたので，ここではアメリカの古典的コメディを素材として統語構造についてさらに考えてみましょう．アカデミー賞の主要4部門を受賞した『レインマン』という映画を見たことがあるでしょうか*12．ダスティン・ホフマン演じる Raymond は，極度の緊張状態になると次のような独り言を発します．

(8) Then who's playing first? Yes. I mean the fellow's name on first base. Who. The fellow playing first base for St. Louis. Who.
  じゃあダレが一塁を守っているのか？そう．つまり一塁手の名前は．ダレ．セントルイスの一塁を守っているヤツは．ダレ．

これはアボットとコステロ（Bud Abbott and Lou Costello）という2人組のコメディアンによる "Who's on first?" というコントの一部です．1940年頃の古典的作品ですが，タイム誌で20世紀最高のコメディ（Best Comedy Routine）に選ばれるほど有名なものです*13．実際には次のようなやり取りです*14．何が面白いか考えてみましょう．

(9) Costello: Well then who's playing first?
  Abbott: Yes.
  Costello: I mean the fellow's name on first base.
  Abbott: Who.
  Costello: The fellow playing first base for St. Louis.
  Abbott: Who.
  Costello: The guy on first base.
  Abbott: Who is on first!
  Costello: Well, what are you asking me for?
  Abbott: I'm not asking you, I'm telling you, Who is on first.

コステロは一塁手の名前を聞き出そうとしますが，アボットは "Who" と繰り返すのみです．アボットのセリフに疑問符が付いていないことに気づいたでしょうか．ポイントは who という語の意味です．通常は疑問詞の「誰」という意味です．でもアボットは，一塁は固有名詞「ダレ（Who）」という名前の選手が守っていると伝えているのです．アボットの "Who is on first" というセリフは，「誰が一塁手ですか」という疑問文ではなく，「ダレ（Who）という名前の選手が一塁手だ」という平叙文です*15．

統語構造（syntactic structure）

標識付き括弧（labeled bracketing）

*12 原題は *Rain Man*. 1988年公開のアメリカ映画．

*13 出典
http://www.time.com/time/magazine/article/0,9171,36533,00.html

*14 映像は *The Naughty Nineties*, The Best of Abbott & Costello, Vol. 2 (1943) などで入手可能です．インターネット上では，ラジオ放送を録音したものなどを確認することができます．

*15 このコメディにはまだ続きがあります．アボットは一塁手の名前がダレ（Who），二塁手がナニ（What），三塁手がシルカ（I don't know）であると教えているのですが，コステロはそれが理解できず2人の会話はかみ合いません．それぞれの文が持つ2つの意味を考えてみましょう．
Costello: What's the guy's name on first base?
Abbott: What's the guy's name on second base.
Costello: I'm not asking you who's on second.
Abbott: Who's on first.
Costello: I don't know.
Abbott: He's on third, we're not talking about him.

(2)の場合と同様に，"Who is on first" は2通りの意味に解釈ができるので，あいまい文と言えます．この場合のあいまい性も階層構造の違いによるものでしょうか．もしそうであれば，階層構造にどのような違いがみられるのでしょうか．それぞれの統語構造を確認していきましょう．

まずは Who が固有名詞「ダレ（人名）」という場合の平叙文の統語構造を各自書いてみましょう．その際に，動詞 is が，PP という補部と NP という主語の2つの項を取ると考えてみましょう[*16]．まず，on と first が併合してできた PP は，動詞 is と併合して VP という構成素を形成します．この VP が，Who という NP と併合して，S が組み立てられます．スペースの都合で，ここでは標識付き括弧を使って示します．

(10) [s[NP Who][VP[V is][PP on first]]]．(Who=「ダレ」)

*16 補部や項については前章の145ページを参照してください．

✂ 疑問詞はどの位置に？

今度は，"Who is on first?" という疑問文の場合の統語構造を考えてみましょう．ここで問題となるのは，「誰」という疑問詞 who の扱いです．「ダレ」同様に，「誰」は，動詞 is が必要とする要素（項）であり，文法機能上も主語の役割を担っています．そうすると，「誰」の場合にも，(10)と同じ統語構造であるということになります．

しかし，もう少し視野を広げて，疑問詞を使った疑問文（WH疑問文）の一般的な特性について検討してみると，疑問詞 who が(10)とは異なる位置にある可能性も見えてきます．そこで，まずは統語構造における疑問詞の位置について少し考えてみましょう．

英語を習い始めの頃に「what や who のような疑問詞はいつも文の先頭に置く」と教わったことを思い出してください．この「文の先頭」というのは，統語構造上どのような位置なのか考えてみましょう．次の例を見てください．

(11) a. *What* did he eat?
　　 b. *When* will he come?
　　 c. *Why* is he here?

(11a～c)において，下線を引いた he はいずれも主語 NP です．したがって，斜体の疑問詞が存在する「文の先頭」とは，統語構造上「主語 NP の外側」であると考えられます[*17]．このような他の WH 疑問文との共通性を考えると，どうやら疑問文 "Who is on first?" においても，疑問詞 who は主語 NP の位置ではなくその外側にあると考えたほうがよさそうです．

*17 樹形図にした場合には，統語構造上「主語 NP よりも高い位置」にあるということになります．

でも，文頭の疑問詞が収まる主語 NP の外側とは，どのような位置で，どのような統語範疇なのでしょうか．次の例を見てみましょう．

(12) a. We think[CP that[S Sam is kind]]．
　　 b. I wonder[CP who[S he is]]．
　　 c. He asked[CP where[S I lived]]．

(12a)では，動詞 think の補部として that 以下の文が埋め込まれています．このように補部の位置に現れる文を**補文**と言います[*18]．また，補文の始まりを合図する接続詞 that のような要素のことを**補文標識**と言います．補文標識は主文と補文を区別する役割を担っているので，常に埋め込まれる S の境界線のすぐ外側にあります．この位置は，補文標識を中心としている句なので，**補文標識句**（CP）と言います．that は，補文の主語 NP のすぐ外側にある CP に現れています．

S の外側には常に CP があると考えると，疑問詞の統語構造上の位置が明らかになってきます．(12b, c)のような**間接疑問**における who や where などの疑問詞は，(12a)の補文標識 that の場合と同様に，主語 NP のすぐ外側にある CP に現れていると考えられます．また，S の外側に CP が存在するという考え方が，補文だけでなく主文を含むすべての文に当てはまるとすると，(11)のような WH 疑問文において疑問詞はすべて CP に存在していると考えることができます[*19]．疑問詞の現れる「文の先頭」の位置と統語範疇は，S のすぐ外側にある CP という統語範疇の位置であるということが明らかになりました．

✂ 矛盾の解決

"Who is on first?" という疑問文の統語構造に取り掛かる前に，ここまでの話をまとめてみましょう．

① "Who is on first?" において，疑問詞 who は動詞の項であり主語の役割を担っている．

② WH 疑問文において，疑問詞は主語の外側にある CP に存在する．

しかし，この①と②は一見矛盾をきたしているように思われます．簡単に言ってしまうと，「疑問詞 who は主語なのだが，主語の位置ではなくその外側になければならない」ということです．さて，この無理難題の解決策が思い浮かぶでしょうか．

アメリカの言語学者チョムスキー（Noam Chomsky）[*20]は，実際の文の構造の背後に文の中核的な意味を決める抽象的な構造があると仮定しました．そして，その2つの構造を**移動**（Move）という操作によってつなぐことを考えました．

この考え方がどのように①と②の矛盾を解決するのか，具体的に見ていきましょう．

(13) a. [CP　　[S[NP Who] [VP[V is][PP on first]]] ?
　　　b. [CP Who[S[NP　t　] [VP[V is][PP on first]]] ?

(13a)のように，疑問詞 who はまず主語 NP の位置に現れると仮定してみましょう．これにより，動詞 is の項としての役目が果たされることになります．しかし，このままでは②の問題が解決されません．そこで，(13b)のように，疑問詞 who が主語 NP の位置から CP の位置に移動す

補文（complement sentence）

[*18] 一方，埋め込む方の文を**主文**（main sentence）と言います．

補文標識（complementizer）

補文標識句（Complementizer Phrase：CP）

間接疑問（indirect question）

[*19] (7)や(10)のような平叙文の場合には，主文の CP には何も語が現れていないだけであると考えます．

[*20] ノーム・チョムスキー（1928-）マサチューセッツ工科大学教授．彼の提唱した理論は生成文法（generative grammar）と言われます．Chomsky (1957) *Syntactic Structures* 以来現在に至るまでさまざまな改訂がなされています．

移動（Move）

痕跡（trace）

ると仮定してみましょう．ただし，疑問詞 who が移動した後には，**痕跡** *t* が残ります．「立つ鳥跡を濁さず」ということわざがありますが，移動する疑問詞の場合は足跡を残していきます．(13b)のような統語構造は，①と②の問題を一気に解決してくれます．疑問詞 who 自体が移動して CP に収まることで②を解決し，それと同時に，その痕跡 *t* が①の問題を解決することになります．

　以上のことから，"Who is on first" のあいまい性の原因は，その統語構造が(10)のような平叙文の構造であるか，(13b)のような疑問文の構造であるかに起因していると説明することができました．

　このように，CP・移動・痕跡といった道具立てを利用すると，固有名詞「ダレ」と疑問詞「誰」の統語構造上の位置の違いだけでなく，(11)のようなWH疑問文の共通性や，(12)のような that 節と間接疑問の共通点までとらえることができます．

✂ 痕跡の証拠

　ある要素が移動したと仮定した場合，移動先にはその要素自体が実際に存在するので，すぐに確認ができます．でも，もとの位置については，「果たして目に見えない痕跡なるものが本当にそこに存在するのであろうか」と訝る人がいるかもしれません．そこで，最後に痕跡が文法性の判断に影響を与える例について見ておくことにしましょう．まず，次の文を見てみましょう．

(14) a. I want to hold your hand.
　　　b. I wanna hold your hand.

(14a)と(14b)はいずれも同じ意味を表しています．(14a)は1963年に発表されたビートルズ（The Beatles）の曲のタイトルです．ただし，実際にはビートルズ自身は(14b)と歌っています．歌だけでなく，インフォーマルな会話では，(14b)の下線部のように want と to を融合して，wanna という形を用いることができます．これを **wanna 縮約** と言います．

wanna 縮約
（wanna contraction）

　ところが，この wanna 縮約が許されない場合があります．次の文を見てみましょう．

(15) a.　Who do you want to visit your website?
　　　b. *Who do you wanna visit your website?

(15a)は，「誰にホームページを見てもらいたいのですか」という意味の英文です．ところが，(15b)のように want と to を融合した(15b)は非文法的であると判断されます．この理由は，(15)の統語構造が(16)のようになっていると考えると，簡単に説明できます．

(16)　Who do you want　*t*　to visit your website?
　　　　　　　　　↑_____|

(16)では，want と to の間に who の痕跡 *t* が介在しています．これが，

wantとtoの融合を妨げているので,(15b)が非文法的であると判断されるのです.

✂ タイトルは何と読む？

さて,この章を最後まで読み通してきて,タイトルの謎解きができたでしょうか.残念ながら,国語辞典や漢和辞典をいくら引いてもその読み方は載っていません.いずれも,直木賞作家である東野圭吾氏の推理小説にならって,私が作成した(つまり実在しない)動詞だからです[*21].でも,すでに紹介した生成文法の専門用語をもとにしているので,おさらいを兼ねて各自考えてみましょう.

併合とは,2つの要素を結合させる操作のことでしたね.例えば,主語NPと述語VPが「併合る(あわさる)」ことによってSが形成されます.「移動る」については,whoのような疑問詞の立場になって考えてみましょう.そうです,疑問詞は文頭のCPに「移動る(うつる)」と仮定しました.でも,その際にはもとの位置に跡がしっかりと「痕跡る(のこる)」のでしたね.

*21 お手本としたのは,物理学者・湯川学を主人公とした一連の人気小説です.例えば,『探偵ガリレオ』(文芸春秋)では,「壊死る(くさる)」や「離脱る(ぬける)」などといったタイトルがつけられています.

【☞ まとめ】・文は,単に語が均等に並んでできているわけではなく,階層的な統語構造から成り立っています.
・この構造は,併合という文法操作によって形成されていきます.
・移動と痕跡という考え方を導入することで,さまざまな文の統語構造や適格性を説明することができます.

練習問題

1. Hawaiian language teacher のあいまい性について樹形図を書いて説明してみましょう.
2. 脇注15に挙げたコステロとアボットのやり取りについて,2通りに解釈できる文の統語構造をそれぞれ考えてみましょう.
3. 本文中の(12)のような構造で,thatや疑問詞以外にこの補文標識に入る要素にはどのようなものがあるか考えてみましょう.
4. Which horse do you want to win? という文は,あいまい文です.2つの意味解釈を考えてみましょう.ヒント:この疑問文に対しては,I want that horse to win. ともI want to win that horse. とも答えられます.
5. Which horse do you wanna win? もあいまい文でしょうか.また,その理由も説明してみましょう.

Further Reading

①中島平三『ファンダメンタル英語学(改訂版)』(ひつじ書房)

まずは図書館等で「言語学・英語学・入門」等のキーワードで検索し,それらの本の「統語論」部分を拾い読みしていくことをお勧めします.統語論(特に生成文法理論)は理論的な発展が日進月歩の分野で,「最新の理論」を扱った本は紹介しにくいからです.また,理論の変更に伴い多くの良書がすでに絶版になっています.そんな中で,最もおすすめの入門書がこの本です.「なるべく時流に流されない形で,しかもコンパクトに」という方針で書かれており,初版本の出版から20年近くたった現在

でも支持され続けています.

②田窪行則他『岩波講座言語の科学6　生成文法』（岩波書店）

　本の帯に「生成文法入門の決定版」とありますが，看板に偽りなしの本です．理論と実践のバランスがうまく取れていて，生成文法について知るには良い本なのですが，残念ながらすでに絶版です．ただし図書館には必ずといってよいぐらいに所蔵されています．

③久野暲，高見健一『謎解きの英文法』（くろしお出版）

　人気シリーズもので，現時点（2015年11月）で8冊出版されています．言語学研究の成果がさりげなく盛り込まれているのですが，とにかく読みやすい本です．扱われている現象も，「なぜ I like an apple とは言わないのか」や「I'm lovin' it ってどんな意味」など，ちょっと知りたくなるものばかりです．このシリーズで弾みをつけたら，同じ著者の『英語の構文とその意味』（開拓社）に挑戦してみるとよいでしょう．ちなみに練習問題の問4と問5はこの本を参考にして作成しました．

筆者より

　東京の下町生まれですが，ほどなく東京都に隣接する千葉県松戸市に引っ越しました．いわゆる「標準語」で育ったので，方言を操れる人たちが心底羨ましいです．

　趣味は，神奈川県民になってから始めたサイクリングです．最初はマウンテンバイクに乗っていたのですが，最近はロードバイクにハマっています．学生には「The Style Council の *My Ever Changing Moods* の PV に触発されてロードに乗り換えた」と言っています．でも，本当の理由は，通勤中にロードバイクにビュンビュン抜かれて悔しかったからです．

第7章　意味の意味とは何か？

辻　幸夫

【ことばの意味／意味論】

《✍ 何が分かるか》　言語は記号の体系です．何かを表す，つまり意味することが言語記号の働きです．仮に意味のない言葉があっても，「意味がない」ことに「意味がある」のかもしれません．いったい意味とは何でしょうか．意味とは辞書の説明のように客観的に存在するのでしょうか．それとも主観的なものでしょうか．あるいは何か別のものでしょうか．意味の基本単位である語の意味について一緒に考えましょう．

　何かを作り上げる場合には材料や手段が必要です．ことばの場合はどうでしょうか．話しことばは空気の振動である音波を，書きことばはインクの染みなどを，手話は手・体・口の動きやその位置関係と順序さらには表情などを表現手段として利用します．これらの自然言語は客観的に観察できる要素があります．音韻論や形態・統語論で扱う構造は，現在では大量の言語データをもとにコンピュータによる構造分析やパターン抽出が可能です．ところが，それらが担う意味はどうかというと，いきなり話が難しくなります．ことばが伝える意味とは，伝達媒体の物理的情報や形式のパターンそのものではありません．意味は，音声や文字などの媒体が言語使用者の感覚運動系で作用する際に脳の中で作られるものです[*1]．

　このため意味はなかなか捉えどころがなく，取り扱いが難しいのは事実です．それでも長い間，まだ現代言語学が誕生するよりもはるか以前から，多くの研究が積み重ねられてきました．言語学では意味論[*2]という分野が，様々な側面から意味についての考察を提供してくれます．

✂ 辞典と意味について

　私たちが日々の生活で意味の問題を意識する状況は様々だと思います．読者の皆さんが日常的に遭遇する意味の問題は，おそらく知らない語に遭遇したときに感じる疑問ではないかと思います．一般に，意味を担う基本的な言語単位は語です[*3]．語の意味が分からないとき，皆さんはどうしますか．近くにいる人にたずねるか，辞典を引いて確かめようとするでしょう．特に，外国語学習をしているとき，辞典の果たす役割の大きいことは誰もが認めるところです．辞典には語と意味の説明があふれています．

　そもそもどうして辞典ができたのでしょうか．よく言われることは，文明が膨大な知識や経験とともに発展し，もはや書き言葉の整理された形でなければ，その共有と継承が困難になったということです．ことば

*1　例えば山鳥重，辻幸夫（2006）『心とことばの脳科学』，大修館書店を参照．

*2　広義には，意味に関する研究を総称して意味論（semantics）と呼びます．理論的な枠組みとして，字義的意味や真偽値を扱う狭義の意味論を指すこともあります．後者の場合，文脈などの非言語的要素や発話意図の関与する意味を扱う分野は語用論（pragmatics）と呼びます．

*3　語（word）とは一般に呼ぶ単語と同じです．言語学では意味を担う最小単位として接辞のような拘束形態素と，それだけで単独に使うことができる自由形態素があり，語は後者として考えられています．文の意味や場面に即した意味は，統語論や語用論と深く関係しますので，ここではそれらの基盤となる語の意味について考察します．

は人のあらゆる営みを支える基礎となりますので，現代の「事典」の役割も兼ねた辞典が作られるようになったと推測されます．日本には，およそ1200年前の平安時代，空海によって編まれた『篆隷万象名義（てんれいばんしょうめいぎ）』という辞典があります[*4]．現代人にとっても，教育を受けて社会に出るために辞典は必要不可欠です．書店には必ず辞典コーナーがあり，誰もが小学校で使った国語辞典，中学や高校で購入した漢和辞典や英和・和英辞典，受験勉強のために購入した電子辞書などを持っているに違いありません[*5]．分からない語の意味や適切な使い方を調べ，ものごとを理解するために辞典が利用されるので，辞典は意味の世界への誘いとしては最適な材料です．

✂ 辞典を調べてみよう

誰でも知っている「石」や「砂」という語を例に考えましょう．どちらの語も日本語を話す人であれば幼い子どもでも知っています．私たちはこれらの語がどのように使われるのか，基本的なことを経験的な知識として持っているはずです．試しに小さい子どもに「石ってなぁに」と質問された場合などを想定して，2つの語の意味を説明してみてください．いかがでしょう．上手に説明できましたか．「意味を正確に説明するのは難しいけれど，石や砂が何を指し，どんなものかは言えます」という人が多いかもしれません．

実際に国語辞典で石と砂を調べてみましょう．ここではとりあえず広辞苑（第6版）を例にします．石の項目では最初に下記の説明があります．

　【石】岩より小さく，砂より大きい鉱物質のかたまり

なるほど，相対的な大きさと鉱物質のかたまりであることが分かります．ここでは鉱物とは何か，かたまりとは何かなどを問い続けると際限がなくなりますので無視します．参考までに同じ辞典で岩の項目を引いてみましょう．

　【岩】石の大きいもの

砂はどうでしょうか．

　【砂】細かい岩石の粒の集合

以上から，岩＞石＞砂 という大きさの関係は分かりましたが，どこで区別されるのかはあまりはっきりしません．砂の説明には岩と石が一緒になった岩石という複合語が出てきました．仕方ないので岩石の項目を調べると，

　【岩石】岩や石

とあります．これでは，からかわれているのではないかと誤解してしまいそうな解説です[*6]．手元にある辞典で石の意味を調べてみてください．小型の学習辞典は利用者の理解を考慮した比較的分かりやすい説明文が一般的です．

[*4] 830（天長7）年仁明天皇の時代からそれ以降にかけて成立した，30巻6帖より成る日本人による最古の辞典とされています．

[*5] 日本語の詳細な辞典の代表は『日本国語大辞典 第二版』（全13巻，小学館）です．一巻本では大辞林（三省堂），大辞泉（小学館），広辞苑（岩波書店）などがあります．小型辞典には『明鏡国語辞典』（大修館書店）や『明解国語辞典』（三省堂）など多くの優れた辞典が出版されています．

[*6] 岩石の解説には「地殻やマントルを構成する物質．通常，数種の鉱物の集合体で，ガラス質物質を含むこともある」という百科事典的な説明が含まれており，辞書学者たちの苦労が伝わってきます．

さて，石の意味を辞典で調べて，「あぁ，なるほど」と半ば納得した方がいるかもしれません．しかし，辞典にあるのは語の意味のはずですが，実際は別の言葉による解説文です*7．つまり，語の意味の定義文は厳密には説明であって，意味そのものではないとも言えます．説明文を通して，私たちは自分の頭の中で語の意味にたどり着いたと考えることができます．他方，辞典の解説ほど考え抜かれたものでなくても，「道などに転がっている硬い物で，蹴飛ばしたり，人に投げたりしたら危ない物はなぁ〜に」とクイズを出せば，解答者がひねくれ者でない限り「石」という答えが返ってくるでしょう．石は誰もが知っているものなので容易な例です．知らない語や抽象概念を習得するためには，周到な意味の説明が要求されますが，実際の使用場面に遭遇することが重要であり，辞典だけでは習得が困難な場合が多々あると推察されます．

✂ 語と指示対象

辞典の語の説明が，厳密には意味そのものではなく，別の語による説明であるとすれば，先ほどの石の意味は結局何でしょうか．石の意味は石そのものなのでしょうか．

言語学では語が表すものを一般に**指示対象**と呼びます．指示対象と語の関係はどうなっているか考えてみましょう．次の(1)はことばを覚え立ての幼い子どもが，自宅の庭で小さな堅い物質を見つけて，それを手に取ったときの会話だと想像してください．

(1) 子ども：これなぁに．
　　母親：石ですよ．

(1)の場合，石という語の指示対象は母子の目の前にある石そのものです．翌日，道端に小さな堅いものがあったので，幼児はそれを拾ってポイと投げて遊びました．すると母親が

(2) 母親：駄目でしょ．石を投げたら危ないわよ．当たると痛いわよ．

と注意したとします．(2)では，母親の言う石は，この子どもが投げた特定の石を指しているか，または石一般を指していると考えられます．少なくとも(1)と(2)の石は別の物であり，2つを同じ石（いし）という音の連なりで呼んでいることになります．次の日，母子が散歩をしていると，大きな硬そうなものが数多く置いてある石材店の前を通りかかりました．すると，母親が次のように言いました．

(3) 母親：大きな石がいっぱいあるわね．

この子どもは，自分よりも大きく，とても投げることはできないどころか蹴飛ばしたら自分の足が痛くなるようなものが数多くあり，それらを石と呼ぶという事態に直面します．

この場合，(1)から(3)で使われている石の指示対象はみな異なります．先ほど国語辞典で調べた石の項目では，特定の石（＝指示対象）そのものではなく，どの石にも当てはまりそうな一般的な石の解説がありまし

*7 語の意味の説明文は，いわば言語（＝語）を説明する「言語」です．このような役割をする言葉や記号のことをメタ言語（meta-language）と呼びます．辞典はメタ言語の集まりです．meta- とは「〜を超えた」や「一段高い階層の」を意味する接頭辞です．

指示対象（referent）

た．しかし，石を辞典で調べたことのない子どもでも「石を投げたら危ないよ」ということばを理解し，石がいろいろなものを指すことは分かりますし，おそらくいろいろなものを石と呼ぶのだという一般化を行っていると考えられます．子どもは幼い頃から石と呼ばれる物質には日常的に出会っているので，辞典の説明は必要ないのかもしれません．ほどなく，子どもは今まで一度も見たこともない石であっても，それを見れば，意識するしないにかかわらず経験的知識とともに「いし」という音声が立ち上がってきて「石だよ」と発声することができるようになります[*8]．

石という音声が実際の石と深く結びついていることは分かりますが，指示対象が実際の石であるとは限りません．このページを読んでいる読者は，文章の稚拙な筆者のせいで何度も石という語を読まされています．しかし，実際の石には一度も遭遇していません．この場合の指示対象は少なくとも現実の石ではありません．幼児も外を走る自動車を指さし「ブーブ」と言い，絵本の中の自動車の絵を指さしながら「ブーブ」と言えますが，実は同様の心的メカニズムが働いています．

カテゴリー化，概念化

ここまでの話で，石（いし）という音によって実際の石や想像上の石を指示対象として表すことがあることを確認しました．論理的には指示対象は無限ですが，音は1つです．

石と発音される音は3つの**音素**から成り立ちますが，ここで話を分かりやすくするために，仮に意味を持つ語の音（抽象的音のパターン）を**音形式**と呼ぶことにしましょう[*9]．私たちは無数のいろいろな種類の石を，見たことのないものや現実には存在しないものも含めて，岩や砂でなく，石という同じ音形式の名前を付けて一括りにして呼んでいます．このまとめ上げる作業が意味形成にとっては重要です．まとめ上げる一般化の作業は，**カテゴリー化**と呼ばれる認知能力によって可能になります．例えば，私たちが一方で犬を狐や狼とは別の動物として区別し，他方，チワワやブルドッグもシェパードも同じ犬であるというようにまとめ上げることができるのは，抽象的なカテゴリーの形成能力を有しているために可能になると考えられます．

カテゴリーの形成は，意味に深く関与する基本的な心的プロセスです．比喩的に言えば，私たちはカテゴリーに言語記号のラベルを貼るという命名行為を行っています．ラベルを貼ることで，多くの成員から成り立つカテゴリーを整理し，記憶にとどめやすく，また想起しやすくしています．そしてことばというラベルを用いることで，よりいっそうカテゴリーの形成が容易になるという相互作用が働きます．指示対象となる現実の石は，種類も数も無限にあります．それにもかかわらず，「石に躓いちゃった」と友達が言うのを聞いて，あなたがその石を見たことがなく

[*8] 語から指示対象を理解し，逆に指示対象から語にアクセスすることは人間には容易ですが，チンパンジーなどでは困難であることが観察されています．この能力を言語学や心理学を含む認知科学（cognitive science）では対称性（symmetry）を形成する推論と称し，言語を操作する人間に特徴的な認知能力だと考えています．*18参照．また，例えば辻幸夫（編）（2013）『新編 認知言語学キーワード事典』，研究社，今井むつみ，針生悦子（2014）『言葉をおぼえるしくみ：母語から外国語まで』，筑摩書房，正高信男，辻幸夫（2011）『ヒトはいかにしてことばを獲得したか』，大修館書店を参照．

音素（phoneme）

音形式（phonological form）

[*9] 平たく言えば単語の発音の抽象的知識です．

カテゴリー化（categorization）

ても「石って，どの石のことだろうか」などと悩むことはまずありません．具体的なレベルで悩まないのは，カテゴリーを形成する石の抽象的知識を持っているからだと想定することができます*10．この抽象的な知識を，一般的な**概念**という語で言い換えるとすれば，抽象的な知識が作られていくことを**概念化**と呼ぶことができます*11．三角形の定義を知らない子どもも，カテゴリー化の能力により抽象的な三角形の概念を作り上げ*12，四角形とは区別できるようになります．この過程で，三角形という音形式と，三角形の概念の重要な一部を形成する抽象的な図形イメージとはしっかりと結びつくようになります．ですから，三角形を描くように言われると，音形式に結びつくイメージが呼び起こされ，白い紙に三角形を描くことができるわけです．

✂ 意味の意味

音形式と指示対象は概念を介して結びつけられていると想定できます．こうした考え方は，かつて意味の三角形という図1で提案された考え方に通じます*13．

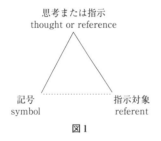

図1

この図の妥当性には議論もありますが，言語の意味を考えるうえではきわめて有用です．図の中で記号とあるのは本節で述べている音形式，指示対象は石，思考または指示とあるところが概念やイメージと捉えれば，これまでの議論が分かりやすいでしょう．専門的な議論を横に置けば，この三角形の頂点が言語の意味に最も近いと言えます．つまり，音形式（記号）と指示対象は言語使用者の頭の中にある概念を介してつながっていると考えます．底辺が点線で描かれているのは，音形式と指示対象は間接的にはつながるものの，直接的な関係はないということを表しています．

また，知識には言語記号のラベルがなければ記憶や想起することが困難なものがあります．指示対象が具体物ではない場合がそうです．指示対象が抽象的であればあるほど，現実の世界との直接的な結びつきを見つけることは困難です．例えば「思想」や「理念」などの語の意味を考えれば分かるでしょう．こうしたきわめて抽象的な概念は，（当該）言語をある程度習得した後に，それを実際に使用することで得られるものと考えられます．ただし，語の指示対象が具体的か抽象的かにかかわらず，いずれの場合も意味は抽象的な概念であることに違いはありません．同

*10 カテゴリーを形成する成員（語が示す個々の指示対象）の集合を外延（extension）と言い，成員間の共通特徴を内包（intension）と呼びます．内包が抽象的な知識として構成されれば概念に相当すると言うことも可能です．ただし論理学では内包と外延が概念を構成する点で用語の使用法が異なります．

概念（concept）

概念化（conceptualization）

*11 概念化とことばとの関係について考察する分野は認知意味論（cognitive semantics）に属し，語に焦点を当てた分野を認知語彙論（cognitive lexicology）と呼びます．

*12 三角形の概念は，視覚刺激に依拠する図形的なイメージに基づく場合と，数学的あるいは言語的な定義に基づく場合があると考えられています．

*13 この図はオグデン（C. K. Ogden）とリチャード（I. A. Richard）という2人の学者が1923年に *The Meaning of Meaning* という書物で提唱しました．

*14 頭の中で概念を作り上げている知識の形式を，表象または心的表象（mental representation）とも呼びます．言語コミュニケーションに関与する人は，類似した心的表象を場面に応じて頭の中に作り上げないと誤解が生じる，つまり意味を取り違える可能性があります．

*15 現代言語学の成立に大きな役割を果たしたフェルディナン・ド・ソシュール（Ferdinand de Saussure）は，記号内容（シニフィエ：signifié）と記号表現（シニフィアン：signifiant）は不可分であり，表裏一体となって言語記号を作っているという考え方を世に出しています．例えば町田健（2004）『ソシュールと言語学（講談社現代新書）』，講談社や影浦峡，田中久美子（訳）（2007）『ソシュール 一般言語学講義：コンスタンタンのノート』，東京大学出版会を参照．

*16 ここでいう概念は言語記号と結びつくことで形成されているものを指しています．

恣意性（arbitrariness）

*17 言語記号の恣意性についてもソシュールが重要な問題として取り扱ったとされています．

一の言語共同体にいる人々は，言語記号がどの指示対象を指しているのか，実際の言語使用の場で類似した概念を共有することで意思疎通を図っていると考えられます．つまり，意味を共有しているということです*14．

✂ 言語記号の恣意性

意味の三角形では，音形式と指示対象には直接的なつながりはなく，三角形の頂点にある概念やイメージと結びつくこと，つまり石という音形式が概念と結びついて初めて「石」という語が成り立ちます．外国語の音声を聞いても，音韻規則や語の意味が分からなければ単なる音連鎖にすぎません．少なくとも聞いている音声が，何らかの概念やイメージを喚起しなければ記号としては成立しないからです．

言語学では，語の音形式（文字なども含む）を記号表現（表すもの）と称し，その記号表現から読み取られるものを記号内容（表されるもの）と称することがあります*15．図2を見てください．

図2

例えば，石という語（＝言語記号）の場合には，「石」という音形式（または「石」という文字）が記号表現であり，指示対象となっている石の概念が記号内容です．そしてこの記号表現と記号内容が一枚のコインのように表裏一体となって出来上がっています．両者を切り離してしまえば言語記号は成り立たないと考えるのです．このことを先ほどの意味の三角形に結びつけて考えてみますと，頂点にある概念は記号内容に相当し，底辺左の頂点の記号（つまり音形式）は記号表現に相当するとしてよいでしょう．この2つが結びついて言語記号が出来上がっていると考えます．記号表現は概念と結びついていますし，概念も具体的な指示対象と結びつきます*16．

ここで重要なことは，記号表現と記号内容の結びつきには慣習的な性質があるということです．つまり結びつきは強固ですが，必然性はないということです．このことを，言語学では「言語記号には**恣意性**という性質がある」という言い方で表現します*17．恣意性は言語記号の基本的な性質です．恣意性があるおかげで，あらゆる事象・事物について，必要に応じた言語による命名が可能になります．また，恣意性があることで，記号表現と記号内容の結びつきを社会的な慣習として作り上げることができます．

言語記号は恣意性という性質を有し，慣習によって成り立っています．人々は社会にすでに存在する語を容認された方法（慣習）に沿って学習

し，コミュニケーションの場で使用するようになります．また，時代の変化によって記号表現と記号内容の結びつき方が変わる場合や，同一言語内でも変種（地域方言や若者ことばなど）によって，特定の語に意味変化が生じることもあります．この場合，記号内容と指示対象との関係にも変化が同時に起こり得ます．史的事例で言えば，車という語は万葉集の時代には牛車や荷車を指しましたが，現代では自動車を意味するのが典型でしょう．環境や事態の変化に応じて概念化に変化が生じれば，記号表現と記号内容の結びつき方にも影響し，その変化が広く社会の人に受け入れられれば語の意味変化として定着するということです．

言語記号には恣意性という性質があることで，音声と概念を自由に結びつけることができ，言語を利用した知識の構築が容易になりました．おかげで私たちは混沌とした環境世界の中で混乱することなく，様々な経験や知識について言語記号を介することで共有し，次世代に引き継ぐことができるようになったのです[*18]．

✂ 日本語と外国語

言語記号の恣意性については，古典から現代の日本語への意味変化だけではなく，日本語と外国語を対照することでも確認できます．先ほどから石の例ばかりで恐縮ですが，日本語の石について，他の言語ではどのように呼ぶのかということを少し調べてみましょう．筆者の手元にある英和辞典を調べると，日本語の石に相当する単語は stone [stóun] が最初に掲載されています[*19]．フランス語では pierre [pjɛr]，ドイツ語ではStein [ʃtain]，中国語では石 [shí] となっています．言語が違えば石を表す語（音形式）が異なります．これらの言語を話す人々が一堂に会して，同じ１つの石を見ても，それぞれが違う呼び方をします．

ところが，違いはそれだけではありません．各言語の音形式と指示対象の結びつき方は他の言語とは違うという多様性がありますし，何を指示対象とするかという点においても違いがあります．いずれにしても，結びつきは言語共同体の中での決まりごと（慣習）であって，言語記号の恣意性から生じると言えます．実際にそれぞれの単語がどのようなものを指すか調べてみると一目瞭然です[*20]．例えば，日本語では「人に向かって石を投げる」と言いますが，「岩を投げる」とは言わないでしょう．ところがアメリカ英語では "throw a stone" と "throw a rock" の両方が使えます．rock を英和辞典で調べると岩とありますが，河原や湖で小石を投げるような仕草でも使えますので，日本語の岩とは意味範囲が異なることが分かります．もう少し身近な例を挙げましょう．

日本語：兄，弟
英語：　an older/elder brother, a younger brother

つまり日本語の兄や弟に相当する語は英語にはなく，通常 brother という１つの単語で表します．特に年齢を考慮する場合に older や younger

[*18] 子どもがことばを習得するとき，言語記号と指示対象の関係を学習できるのは，*8で触れた対称性を推論する能力があるからだと考えられます．また語を覚えたての幼児は，犬を見てワンワン（聴覚刺激）と教えられれば，次にワンワンと聞くと犬の写真や文字カード（視覚刺激）を指すようになります．異なる刺激間で双方向の関係を成立させる現象は刺激等価性（stimulus equivalence）と言います．恣意性があってもこの能力のおかげでことばが容易に成立すると考えられています．

[*19] 正確には，英語で個別の石を指すときは a stone と言い，一般的総称や石材を意味するときは stone だけで表します．英和辞典で調べてみましょう．

[*20] 英英辞典や英和辞典で stone や rock の用例を調べてみましょう．

を使います．次も別の身近な例です．

　　日本語：湯，水
　　英語：　(hot) water, (cold) water

英語では water はお湯にも水にも使いますが，特に普通の水と温度の高い湯を区別する際は hot または cold で修飾して表現します．

　どのような言語でも，一般に文化的・社会的に注目される対象については語として表現されることが多い傾向があります．日本語では「稲，もみ，お米，ごはん，めし，ライス，(俗語で) しゃり」などは食文化に深く関係するために使い分けられますが，英語ではすべて rice で表現できます．逆に英語では生の豚肉は通常は pork で，部位によって ham (腿肉)，tenderloin (テンダーロイン)，center loin (腰肉)，spareribs (スペアリブ)，bacon (ベーコン，肋肉)，picnic (肩肉)，jowl (ほお肉) など数多くに分類されて使われます．いくつかは日本語でも借用語になっていますのでご存じでしょう．日本語と英語では，それぞれの環境や歴史のあり方，文化や社会のあり方が違うので，ことばによる世界のカテゴリー化の仕方と表現方法が異なることが分かります．

　意味の研究は，人が使う言語記号の一般的な意味的構造を明らかにするだけではなく，特定の言語を使う人々がどのように世界と関わってきたのか，つまりどこに意味を見いだしてきたのか，という歴史と現在を理解することにも役立ちます．

✂ 意味の普遍性と相対性

　人類には人種や性別の違いのほかに様々な個人差がありますが，基本的にその違いを大きく凌駕する形で同様の身体の形態と感覚運動系の能力，そして認知機能を持っています[*21]．

　この点に関連して考察を巡らせば，身体的経験や概念形成と言語の関わる領域では，人類には**普遍性**があると言えそうです．地球上で暮らす人類は重力の制約を受け，地に足を付けて歩く生活をしています．ですから重力の働く方向とその逆方向に沿った上下の感覚についての身体経験を共有します．両眼は進む一方向である前方に備わっていますので，前と後ろという不均整を概念として持ち得ます．目，耳，四肢は対になっていて，それぞれ身体の両側にあります．前後と同様に，左右のような方向性も身体図式の延長として基本的なものであると考えられます．実際に脳もそのような身体のあり方を反映し機能しています．地球で暮らす人であれば，どのような言語を使用していても，これらの方向概念は等しく持っていて，すべての言語にこれらを表す語彙があると推測できそうです．ところが驚いたことに現実は異なります．方向概念は共通にあると考えられますが，常に同じ対立関係を持って言語で表現されるとは限りません．興味深いことに，世界には左右を表す語のない言語があります[*22]．方向に関する用語だけではありません．珍しい事実として

*21　私たち現世人類は，すべてがサル目ヒト科ヒト属のホモ・サピエンス・サピエンス亜種として同じ生物種に属しています．

普遍性 (universality)

*22　メキシコのマヤ語族のツェルタル語 (Tzeltal) やオーストラリアのアボリジニー (原住民) の話すグーグ・イミディル語 (Guugu Yimidhirr) には左右を表す語がありません．こうした言語は世界には決して珍しくありません．左右の代わりに「山側，谷側」「東西南北」「海側，陸側」などと表現する言語もあります．例えば井上京子 (1998)『もし「右」や「左」がなかったら』，大修館書店を参照．

は，人類に共通の色彩知覚を体現する**色彩語**が1つもない言語もあります．また，すべての色を2つの語で表すという言語もあります[*23]．

言語によって方向を表す語や色彩語のあり方が多種多様であるということは，世界の理解の仕方や切り取り方が異なり，言語や思考には**相対性**があるという考え方を導き出します．ある言語文化において長い時間をかけて作り上げられてきた抽象的な概念は，いっそうその言語に特異な性質を与えていると推測できます[*24]．このことを突き詰めると，言語が異なれば別の語彙体系（すなわち意味体系）を持ちますので，物事の捉え方も異なるのではないかと主張することが可能です．他方，言語間で翻訳することが可能なのだから，相対性は程度の問題だろうと主張することもできます[*25]．

数え方にもよりますが，世界には6500から7000種類ほどの言語があると言われています．それぞれの言語が歴史の積み重ねの中で語彙体系を作り上げ，音韻・形態・統語の仕組みやダイナミックな意味の世界を発展させてきました．記号の性質に関する説明で述べたように，言語によって独特の語とその意味体系があります．それぞれの語は特有の記号表現と記号内容の結びつきを有しており，いわば意味の三角形の体系は言語ごとに多様です．少なくとも，この点には相対性があると指摘されていますが，同じ人類が使用する言語において，発音や文法はもとより，どうしてこれほど語や意味の体系が多様なのでしょうか．

言語には，人類一般が有する生物としての特性と，言語そのものが持つ記号体系としての特性が，いわゆる普遍性として反映されるでしょう．しかしながら，地球上の様々な環境に巧みに適応するために，人類はきわめて変化に富む生活様式を生み出してきました．そのために言語を含む文化にも，大きな多様性が生まれたと考えられます．さらには，言語共同体の間の文化や社会の変化は，遺伝学的な形態変化に比べればはるかに短期間で生じるため，言語やその意味体系にも独自性が色濃く目立つようになったのではないかと解釈されます．一説によれば，約700万年ほどの人類の歴史の中で，言語は原初的なものを含めても10万年から20万年程度の歴史しかないと言われることがあります．特に，書きことばは数千年前に萌芽が見られたにすぎないとの仮説もあります．ですから，科学技術の発展が著しいこれからの100年の文明進化は，おそらく言語と言語の意味のあり方に対して，これまでの人類史からは想像もつかないような変化を生むかもしれません．

✂ 意味から何がわかるか

赤信号，赤ワイン，赤毛のアン，赤ちゃん，赤貝，赤だし（＝お味噌汁），赤頭巾などの表現にある「赤」は，すべてが物理的・生理的に焦点色の赤に近い色相・彩度・明度を備えた可視光線を示しているわけではありません．色彩語としての赤の語源には，「明るい」から生じた，鮮血

色彩語（color terms）

[*23] アマゾン川の支流であるマイシ川沿いに住む人々のピダハン語（pirahã）には，青や赤などをはじめ色彩語がありません．ニューギニア島で話されるダニ語（Dani）にはmiliとmolaという2語しか色彩語がありません．例えば池上嘉彦，河上誓作，辻幸夫他（訳）(1993)『認知意味論：言語から見た人間の心』，紀伊國屋書店やエヴェレット，D. L.（著），屋代通子（訳）(2012)『ピダハン——「言語本能」を超える言語と文化』，みすず書房を参照．ちなみにピダハン語には数字を表す語も存在しません．

相対性（relativity）

[*24] 例えばEverett, Daniel (2012) *Language: The Cultural Tool*, Vintage Booksを参照．

[*25] 言語が世界の見方に影響を与えるという考え方は言語相対性仮説（Linguistic Relativity Hypothesis）あるいはサピア-ウォーフの仮説（Sapir-Whorf hypothesis）と呼びます．これには強い解釈と弱い解釈があります．

の色から生じた，青との対立から生じたなど諸説あります．起源はともかく，言語変化の中で比喩をはじめさまざまな転用を経て，いろいろな意味で使われるようになったことは間違いありません．それぞれの表現にある赤が何を意味するかは，語を使う人々が作り上げてきた言語慣習によって決まっているということです．語とその意味は，学習やコミュニケーションを通して習得され，他者と共有されます．意味に関する知識は個人的かつ主観的なものですが，他者との間で語の意味を理解して意思疎通をはかるためには，互いの頭の中で類似した心的表象を操作できなければなりません．こうしたことから，意味は共同主観的あるいは**間主観的**に他者と共有されていると考えられます．

他者と共有されながら構築される意味体系は，その言語を使う人々が作り上げてきた世界の**捉え方**を反映します[*26]．同時に，言語を使って考え表現する限りにおいて，世界の捉え方そのものにも影響を与えると考えられます．人間の思考や知的活動，コミュニケーションや環境との相互作用のすべてが意味に深く関わっているわけです．意味論は記号と概念と指示対象の間の関係をつまびらかにしてくれますので，記号を操作し文化を持つ私たち人間の知と，生物としての存在のあり方について，多くの知見と説明を与えてくれると考えられます．

間主観的（intersubjective）

捉え方または解釈（construal）

*26 「間主観的」「捉え方」という用語は，認知意味論では専門用語として使われます．辻幸夫（編）（2013）『新編認知言語学キーワード事典』，研究社を参照．

【☞ まとめ】・言語は記号体系であり，言語記号は記号表現と記号内容から成り立っている．そして，両者の関係は恣意的かつ慣習的である．
・言語の意味は言語記号と指示対象を結びつける神経的・心的プロセスとして個々人の脳内で構成され，メタ言語によって説明される．
・人類は感覚運動系の形態・機能と認知機能を同一生物種として共有するが，環境が異なれば文化や言語，そして語の指示対象の範囲も異なり相対性や多様性が生じる．
・言語記号と意味の体系は，言語共同体の成員個々人の脳内に主観的に形成されるが，コミュニケーションや学習を通して社会文化的に共有され次世代に継承される．

練習問題

1. 辞典編纂者になったつもりで，次の語の意味を簡潔に書いてみましょう．それを他の人のものと比べてみましょう．そのうえで，同じところと違うところを比べ，なぜ同じになるのか，なぜ異なるのか，一緒に考えてみましょう．
   頭（あたま），心，歩く，走る，綺麗（きれい），恐ろしい

2. 日本語は世界の言語の中でも，きわめてオノマトペ（擬声語，擬音語，擬態語など）が多いと言われています．「歩く」という動詞に副詞的に付くオノマトペを例にすると，「のろのろ歩く」「よたよた歩く」「とぼとぼ歩く」「ふらふら歩く」「よちよち歩く」「だらだら歩く」など数多くあります．このオノマトペを普通の語で置き換えて表現するとどうなるでしょうか．試しに上記の様々な歩き方を説明してみましょう．例えば「のろのろ歩く」を「ゆっくり歩く」と言い換えた場合，意味は同じでしょうか，それとも異なるでしょうか．

3. 次の英語の単語を英和辞典や英英辞典で調べ，日本語とはどのように指示対象の範囲が異なるか

比べてみましょう．ちなみに，カッコの中は一般的な英和辞典では最初に掲載されている意味ですが，よく調べると日本語とはかなり異なる意味を持っていることが分かります．

(1) flower（花）
(2) laugh（笑う）
(3) expect（期待する）
(4) climb（登る）
(5) work（仕事）

4. 上下，前後，深浅，長短，高低などの空間次元と関連する語があります．一見，整然とした体系を作っているようですが，それぞれの対は意味的に常に逆方向に対立するというわけではありません．私たちは身長や座高とは言いますが，身短や座低とは言いません．あるいは川の長さや山の高さをたずねますが，その際は「川の短さ」「山の低さ」とは通常は表現しません．これはどうしてか相談し考察してみましょう．そのうえで，英語など他の言語ではどうか，事例を検討し比較をしてみましょう．

Further Reading

池上嘉彦編『英語の意味』（大修館書店）は意味論の領域を包括的に含み，初学者に分かりやすく書かれた意味論の入門書です．カテゴリー化と意味について分かりやすく解いている概説書にテイラー，J. R.（著），辻幸夫他（訳）『認知言語学のための14章』（紀伊國屋書店）があります．クルーズ，A.（著），片岡宏仁（訳）『言語における意味：意味論と語用論』（東京電機大学出版局）は語用論も扱う詳細な概説書です．本文中で触れた色彩語を端緒にして，言語の意味と相対性について興味深い探求を試みているものにドイッチャー，ガイ（著），椋田直子（訳）『言語が違えば，世界も違って見えるわけ』（インターシフト）があります．英語版ではSaeed, John *Semantics*, Wiley-Blackwell が網羅的で簡潔な入門書です．

筆者より

私は日本と留学先の米国の両方の高校を卒業した経験があります．大学卒業後は政府機関に勤めて楽しく有意義に過ごしていました．しかし，どうしても勉強を続けたい気持を押さえきれず，泣く泣く退職して母校の博士課程に戻りました．「回り道が多いね」と言う人もいますが，私にとっては自分で選んだそのときどきの唯一の道でした．一度しかない人生ですから，回り道などと考えるのはもったいなく，正直，本末転倒だと思っています．過去を想い，未来に備え，何よりも確実にある「今」を，人々との出会いや出来事を大切にしながら生きたいと思っています．（秋の日吉キャンパス銀杏並木．カラーでお見せできないのが残念）

第8章 「マサ子の絵は良いね」の意味は？

今井邦彦

【ことばの用法／語用論1】

> 《何が分かるか》 第7章は「意味論」でした．この8章と第9章は「語用論」です．語用論もことばの意味を扱います．第7章は「認知言語学」という立場から書かれており，その立場上，意味論と語用論は峻別されていません．本章と第9章は「関連性理論」という立場から書かれているので，意味論と語用論ははっきり分けて考えられています．この立場からすると，意味論は「状況に左右されない，文自体の意味」を扱い，語用論は「その文を一定の状況で使った場合に生まれてくる意味」を扱うのです．
>   ここでは現代の語用論中で最も実のある成果を上げている「関連性理論」を見ていきます．

✂ 「文の意味」とは？

　(1) マサ子の絵は良いね．

という文について「この意味は？」と訊かれると，「何を言ってるんだ？」と思う人が多いでしょう．「子どもだって分かるじゃないか」と．でも本当にそうでしょうか？

　まず「マサ子の絵」の部分を考えてみましょう．これは①マサ子が描いた絵，②マサ子を描いた絵，③マサ子が持っている絵，④マサ子が買った絵…など，いろいろな意味に解されます．「マサ子」という名の日本人女性は何万といるでしょうが，そのうちどの特定の人物についてこの文が語っているのか分かりません．「良い」にしても，「芸術性が高い」という意味か，「高く売れる」という意味か，「子どもらしさが豊かで可愛らしい」ということなのか不明です．つまり(1)の意味はこれだ，とズバリ言い切ることはできないのです．

　ではどうすれば分かるのでしょう？　(1)を言った（あるいは書いた*1）人が「聞き手に何を伝えようとしたか」，つまり「話し手の意図」がはっきりすればこの文の意味は明白になるのです．それは

　(2) 話し手の娘であるマサ子が所有している絵は芸術的価値が高い．

かもしれないし，

　(3) 幼稚園の園児であるマサ子が描いた絵は子どもらしくて可愛らしい．

かもしれません．そのほかにもいろいろな意味解釈がありえます．すべては「話し手の意図」によって決まってくるのです．このような意味は，正確に言えば「文の意味」ではなくて「"文"プラス"話し手の意図"の意味」ということになりますね．

　日本語を母語とする人は，日本語に慣れていますから，「(1)の意味は？」などと訊かれると，この文が実際に使われたときの話し手の意図

---

*1　さらに「身振り等で伝えた」場合等も含みますが，ここから先は「書く」「身振りなどで伝える」等を「言う」で代表させます．

を自動的に想像してしまい，その意図を併せた解釈を考えて「こんな易しい文の意味は子どもだって分かるじゃないか」と反応してしまうのです．この反応はごく自然なことなのですが「文の意味」を考える場合は正確ではありません．では，「マサ子の絵は良い」という文自体の意味は何でしょうか？　それは

　(4)　マサ子と呼ばれる人と何らかの関係がある絵は，"良い"という語の持つ意味のうち，どれかに該当する性質を持つ．

ということになるでしょう．古い言葉で言えば，曖昧模糊とした"意味"ですね．

✂ 意味論と語用論

　関連性理論の立場では，(4)のような「文自体の意味」は意味論で扱う意味の例で，(2)，(3)のような「"文"プラス"話し手の意図"の意味」が語用論の扱う意味なのです．

　思い違いをしないでください．「(4)のようなアイマイモコとした"意味"しか扱えない意味論などというものはやめてしまい，語用論のように"意味がはっきりした"部門だけを残せばいい」などと思わないでください．

　(1)に「話し手の意図」を加えて解釈すると，上にあげた例だけでもずいぶんいろいろな意味が生まれますね．この，無限に近いような意味のそれぞれを表すのに，文の形，つまり使う語の種類や順序などをいちいち変えなければならなかったらどうでしょう．仕事が複雑になりすぎて，私たち人間は「他人にものを伝える」などという作業はできなくなってしまいます．

　「文自体の意味」がアイマイモコとしていることは，ことばの長所なのです．つまり，同じ文が「話し手の意図」次第でいろいろな意味を表し得るからこそ，私たちはお互いに言語を使った「伝え合い」，つまり「伝達（＝コミュニケーション）」を行うことが可能になるのです．

✂ 語用論過程

　語用論的意味を割り出す過程を「**語用論過程**」と呼びます．次の4種類が含まれます．

語用論過程（pragmatic process(es)）

◇**曖昧性除去**　英語では「銀行」を表す語は bank ですが，「(川などの) 土手」を表す語も bank です．bank という語には曖昧性があるわけですね．例えば，

　(5)　John went to the bank.

を話し手が使った場合，聞き手としてはどちらの bank が使われたのかを理解できなければ，(5)の意味がつかめません．そこで聞き手が「話し手の意図」を汲んで，どちらの意味で bank が使われたのかを判断し，

(6) a. ジョンは銀行に行った．
    b. ジョンは土手に行った．

のどちらか一方だけに解釈します．この聞き手は「曖昧性除去」を行ったわけです．日本語にももちろん意味が曖昧な語があります．漢字を使えば，科学／化学，講演／公園のように意味の差が分かりますが，仮名で書かれたり，音だけ聞かされると(7)のように曖昧になってしまいます．

(7) 山田はカガク（科学？／化学？／歌学？／家学？）に強いなあ．

話し手の意図を聞き手がくみ取れば，(7)を

(8) 山田は（生物はあまり得意でないが）化学には強いなあ．

のようにはっきりした意味に解釈できます．

　文も曖昧性を持つ場合があります（第6章参照）．

(9) 次郎は自転車で逃げる男を追いかけた．

(9)では自転車に乗っていたのは次郎とも，逃げる男とも解せます．話し手の意図がつかめれば，(9)の解釈が決まってくるわけです．

飽和（saturation）

◇**飽　和**　水に食塩を溶かしていくと，もうそれ以上溶けないという限度に達しますね．つまり「飽和食塩水」が出来上がります．この考えを利用して，表現の対象を明らかにしたり，表面に現れていない要素を掘り起こして意味不明の箇所がなくなるようにすることを「飽和」と呼んでいるのです*2．

＊2　「飽和」をこの意味で使いはじめたのはフランスの哲学者レカナティ（1952-）です．

(10) 彼はあの女が嫌いだ．
(11) 去年，鈴木と一緒にあそこへ行った．
(12) 昨日は午後4時までここにいたよ．

直示表現（deictic expression）
指標的表現（indexical expression）

これらの例で下線を引いた語は，人や時や場所をおおざっぱに示している語なので，**直示表現**（または**指標的表現**）などと呼ばれます．「彼」とは誰か，「あそこ」とはどの場所か，「鈴木」とはどの鈴木さんかなど，直示表現の解釈をはっきりさせることは「飽和」の一例です．

　語用論的意味の中には，ことばで表されてはいないけれど，その要素を掘り起こさないと解釈が完成しない，という型のものがあります．次の(13a〜d)では［　］の中の要素が分からないと，意味が分かりませんね．

(13) a. 大好きよ．［誰が何／誰を？］
     b. 三郎は若すぎる．［何のために？］
     c. 新幹線の方が早いよ．［何より？］
     d. それで十分だ．［何のために？］

この場合も話し手の意図に沿って例えば(13a)では「花子が太郎を大好きである」，(13b)では「結婚するには」のように，［　］内が決定すれば，(13a〜d)は「飽和」されたことになります．

◇**アドホック概念構築**　アドホックというのは,「そのときそのときの」という意味です.日本語の「飲む」も英語の drink も,「(主として)液体を口を通じて胃に送る」という意味ですが,どちらも液体を「アルコール飲料」に狭めた意味で使うことがありますね.このように,語の意味を縮小して使ったり,逆に通常より拡張して使ったり,意味をずらして使ったりするのが,「アドホック概念構築」なのです.(14)の下線部はいずれも語がアドホック概念で使われている例です.

(14) a. 誰か独身の人を紹介してよ.
　　　a'. I'm looking for a bachelor.
　　　b. この塩焼き,生だぜ.
　　　b'. This steak is raw.
　　　c. 熱海は東京の西南,100キロにある.
　　　c'. France is hexagonal.

(14)a, a' は結婚願望のある女性による発話であるとします.「独身の人」も bachelor も,少なくとも「男・成人・未婚」という条件を備えています.しかしここではさらに「DVを行いそうな人でないこと・あまり年寄りではないこと・制度上結婚するはずのない人(ローマ法王など)を除く」などの条件が加わって,意味が「縮小」されていますね.(14b, b')の「生」と raw の本来の意味は「熱を一切加えられていない」でしょうが,ここでは「加熱が不十分,つまり生焼けである」に意味が拡張されていますね.これもアドホック概念です.(14c, c')について言えば,熱海は東京のピッタリ西南にあるわけでも,きっかり100キロの所にあるわけではありませんが,だいたいそういう位置にあります.また,フランスの地図をよく見ると,なんとなく六角形に似た形をしていますね[*3].そこで「フランスは六角形だ」と言うことが多いのです.こういう**概略的表現**もアドホック概念です.

こう見てくると,**メタファー**(隠喩:あるものを他のもので言い換える語法)とか**誇張表現**(わざと大げさに言うこと)とか「**緩叙法**」(わざと控えめに言うこと)なども,特別な「**修辞的表現**」というより,アドホック概念の1つであることが分かりますね.(15)の例を見てください.

(15) a. あの男はタヌキだ.[メタファー]
　　　b. 与太郎に脳みそはない.[誇張表現]
　　　c. 母親を殴った? それはちょっと酷いなあ.[緩叙法]

◇**自由補強**　次の例を見てください.

(16) a. あなたはがんにはなりません.
　　　b. 太郎は花子を殴り,花子は離婚に踏み切った.
　　　c. 朝食は済ませました.
　　　d. パーティー? だって着るものがないわ.

(16a)が占い師の言葉ならば,その意味は「あなたは生涯がんにならない」でしょうし,有難いお話ですが,大腸内視鏡検査をしてくれた医師

アドホック(ad hoc)

コラム
　関連性理論の2人の創始者の一方であるウィルスン(Deirdre Wilson, 1941-)は1991年に,Pan Bks から Slaves of the Passions という小説を出しました.題名を聞いてぎょっとする向きもあるかもしれませんが,これは哲学者ヒュームのことば「理性とは,様々な情感の奴隷であり,これ以外のものであるはずがない」から取ったものだそうですから安心してください.2冊目の小説も執筆中で「あと10ページほどで完結するんだけど」と言っていたのが1993年でしたが,まだ出版されていません.

*3
六角形(hexagonal)

フランス

六角形

概略的表現(loose talk)

メタファー(隠喩)(metaphor)
誇張表現(hyperbole)
緩叙法(meiosis)
修辞的表現(rhetorical expression)

の言葉だったらば「(検査で，がんもポリープもなかったのだから)あなたは<u>少なくとも3年ほどは大腸関係の</u>がんにかかる可能性はないでしょう」といった意味であると解釈すべきでしょう．下線を引いた部分が「話し手が何を伝達したいか」に基づく自由補強によって補われた内容です．曖昧性除去は語が持つ複数の意味から1つを選ぶ過程ですし，飽和は語が何を指すかを決める過程，アドホック概念構築は語の意味を広げたり狭めたりずらしたりする過程でしたね．それに対して自由補強はいわば語を軸にせず，ある程度「自由に意味を加える」過程ですね．そのためこの名前を与えられているのです．

(16b)からは「太郎が花子を殴ったのは後者が離婚に踏み切るより<u>先に起こったことであり，また殴打が離婚の原因である</u>」という意味が受け取れます．これを伝えることが話し手の意図でしょう．けれども，上記の下線を引いた部分は，(16b)という文そのものには含まれていません．

(16c)については，ある人が急用で朝の7時に訪ねてきた，という状況を考えましょう．用事が一応済んだので，その人が空腹だろうと思い，「何か召し上がりますか？」と訊いたらば，その人が(16c)で答えたとします．するとその解釈は「<u>今朝の</u>朝食は済ませてきました」でしょう．「去年の10月1日に朝食を済ませました」とか，「朝食というものを食べた経験があります」などではあり得ません．この場合も，下線部は自由補強により与えられた内容で，(16c)という文自身には盛り込まれていないのです．

(16d)はどうでしょう．この発話の話し手が，着るものを一切持っていない，という事態も論理的にはあり得ますが，もう少し自然な解釈としては「<u>パーティーに着ていくのにふさわしい</u>ドレスがない」でしょう．

✂ なぜ「話し手の意図」が分かるのか？

前のセクションで，しきりに"話し手の意図を汲んで"とか"話し手が何を伝えたいかを読み取って"という言い方を使いました．つまり我々人間は聞き手として一種の読心術を使うわけです．しかし人間の読心術は，一般的に言えば，そんなに優れたものではありません．あなたは電車の向こう側の席にいる知らない人が何を考えているか分かりますか？　親しい友人の場合でも，考えていることが分からない場合は始終ありますね．ところが相手が――初めて会う人であっても――口を利いたとたんに「相手の意図」が分かるようになるのです．なぜでしょう？「当たり前だ．相手はこちらに分からせようとして話しているからだ」などと言わないでくださいよ．前の節で述べた語用論過程，つまり曖昧性除去・飽和・アドホック概念構築・自由補強は，いずれも聞き手が明白に述べていない要素を探り当てる過程だったのですからね．

ではもう一度「話し手の意図が分かるのはなぜか」を考えましょう．

それは発話解釈の過程，つまり語用論過程が**自動的**だからです．**本能的**と言ってもいいかもしれません．

　胃や腸，つまり消化器の働きを考えてください．今日は忙しくて昼食を食べる暇がなさそうだから，いま食べている朝食をゆっくり消化しよう，というわけにいきますか？　いきませんね．消化器は勝手に，つまり自動的に消化をしてしまいます．

　発話の解釈も，これと同じように，解釈者の思い通りにはいきません．妙なたとえですが，刑事被告人になったと想像してください．検察官とか検察側証人の言うことは，あなたにとって不利であり不快であるに決まっています．だからその意味を解釈するのはやめよう，と思ってもあなたの頭脳は自動的に働いてしまい，不愉快な内容の意味解釈をしてしまうのです．さて，いよいよ判決の日がきました．それまでに出された証拠や証言から考えて無罪はまずない，としましょう．何年の刑になるのか，まさか死刑ということはないと思うが…．いずれにしても嬉しい話ではないのですが，だからと言って裁判官の判決を解釈しないでおこうというわけにはいきません．

　同じくことばがからんでいる場合でも，例えば「あの知人の物の言い方は人に嫌われるもとだな．一つ忠告してやろうか．でもかえってこっちが恨まれてもつまらないしな．さあ，どうしよう」などという場合は忠告をするかしないかはあなたの意思で決まってきます．あなたの意思に反して口が勝手に動いたり動かなかったりする，ということはありません．これが発話解釈の場合と違うところです．

✂ アイロニー

　少し寄り道をしましたが，上で述べた4つの語用論過程——あいまい性除去・飽和・アドホック概念構築・自由補強——によって得られた意味を「発話によって表出された命題」，略して**表出命題**と呼びます．そして表出命題のうち，相手に伝達されるものを**明意**と呼ぶのです[*4]．明意とは「明示的に述べられた意味」を指すための用語です．発話の意味にはもう1つ，「暗意」，つまり「暗示的に伝えられる意味」があるのですが，これは後のセクションで扱います．

　さて，次のやり取りを見てください．
(17) 太郎「第一志望の大学に入れて満足だろう？」
　　　和夫「満足なんてもんじゃないよ．天にも昇る気持ちだよ」
和夫の下線部のことばは，自然ですが，強いて理屈をこねるとおかしいようにも思えますね．「天にも昇る気持ち」の中には「満足」も含まれているはずなのに，その「満足」を否定しているのですから．けれども，和夫が否定しているのは，「和夫の気持ちを"満足"という言い方で表現することの適切さ」です．つまり太郎の表現の仕方を否定しているのです．

自動的（automatic）
本能的（instinctive）

表出命題（proposition expressed by an utterance）
明意（explicature）

*4　なにか，二度手間のような言い方ですが，これは表出命題ではあるけれども，明意ではない，という例があるからです．次の例を見てください．
　(i) 武田「佐藤は国文学に詳しいね」
山本「そうとも．佐藤は国文学に詳しいよ．『源氏物語』を書いたのが紫式部だということも知っているくらいだ」
　山本の発話の下線部は，武田に伝えていることではありませんね．それは下線部に使われている皮肉なことば（『源氏物語』の作者が紫式部であることなど，小学生でも知っていますね）から分かります．下線部は明意ではなく，武田の思い違いに対する山本の皮肉なのです．言い換えれば，山本は(i)の下線部を使うことによって武田に次のことを伝えていることになります．
　(ii) 佐藤が国文学に詳しいなどと考えるのは，滑稽な思い違いだ．

このように言葉の使い方を自分以外の人に言わば「押し付け」てその使い方を否定したり嘲笑したりすることを私たちは実はよくやっているのですね．もう1つ，＊4の例に似たやり取りを見ましょう．

(18) 武田「佐藤はイギリス事情に詳しいね」
　　　山本「そうとも．<u>佐藤はイギリス事情に詳しいよ</u>．首都がロンドンだということも知っているくらいだ」

武田は本気で佐藤の知識を誉めているのですが，山本の下線部は違いますね．すぐあとの，小学生でも知っている知識が佐藤にあるという皮肉から分かるように，山本の発話の下線部は，実は次のことを言っているのです．

(19) 佐藤がイギリス事情に詳しい<u>などと考えるのは滑稽な思い違いだ</u>．

つまり，(18)の下線部はいわゆるアイロニーなのですね．ふつう，アイロニーは「反語」などと訳されて「事実と反対のことを言うこと」などと言われますが，これは正確ではありませんね．2015年のノーベル物理学賞を受けた梶田隆章博士について「あの人はニュートリノについて何も知らない」と言ったら，事実の正反対ですが，アイロニーにはなりませんね．正確にはアイロニーとは次のような語法を指すと言うべきです．

(20) ある表現や考えを引用して，その内容に対する話し手の批判的・嘲笑的態度を暗示する語法．

ここでちょっと先回りすると，アイロニーもまた，次に見る高次明意の一種なのです．

✂ 高次明意

(19)をもう一度見てみましょう．これは(18)の直線による下線部の後に波線の下線部を加えたものですね．脇注＊4の(ii)と(i)の下線部についても同じことが言えます．

もう1つ，次の例を見てください．

(21) 佐々木「おれのせいじゃないね」
　　　加藤「社会が悪いんだ」

加藤の発話は，佐々木の味方をしている（「そうとも．君は悪くない．悪いのは社会だ」）とも取れますが，ここでは「君は例によって"社会が悪い"と言いたいのだろうが，それは通用しない．自分で責任を感じるべきだ」と言っているのだとしましょう．さらにもう1つ，英語の例を挙げましょう．

(22) A: I'm a reasonable man.
　　　B: Whereas I'm not!

Aは「私は道理の分かった人間だ」と言っていますね．これに対してのBの発話は，単に和訳しただけでは「それに対し私は道理の分からぬ人間だ」ということになってしまい，奇妙ですね．実はBが言っているのは，「それに対して私は道理が分からないと君は言いたいのだな．怪しか

コラム

関連性理論のもう1人の創始者スペルベル (Sperber 1942-) の夫人はボローニャ大学伝達学科のグロリア・オリッジ (Gloria Origgi) で，共同執筆論文もあります．スペルベルは，オリッジとの結婚について，共同教祖（?）で，かつての恋人ウィルスンがいろいろ骨を折ってくれたことに大層感謝しているという話です．

オリッジはフランス男性の服装はなっていないという意見の持ち主で，結婚と同時にスペルベルのそれまでの服を全部捨て，イタリア風のものに変えさせました．「それ以来，たまに自分の趣味で服やネクタイを買ってくるとグロリアにどこかへ処分されちゃうんだよ」とスペルベルはあるときぼやきとものろけともつかぬことをつぶやいていました（最近の情報では，スペルベルとオリッジは，残念ながら離婚したとのことです）．

らん」なのです．となると，(21)の加藤の「伝えたいこと」や，(22)のBの「伝えたいこと」のもととなるのはそれぞれ，

(21′) 話し手（加藤）は「社会が悪い」と言っている．

(22′) The speaker (=B) says he's not reasonable.

ということになりそうですね．もっと一般的に言えば，

(23) ある命題を，発話行為述語（「言う」「ささやく」「怒鳴る」など）の目的節として埋め込むことにより得られるもの．

となります．もう1つ英語の例を入れましょう．『ウェストサイド物語』というミュージカル*5 があります．(24)は不良少年たちに警官が「この辺をうろつくんじゃねえ！失せろ」と怒鳴りつけたあとに言う台詞です．

(24) Oh, yeah. Sure. <u>It's a free country</u> and <u>I ain't got the right.</u> But I've got the badge. What have YOU got?

下線部はこの警官の考えを述べているのではありませんね．警官が不良少年たちに「押し付けている」考えです．その点を考慮して(24)を意訳すると(24′)になります．

(24′) ああ，そうさ．わかってるさ．<u>アメリカは自由の国だから俺にはそんなことを言う権利はねえって言いてえんだろ</u>．だがな，俺にゃあ警察（サツ）のバッジが付いてるんだ．お前たちが俺に敵（かな）うわけないだろ．

直線下線部は警官のことばの直訳，波線下線部はこの発話部分が警官が少年たちに伝えたい内容であることが日本語として分かりやすいように加えた部分です*6．

さて，(23)はどこかで見た定義に似ていますね．そうです．(20)ですね．(20)と(23)を合体させて書き表すと(25)のようになります．

(25) ある表出命題を発話行為述語または命題態度述語（「～という考えを滑稽だと思う」「～という見方を批判する」など）の目的節として埋め込むことによって得られるもの．

これを「高次明意」と呼びます．こうして見るとアイロニーというのは，特別な修辞的表現ではなく，高次明意の一種であることが分かります．

✂ もう1つの「語用論的意味」—暗意

次の例を見てください．

(26) 遠藤「今夜の飲み会，出るかい？」
　　太田「高校時代の恩師のお通夜なんだよ」

太田は飲み会に出るとも出ないとも言っていませんが，遠藤にはすぐに「太田は飲み会に欠席だ」ということが分かります．それは遠藤が次のような推論を行うからです．

(27) 前提1：太田は高校を出ている．その時代の恩師が亡くなった．今夜はその方のお通夜である（＝太田の発話から得た知識）．
　　前提2：恩師のお通夜と飲み会とが重なった場合，人はお通夜を<u>優先させる</u>（＝太田・遠藤を含む多くの人の常識）．
　　結論：太田は飲み会に出ない．

*5 『ロミオとジュリエット』から想を得たもので，ニューヨークを舞台に，対立する2組の不良少年団の一方の男と他方の女が恋に陥ってしまうことから生ずる甘美にして悲劇的な物語．映画にもなり日本でもしばしば舞台上演されています．(24)は映画のDVD版から採ったもの．

*6 この点に関する日英語の違いに興味のある人は今井（2011）『あいまいなのは日本語か，英語か？』，ひつじ書房，を読んでください．
　ついでですが，(22B)や，(24)の下線部のような言い方は，日本語ではあまり用いられないので，英語に接するときは注意してください．

(27)の前提 2 は遠藤が「あ，太田は僕にこの常識に気付かせようとしているのだな」と悟る内容で，これを「暗意された前提」と呼びます．(27)の「結論」は「暗意された結論」と呼ばれます．「暗意された前提」と「暗意された結論」を併せたものが「暗意」です．暗意は明意と並んで話し手が「意図的に伝達する意味」を構成しています．つまり発話の意味，言い換えれば話し手が相手に伝達しようとしている意味は明意と暗意の 2 種類からなり，前者を導く「曖昧性除去・飽和・アドホック概念構築・自由補強」の 4 つに，「暗意の獲得」を加えた 5 つの過程が「語用論過程」ということになるわけです．

さてここであなたが(26)の遠藤になったと想像してください．あなたは太田の発話を聞けばすぐさま「あ，太田は今夜の飲み会には欠席だな」と分かります．それはたしかに遠藤が(27)に見る推論をするからなのですが，(27)のように書くと結構長たらしい推論を，あなたは，そして人間一般は，瞬時にやってのけるのです．暗意の獲得に限りません．明意を得るための「曖昧性除去」以下の 4 つ語用論過程も推論ですが，これも自分の経験を考えてみれば分かるとおり，ごく迅速に行われます．

これまで述べた語用論理論は**関連性理論**[*7]という名の理論です．「関連性」という考え方を軸にした理論なのでこのように呼ばれます．この場合の「関連性」というのは私たちが日常的なことばとして使っている，漠然とした「何となく関係があること」という意味ではありません．術語として次の 3 つの場合だけを指すのです．

① 「『長恨歌』[*8]は白楽天の作だったかな？」と迷っている高校生に，「間違いなく白楽天の作だよ」と教えてくれた先生のことばは関連性を持っています．一般に「不確実な考えを確実にする情報」は関連性を持つからです．

② ある高校生が誤って「スペインの無敵艦隊[*9]を打ち破ったのはネルソン提督[*10]だ」と思い込んでいたところへ先生が「違うよ．それは海賊ドレイクだ．ネルソンが破ったのはフランス・スペイン連合艦隊だ」と教えてくれたとすれば，この先生のことばは関連性を持ちます．一般的に「誤った考えを放棄させ，（多くの場合）正しい考えを獲得させる情報」は関連性を持つからです．

③ 3 つ目の場合が一番重要で，「コンテクスト的含意」と言います．ちょっと難しい用語ですね．例を先に挙げます．ある子どもがお父さんに「今度の日曜，晴れていたらディズニーシーにつれていってやるよ」と言われていたとします．当日，先に起きてカーテンを開けた父親が「上天気だぞ」と言うと子どもは「やったあ！」と喜びます．これは子どもの頭の中で次の「推論」が起こるからですね．

(28) 前提 1：今日晴天なら，父にディズニーシーにつれていってもらえる（＝何日か前の父のことばにより子どもの頭に中に定着している考え）．
前提 2：今日は晴天である（＝直前の父の発話によって子どもが得た

[*7] 関連性理論（Relevance Theory）についての，いわばバイブル的存在としての本を 2 冊，Further Readings に載せておきました．

コラム　関連性理論
フランス人スペルベル（Dan Sperber, 1942-）とイギリス人ウィルスン（Deirdre Wilson, 1941-）の 2 人により創始されました．1960 年代，2 人はオックスフォード大の同じカレッジに在学していました．スペルベルは人類学，ウィルスンは哲学，と専攻は異なりましたが知的興味のあり方のうえで共鳴するものを感じ，共同研究を始めました．やがて 2 人は猛烈な大恋愛関係に陥りますが，じきに猛烈な大喧嘩をしてしまいます．ただ「学問についての協力関係は維持しよう」という点では意見が一致し，めでたくこの理論が誕生するに至りました．

[*8] 『長恨歌（ちょうごんか）』【あらすじ】唐の玄宗皇帝が，治世の前半では善政を施したが，後半は楊貴妃を溺愛し，政務を怠り，安禄山による反乱が起こり，玄宗も遂に楊貴妃を死罪にせざるを得なくなる．反乱も治まり玄宗は都に戻ったが，楊貴妃を懐かしく思い出すばかり．道士が術を使って楊貴妃の魂を捜し求め，ようやく仙界にて楊貴妃を見つけ出す…
平安時代以降の日本文学にも多大な影響を与えました．

[*9] 無敵艦隊：16 世紀後半，新大陸開発（つまり侵略）の先頭を切っていたスペインに，イギリスはエリザベス I 世のもと，追いつき追い越そうとしていました．そのイギリスを打ち破ろうとスペインが準備した大艦隊が「無敵艦隊」です．イギリスの海賊ドレイクは，敵の艦隊準備中に奇襲をかけ大損害を与え，さらに 1588 年の英仏海峡での決戦によって無敵艦隊を撃破しました．

[*10] ネルソン提督：1805 年にトラファルガー海戦でフランス・スペイン連合艦隊を破ってナポレオン海軍力を壊滅させました．海戦前に掲げた信号旗「英国は各員がそ

知識).

結論:今日はディズニーシーに連れていってもらえる.

前提1だけからは上の結論は出てきませんね.前提2だけからも出てきません.両方を前提にしたときに限り,上の結論が得られるのです.一般的に言えば「コンテクスト的含意」とは次のように定義されるものなのです.

(29) a. 聞き手が前から持っている情報だけからは得られず,
b. 相手の発話だけからも得られず,
c. 聞き手が前から持っている情報と相手の発話の双方を前提とした場合に限り,初めて得られる情報.

以上見てきた①,②,③の条件を満たさない情報はこの理論で言う関連性を持っていません.

そして関連性理論では,

(30) 聞き手は,ある場合を除き[*11] 相手の発話に関連性があると感じ,聞き手の頭の中では語用論過程が自動的に働く.

と見ています.私たちが関連性を持つ発話に接すると,私たちの頭の中では私たちの意図とは無関係に語用論過程が始まるのです.そしてこの語用論過程は非常に「迅速に」働くのでしたね.またこの過程は,発話解釈に領域を特定して発揮されるのでしたね.さらに語用論過程はいわば「読心術」の一部なのですが,読心術は「生得的」つまり生まれながらに備わっていると考えられます.このように自動性・迅速性・領域特定性・生得性を備えた過程や器官を,**モジュール**と呼びます.人間は(30)のような語用論的過程を脳内のモジュールの1つとして持っている,というのが関連性理論の特徴的な考え方なのです.

の責務を遂行することを期待する」は100年後の日露戦争における日本海海戦において東郷平八郎連合艦隊司令長官により「皇国ノ興廃此ノ一戦ニ在リ,各員一層奮励努力セヨ」を意味するZ旗によって継承されることになります.

ネルソンは美女・ハミルトン夫人との熱愛(不倫?)によっても知られています.これを題材にした映画『美女ありき』(邦題)は映画ファンの紅涙をしぼりました.

コンテクスト的含意(contextual implication)

*11 相手が明らかに聞き手を騙そうとしているとか,芝居の台詞を覚えるために暗唱をしていることが分かった場合は,関連性があるとは考えませんし,したがって聞き手の頭の中にも語用論過程は起こりません.

モジュール(module)

【☞ まとめ】 語用論の目的は語用論過程という推論過程の解明を目指すことにある考えと,そしてその過程をモジュールであると見なすところが,関連性理論が他の語用論理論と大きく異なる点なのです.

練習問題

1. 「太郎の好きな花子がきた」にはあいまい性があります.両方の意味を示しなさい.「誰が誰を好きなのか」という点に注目!

2. 太郎「映画見に行かない?」
   花子「あした英語の試験なのよ」
   太郎は花子の返事から,花子が映画への誘いに応じる/応じないのどちらと解釈するでしょうか.それは太郎がどういう推論をするからですか? (26)(27)を参考に!

3. 「君は吸い過ぎだ.肺がんになるぞ」の「吸う」の目的語は何でしょう? このように単語の意味を特定化する語用論過程を何と呼びますか? (14)を参照してください.

4. 「表出命題」と「明意」の共通点と相違点を示してください.*4が参考になります.

5. 「レストラン凸凹? あの店には食べるものなんか何にもない」の下線部解釈には「自由補強」が必要です.どのように補強するのですか? (16d)を参考にしましょう.

Further Reading

　関連性理論入門には今井邦彦『語用論への招待』(大修館書店),語用論全般については今井邦彦(編)『言語学の領域Ⅱ』(朝倉書店)の第3章,今井邦彦『言語理論としての語用論』(開拓社),今井邦彦,西山佑司『ことばの意味とはなんだろう』(岩波書店)がよいでしょう.

　＊7で「関連性理論のバイブル的本」と言ったのは次の2冊です.

・Sperber, D. and D. Wilson *Relevance: Communication and Cognition*, 2nd ed., Blackwell. [内田聖二他(訳)『関連性理論―伝達と認知(第2版)』,研究社]

・Carston, R. *Thoughts and Utterances: The Pragmatics of Explit Communication*, Blackwell. [内田聖二他(訳)『思考と発話　明示的伝達の語用論』,研究社]

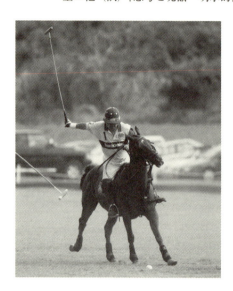

筆者より

　中学2年生のころに,ふとしたきっかけで馬に乗り始め,馬体の運動の美しさと勇壮さを競う「馬場馬術」,障碍を落下させずに飛越する「障碍競技」の技を磨きました.アイルランドではハンティング(多数のビーグル犬と騎乗者で狐を追って仕留めます)にも参加しました.40代のころ,当時皇太子であられた今上陛下のご招待で東宮御所でのポロ(polo)に参加させていただくこととなり,これにすっかり夢中になって,ご即位に伴って御所のポロが廃止になったあとは毎夏ハワイに出かけてこの競技を楽しみました.現在ハワイではThe Imai Samurai Cup争奪試合が毎シーズン行われています.

第9章 語用論理論のいろいろ

今井 邦彦

【ことばの用法／語用論2】

《✍ 何が分かるか》 この章では，語用論の先駆けとなったオースティンによる①「発話行為理論」，少し遅れて出てきたグライスによる②「グライス理論」，グライス理論の後を忠実に継いでいる③「新グライス派」，現在かなりの人気があると目される④「認知言語学」をこの順に扱っていこうと思います．

✂ 発話行為理論

「発話行為理論」は，オックスフォード大学の哲学者オースティン (John L. Austin, 1911-1960)[*1] によって創始された理論です．本格的語用論のはしりと言っていいでしょう．それまでの哲学による言語研究では，対象となるのは「ものごとを叙述し，したがってその内容が真か偽かを問える文」，つまり平叙文に限られていました．「皿を洗いなさい」のような命令文や，「講演は何時から始まりますか？」のような疑問文は，ものごとを叙述しているわけではなく，真か偽かという判断の対象とはなりませんね．だからこうした文はそれまでの哲学では研究対象から外されていたと言ってもいいくらいです．しかしオースティンは，ことばの役割は，出来事や状態を叙述することだけにあるのではなく，「行為である」場合もあるということに注目しました．命令文を発することは相手に「命令・依頼をする」という行為ですし，疑問文を発することは，相手に返事を求めるという行為です．平叙文も次のような例では行為を行っていると言えますね．

(1) a. I name this ship *the Queen Ann*.
　　（本船をクウィーン・アン号と命名する）
　b. I now pronounce you man and wife.
　　（ここにあなた方が夫婦であることを宣言します）
　c. I promise I'll return this book by next Sunday.（この本は次の日曜までにお返しすると約束します）

(1a)によってこの船の名称が正式に決まり，(1b)によってこの男女は正式の夫婦となり，(1c)によって約束が成立します．その意味で(1)の3文はいずれも「行為」を果たしていることになります．発話行為理論では，最初，(1)のような「行為を行う」文を**遂行文**と呼び，それに対して単に事実や状態を記述している文を**事実確認文**と呼びました．後になると，事実確認文も陳述・伝達という**行為**を行っているのだから，やはり遂行文に属するのだという考え方に変わってきます．

*1 オースティンの主要な著作は Austin, J. L. (1962) *How to Do Things with Words,* Clarendon Press [坂本百大（訳）(1978)『言語と行為』，大修館書店] です．

コラム　オースティン
　オースティンはずっとオックスフォードの哲学の先生でしたが，第二次世界大戦の期間は，あの007，つまりジェームズ・ボンドが属していたということになっているイギリスの諜報機関MI6（これは実在の機関です）に勤務していました．ただオースティンがボンドのような派手な活躍をした，というわけではなさそうです．

遂行文（performative sentence）
事実確認文（constative sentence）
行為（act）

適切性の条件（felicity condition）

さて、発話をすることが行為であるとすれば、そこには**適切性の条件**が求められるようになります。(1a)が適切であるためには、発話者がこの船の進水式で命名者という資格を与えられている人でなければならず、この発話をするのは進水式の式次第のうえで適切な段階でなければなりませんし、(1b)が適切であるためには、発話者は聖職者などで、この結婚式を執り行う資格を持った人でなくてはなりませんし、発話の時期も式次第中の適切な段階でなければなりません。(1c)についても、発話者は本を借りているという「資格」（ちょっと大げさな言い方ですが）がなければおかしいし、聞き手は本の持ち主とか図書館の貸し出し係の人とか、本の返却に関して一種の権限を持っている人でなければこの発話は適切性を欠きます。

発話行為理論（Speech Act Theory）

発話行為理論は発話行為を(2)の3種に分けています[*2]。

(2) ①発話行為：何らかの言語形式を何らかの意味で発話すること。
　　②発話内行為：発話をすることにより何らかの行為——約束・宣言・要請・記述・警告・脅し・賭博など——を行うこと。
　　③発話媒介行為：発話をすることにより相手に何らかの効果が生ずること。

[*2] *1に挙げた書の原著の115ページ以降。

[*3] サールの主著はSearle, J.R. (1969) *Speech Acts: An Essay in the Philosophy of Language*, Cambridge University Press［坂本百大、土屋俊（訳）(1986)『言語行為―言語哲学への試論』、勁草書房］です。

(1c)を例に取れば、これを発話するということは話し手が(2①)を行ったことにほかなりません。そしてこのことによって約束が成立します。これが(2②)です。さらに(1c)を聞いた相手は「この話し手（＝本の借り手）は次の日曜までにこの本を返すのだな」と考えます。これが(2③)です。

◇**この理論のその後の「発展」**　この理論はやがてサール（John R. Searle, 1932-）[*3] によって引き継がれます。これに伴って発話行為は次の5種に分かれることになりました[*4]。

(3) a. 断定的：陳述、誇示など。
　　b. 行為指示的：命令、依頼など。
　　c. 行為拘束的：約束、脅しなど。
　　d. 表出的：謝辞、祝辞など。
　　e. 宣言的：船の命名、裁判の判決など。

[*4] J. R. Searle (1975) "A Taxonomy of Illocutionary Acts," *Language, Mind and Knowledge*, Minnesota Studies in the Philosophy of Science, 344-369.

[*5] より深く知りたい人はウィキペディア「形式意味論」などを見てください。

[*6] より深く知りたい人は、Nifty「モンタギュー意味論」などを見てください。

[*7] より深く知りたい人は、今井邦彦（監訳）『語用論キーターム事典』、開拓社、今井邦彦『言語理論としての語用論』、開拓社、などで調べてください。

[*8] この欠陥は、モデル理論的意味論、モンタギュー意味論との合体、合致の方向などの原理と設定によって引き起こされたものではなく、いわば発話行為理論が本質的に持っている性格です。

この分類に重複はないか、逆にこれだけの種類で足りるのかという問題が出てきそうですが、先へ進みましょう。

この理論はさらに「モデル理論的意味論」[*5]と「モンタギュー文法」[*6]を包摂することになり、統一性を欠いた混然としたものになってしまいました。また(3)の5つにさらに付け加えて11もの基本原理と「合致の方向」[*7]を含む数々の概念を備えており、発話行為理論は一見すると「装備の整った優れた理論」の姿をしているように見えるかもしれません。しかしこの理論には次で述べる重大な欠陥があると言わねばならないのです[*8]。

◇**問題点**　発話行為理論はオースティンによる創始から今日に至るま

で一貫して「発話の適切性」の整備に力を注いでいます．しかしどんなに豊富な道具立てを用意しても，それだけでは発話の成功が保証されるわけではありません．どんなに服装に気を遣い，高価な贈り物をしても，異性の心をつかめるとは限らないのと同じです．

一般に，同じ条件が与えられても，人間がどのように反応するかは予知できません[*9]．予知を導く源泉となり得ない装置・言明を「原理」とし立てるのは科学として誤った道です．

結局，第 8 章で見た関連性理論と違い，発話解釈をモジュールと見なさず，そのモジュールの解明を研究目標として設定しなかったことが発話行為理論の失敗の原因だったと言えるでしょう．

✂ グライス理論

オックスフォード大学の哲学者グライス（H. Paul Grice, 1913-1988）の創始した理論です．彼は「発話の理解・解釈に当たっては"話し手の意味"（speaker meaning：話し手が伝達しようとしていること）の，聞き手による推論が不可欠である」ことを説いた最初の学者でした．

◇ **グライス理論の根底**　グライス理論は 1 つの原理と 4 つの格率を根底としています．

協調の原理
　会話における自分の貢献を，それが生ずる場面において，自分が参加している話のやり取りの中で合意されている目的や方向から要求されるものにせよ．

会話の格率
1. **量の格率**：自分の貢献を，要求されている量に合致したものとすること；要求を超えたり，要求に満たなかったりしてはならない．
2. **質の格率**：真でないと自分が知っていることや，真であるという証拠を持たないことを言ってはならない．
3. **関係の格率**：関連性のあることを言え．
4. **様態の格率**：不明瞭・曖昧な言い方を避け，簡潔で順序だった話し方をせよ．

グライスは，人間は会話に参加するときには，これらの原理と格率[*10]を守っている，と主張しました．果たしてそうでしょうか？　ちょっと水を向けると（あるいは向けなくても）こちらが辟易するような長話をする人，つまり量の格率に違反する話し手はいくらもいますね．「振り込め詐欺」をやる奴はもちろん質の公理に反しているわけですし，読者のようにちゃんとした方でも，「私も 70 を越して皺と老人斑だらけ．もう駄目です」と嘆く女性に「御冗談で．40 年前に初めてお会いしたときと全然お変わりない美しさです」などという「真でないと自分で知っている」ことを発話することはあるでしょう？　これは厳密にはウソですが，「ほんとですね．オニババみたいです」という「真実」の発言より会話を

[*9] A 氏が B 氏に侮辱的な発話をしたとします．このとき B 氏が ① 怒って A 氏に殴りかかるか，② 同じように侮辱的なことばを A 氏に投げつけるか，③ 冷静なことばで A 氏の無礼をたしなめるか，④ 黙ってその場を立ち去るか，などのことを正確に予測することは不可能ですね．

協調の原理（Cooperative Principle）

会話の格率（Conversational Maxims）
量（quantity）
質（quality）
関係（relation）
様態（manner）

[*10] 「格率」とは，「人間が自己自身に課す規則」のことです．ここでの 4 つの格率は「協調の原理を具体的に実現するための決まり」と考えればよいでしょう．

継続させる可能性が高そうですね．第8章の(26)を下に再掲しますが，
　(4)　遠藤「今夜の飲み会，出るかい？」
　　　　太田「高校時代の恩師のお通夜なんだよ」
この太田の発話は関係の格率に違反しそうですし（「関連性のあることを言え」の「関連性」がグライス理論でははっきり定義されていないのでよく分かりませんが），この発話の文字通りの意味だけ取り上げて暗意を考えないと太田の言っていることは「不明瞭・曖昧さ」の代表になってしまい，「様態の格率」違反と言わざるを得ません．

◇**格率違反の効用？**　　ところがグライスは，上のような「格率違反」を基礎にして，いろいろなタイプの発話を説明しているのです．天才の偉いところだ，と言うべきでしょうか？　次を見ましょう．
　(5)　A: John doesn't seem to have a girl friend these days.
　　　　　（ジョンはこのごろガールフレンドがいないみたいだね）
　　　　B: He has been paying a lot of visits to New York lately.
　　　　　（最近は彼，しょっちゅうニューヨークに出かけているのよ）
Bのことばは，一見するとAの言ったこととは無関係の，つまり関係の格率に違反した発話に聞こえます．しかしAが「Bはまだ協調の原理を放棄していないはずだ」と考える限り，Bが何か別のことを言おうとしているのだ，と考えます．その結果，AはBが「ジョンはニューヨークに新しいガールフレンドがいるらしい」ということを示唆しているのだ，と結論する，というのがグライスの意見です．次も見てください．
　(6)　A: Where does Bob live?（ボブはどこに住んでいるんだい？）
　　　　B: Somewhere in the south of France.（南フランスのどこからしいよ）
Bがマルセイユとかアヴィニョンとか「簡潔な答え」ができればいいのですが，実のところBはボブの居場所を正確には知らないのですから，そんなことをすれば質の格率違反になってしまいます．そこでBは不明瞭な部分を含む非・簡潔な答えをしています．こんどのBの答えは量の格率違反ですね．「簡潔な答え」をしていないのですから．つまりBは量の格率違反をすることで質の格率違反を避けているわけです．AはBの協調の原理遵守を信じているので「ははあ，Bはここまでしか知らないのだな」と納得するという次第です．快晴の中をピクニックに出かけたら，急に大雨になった，という状況の中である人が
　(7)　What a lovely day for a picnic!
　　　　（何と素晴らしいピクニック日和でしょう！）
といったと想像しましょう．(7)の内容が質の格率に反していることは明白です．そこで(7)の文字通りの意味は捨て去られ，What a dreadful day for a picnic!（何とひどいピクニック日和でしょう！）という意味が生まれる，とされます．このようにあからさまに，つまり相手にすぐ分かる形で格率に違反することをグライスは格率に対する flouting（軽蔑・

> **コラム　グライス**
>
> グライスもある時期まではオースティンの主宰する研究グループの一員でしたが，オースティンのいないところではこのグループを「幼児的お遊び仲間（playgroup）」と呼んでいたそうです．やがてグライスはオックスフォードを離れ，カリフォルニア大学バークレー校に移ります．
>
> なおグライスは，どういうわけか単行本を出すのが嫌いで，学会誌などに書いた論文を弟子がグライスに頼み込んでまとめたのが，Grice, H.P. (1989) *Studies in the Way of Words*, Harvard University Press [清塚邦彦（訳）(1998)『論理と会話』，勁草書房] です．刊行は彼の没後になってしまいました．

無視）と呼んでいますが，flouting によって(7)のようなアイロニー，(8)のようなメタファー，(9)のような誇張法，(10)のような緩叙法（175ページを参照）が説明できる，とするのがグライスの考えです．

(8) Jane is a <u>chameleon</u>. （ジェインはカメレオン（無節操な人）*11 だ）

(9) I've told you <u>thousands of times</u> that Austria is in Europe.
　　（オーストリアはヨーロッパの国だって何千回も教えたろ！）

(10) ［物を壊したり大声で怒鳴るなど，怒りで荒れ狂っている人について］
　　He seems to be <u>a bit upset</u>. （ちょっぴりご機嫌が悪いみたい）

*11　カメレオンが，周囲の色に合わせて自在に体色を変えられるという誤った俗説をもとに，「気の変わりやすい人」「無節操な人」を表すメタファーとして使われる．

◇**問題点のいくつか**　グライスのアイロニー観は，伝統的なそれと同一で「用語の意味の逆を意味する」というものでした．これが正しければ，素晴らしく良い天気の日に，

(11) What a dreadful day! （何とひどい天気の日だろう！）

と言うと「なんと素晴らしい日だろう」という意味になるはずですが，そうはなりませんね．また，(7)と同じ状況で

(12) Did you remember to water the flowers?
　　（花壇の花に水をやるのを忘れなかったろうね？）

と言えば立派なアイロニーですが，(12)はどの格率にも違反していません．

また別の種類の問題点もあります．グライスによれば(7)では文字どおりの意味は「捨て去られ」，What a dreadful day for a picnic! という意味が生まれるというのですが，「文字通りの意味が残る」場合もたくさんあります．次を見てみましょう．

(13) Peter: I'm out of petrol. （ガソリンが切れちゃった）
　　Mary: There's a garage round the corner.
　　（すぐ近くにスタンドがあるわよ⇒そこで入れればいいわ）

(14) Peter: Is there anything I can do?
　　（僕に（家事関係で）できることある？）
　　Mary: <u>The garbage isn't out yet</u>.
　　（生ゴミまだ捨ててないわ⇒捨ててくれる？）

(15) Lena: A Rolls Royce Wraith is posh.
　　（ロールズ・ロイスのレイスって恰好いい車ね）
　　Dan: <u>I don't drive expensive cars</u>.
　　（僕は高い車は使わないんだ⇒ロールズなんて買わないよ）

(16) ［電話が鳴っている］
　　Peter: Mary, will you get it? （メアリ，出てくれる？）
　　Mary: <u>I'm in the bathroom</u>.
　　（お手洗いに入っているのよ⇒電話に出られない）

いずれも⇒のあとが「口には出されていないが相手に伝えられている部分」，つまり関連性理論で言えば「暗意」ですが，矢印の前にある下線部も決して「消えて」はいませんね．これらも聞き手に伝えられている部

要するにグライス理論の「協調の原理」と「格率」は専ら彼の言う「含意」(おおざっぱに言えば，"口には出されていないが相手に伝えられている部分"のためだけに存在しているのです．関連性理論では，曖昧性除去・飽和・アドホック概念構築・自由補強という4つの語用論過程が「明意」*12 を決定するために大幅に使われます．ところがグライス理論では John went to the bank. を「この町の肉屋の親爺ジョンが銀行に行った」と解釈し，「三郎は若すぎる」を「三郎はまだ選挙に出馬するには若すぎる」と解釈し，「この塩焼き生だぜ」を「この塩焼き生焼けだ」と解釈し，You are not going to die. を You are not going to die from that cut. と解釈するための手立てがないのです．試しにグライスの格率がこの働きをするかどうかチェックしてみてください．グライスには明意の解釈に当たって語用的操作が必要であることの認識がなかったと言うほかありません．これが彼の理論の不備の1つです．

◇**根本的問題** 第8章で見たとおり，関連性理論では語用論過程を「モジュール」と見ています．つまり，曖昧性除去・飽和・アドホック概念構築・自由補強，および暗意の獲得は，自動性・生得性その他を備えた過程と考えているわけです．これに対してグライス理論の協調の原理と諸格率は，人間の明白な意識のもとに会話参加者が遵守するものとされていますし，ピクニック最中の大雨の中で(7)のように What a lovely day for a picnic! と発話することは，格率(この場合は質の格率)から離脱(opt out)することだと考えられています．意識的に遵守したり，意図的に離脱したりすることができるものは，つまり非自動的で意図的なものは，モジュールではありません．発話解釈をする過程が本当にモジュールでないのなら問題はありません．しかし，関連性理論が指摘しているとおり，語用論過程は人間の意識に支配されない「モジュール」であると見るのが正しい見方でしょう．研究対象を正しく把握していない理論は，当然のことながら，不備を免れ得ないのです．直前のセクションで述べたとおり，明意の解釈を導く語用論過程を発案・提示できなかったグライス理論の不備はこの点に発しているわけです．

とはいえ，発話解釈における推論*13 の重要性を指摘し，間接的ながら関連性理論の誕生をもたらした点で，グライス理論の功績は否定し得ないと言えましょう．

✂ 新グライス派

これは名前の示すとおり，グライス理論をかなり忠実に受け継いだ理論です．代表的理論家としてホーン(Lawrence R. Horn)とレヴィンスン(Stephen C. Levinson)を取り上げましょう．

ホーン理論*14 は Q(uantity) Principle と R(elation) Principle という

---

*12 関連性理論の言う明意の中には，グライスが「含意」と考えたものの多くが含まれているのですが，このことはここでの理論とは関係がありません．

*13 (5B)の発話は一見関係の格率違反ですが，そこからAが「ジョンはニューヨークに新しいガールフレンドがいるらしい」という示唆を受け取るのはAによる推論ですし，(6B)の発話から「Bはそこまでしか知らないのだな」と考えるのはAによる推論ですし，(7)(8)(9)(10)に見られる 'flouting' からアイロニー，メタファー，誇張法，緩叙法を感じ取るのは聞き手による推論の働きです．発話解釈における推論の大切さを初めて説いたのはグライスなのです．

*14 ホーンの理論については Horn, L. R. (1984) "Toward a New Taxonomy for Pragmatic Inference: Q-based and R-based Implicature," Schiffrin, D. (ed.) *Meaning, Form, and Use in Context: Linguistic Applications*, Georgetown University Press を見てください．

2つの原理に立脚しています．この理論は(17)に示す内容を持ったものです．

(17) Q原理：「あなたの貢献を十分なものにせよ；できるだけ多くを語れ（ただしR原理を前提として）」
R原理：「あなたの貢献を必要なものにせよ；言い過ぎてはいけない（ただしQ原理を前提として）」

Q原理はグライスの量の格率の前半（自分の貢献を要求されているものに一致させよ）と様態の格率（不明瞭・曖昧さを避け，簡潔で順序立った話し方をせよ）を一体化したものと言えます．一方，R原理は，グライスの量の格率の後半（要求を超える貢献をするな），関係の格率（関連性のあることを言え），様態の格率（不明瞭・曖昧な言い方を避け，簡潔で順序だった言い方をせよ）を包摂したものと言えます．

一方，レヴィンスン理論はQ(uantity)-Principle, I(nformative)-Principle, M(anner)-Principleという3つの原理に立脚しています[*15]．この3原理を示せば(18)のとおりです．なお，これらの原理は「話し手にとっての規則」と「聞き手にとっての必然的結果」の組合せとなっています．

[*15] Levinson, G. N. (1983) *Pragmatics*, Cambridge University Press［安井稔，奥田夏子（訳）(1990)『英語用論』，研究社］を参照してください．

(18) Q原理：話し手に「知識の許す限り多くの内容を話せ」と命ずる一方，聞き手に「言われなかったことは事実ではない」旨を教える．
I原理：話し手に「必要以上のことを話すな」と命ずる一方，聞き手に「言語形式以上のことが伝えられているのだぞ」と教える．
M原理：話し手に「状況がノーマルであるのに**有標的**な表現を使うな」と命じる一方，聞き手に「有標的な表現が使われているときは，状況が特異・アブノーマルであると解せ」と教える．

有標的（marked, abnormal）

レヴィンスンのI原理はホーンのR原理とほぼ同じと考えていいでしょう．またレヴィンスンのM原理とQ原理を足すと，ホーンのQ原理とほぼ同じとなります．

ホーンもレヴィンスンも，グライスの忠実な後継者と言えるでしょう．彼らの「原理」はグライスの原理と格率を「整理整頓」したものと解されますが，どうもそれを超えたとは考えられません．つまりどちらの原理も，会話参加者が意識的に選び取るものです．例えば，人はレヴィンスンのI原理を選び取らない自由を持っていますし，そこから「離脱する」権利も有しています．関連性理論の語用論過程と違い，自動的・生得的に，つまり会話参加者の意志とは無関係に働くものではありません．

ということは，ホーン，レヴィンスンともに語用論過程をモジュールとして認識していない，つまり両者とも研究対象の本質を正しく捉えていないことを意味します．

✂ 認知言語学

認知言語学[*16]は次の前提に立っていると言えます．

[*16] この学派を代表する人物とその主著を巻末のFurther Readingsに挙げておきます．

*17 次を参照してください.「言語というものが, それだけで完結したものであるとか, 認知的処理に不可欠的な照合をすることなしに記述可能なものであるというような前提は, この言語理論 (= 認知言語学) には存在しない」(Langacker, R. W. (1986) "An Introduction to Cognitive Grammar," *Cognitive Science* 10, 1-40).

*18 次を参照してください.「それ (= 認知言語学) は言語の内部にある, 基本的な概念カテゴリー, すなわち空間と時間, 状況と出来事, 存在物と過程, 移動と位置, 力と原因力の構造化に取り組む. 換言すれば認知言語学は, 認知的主体に与えられている観念形成的カテゴリーと情動的カテゴリー, 例えば注目と将来展望, 意志と意向の構築を研究対象とするのである. これを行うことによって認知言語学は, 基本的な認知能力を反映する豊饒な文法構想を発展させるのだ (G. Fauconnier (published online: 15 Jan., 2006) "Cognitive Linguistics," Encyclopedia of Cognitive Science)」.
にもかかわらず, 関連性理論が, モジュールである語用論過程と, その自律的活動を触発する「関連性」の概念を発見したのに比べ, 認知言語学の成果はオリジナリティーに乏しく, 関連性理論の後塵を拝しています. なお, フォコニエは第8章冒頭に書いた認知言語学における意味論と語用論との関係について次のように書いています.
「認知言語学は, 言語の研究とは言語使用の研究であること, そして我々人間が言語活動を行うときは, 無意識のうちに膨大な認知的・文化的能力を発揮しているのであることを熟知している. (中略) 意味論と語用論の境界線は消失し, 真理条件的意味合成論は姿を消すのだ (ibid.)」

*19 J. A. Fodor (1983) *The Modularity of Mind: An Essay on Faculty Psychology*, MIT Press. [伊藤笏康, 信原幸弘 (訳) (1985)『精神のモジュール形式─

(19) 言語とは, 自律的な存在ではなく, 言語にまつわるいろいろな能力は人間が持っている他の心の働き, つまり認知能力と切り離せない関係にあるので, 言語に関するさまざまな能力は, すべて他の認知能力と関係づけて研究されなければならない[*17, 18].

これは言語及びそれを巡る能力がモジュールであることを明確に否定する考え方です.

発話行為理論, グライス理論, 新グライス派が, フォウダーによるモジュラリティー論議の触発[*19]以前に唱えられたり, あるいはモジュラリティー論議を顧慮することなしに主張されたのに比べ, 認知言語学はその主導者の何人か (レイコフ, ラニカーなど) が, 言語モジュール説を唱える生成文法派にかつては属していたこともあって, その「言語≠モジュール」論は非常に明白に述べられています.

また, 代表的認知言語学者の1人であるフォーコニエは, 言語は心を覗くための窓である, ということを言っています[*20].「心を覗くための窓」ということばは認知心理学者ピンカー (Steven Pinker, 1954-) などもよく使っている「人間の認知とはどういうものであるかを知る手がかり」を表す表現なのですが, はたして認知言語学がこれまでに挙げている成果がこの表現に相当するか, いささか疑問に思えるのです. もっとはっきり言えば, 認知言語学は成果らしい成果を挙げていない, ということです.

言い方を替えましょう. 認知言語学は研究対象の本質を見誤っているのではないでしょうか? 研究対象の本質を見誤っているとすれば,「窓」が成立するはずはないのではないか, というわけです.

20世紀中頃までのアメリカ言語学界では, **構造言語学**という理論が支配的でした. 構造言語学, あるいは**構造主義**では, 科学というものはその研究対象を「あくまでも外側から」考察することである, と考えられていました. ことばは習慣から生み出されるものにすぎない, というのが構造主義の考えで, ことばの本質や発話理解過程が人間の認知, つまりいわば「頭の内部」でどうなっているかを調べることなどは, この学派にとって「途方もなく非科学的なこと」と見なされたのです. このような奇妙な科学観, 奇天烈な科学方法論が, 構造言語学崩壊の根本的原因だったと考えられます.

構造言語学は, ことばというものを人間の「頭の内部」と結びつけるべきものではないと考えたゆえに, ことばの本質に近づく道を自ら閉ざしてしまいました. それと同じように, 認知言語学は, 明らかにモジュールである語用論過程がモジュールであることを否定し, 言語を必ず他の認知作用と「共に」研究すべきであるという制約を自分に課してしまったために, 言語に関する真理に近づく道を自ら閉ざしているのではないかと恐れるのです.

認知言語学の代表的主張を見てみましょう.

(20) メタファーとメトニミー[※21]は単に修辞的表現であるだけではなく，それぞれが，思考の基本的傾向を言語的に反映したものである．
(21) メタファーは**領域写像**の自然な表現として捉えられる．

領域写像とは，ある領域から別の領域へといくつかの属性を転移させることによって，世界の中のある側面（領域）を別の側面から理解すること（**概念化すること**）を実現する認知的な傾向です．

(22) 例えば，感情は温度や熱を介して理解することができる．短気であることを She's hot-tempered（直訳:「彼女は気立てが熱い」）と言ったり，そっけないことを John is an iceberg（ジョンは氷山だ）と表現する．

これらの「主張」を聞いていると，認知言語学が行っているのは，すでに認知の現れとして誰もが認めている事柄の間に"対応"を，あたかも新たに「見出した」ことのように扱っているだけのことではないのか，という気持ちがします．つまり「心を覗くための窓」を通じた「発見」はどこにあるのですか，と訊きたくなってしまうのです．

これに対して関連性理論は数々の「発見」をしています．"こころ（＝認知）を覗くための窓"を持っているのは関連性理論の方だと言えるのではないでしょうか？

関連性理論による「発見」の最たるものは，

(23) 発話解釈は「関連性」を軸とする語用論過程であり，その過程は自動的，迅速，領域特定的，生得的，機械的，無意識的である．つまり「語用論過程はモジュールである」．

という事実の把握です．

また関連性理論では「解釈の手順」ということを主張しています．これは(24)のようにまとめられます．

(24) a. 解釈（発展，暗意獲得）を，接近可能な順序で吟味し（つまり，認知効果を計算するうえでの努力が最小になるような路をたどり），
    b. 予測された関連性のレベルまで達したら解釈を打ち切る．

これはまさしく語用論過程がモジュールであることを証明したものです．
認知言語学による「発見」が果たして関連性理論による発見に比肩し得るものか，というのが本章執筆者の抱く疑問に他なりません．

人工知能と心の哲学』，産業図書]

[※20] "[Language] is for the linguist and cognitive scientist a window into the mind." Fauconnier, G. (1999) "Creativity, Simulation, and Conceptualization," *Behavioral and Brain Sciences*, 22(4).

構造言語学（structural linguistics）
構造主義（structuralism）

[※21] あるものを表すのに，その性質や関係ある語を使うこと．「オリンピック開催が決まって東京は大喜びだ」「このところ漱石ばかり読んでいる」の下線部は，それぞれ「東京都民」「漱石の作品」を表しています．

領域写像（domain mapping）

概念化する（conceptualise）

【☞ まとめ】 関連性理論以外の語用論は，研究対象がモジュールであるということを認識していないか，あるいは明確に否定している．このため，認知を巡る重要な発見をなし得ているとは言い難い状態にある．

【練習問題】

1. 「発話の適切性」を豊富な道具立てで整えても，それだけでは発話の成功が保証されるわけではありません．なぜでしょう？
2. 窓ガラスが割られている車を見て
    (i) あの車のガラスは無傷だ．

と「事実と逆のこと」を言っても，それだけではアイロニーになりませんね．しかし状況を細かく規定すれば(i)もアイロニーになります．どう規定すればいいですか？

　　ヒントを出しましょう．Aの家へBが車で遊びにきました．遅くなったのでAはBに泊まっていったらどうだ，と勧めます．Bはでも夜中に車に悪戯をされるんじゃないか，と訊きます．Aは大丈夫だよ，と言いますが，まだ心配なBはAと2人で近所の道を見て歩きました．すると窓ガラスを滅茶滅茶に壊された車がありました．この状況でBがAに(i)と言ったら…？

3．レヴィンスンのQ原理，I原理，M原理が，それぞれ話し手に何を命じ，聞き手に何を教えているかを詳しく説明してみましょう．
4．「心を覗くための窓」とは何のことを言うのでしょうか？
5．「雨に降られた」とか「父に死なれた」という日本語は自然ですが，「財布に落ちられた」とか「(住んでいる)家に燃えられた」というのは不自然ですね．なぜでしょう？　Further Readings にある『言語学の教室』を読んでみてください．

Further Reading

認知言語学についてのいささか風変わりで，それゆえとても楽しい「入門書」として西村義樹・野矢茂樹『言語学の教室』(中公新書)があります．

　＊16に略式に示した著作は次の通りです．

Fauconnier, G. *Mental Space: Aspects of Meaning Construction in Natural Language*, MIT Press.
［坂原茂他（訳）『メンタル・スペース』，白水社］
Lakoff, G. *Women, Fire and Dangerous Things*, University of Chicago Press.
［池上嘉彦他（訳）『認知意味論』，紀伊国屋書店］
Langacker, R. *Foundations of Cognitive Grammar*, vol. 1, Stanford University Press.
Langacker, R. *Foundations of Cognitive Grammar*, vol. 2, Stanford University Press.

筆者より

小学校〈正確には國民學校〉5年生だった1945年に敗戦となりました．日本のものは何もかも駄目，という空気になってかつての愛国幼年は気落ちしていました．そんな中で祖父母や母が聞いたらしい『勧進帳』と『三人吉三』のレコードに出会い，日本にも歌舞伎という世界に誇れるものがあることに気付いたのです．毎日のように聴いたので，前者の「大日本の神祇諸仏菩薩も照覧あれ．百拝稽首，畏み畏み，謹んで申すと云々，斯くの通り」後者の「月も朧に白魚の篝も霞む春の空，冷てえ風もほろ酔いに…」などはいまでも暗誦できます．そのうち江戸→東京の仕来りである家族一同の芝居見物も復活しました．私の世代でも，七代目幸四郎（1949年没），六代目菊五郎（同年没），初代吉右衛門（1954年没）をたっぷり観た人の数は少ないはずです．

初代中村吉右衛門（Wikipediaより）

III

ことばの広がりを探る

第Ⅰ章 動物は正直者かだまし屋か？
―動物のコミュニケーションの多様性―

長谷川寿一

【動物行動学】

《✍ 何が分かるか》 人間のことばとは質的に異なりますが，動物たちも様々な信号を用いて情報を伝達し，交換します．動物のコミュニケーションの捉え方は，発信者と受信者の関係をめぐって動物行動学の学問の発展とともに大きく変化してきました．ここでは，動物は信号を通じてどのように利己的に振る舞うのか，またどのように協調的な関係を築くのかを考えていきたいと思います．

✂ 動物のコミュニケーションをめぐる 4 つのなぜ

春先になると小鳥たちのさえずりが聞こえるようになります．では，小鳥がなぜさえずるのでしょうか．より一般的に，動物はなぜそのように行動するのでしょうか．こうした「なぜ」については，いくつかの異なる観点からの答え方があります．動物行動学の創始者の 1 人であるティンバーゲン[*1]は，4 つの観点に分けました．

(1) 日長の変化が刺激になる，内分泌に季節的変化が生じる，といったさえずりの機構（メカニズム）の観点からの答えです．今日ではさえずりの分子神経機構に至るまで詳細に解明されつつあります．

(2) 遺伝的基盤と学習の相互作用でさえずるようになる，といった発生・発達の観点からの答えです．遺伝（本能）か環境（学習）かという古くからの二分法は今日では大きく見直され，両者が具体的にどう関わり合うのかといった観点からの研究が多くなっています．(1) および (2) の 2 つの答え方は，**至近要因（直接要因）に関する研究**あるいは **HOW に関する研究**と言われることもあります．

(3) さえずりには，オスがメスに求愛する，あるいはオスが他のオスになわばりを宣言するという機能がある，といった生存価や適応的意義（それが，生存や繁殖をどのように高めるか）の観点からの答えです．行動生態学者が野外研究を行うときの「なぜ」という設問に対する答え方です．

(4) もう 1 つは，種間比較を通じて，対象種のさえずりの進化の道筋に関する観点からの答えです．近年では分子系統樹と行動を重ね合わせて，行動の進化が論じられるようになりました．(3) および (4) の二つの答え方は，**究極要因（進化要因）に関する研究**あるいは **WHY に関する研究**と言われることもあります．

動物のコミュニケーションなど動物行動の全体像を正しく理解するには，これら 4 つの「なぜ」のそれぞれに迫る必要があります．これまで，

[*1] ニコラース・ティンバーゲン (1907-1988)：オランダ出身の動物行動学者．ローレンツ，フォン・フリッシュとともに 1973 年にノーベル賞受賞．『本能の研究』など．

ともすれば各観点（要因）でバラバラに行われてきた動物行動研究ですが，最近ではミクロ研究とマクロ研究が合体した統合生物学的アプローチが主流となりつつあります．

ここでは紙面に限りもあるので，主に動物のコミュニケーションについて，WHY に関する研究を中心に紹介していきます．

コミュニケーションのチャネルとその特性

動物のコミュニケーションを考えるうえでもう1つ重要な観点は，コミュニケーションのチャネルの違いです．別の言い方をすれば，動物が発信する信号の感覚系の問題です．オールコック[*2]は信号の様相（モダリティ）の特性と制約を次のようにまとめました．

[*2] ジョン・オールコック(1942-)：アメリカの行動生態学者．行動学の標準教科書 "Animal Behavior" の著者．

表1　信号のチャネル

信号の様相 特性・制約	化学的	聴覚的	視覚的	触覚的
伝達距離	長い	長い	中程度	至近
伝達速度	遅い	速い	速い	速い
夜間の利用	適	適	不適	適
発信者の定位	困難	容易	容易	容易
発信者の信号産出コスト	小	大	小～中	小

一般に動物は，それぞれの生息環境に適応した信号のシステムを発達させています．多くの夜行性動物は，化学的・聴覚的チャネルを利用し，明るい珊瑚礁にすむ魚類は，色鮮やかな体色をコミュニケーションに用いています．人間の言語コミュニケーション（話し言葉）は聴覚系チャネルを利用しますが，直接見えない相手に対しても，多くの情報を素早く伝達できるという利点があります．

信号の発信者と受信者の関係

古典的な動物行動学では，動物のコミュニケーションは種の繁栄のために協調的に交信されるものだと見なされていました．ノーベル賞受賞者のコンラート・ローレンツ[*3]は，闘争場面で交わされる動物のしぐさの多くは，同種どうしの殺し合いを避けるために役立っていると論じました．動物の配偶行動では，雌雄の間で，種に固有の一連の求愛行動のやりとりがなされますが，それらは同種であることの確認と，雌雄が互いに性的な動機付けを高め合う機能があると見なされました．配偶行動は，種の維持にとって不可欠なものなので，雌雄間の発信者と受信者の交信行動は協調的であると暗黙のうちに見なされていたのです．

しかし，1960年代後半以降，進化の原動力である自然選択が作用するレベルが，種や集団ではなく，個体や遺伝子であるという理論とそれを支持する実証研究が優勢になると，「種の維持のため」に動物は行動する

[*3] コンラート・ローレンツ (1903-1989)：オーストリアの動物行動学者．1973年にノーベル賞受賞．『ソロモンの指環』（早川書房，1998），『攻撃：悪の自然誌』（みすず書房，1985）など．

といった**集団選択説**が見直されるようになりました．同じ種の個体どうしでも殺し合うことがまれではないことや，配偶行動において雌雄間に様々な対立関係があることが分かってきました．

動物のコミュニケーションにおける発信者と受信者の関係については，協調的な交信という古典的な集団選択説が見直され，今日の動物行動学では，ドーキンズとクレブス[*4]が提唱した，動物のコミュニケーションとは「発信者が信号を用いて，受信者の感覚器官に働きかけ，受信者の行動を変化させること」という定義が広く受け入れられています．発信者が信号を用いて受信者を「操作する」ことがコミュニケーション行動の基本機能であるという**操作説**が広く認識されるようになりました．

動物におけるだまし

動物の操作的コミュニケーションは，異種間ではごく一般的に観察されます．カッコウ[*5]やホトトギスが行う托卵行動では，養い親を欺く信号が様々な場面で用いられています．托卵されたことを知った養い親は，巣を放棄することが知られていますが，托卵鳥の側は，養い親の種と同じ色の卵を産み付けたり，産卵時に巣内の卵を捨てて数合わせをしたりします．托卵鳥の雛も，給餌行動を引き起こす刺激となる口内の斑紋を養い親の種と似せたり，二羽分の発声をしたりして，養い親からより多くの養育投資を引き出そうとします．

南米のギアナにすむ肉食魚（カラシン目）の幼魚は，メダカ目のメスに擬態し，メダカのオスが求愛しにきたところを襲って捕食してしまいます．ホタルでも他種のメスの発光パタンを擬態し，近づいてきた他種のオスを食うことが知られています．

同種どうしのコミュニケーションではどうでしょうか．トゲウオは繁殖期になると，オスとメスの間でジグザグダンスと呼ばれる求愛行動が交わされることがよく知られ，教科書でもしばしば紹介されます．しかし，時にメスのふりをしたオスが，メス役のダンスをしてオスの繁殖なわばり内に侵入しそこにとどまり，本物のメスがやってきて産卵するとなわばりを所有するオスに先んじて放精することが知られています．同様に，ガガンボモドキ[*6]という昆虫では，オスがメスに餌の虫をプレゼントして，プレゼントの大きさに応じて長く交尾できるのですが，ここでもメスのふりをした小型のオスがいて，プレゼントだけかすめ取り，それを使って他のメスに求愛します．トゲウオにしてもガガンボモドキにしても，正攻法ではメスを獲得できないオスが，求愛時に用いられる信号を操作してメスとの交尾機会を増やそうとしています．

チンパンジーやボノボでは，メスは1回の妊娠に至るまでに，グループ内のほぼすべてのオスを相手にのべ数百回から数千回もの交尾をします．このような乱婚的な行動は，繁殖効率という観点から言えば，きわめて非効率で，ほとんどが無駄な交尾であるとさえ言えます．発情時に

[*4] リチャード・ドーキンズ（1941-）：イギリスを代表する進化生物学者．『利己的な遺伝子』（紀伊國屋書店，2006），『神は妄想である』（早川書房，2007）など．
ジョン・クレブス（1945-）：イギリスの動物行動学者．『進化からみた行動生態学』（蒼樹書房，1994）など．

[*5]

カッコウのひな（撮影：Per Harald Olsen，ウィキコモンズより）

[*6]

ガガンボモドキ（オーストラリア）：ガガンボ（大蚊）はふつうの蚊よりひとまわり大きい（撮影 Fritz Geller Grimm，ウィキコモンズより）．

メスは性皮を大きく膨らせて性的受容期であるシグナルを発しますが，交尾はめったに妊娠に結びつかないので，メスはオスを「だましている」とまでは言えないものの，オスの性的欲求を操作している可能性があります．

　親子の間でも利害の対立もしくは不一致があり，情報の操作（情報戦）がみられることがあります．その典型的な例が，離乳期の母子間の「おっぱい戦争」です．ニホンザルでは離乳期に母親は授乳を拒否するようになり，それに対して子ザルは大声で鳴声を発し続け授乳を要求します．子ザルは時には狂ったように体を震わせて泣きわめき，根負けした母親が授乳することが観察されることもありますが，毅然と母親が拒否する場合，子ザルは数十分もなき続けることがあります．母親にとっては，離乳が遅れると次の出産も遅れ，繁殖率が低下しますが，子にとっては親から授乳をより多く受けるだけ生存率や成長率が増加するので，利害の不一致が生じるわけです．離乳時の「うそ泣き」は人間でもよく観察される現象です．

霊長類における戦術的あざむき

　ヒト以外で高度な社会生活を営む動物――例えば霊長類や鯨類など――では，社会の構成員が互いに仲間を個体識別できるだけでなく，毛づくろいやけんか，けんか後の仲直り行動，宥め行動など多様な社会交渉を通して個体間の関係性を築きます．このように複雑な社会関係を理解する認知能力が，霊長類の高い知性と脳の進化を促したというのが社会脳仮説です．社会脳仮説の代表的提唱者である，バーンとホワイトゥン[*7]は「マキャベリ的知性」という用語を用いて霊長類の知性について説明しました．15世紀イタリアの政治思想家マキャベリは，権謀術数（人を欺くためのはかりごと）を含む現実主義的な思想を提唱しましたが，バーンとホワイトゥンは，霊長類の社会交渉においても「隠ぺい（音を出さない，隠れる，物を隠す，興味を抑制する，無視をする）」「はぐらかし（発声，見る，威嚇，誘導するといった行動で他者の注意をよそに向ける）」「装い（本当の意図を隠すように，中立的に装う，友好的に装う，威嚇的に装う）」「社会的道具の利用（関係のない第三者を利用してあざむく）」といった「戦術的あざむき」が広く観察されることを示しました．バーンらは種間比較を行い，あざむきの頻度が多い系統群ほど大脳新皮質の相対的重量が大きいと主張しています．

正直な信号とハンディキャップの原理

　ここまで，コミュニケーション行動の基本機能が受信者を操作することであるという「操作説」について説明してきましたが，動物のコミュニケーションは嘘やだまし，はったりだけではありません．自然界では，各種の信号やディスプレイの「交換や査定」がよくみられます．多くの

*7　リチャード・バーンとアンドリュー・ホワイトゥン．ともにセント・アンドリュース大学の心理学者．『マキャベリ的知性と心の理論の進化論』（ナカニシヤ出版，2004）の共編者．

動物でみられる鳴き交わしや儀式的闘争ディスプレイ，求愛ディスプレイなどがその例です．ここでは求愛行動を例にとって，嘘やはったりではない正直な信号がいかにして進化するかを説明しましょう．

鳥類ではクジャク*8や極楽鳥のようにオスに派手な飾り羽が発達しています．コクホウジャクという鳥は繁殖期になると尾羽が著しく伸びて，メスは長い尾羽をもつオスを配偶者として選好することが知られています．では，この鳥のオスははったりで尾羽を長くすることはないのでしょうか．ザハヴィ*9は，もしオスが高い質を示すのに用いる信号にコストがかかり，質の低いオスがそのような信号を発することが割に合わないならば，はったりではない正直な信号が進化すると論じました．ここでいうコストとは，長い尾羽を持つことによって飛翔がうまくできず捕食される危険性が高まることです．つまり生存のうえでの不利な（コストのかかる）形質は，質の高いオスだけが耐えられ，生存上の不利さゆえに正直な信号（つまりオスがメスをひきつけるための本当の信号）として進化できたというわけです．ザハヴィのこの説は，**ハンディキャップの原理**と呼ばれています．このような利点から求愛に関係する派手な形質は，生存上の不利さと釣り合うまで一気に進化すると考えられています（**ランナウェイ仮説**として知られます）．

正直な信号にはしっかりとコストがかかっているというアイデアは非常に重要で，配偶者選択のみならず社会的交渉全般においても，コストのかかった信号ははったりや裏切りを見極めるうえでの重要な手がかりになっています．

ヒトにおける協力的コミュニケーション：利他行動と共感

他の動物とわれわれヒト（ホモ・サピエンス）の行動上の大きな違いは，ヒトでは他者に対して進んでよき振舞いをする社会行動（向社会行動）が著しく発達していることでしょう．もちろんヒトも他の動物と同じく暴力や攻撃性という負の側面も併せ持ちますが，非血縁者に対しても「利他的」に振舞い，家族を越えて高度に協力的な社会を築くことができるのはヒトだけです．このようなヒトに特異的な利他性がなぜ進化したかを説明する考え方としては，二者間で援助とそのお返しが持ちつ持たれつの関係として発展する直接互恵性（互恵的利他主義）と，ある人が行った利他行為の恩恵が評判を介して自分に返ってくる間接互恵性（「情けは人の為ならず」）の2つが挙げられます．いずれの互恵性でも，利他行為を差し伸べる側は相手がどのような状況で助けを必要としているか，何を欲しているかをきちんと認識する必要があり，ヒトはこの能力（**心の理論***10と呼ばれます）がとりわけ優れています．さらにその基盤には，相手の喜びや悲しみ，恐れといった感情を，自分の感情と重ねることができる能力である共感性が必要で，ヒトはどの動物よりも他者と共感できる動物です．

*8

羽を広げたクジャクのオス（Yala National Park, Sri Lanka，ウィキコモンズより）．

*9 アモツ・ザハヴィ（1928-）：イスラエルの動物行動学者．『生物進化とハンディキャップ原理』（白揚社，2001）など．

*10 心の理論（Theory of Mind）：他者の心の状態，その意図や信念などを推測する心の機能のこと．ヒトや類人猿にみられるとする．

さて，相手の顔がしっかり見え，お返しをしてくれるかどうかをきちんとチェックできる直接互恵と違って，交渉相手の素性が不確かな間接互恵では自分はきちんと援助をせずに恩恵だけはちゃっかり受けるフリーライダーをいかに見抜くか，そしていかに罰するかが問題になります．上に述べたように，そのときの手がかりとなるのは評判ですが，その評判が信頼に足るかどうかが次の問題になります．見かけ倒しではない評判は，動物の求愛の信号と同じように，コストのかかった正直な信号である必要があるでしょう．一例を挙げると，溺れかけた（わが子でない）子どもを助けるために川に飛び込むなど，人間はしばしば損得やリスクを度外視して振る舞うことがありますが，このような自己犠牲はその人の高い評価につながります．

近年，動物がどのような場合に協力的に振る舞うか，動物にも公正感情が生じるか，動物は他個体の痛みや喜びを共感できるか，といった研究が盛んに行われるようになってきました．これらの研究は人間の高度な社会性の進化や神経基盤を考えるうえで非常に重要です．動物のコミュニケーションからは，人間自身を知るうえで多くのことを学ぶことができるのです．

【☞ まとめ】 動物は様々な信号を用いて，情報を伝達し，交換します．
- 動物のコミュニケーションで用いられる信号のチャネルには化学的・聴覚的・視覚的・触覚的なものがあり，それぞれ特性と制約があります．
- 動物のコミュニケーションには，発信者が信号を用いて受信者を操作する側面があり，動物界では多様な「だまし（欺き）」が見られます．
- 他方，動物の正直な信号も儀礼的闘争や求愛場面で用いられ，はったりや裏切りを抑止する手がかりになっています．
- ヒトにおいては，他の動物と異なり，非血縁者間でも相互協力的な社会交渉が広く見られ，他者の内的状態（心）を理解したり共感したりする能力が発達しています．

練習問題
1. ホタルは発光によってコミュニケーションします．ホタルはなぜ発光するのか，ティンバーゲンの4つのなぜの観点から，調べてみましょう．
2. ヒトにおける化学的チャネルを用いたコミュニケーションについてどのような例がありますか．
3. カッコウやホトトギスなどの托卵鳥は，本文で述べた方法以外でも様々な方法で養い親をだますことが知られています．調べてみてください．素晴らしい写真集もあります．吉野俊幸『郭公―日本の托卵鳥』（文一総合出版）．
4. ハンディキャップの原理に関連して，本文に例示した以外で，動物界におけるコストのかかる正直な信号（一見，生存には不利に見えるような信号）について考えてください．
5. 協力行動に関連して，ヒト以外の動物でも他者の不公正な行動に鋭敏に反応することが知られています．具体的な研究例を調べてみましょう．
6. そもそもなぜヒトはこれほど他者に共感し，他者と協力する動物なのでしょうか．また共感が，

各種の差別を引き起こすことも知られています。そのような例を考察してください。

Further Reading

長谷川眞理子『生き物をめぐる4つの「なぜ」』（集英社新書）は，動物行動の全体像を理解するために，ティンバーゲンが示した4つの観点について，鳥のさえずり，鳥の渡り，親による子の世話，生物発光，角や牙，ヒトの道徳などを例に挙げながら解説した動物行動学の入門書です。藪田慎司「動物の信号行動とコミュニケーションの進化」，長谷川寿一（編）『言語と生物学』（朝倉書店）は，動物のコミュニケーションにおける発信者と受信者の関係に関する理論の展開について，日本語で読める総説です。バーン, R. W., A. ホワイトゥン（著），藤田和生他（監訳）(2004)『マキャベリ的知性と心の理論の進化論(1)(2)』（ナカニシヤ出版）は，霊長類における戦術的あざむきと社会的知性に関する論文集。その後のマキャベリ的知性に関する研究の発展の引き金になった記念碑的な書です。平田聡「嘘・だましの進化―霊長類の嘘・だまし」，仁平義明，箱田裕司（編）『嘘とだましの心理学』（有斐閣）は，霊長類における嘘とだまし（あざむき）についての最近の総説です。ザハヴィ, アモツ, アヴィシャグ・ザハヴィ（著），大貫昌子（訳）『生物進化とハンディキャップ原理―性選択と利他行動の謎を解く』（白揚社）は，ハンディキャップの原理の提唱者自身による，コストがかかる正直な信号行動とその進化に関する解説書です。大槻久（2014）『協力と罰の生物学』（岩波科学ライブラリー）は，ヒトとヒト以外の動物における協力行動と罰行動の進化について分かりやすく解説した科学書です。トマセロ, M.（著），橋彌和秀（訳）『ヒトはなぜ協力するのか』（勁草書房）は，ヒトにおいて飛躍的に進化した協力行動とその基盤にある心理過程に関する第一人者によるスタンフォード大学での講義録です。同じ著者による『コミュニケーションの起源を探る』，松井智子，岩田彩志（訳）（勁草書房）も本章と深く関連した話題を扱っています。岡ノ谷一夫（2010）『言葉はなぜ生まれたのか』（文藝春秋）は，動物のコミュニケーションを出発点として，ヒトに固有の言語がなぜ進化したのかを簡潔に分かりやすく説明した本です。同じ著者の『さえずり言語進化論』（岩波科学ライブラリー），『「つながり」の進化生物学』（朝日出版社）も併せて読んでみてください。

筆者より

大学の教養課程で自然人類学の講義を聞き，人間のルーツである霊長類研究の面白さに目覚めました。以降，20～30歳代はニホンザルとチンパンジーの野外調査に明け暮れました。志賀高原の地獄谷野猿公苑で配偶行動の調査をしていたときのことです。一頭の若いメス猿（トビラちゃん）が突然，私の背中に飛び乗ってきました。その後，3日間，彼女は私から離れません。発情したメスの性行動を熱心に調べる研究者を観て，その年初めて発情したトビラちゃんは，これぞ自分の配偶相手だ，と誤認したのでしょう。動物のコミュニケーション行動の誤作動を，身を持って体験した出来事でした。

第2章　われわれ人類はいつことばを持ったのだろうか？

池内正幸

【進化言語学】

《✍ 何が分かるか》　ヒトの「ことば」の真の特徴は，同じ種類のまとまりが繰り返し埋め込まれるような階層的な構造を持つ表現が自在に創り出されるところにあります．その「ことば」が誕生したのは700万年の人類史上の，およそ13万〜15万年前だと想定されます．これが，ヒトのことばの起源です．日本語や英語は，その後長い間かかって進化・変化してきた，いわば，そのことばの「方言」に当たるのです．

　進化言語学という領域は，言語学を巻き込んだ真の科学的学際的領域となってまだ20年ほどしか経っていない，とても「若い」分野です．したがって，どのトピックについても現在のところ「定説」といったものはないといって過言ではありませんので，他の章より，より一層筆者の理解・見解・興味が色濃く反映されることになります．ただその意味では現在のホットな論争（の一端）をお伝えできると思います．

　46億年前に地球が誕生し，38億年前にその地球上に生命が誕生しました．その後，時を経て，ヒトがチンパンジーと袂を分かったのは，600万〜700万年前とされています．最初の人類は，サヘラントロプス・チャデンシスと呼ばれます．その後，アウストラロピテクス属を経て，ホモ属が現れたのが，240万年前頃になります[*1]．その後，現世人と解剖学的には同じとされるホモ・サピエンス（つまり，私たちのことです）が出現したのは，このような長い歴史の視点から言えばほんのちょっと前の20万年前です．現在の東アフリカの地に誕生しました．そう，われわれが歴史に現れてからまだ20万年しか経っていないのです．人類は，もちろん，最初からことばを持っていたわけではありません．本章では，われわれホモ・サピエンスがいつこの真のことばを持ったのかを探っていきます．

*1　280万年前とする，ごく最近の研究成果があります．
Villmoare, Brian et al. (2015) "Early *Homo* at 2.8 Ma from Ledi-Geraru, Afar, Ethiopia," *Science* 347, 1352-1355.

✂ 動物のことばとはどんなものだろうか？

　ヒト以外の動物もことばを持っているとよく言われます．今ここでは，犬などについてしばしば指摘されるようにヒトのことばを理解できるかどうかというのではなく，何らかのことばを産出できるかどうかという視点から考えてみたいと思います．

　その際確認しておかねばならないのは，ヒト以外の動物は，発音器官がヒトのようには十分整備されておらず，また，さらに重要なこととしては，それらの器官を統合・調律し様々な音を駆使してなめらかに発話を産出するために必要な脳神経系が発達していないということがあります．

　にもかかわらず，動物の中には，音の小さな単位をつなぎ合わせて

*2 ジュウシマツの「歌」については，池内（2010），19-20 を参照．

池内正幸（2010）『ひとのことばの起源と進化』，開拓社．

*3 見張り役の猿が，群れに捕食者が近づいていて危険であるということなどを仲間に知らせるために発する声のことを言います．

図1 キャンベルモンキー（campbell's monkey. 写真出典 shutterstock）

Ouattara, Karim et al. (2009) "Campbell's Monkeys Concatenate Vocalizations into Context-specific Call Sequences," *Proceedings of the National Academy of Sciences* 106, 22026-22031.

Kershenbaum, Arik et al. (2012) "Syntactic Structure and Geographical Dialects in the Songs of Male Rock Hyraxes," *Proceedings of the Royal Society of London B* 7 August 2012 279 (1740), 2974-2981.

図2 ロックハイラックス（写真出典 shutterstock）

*4 ロックハイラックスは，ケープハイラックスともいい，サハラ砂漠以南のアフリカ，また，アルジェリア，リビア，エジプト，中東に生息している小型哺乳類で

「ことば」を産出していると考えられる例があります．

音の単位を一列につなぎ合わせる，というとまず典型的にまた最も頻繁に引かれるのが，ジュウシマツなどの鳥の歌です*2．もちろんジュウシマツなどの歌はこの例としてよく知られているのですが，何と言っても鳥はわれわれヒトとは3億年も前に分かれています．ここでは，もうちょっとわれわれに近い，コートジボワール，ガーナなどに生息している霊長類のキャンベルモンキーの警戒声*3を見てみようと思います．

キャンベルモンキーの警戒声の基本声タイプは，次の6つです（Ouattara et al. 2009）．

(1) boom, krak, hok, krak-oo, hok-oo, wak-oo

"boom" は使われる場合にはいつも最初にきます．"krak" は捕食者がレパードのとき，そして，"hok" は冠ワシのとき，というように捕食者に特定的です．-oo は，接尾辞だとされ，これが付くと捕食者が特定的ではない場面で用いられます．したがって，キャンベルモンキーの警戒声は他の動物のそれより進んでいて，この部分では2つの要素の意味を足し合わせたものであるとされます．これら6つの基本声を結合して9種類の異なる警戒声の列を作ります．例えば，boom 2回＋krak-oo 約12回（(2)）に，

(2) boom＋boom＋krak-oo＋krak-oo＋krak-oo … krak-oo …

1～7回の hok-oo を織り交ぜて発すると，縄張り防御の警戒声となります．

ジュウシマツの歌と同じく，キャンベルモンキーの警戒声もかなり長い場合があります．また，哺乳類では，例えば，ロックハイラックス（Kershenbaum et al. 2012）はもっとずっと長い「歌」を発します*4．

いずれにせよ，ヒトのことばとの相違点は次の通りです．①ヒトのことばでは無限数の表現を作ることが可能だが，動物のことばではメッセージの種類・数が限られている．②ヒトのことばでは，その表現に含まれる語の意味を足し合わせていくとその表現全体の意味が得られるのに対して，動物のことばでは，基本的には，小さい単位が特定の意味を持っていてそれらを足し合わせると表現全体の意味になるというようなことはなく，全体として，警告であったり，求愛の意味になったりする．そして，本章において最も重要なこととして，③動物のことばの表現は，その単位を順番に一列に繰り返しつないでいくことにより産出されるのであり，ヒトのことばに見られるような階層的な構造（次節参照）は存在しない，ということになります．

回帰はヒトのことばの特徴か？

同じ種類のまとまりが繰り返し埋め込まれているような階層的な構造のことを**回帰的**階層構造と言います．この回帰的階層構造は，自分自身の出力を再び入力とすることができるような操作（＝回帰的操作）（と標

示付け*5)を繰り返し適用することによって生成されます．この構造とそれを生成する操作のことを合わせて，ヒトのことばの最も重要な特徴である「回帰」と呼ぶことにします*6．

　ヒトのことばにおける，上で触れた回帰的操作というのを，**併合**と言います．併合は，2つの要素AとBを併せて1つのまとまりを作ります*7．

　(3) 併合 (A, B) = {A, B}

この出力 {A, B} を今度は入力として，それにCを併せると，{{A, B}, C} が，さらにDを併せると，{{{A, B}, C}, D} ができます．

　(4) a. 併合 ({A, B}, C) = {{A, B}, C}
　　　b. 併合 ({{A, B}, C}, D) = {{{A, B}, C}, D}
　　　⋮

このように併合は無限に適用できうる回帰的操作です．なお，(4)のような表示では，例えば，(4a)では，A，B，Cの左右関係が指定されているわけではありません．つまり，(4a)は，(5)の構造ばかりではなく，(6)のような構造にも対応すると考えます．

　(5)

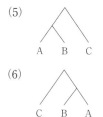

　　　A　B　C

　(6)

　　　　　／＼
　　　　／　　＼
　　　C　B　A

(5)は左へ枝分かれしており，(6)は右へ枝分かれしている構造です．(5)は，まとまりの標示がNP（名詞句）である(7)のような表現に，(6)は文（＝S）の埋め込みに相当する(8)のような表現に対応します．

　(7) [NP[NP[NP John's]father's]car]]
　(8) [S I think[S John believes[S Mary is smart]]]

　さらに，特に重要で話題になっている，「入れ子構造」であるような階層構造(9)も，この併合と標示付けによって生成されます．(9)は，(5)の構造にさらにDを左に，次にEを右に，そして，Fを左に併せたものです．

　(9)

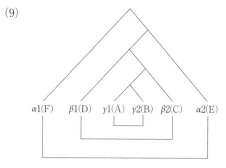

　　α1(F)　β1(D)　γ1(A)　γ2(B)　β2(C)　α2(E)

(9)は(10)のようにも示されます．

す．「地域方言」もあり，音声産出学習の可能性もあるとのこと，今後もこのロックハイラックスの調査・研究は興味深いものと思われます．

回帰的（recursive），回帰（recursion）

*5　標示付け（labeling）とは，単語のまとまり（＝構成素）がどういう種類のまとまりであるかを示すラベルを付けることを言います．例えば，[eat rice]であればVP（動詞句）というラベルを付けます．

*6　さらに，池内（2010），第3章を参照（前掲）．

併合（Merge）

*7　(3)は，Aという要素とBという要素を併合し，そのAとBからなる集合 {A, B} を作るということを示しています．

左（へ）枝分かれ（left-branching）
右（へ）枝分かれ（right-branching）
埋め込み（embedding）

入れ子（nested）

(10) [α1 [β1 [γ1 γ2] β2] α2]

つまり，典型的には，(9)(=(10))のような「入れ子」型回帰的階層構造では，α1 と α2，β1 と β2，そして，γ1 と γ2 の間にそれぞれ何らかの相関関係があるということです．具体的には，日本語の文の埋め込み(11)などが概略これに相当します．

(11) [s 莉乃が(α1)[s 優子が(β1)[s 麻友が(γ1)昨日あの店で CD を買った(γ2)と] 思っている(β2)と] 信じている(α2)]

上で見た通り，動物の「ことば」では，単位を一列に並べるだけですから，そもそもこのような階層的構造は産出されません．つまり，彼らは併合(や標示付け)を持っていないということです．

さて，それでは，ジュウシマツにせよ，キャンベルモンキーにせよ，動物はこのような回帰的階層構造を認知したり理解したりすることはできるでしょうか．

ホシムクドリという鳥が回帰を認知できるという実験報告が 2006 年に発表されましたが，それは十分な根拠があるものとは言えないという結論になっています(池内 2010, 60-61 ページ)．

その後発表されたのが，ジュウシマツが，訓練することにより自発的に回帰を認知・処理する能力を身に付けたという実験報告です(Abe and Watanabe 2011)．概略は次の通りです．Ax Ay Cz Fy Fx 型の音連鎖(Ax と Fx というのは，相関して連鎖中に共起する類似音を，また，C はまったく別の音で中央の位置を示す)を聞かせるなどの一定の訓練の後，ジュウシマツに次のような型の音連鎖を聞かせます．

(12) a. A1 A2 C3 F2 F1
 b. A1 A2 C1 F1 F2
 c. A1 F2 A2 C1 F2 F1

(12a)は，上の基本型(10)に従う音の「入れ子」構造になっているというわけです．(12b, c)は，そうなっていません．ジュウシマツは，前者の音連鎖と後者では異なる反応を示したということで，回帰的階層構造の処理ができた，とされたのです．

しかし，この実験も十分なものではありません．まず，集中的な練習のときに，例えば，中央の C だけが違っているような A1 A2 C1 F2 F1 というような音連鎖を聞かせていますので，(12a)の類の連鎖に慣れてしまって，単に音声的特徴によってのみ判断したのではないかということが指摘されています(Berwick et al. 2012)．また，そもそも，ヒトのことばの音現象に，(12a)の音連鎖に示されるような現象はありません．つまり，ある音連鎖があり，途中からその鏡像関係のような相関的な音連鎖が続かなければならない，という音現象はヒトの音韻論では知られていません．となると，仮にジュウシマツが(12)のような音連鎖を認知・

池内(2010)前掲

Abe, Kentaro and Dai Watanabe (2011) "Songbirds Possess the Spontaneous Ability to Discriminate Syntactic Rules," *Nature Neuroscience* 14, 1067-1074.

Berwick, Robert et al. (2012) "A Bird's Eye View of Human Language Evolution," *Frontiers in Evolutionary Neuroscience* 13 April, Vol. 4, www.frontiersin.org

区別できたとしても，そのことは，ヒトのことばの能力とは直接的には関わりがないことになります．

このように，ヒトのことばの特徴として，併合（と標示付け）による回帰というのがあることが分かりました．これは，ヒトのことばだけに，そして，ヒトのことばすべてにある，ということを想定しています[*8]．

とすると，これは，ヒトのことばに関する遺伝的資質として，ヒトの進化史上のどこかの時点でヒトに発現・固定したということになります．そのような，ヒトのことばに特有の，いわば，「ことばの素」とでも言うべき生得的な遺伝的資質（あるいは，それについての理論）のことを，**普遍文法**（UG）と呼びます．現在の考え方では，遺伝的資質としてのUGに含まれる要素・操作はきわめて限られていると考えられています．そして，今のところ，UGは回帰的併合を含んでいるとされています（下記を参照）．

ヒトだけに，そして，ヒトみなに見られる，例えば，直立二足歩行などの形質は，ヒトの遺伝子のみに何らかの形で刻まれていると考えられます．ヒトのことばについても同じように考えるということです．つまり，この，ヒトだけにしか見られない「ことばの素」と言うべきUGが，進化史上何らかの形で遺伝的にヒトに定着したと考えるのはきわめて自然であるということです．

ただ，併合のほかに，ヒトのことばだけに，そして，ヒトのことばならばすべてにあるような特性・性質があるかどうか，つまり，UGは他の特性も含んでいるかどうかについては現在正に議論がなされているところです[*9]．

そうすると，次の問いは，ヒトの進化史上，（併合を含む）UGはいつ発現したのか，つまり，真性のヒトのことばはいつ出現したのか，ということになります．言い換えると，ヒトはいつヒトになったのかと言ってもよいでしょう．

✄ ヒトのUGはいつ発現したのか？―言語早期発現仮説

この問いに対して，本章ではホモ・サピエンスの出アフリカ（Out of Africa）前にUGが発現したとし，その出アフリカを13万年前頃，と主張します．したがって，本章で提案する仮説は，13万年から15万年前にヒトのことばのUGが発現したと主張するものです．それを，従来の想定[*10]よりずっと早くことばが発現したという意味を込めて「言語早期発現仮説」と呼びたいと思います[*11]．

まず次のように考えます．

すべての現存する言語が共通の特徴（回帰的併合）を持っている．ならば，それは言語の起源の時点ですでに存在した，と考えるのが最も簡潔な仮説である．すなわち，少なくとも出アフリカ前のヒトのことばにすでに存在した，と想定すべきであると考えます．

[*8] ピラハー語では，文の埋め込みはなくても，併合による回帰的階層構造は存在しますので，その限りで例外にはなりません（池内2010, 54-60）．

普遍文法（Universal Grammar：UG）

[*9] 詳細には立ち入りませんが，上でも触れた標示付け，そして，統語表示を音体系・意味体系へ転送する転移（transfer）という操作などもUGの中にあるということになるかもしれません（練習問題2）．

[*10] 「従来の想定」については206ページを参照．

[*11] 池内（2014）を参照．
池内正幸（2014）「FLNとFLBの創発に関する覚書：ミニマリスト・プログラムに拠るアプローチ」，藤田耕司他（編）『言語の設計・発達・進化　生物言語学探求』，214-238, 開拓社．

そうでないとすると，すなわち，人類が世界に拡散した後各地でことばがそれぞれ別々に発現したとすると，すべての地域で発現したのが，なぜ回帰的併合だったのか，つまり，ある地域ではなぜ構造なしの反復的線的結合にならなかったのか，を説明しなければなりません．そして，この場合には立証責任はそちらにあります．しかし，それを証明・説明するのはほぼ不可能だと思われます．

これは，基本的には考古学でいう「知の遺産仮説」に倣っています．海部（2005, 7-8 ページ）によると，何万年前かは別として，それは，

> …「世代を越えて知識を蓄積し，祖先から受け継いできた文化を創造的に発展させていく能力」…は，…ホモ・サピエンスがアフリカから世界各地へ分散しはじめた 10 万〜5 万年前ごろに，確立していた可能性が高い．…
> この最近の一部の人々の考えを，本書では「知の遺産仮説」と呼ぶことにする．

とまとめられます[*12]．

さて，ここでの言語早期発現仮説は，少なくともホモ・サピエンスの出アフリカ前には UG が発現していたと主張します．とすると，出アフリカがいつであったかが分かれば，UG がいつ発現したかも（おおよそ）分かるということになります．

伝統的には，ホモ・サピエンスの出アフリカは，5 万年から 8 万年前（せいぜい 10 万年前）とされてきました[*13]．

✄ 考古学・古人類学的証拠と遺伝学的証拠が収束する

ところが，最近の考古学・古人類学と遺伝学の成果はもっとずっと早い出アフリカを示唆しています．

本節で紹介する最近の成果・証拠は，①その地/地層で発掘された石器，道具類が，（北）東アフリカのホモ・サピエンスが作成したものときわめて類似している．そして，それらが何万年前のものであるということが推定される．したがって，その地にその当時ホモ・サピエンスがいたと推測できる，あるいは，②何万年か前の地層で発掘されたヒトの骨や歯などの化石がホモ・サピエンスのものである．したがって，その当時そこにホモ・サピエンスがいたはずだ，という型のものです．

1 番目の成果は，現在のアラブ首長国連邦のジャベル・フェイ（Jebel Faya）（図 3 の ②）で発掘された石器類が，北東アフリカの後期中期石器時代のものに似ている．それらは 12.5 万年前のものである．ゆえに，この地に 12.5 万年前にホモ・サピエンスがいたという証拠となるという報告です（Armitage et al. 2011）．2 番目の最近の発見は，中東のオマーン（①）です．その発掘地に特有の石器類は，北東アフリカの中期石器時代の技法であるルヴァロワ技法[*14] を示すもので，それらが 10 万年前のものであると推定されています（Rose et al. 2011）．

海部陽介（2005）『人類がたどってきた道："文化の多様化"の起源を探る（NHK ブックス）』，日本放送出版協会．

[*12] 海部（2005）は，併合ということではありませんし，また，「この能力」というのが具体的に何かもはっきりしませんが，"高度な言語能力はどの現代人集団にも存在するので，この能力がアフリカにいた私たちの共通祖先の段階で，すでに存在していたことは間違いないだろう．"（87 ページ）と言っています．

[*13] 以下の文献などを参照下さい．
・Klein, Richard (2009) *The Human Career: Human Biological and Cultural Origins*, 3rd. ed., University of Chicago Press.
・Chomsky, Noam (2013) "Problems of Projection," *Lingua* 130, 33-49.
・Berwick, Robert et al. (2013) "Evolution, Brain, and the Nature of Language," *Trends in Cognitive Sciences* 17, 89-98.
・Ash, Patricia and David Robinson (2010) *The Emergence of Humans*, Wiley-Blackwell.
・Armitage, Simon et al. (2011) "The Southern Route 'Out of Africa': Evidence for an Early Expansion of Modern Humans into Arabia," *Science* 331, 453-456.

[*14] ルヴァロア（Levallois）技法とは，調整した石核から剝片を作

図3　考古学的証拠発掘地点
四角はホモ・サピエンス誕生の地を示します.

　3番目は，リウら（Liu et al. 2010）によるもので，中国南部の智人洞（Zhirendong）（3）で発見されたホモ・サピエンスの2本の臼歯と3つの前部下顎骨が，10万年〜11万年前のものであるという調査結果です．
　なお，彼らは，紅海の嘆きの門（Bab al-Mandab）を通ってアラビア半島に達する南ルートで出アフリカしたと考えられています*15．
　以上のような最近の考古学・古人類学的証拠からすると，ホモ・サピエンスの出アフリカは，5万年〜8万年前ということではなさそうで，少なくとも最初にアフリカを出たのは約13万年前であると推定するのが妥当と思われます．
　次は遺伝学的証拠です．議論の骨子は次の通りです．遺伝子（DNA）の突然変異は時間とともに集積していきます．したがって，概略，遺伝子の突然変異が起きた箇所の数に，突然変異が起きる周期を掛け合わせると，例えば，ある人種とある人種がいつごろ分かれたかとか，ヒトがいつごろアフリカを後にしたかなどが分かるというものです．
　さて，これまでの突然変異の周期の算出というのは，ヒトと霊長類の間の突然変異による相違とそれらが系統上いつごろ分岐したかということをもとになされており，その周期はかなり短いものとされていました．それによると，出アフリカの時期はせいぜい7万年前となっていました．ところが，最近，ヒトの遺伝子に起きる突然変異の周期についての新説が提唱されました．それは，両親とその子どもの間で起こる突然変異の数を数え，それがどのくらいの頻度/確率で起こっているかを算出するものです．そして，それによると，突然変異というのは今まで想定されていたよりゆっくり起こっているというのです（Scally and Durbin 2012; Gibbons 2012）．この新しい考え方に基づいて計算すると，出アフリカの

る技法のことです．

Rose, Jeffrey et al. (2011) "The Nubian Complex of Dhofar, Oman: An African Middle Stone Age Industry in Southern Arabia," *PLoS ONE* 6.11, e28239.

Liu, Wu et al. (2010) "Human Remains from Zhirendong, South China, and Modern Human Emergence in East Asia," *Proceedings of the National Academy of Sciences* 107, 19201-19206.

*15　なお，地中海東部の中東レバント地方のカフゼー（Qafzeh）とスフール（Skhul）洞窟（イスラエル）に10万年〜13万年前にホモ・サピエンスがいたという証拠（頭骸骨の化石など）が20世紀初めに発見されました．彼らはナイル川の峡谷を通る北ルートで出アフリカしたのですが，その後氷河期の到来で7.5万年前に絶滅し，それ以外の地へは到達していないという説があるので，本節ではこれに従います．
　なお，北ルートに関する最新の知見については，Pagani, Luca et al. (2015) を参照．

Pagani, Luca et al. (2015) "Tracing the Route of Modern Humans out of Africa by Using 225 Human Genome Sequences from Ethiopians and Egyptians," *The American Journal of Human Genetics* 96, 986-991.

Scally, Aylwyn and Richard Durbin (2012) "Revising the Human Mutation Rate: Implications for Understanding Human Evolution," *Nature Reviews Genetics* 13, 745-753.

時期は、9万年～13万年前と算出されます（Gibbons 2012, 190 ページ）. これは、上述の考古学・古人類学的証拠から推定した出アフリカ時期にほぼ一致すると考えられます.

さて、言語早期発現仮説は、まとめると次のような想定をします.

（北）東アフリカのホモ・サピエンス（の1人）に13万年～15万年前に遺伝子の突然変異により UG が発現した. 自然選択によってその集団の一部にその遺伝子/UG が広まった（全員でなくてよい）ところで、それを持った、すなわち言語を持った少人数のホモ・サピエンスをリーダーとする一団が13万年前頃にアラビア半島（ジャベル・フェイ, オマーン）に渡り、さらに中国まで到達する. それぞれの地でそれぞれの集団の中でこの言語遺伝子が広まり、結果として言語が定着した. その後アジアへ6万年前に渡った集団は最初からそのほとんどのメンバーが言語を持っていただろう. 5万年前には、すべてのメンバーが言語を持った集団がナイル峡谷を通る北ルートで出アフリカする. そして、先住言語ホモ・サピエンスとは、共存・交配したと考える. このようにして言語ホモ・サピエンスが世界へ展開していった. ある程度まとまった数の人口を持つ集団に UG が広まった／言語遺伝子が定着したところで、文化, 行動, 道具などの変化・進化が起こったと考えるのが妥当である.

したがって、この言語早期発現仮説は、ヒトの文化は少しずつ段階を経てゆっくり進化したとする、最近優勢な漸進的な文化進化説[*16]と相性がよく、一方、5万年前頃に文化的・行動的「大躍進」[*17]（Klein 2009）があったとする考え方とは相容れないところがあります. 後者の考え方では、ことばが発現したのが出アフリカの頃の5万年前くらいで、それが重要な引き金となって文化, 行動の一大変化が起き, 現生人類と同じような文化・行動パターンを持つに至った, すなわち,「大躍進」が一挙に起きた, とするものです. しかし, 言語早期発現仮説が主張するように, ことばがもっと早く13～15万年前に発現したのなら, ヒトの文化, 行動が, すでにことばがあったにもかかわらずその後10万年くらいの間ほとんど変化せず, 5万年前になって突然進化したという不自然なことになってしまいます.

✂ まだまだ問題点はあるものの…

しかし、何といっても話ははるか昔のことですし、そもそもことばは化石として残るわけではありません. ここが進化言語学の最も難しい, 挑戦的な部分です. 例えば, 上述の, 10万年ほど前に南中国の智人洞にホモ・サピエンスがいたという報告ですが, さらに強固なものにするためには, 少なくとも南アジアやアラビア半島でも同時期のホモ・サピエンスの化石が発見される必要があります（Dennell 2010; Mellars et al. 2013）. そして, 一方では, 化石を使うことによって古代 DNA や遺伝子を調べる技術のさらなる精緻化なども必要です. その際, ことはヒトの

Gibbons, Ann (2012) "Turning Back the Clock: Slowing the Pace of Prehistory," *Science* 338, 189-191.

[*16] 漸進的な文化進化説については下記の文献を参照のこと.
・McBrearty, Sally and Alison Brooks (2000) "The Revolution That Wasn't: A New Interpretation of the Origins of Modern Human Behavior," *Journal of Human Evolution* 39, 453-563.

[*17] 大躍進（Great Leap Forward）：ジャレッド・ダイアモンド（Jared Diamond）の用語. Klein (2009) 前掲

Dennell, Robin (2010) "Early *Homo sapiens* in China," *Nature* 468, 512-513.
Mellars, Paul et al. (2013) "Genetic and Archaeological Perspectives on the Initial Modern Human Colonization of Southern Asia," *Proceedings of the National Academy of Sciences* 110, 10699-10704.

「ことば」の起源と進化ですから，ヒトのことばとは何か，つまり，UGには何が含まれるか，そして，その後の言語変化の過程の記述とその原理などがさらに明確にされる必要があるという意味で，言語学の役割も大きいと言えます．そして，このような学際的な研究が実を結んだところに，ヒトのことばの起源とその後の進化・変化の過程の解明があるのだろうと思います．つまり，われわれがどのようにして，いつ真の人間になったかが分かるのだろうと期待されます．

*謝辞
本章の作成に際して，藤田耕司氏，田中伸一氏からそれぞれ貴重なコメントをいただきました．また，藤田氏には関連文献の入手に際しても大変お世話になっています．いずれもここに記して謝意を表します．

【☞ まとめ】
・動物のことばには音をつないで発するという例があります．
・しかし，それらに回帰的階層構造はないし，動物はそれを認知することもできません．
・この回帰こそがヒトのことばの特徴であり，これを含むUGが発現したことをもってヒトのことばの起源と考えることができます．
・出アフリカが13万年前であるとすると，ヒトのことばのUGの発現は13万年〜15万年前であると想定できます．それを言語早期発現仮説と呼びます．

練習問題

1. これまでにも，また，最近でも，ネアンデルタール人もことばを持っていたという主張がありました/ます．このことについて，次の2つの問題を考えてみましょう．
   (a) もし彼らがわれわれと同じことばを当時持っていたとすると，それは言語の起源・進化の問題にどのような一石を投じることになるでしょうか．特に，ことばはいつごろ発現したことになるでしょう．
   (b) 彼らがことばを持っていたとしても，当時のホモ・サピエンスのことばと違うことばを持っていたとすると，それは起源・進化に関してどのような意味を持つと言えるでしょうか．
2. 本章ではヒトのUGには併合（のみ）があると想定しました．しかし，UGにはそれ以外の仕組みもある（*9），ということになったとすると，そのことは，言語の起源・進化の問題をどのように複雑にすることになるでしょうか．
3. 本章では，ヒトすべてにあり，そして，ヒトだけに固有の「ことばの素」とでもいうべき，遺伝的資質としてのUG（名前はともかく，また，その内容はどうであれ）が人類の生物学的進化史上のある時点で（13万〜15万年前に）生じ，固定したと主張しました．その時点はともかく，このようなことばの遺伝的資質というものを想定しないで，ヒトだけがことばを身につけ，他の動物はどのようにしてもそれに匹敵することばを獲得できないという，この自明の事実を説明できるでしょうか．
4. 「言語遺伝子」と称される遺伝子にはどのようなものがあるでしょうか．調べてみましょう．

Further Reading

入門書としては，池内正幸『ひとのことばと起源と進化』（開拓社）が手軽に読めます．そこから先が急に難しくなるのですが，入門・概論としては，池内正幸（編）『言語と進化・変化』（朝倉書店），（最近の）Hurford, James *The Origins of Language: A Slim Guide* (Oxford University Press), Fitch, Tecumseh *The Evolution of Language* (Cambridge University Press), Tallerman, Maggie and Kathleen Gibson (eds.) *The Oxford Handbook of Language Evolution* (Oxford University Press) があります．また，最近の研究については，藤田耕司，岡ノ谷一夫（編）『進化言語学の構築』（ひつじ書房）が挙げられます．

筆者より

　2007年4月から1年間，エディンバラ大学の言語進化・計算研究ユニットに滞在しました．そうです，いま「来ている(！)」スコットランドです．冬が長くて暗ーい，特有の気候で，地元のひとでもこころの病になるひとが出るほどです．まぁ他にすることがないので勉強するか，といった感じになるところです．教会が街のいたるところにあり，キリスト教が地についているという感じを受けます．以前にボストン近郊にしばらく住んだことがあるので，これで英米両国で生活するという貴重な経験を得ることとなりました．エディンバラ大学は，あのダーウィンを含めて，多くの著名人が在学・卒業しています．で，ここにダーウィンの銅像があればいいのですが（実際ないので）そういうわけにもいかず，写真はあの有名な哲学者デイヴィッド・ヒュームの銅像の前で．

第3章　7000もの言語！　そんなのありか!?
——そう，何でもあります！

風間伸次郎

【世界の言語】

《✍ 何が分かるか》 世界にはいったいいくつの言語があるのでしょう？　現在，200以上ある世界の国々において，6700以上もの言語が話されていると言われています．しかし，沖縄の言葉などを思い浮かべてもらうと分かると思いますが，方言なのか別の言語なのか，判断するのが難しい場合があります．アマゾン流域などにはまだよく調査されていない地域もあります．ですから世界の言語の数を正確に言うことは難しいのです．
　こんなにたくさんある世界の言語を分類する方法は，大きく分けて2つあります．1つは，互いに親戚関係にある言語のグループに分けるやり方です．つまり，それらの言語は互いに方言のような関係にあるということになります．そうしたグループを**語族**[*1]，その関係を**系統関係**[*2]と言います．もう1つは，何かの特徴に注目して，世界の言語をいくつかのタイプに分ける，というものです．これを**言語類型論**[*3]と言います．ここでは語族ごとに世界の言語をみていきましょう．日本からまずは北へ向かい，その後南へいって，西回りで世界を一周することにしましょう．その際には，類型論的特徴にも触れることにします．なお以下で［1-(1)］とあれば，それは図1の(1)を参照してください，という意味です．

✂ 東北アジアの諸言語

　話者は少ないけれども，北海道では**アイヌ語**［1-(1)］が話されています．アイヌ語はもちろん日本語の方言などではなく，まったく違った仕組みの言語です．主語や目的語などの文法関係は，名詞の側に標示される**格**（主格や対格など）によってではなく，動詞につく**人称の接辞**で示されます．例えば，eci-en-nukar. はこれ一語で「あなたたちは-私を-見る」を意味します．英語の He run-s. の -s のように主語を示す接辞だけではなく，目的語の人称も同じく接辞によって示すところが重要です．目的語と動詞で複合語を作ることもできます（このようなものを**抱合**といいます）．例えば，wakka「水」と ku「飲む」から，wakkaku「水飲む」という1つの複合動詞を作ることができます．日本語で，「名を　つける」に対して「名づける」となるのに似ています．ただし2つの単語の取り外しがかなり自由にできるところが違います．アイヌ語は，かつては日本の東北地方南部あたりでも，そして千島［1-(2)］やサハリン［1-(3)］でも話されていたことが分かっています．
　サハリン北部とその対岸の大陸には**ニブフ語**[*4]［1-(4)］という言語が話されています．何を数えるのかによって二十何種類もの**数詞**を使い分けることで有名な言語です．
　九州の対馬［1-(5)］からは海の向こうに朝鮮半島が見えます．**朝鮮語**は地理的にも近いばかりではなく，言語の仕組みも日本語ととてもよく似ています．語順はほとんど同じ，助詞や助動詞を使う文法は，細かい

[*1]　語族がさらに下位分類されたものを「語派」と言うことがあります．他方，系統関係がまだ厳密に証明できていない場合には，「語群」もしくは「語門」という用語が使われることもあります．

[*2]　系統関係を立証するには，規則的な音対応と，偶然とは思われないような文法での不規則さの一致が見いだされなければなりません．例えば「2」，「10」，「歯」は英語［5-(1)］とドイツ語［5-(22)］でそれぞれ［英］two, ten, tooth, ［独］Zwei, Zehn, Zahn（Zの綴りは[ts]で発音されます）となりますが，このように英語で[t]の音が現れるところにドイツ語では規則的に[ts]の音が現れて規則的に対応します（これを音対応と言います）．この場合は，ドイツ語の方でt>tsの変化が起きたのですが，このような対応の存在によって，その変化が起きる前は同じ形だったことが推定できます．このようにして任意の2つの言語の系統関係を解明することができます．

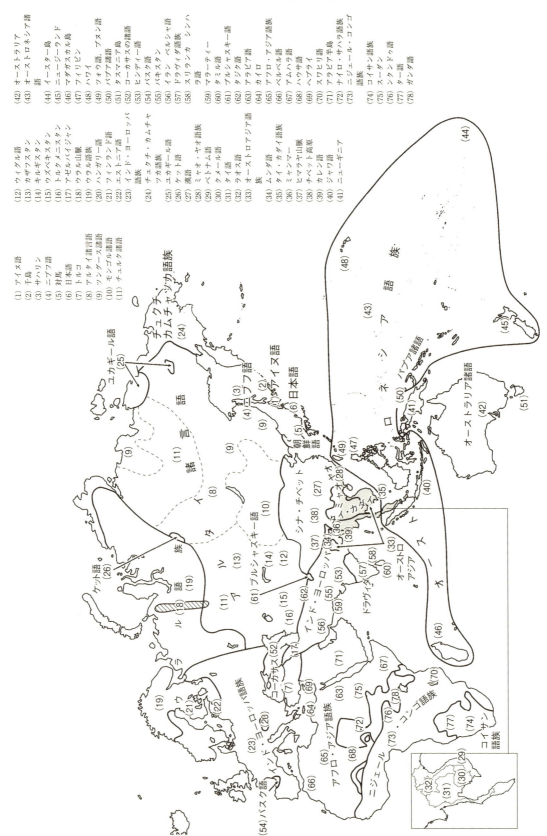

図1 ユーラシア・オセアニア・アフリカの言語地図（松本克己 (2007)『世界言語のなかの日本語』192. 三省堂をもとに作成）

ところまでとてもよく似ています．例えば，「は」と「が」とほとんど同じような働きをする助詞があるし，「〜ている」や「〜てみる」，「〜てあげる」のような**補助動詞**を用いた表現もあります．指示詞にはこれ・それ・あれのように3種類の区別があり，東南部の方言には日本語のものとも似た面を持つアクセントの区別もあります．ただし，文字と発音はちっとも似ていません．**閉音節**^{*5} や**有気音**^{*6} もあって，文字はハングルです．

アイヌ語と，ニブフ語，朝鮮語^{*7}，そして日本語 [1-(6)] の系統はどれも今のところまだ分かっていません（孤立語と言います）．

シベリアや中央アジアの諸言語

朝鮮半島から北へいくと，中国東北部からロシアのシベリアへと広大な大地が続いています．ここから中央アジアを経てトルコ [1-(7)] まで，**アルタイ諸言語** [1-(8)] の3つのグループ（**ツングース諸語** [1-(9)]，**モンゴル諸語** [1-(10)]，**チュルク諸語** [1-(11)]）が分布しています．そんなわけで，中国西部のウイグル語 [1-(12)]，中央アジアのカザフスタン [1-(13)]，キルギス [1-(14)]，ウズベキスタン [1-(15)]，トルクメニスタン [1-(16)]，さらにトルコの東のアゼルバイジャン [1-(17)] で話されるカザフ語，キルギス語，ウズベク語，トルクメン語，アゼルバイジャン語はみなトルコ語の親戚です．アルタイ諸言語の3つのグループが互いに系統関係にあるのかどうかは今のところ分かっていません^{*8}．

シベリアをさらに西へ進むと，ウラル山脈 [1-(18)] があって，そこには**ウラル語族** [1-(19)] の言語が多数分布しています．ウラル語族の言語のうちの多くはロシア領に分布していますが，ハンガリー語 [1-(20)] とフィンランド語 [1-(21)]，エストニア語 [1-(22)] の3つは独立した国の国語となっています．ヨーロッパの諸言語の多くは後で見る**インド・ヨーロッパ語族** [1-(23)] の言語なのですが，上の3つの国の言語だけはウラル語族の言語なので，周りの国の言葉とはかなり違っています．格の数が多いのがウラル語族の1つの特徴です．アルタイ諸言語とウラル語族の諸言語，かつての朝鮮語には**母音調和**^{*9} という現象があって，1つの語の中には同じグループの母音しか現れない，という性質があります．この母音調和はかつて日本語にも存在したとする説があります．これらの言語は文法の仕組みも日本語とよく似ています．具体的に言うと，SOV語順で，修飾語はふつう被修飾語に先行します（ただしフィンランド語などSVO語順を取る言語もあります）．もっぱら接尾辞を語幹の後ろにくっつけて文法関係を示す**膠着型**の言語です．

その他，シベリアには**チュクチ・カムチャツカ語族** [1-(24)] の言語や，**ユカギール語** [1-(25)]，**ケット語** [1-(26)] などいくつかの孤立した言語があります．ユカギール語は古代日本語の**係り結び**^{*10} に似た**焦点**

*3 言語類型論にはいろいろありますが，中でも語の作り方（形態論）に注目した類型論（古典的類型論と言います）や語順に注目した類型論が有名です．

古典的類型論では，世界の諸言語を孤立型／膠着型／屈折型の3つのタイプに分類します．孤立型の言語とは，接辞や語形変化をほとんど用いないタイプの言語です．膠着という用語の「膠（にかわ）」は糊（のり）という意味で，いわば糊付け型言語ということになります．このタイプの言語での文法要素は，往々にして現れないことがあります．つまりその表示が任意なのです．これに対し，屈折型と呼ばれるタイプの言語では，語は一般に一定の文法要素を必ず表示しなければなりません．英語の drink, drank にみられる現在／過去の変化のように文法を示す部分が語幹と分かちがたくなっているようなことも観察されます．

語順の類型論によれば，日本語のようにSOVの言語が約50％，英語のようなSVOの言語が約40％，タガログ語やアラビア語，アイルランド語のようにVSOの言語が約10％で，マダガスカル語のようなVOS語順の言語は少ないことが分かっています．

*4 ギリヤーク語とも呼ばれます．本章の言語名や語族名は基本的に『言語学大辞典』のものに従っています．しかし，ギリヤーク語は最近もっぱらニブフ語の名で言及されているので，ニブフ語という名称を用いることにします．

*5 英語の cat「ネコ」のような語にみられるように，子音で終わる音節を閉音節と言います．

*6 p^h, t^h, k^h など，強い気流を伴った音を有気音といいます．中国語やタイ語などにおいても，有気音は無気音と対立し，この違いによって全く別の意味の語となります．より正確には，「閉鎖音や破擦音において，閉鎖の開放から少し遅れて声帯の振動が始まる音」のことをいいます．

活用[*11]というシステムを，チュクチ・カムチャツカ語族の言語やケット語は抱合や能格構造（後述）を持っている興味深い言語です．ケット語は，近年北米のナ・デネ語族 [6-(1)] との系統関係が立証されつつあり，注目を集めています．

中国と東南アジア大陸部の諸言語

朝鮮半島から南西へ向かえば，そこには世界最大の話者数を誇る**漢語**[*12] [1-(27)] があります．ひとくちに漢語と言っても，その中は互いに通じない多くの方言に分かれています．おおよそ7つの大きな方言があると言われていて，上海方言（呉語 [2-(1)] とも），広東方言（香港の言語，粵語 [2-(2)] とも），福建方言（台湾語，閩語 [2-(3)] とも），客家方言 [2-(4)]，湘方言 [2-(5)]（湖南省の言語），贛方言 [2-(6)]（江西省の言語），そして北方方言 [2-(7)]（標準語である北京官話），とそれぞれ大きく異なっています．北の方ほどアルタイ諸言語と共通した面を持ち（例えば北方方言），南の方はタイ語にとてもよく似ています（広東方言など）．話し言葉の差はとても大きいのですが，漢字を書けば互いに理解し合うことができます．現代中国の標準語になっている北京官話は，最後にこの地を征服した北方民族の王朝清の官吏たちが話した漢語がもとになってできた言語です．中国にはさらに語族を異にする多数の少数民族言語が存在することも知っていてほしいと思います．55の少数民族の言語があると言われていますが，実際にはもっと多数の言語が話されています．下記に登場する**チベット・ビルマ語族**や**タイ・カダ

---

*7 ここでは朝鮮半島で話されている言葉，という意味で，朝鮮語という名称を使います．

*8 「諸語」という用語はふつう系統関係にある語のグループを指すので（つまり語族と言っても差し支えない場合です），アルタイ「諸語」と呼ぶのは問題があります．3つの諸語それぞれは語族と呼んでも問題ありません．ここでは『言語学大辞典』にならい，それぞれアルタイ諸言語，ツングース諸語，モンゴル諸語，チュルク諸語と呼ぶことにします．

*9 例えばトルコ語で abla「姉」の複数形は abla-lar, ev「家」の複数形は ev-ler となります．このように母音が2つ以上のグループに分かれ，1つの単語の中には同じグループの母音しか現れない，という規則がある場合，これを「母音調和」と言います．女性専用車両には女性しか乗れない，というようなシステムとよく似たしくみです．なおアフリカや北米など世界の他の地域の言語にも母音調和を持つものがあります．

*10 「ただありあけの月ぞ残れる」（百人一首にある歌の下の句です）のように，「ぞ」や「こそ」などによって文中の名詞句を強調した場合に，文末の述語が名詞的な機能の形（この例で「る」は連体形）などで終わる現象．「これこそ私が探していたものだ」（「これこそ私が探していた」では変）のように，琉球など各地の方言をはじめ共通語にも関連した現象が今も観察できます．

*11 上記の係り結びと同様，文中のある名詞を強調した場合に，文末が名詞的な機能の形になる現象です．ユカギール語の例を挙げます．met-ek mon-ul.（私-焦点 言う-分詞）「私が言ったんだ」

*12 中国で話されている言語は漢語だけではないので，ここでは「中国語」という呼び名を避け，

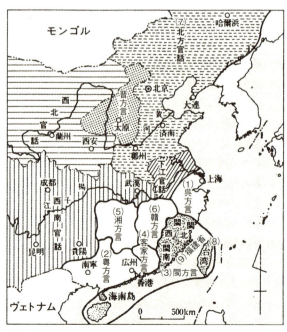

図2 漢語の方言地図（亀井孝他（編）(1989)『言語学大辞典 世界言語編 2』，903，三省堂の図をもとに作成）

イ語族以外の語族をあげれば，**ミャオ・ヤオ語族**［1-(28)］の言語などがあります．

中国の南，東南アジア大陸部にはベトナム語［1-(29)］，クメール語［1-(30)］（カンボジア語とも言う），タイ語［1-(31)］，ラオ語［1-(32)］などが話されています．漢語およびこれらの言語に共通する特徴は，語形変化がなく，主に一音節のみからなる独立語を中心にして文を作るという点です．接頭辞も接尾辞もほとんど使用しないので，典型的な**孤立型の言語**ということができます．語順はSVOで，北の方の漢語を除き，もっぱら後ろから前の語を修飾します．このように，漢語及びその南に分布する言語の文法は，日本語とは大きく異なっています．また，クメール語を除き，**声調***13 を持っている点でも特徴的です．よく知られているように漢語には4つの声調がありますが，タイ語には5つ，ベトナム語には6つの声調があります．台湾［2-(8)］や福建省［2-(9)］の言語には複雑な**声調交替***14 があります．系統的には，ベトナム語とクメール語はオーストロアジア語族［1-(33)］の言語とされていて，その親戚の言語は遠くインドでも話されています（ムンダ語［1-(34)］などです）．タイ語とラオス語はタイ・カダイ語族［1-(35)］の言語で，海南島や中国南部に同系統の言語が存在します．

大陸をさらに西へ向かうと，ミャンマー［1-(36)］を経て世界の屋根ヒマラヤ山脈［1-(37)］に到達します．その北にはチベット高原［1-(38)］が広がっています．この地域にはチベット・ビルマ語族の諸言語が分布しています．漢語もこれらと同起源で**シナ・チベット語族**をなすと考えられています．基本的に孤立型の言語が多く，声調は言語や方言によってあったりなかったりですが，語順はもっぱらSOVです．ただしカレン語［1-(39)］という言語はSVO語順を取ります．チベットの中心地の1つであるラサのチベット語はきわめて複雑な**敬語**を持っていることで有名です．英語などと比べただけで，「日本語の敬語は世界的にもまれで複雑なものです」などと書いている文献がありますが，とんでもないことです．お隣の朝鮮語やジャワ語［1-(40)］など，複雑な敬語を持っている言語は世界中にたくさん存在します．チベット・ビルマ語族の言語にはきわめてたくさんの言語がありますが，日本語の**連濁***15 によく似た現象や，「は」に似た主題のマーカー，「いる」と「ある」の区別など，日本語との類似などの観点から注目すべき特徴を持つ言語もたくさんあります．

太平洋の島々の諸言語

さてここからは太平洋の島々へ向かいましょう．ニューギニア［1-(41)］とオーストラリア［1-(42)］を除き，太平洋の島々の諸言語はみな同系統の言語で大語族**オーストロネシア語族**［1-(43)］をなすことが分かっています．北は台湾*16，東は南米大陸に近いイースター島［1-

漢語と呼ぶことにします．

*13　日本語の「雨」と「飴」のように，音の上がり下がりで違う意味の語になる現象ですが，一音節の中でも上下し，どこで上下するか，という「位置」の問題よりも，いくつ「種類」があってどう対立しているか，が問題になるものです．例えば漢語（北京官話）では，mā「お母さん」，má「麻」，mǎ「馬」，mà「叱る」のように4つの声調があります．

*14　例えば台湾語では，文法的にひとまとまりをなす1つの句において，最後の語を除き先行するすべての語で声調が交替します．第1声は第7声に，第2声は第1声に，第3声は第2声に，…と交替します（この言語の声調は8つあります）．声調交替には，句のまとまりを示す統語論的な機能があると言われています．

*15　「草花」はクサハナ，でなく，クサバナと読みますね．複合語（第II部4章参照）になったとき，日本語では後ろの単語の最初の子音が濁音に交替する，という現象があります．これが「連濁」です．ビルマ語でも，thămin「ごはん」＋sʰain「店」で，thămin:zain「食堂」という複合語が作られますが，その際に同様の音交替が起こります．

*16　台湾では漢語の福建方言に近い言語（正式には閩南語と言う），北京官話の他に，山間部でツォウ語やブヌン語［1-(49)］などをはじめとするオーストロネシア語族の言語が話されています．

(44)］，南はニュージーランド［1-(45)］，そして西はインド洋のモルディブを経てなんとアフリカの横のマダガスカル島［1-(46)］に至るまで，オーストロネシア語族の言語が話されています．この語族の言語の数は世界最大で，1200を越えます．その文法もバラエティに富んでいて，語順もSVO（インドネシア語など）が多いけれどもVSO（フィリピン［1-(47)］の諸言語など）やVOS（マダガスカル語）なんてのもあります．

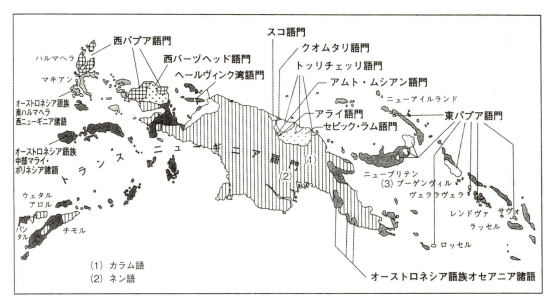

図3　ニューギニア島の言語地図（綾部恒雄（監修）（2000）『世界民族事典』，1069，弘文堂）

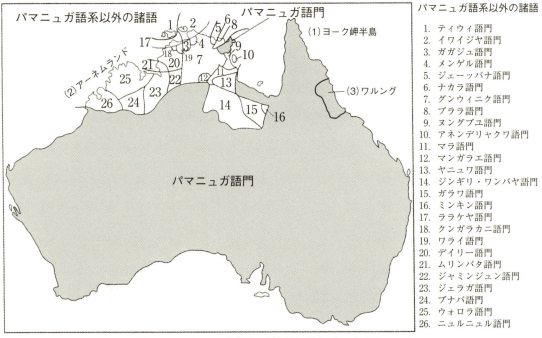

図4　オーストラリア先住民の言語地図（綾部（2000）前掲，1069）

孤立型の言語もありますし，**接頭辞**や**接尾辞**だけでなく，語の前後にセットで付ける**接周辞**[*17]，語幹の中に割って入る**接中辞**[*18] などというのもあります．文の骨組みを決める接辞は動詞の方に付くことが多く，たいていの名詞は接辞を付けるだけですぐ動詞として使えます[*19]．他方，音韻体系はどの言語も比較的簡単です．例えばハワイ語［1-(48)］は母音と子音合わせても 12 個しかありません．f もなければ s の子音もないので，San Fransisco は Kanpulankikiko となります．「〜の〜」のような所有を示す構造に複雑な体系を持つ言語[*20]も多くあります．

オーストロネシア語族の源郷は台湾もしくはその周辺とされ，そこからいつ頃どのような経路でどのように広がっていったのか，かなり詳しく解明されています．それは比較言語学と文化人類学，考古学の力を結集した，人類の偉大な研究成果の 1 つといえるでしょう．

✄ オセアニア[*21]の諸言語

ニューギニア島には，なんと 750 もの**パプア諸語**［1-(50)］が話されています（図 3）．この島は世界で最も高い密度で多くの言語が話されている地域と言えます．現在のところたくさんの語族や孤立言語群に分かれていて，個々の言語の文法などはもちろん，諸語間の相互の関係も十分に解明されていません．それどころか，まだ語彙も文法も分かっていない言語がたくさんあります．ではなぜ調査や研究をしないのでしょうか？　それは，高い山や深い森，マラリアをはじめとする熱帯の伝染病，ライフラインなどない生活，などの厳しい条件が**現地調査**を妨げてきたからです．しかし，パプア諸語の研究は徐々に進んできています．たくさんの動詞の連続でいろいろな概念を表現する言語や，6 進法の数詞[*22] を持つ言語群などがあるということが分かってきました．例えば，カラム語［3-(1)］では，「（薪などを）集める」という概念が，「行く-打つ-得る-来る-置く」のように表現されます．ネン語［3-(2)］では，200 は，widmatnds prta nambis pus a sombes と言います．これは字義通り訳せば「5, 6^2, 3, 6, and, 2」，つまり $(5 \times 6^2) + (3 \times 6) + 2$ となります．

オーストラリアの先住民の言語も多様です．大部分はパマニュガ語門の言語ですが，北部のヨーク岬半島［4-(1)］やアーネムランド［4-(2)］には多くの語族や孤立言語群が存在しています．残念ながら，残る話者はあと数人しかいないような危機的状況にある言語が多数あります．タスマニア島［1-(51)］の諸言語のように，白人の到来後に絶滅してしまった言語も多数あります．一般にオーストラリア先住民の諸言語は，多くの格を持ち，格の**一致**[*23]によって修飾関係を示すものが多く，語順は自由です．音声に関してみると，英語における p と b のような有声無声の対立がない代わりに，**調音点**[*24] が多い傾向があります．男性であれば，自分の妻の母，つまり義母に対して厳しいタブーがあり，近づいたり話したりしてはならないだけでなく，義母について言及するときには

[*17] lihat「見る」の前後に接辞が付いて，per-lihat-kan「見せる」のようになる場合，こうした接辞を接周辞と言います．これはインドネシア語の例です．他にも，チュクチ・カムチャツカ語族の言語ではこの接周辞がきわめて多く使われます．

[*18] saing「炊く」の最初の子音と次の母音の間に -in- が挿入されて，sinaing「ごはん」のようになる場合，こうした接辞を接中辞と言います．これはタガログ語の例です．フィリピンの多くの言語では，文中のどの名詞に焦点を当てるかによって動詞の形が変わりますが，そこでも接中辞が現れます．

[*19] 例えばインドネシア語の ber- という接辞は，kata「言葉」> ber-kata「言う」，jalan「道」> ber-jalan「歩く」，malam「夜」> ber-malam「泊まる」のように，名詞を片っ端から動詞にしてしまう力を持っています．

[*20] 例えばフィジー語では，「私の頭」は na ulu-ŋgu，「私の家」は na noŋgu vale，「私の水」は na meŋgu wai，「私の芋」は na keŋgu uvi となります．

[*21] ここではニューギニアとオーストラリアを指す語としてオセアニアという語を使うことにします．

[*22] 私たちが使っている数詞は 10 進法によっているので，1 が 10 集まれば「10」という次の位に，10 が 10 集まれば「100」という次の位に繰り上がります．これと同様に，6 進法を用いるネン語であれば，1 が 6 集まれば pus という次の位に，pus が 6 集まれば prta という次の位に繰り上がります．オーストラリアには，urapun (1)，okosa (2)，okosa urapun (3)，okosa okosa (4)，…のように数えていく 2 進法の言語や，3 進法の言語などもあります．

[*23] オーストラリア先住民の言語の 1 つ，ワルング語［4-(3)］で「このよい男が家を作った」のような文は yarru-ngku tyarripa-ngku pama-ngku yampa mirangan.［この-が　よい-が　男-

が 家 作った]のように表現されます．このように修飾語が被修飾語と同じ格をとることを「格の一致」と言います．英語における数の一致（these books）などに似ていますね．

*24 その音を生み出す口の中の場所のことを言います．例えばpやbなら唇が「調音点」です．ですから，口に指を突っ込んで「ガッキュウブンコ」と言おうとすると「ブ」の音がうまく発音できませんね．第Ⅱ部1章115ページ参照．

*25 *23のワルング語の例（他動詞文の例です）において，-ngkuは能格の接辞で，何も付いていないyampaは絶対格の形です．自動詞文 pama nyinan．「男が座った」では，自動詞文の主語なので，今度は pama「男」は -ngku の接辞の付かない形になります．

言語地域（linguistic area）

*26 tやsなどを，舌をより後ろに反らせて発音するものです．

*27 英語の make/let someone come…のように2語以上によって使役の構造を組み立てるのではなく（分析的な使役，と言います），日本語の「来-させる」のように「来る」という動詞の語幹から派生させて作った1つの語で使役を示すものを，派生的な使役（もしくは統合的な使役）と言います．

*28 英語では He looked into her eyes and closed the door.のように，連続して起きた動作を表現するのに and のような接続詞を使うのが普通です．しかし日本語やヒンディー語では「彼は彼女の目を見てドアを閉めた」，usne uskii āākhō mē **dekhkar** darwaazaa band kar diyaa.のように，dekhnaa「見る」，という動詞の形が dekhkar「見て」のような形に変化することによって動作の連続を示します．

特別な敬語（遠ざけて話す，ということから敬遠体と呼ばれています）を使わなければならない，というのもこの地域の言語の顕著な特徴です．

またこの地域には，自動詞主語と他動詞目的語が同じ格形を取る**能格絶対格構造の言語**[*25]がたくさんあります．私たちのよく知っている日本語や英語は主格対格構造の言語なので，あまりなじみがありませんが，能格絶対格構造の言語は他にもチュクチ・カムチャツカ語族の言語やエスキモー・アリュート語族[6-(2)]の言語，チベット・ビルマ語族の言語やコーカサスの諸語[1-(52)]，さらにヒンディー語[1-(53)]やバスク語[1-(54)]など，世界中にたくさんあります．

	主格対格構造の言語	能格絶対格構造の言語
自動詞文	Aさん■　走った	Aさん●　走った
他動詞文	Aさん■　パン◆　食べた	Aさん▲　パン●　食べた

■，◆，●，▲はそれぞれ名詞に標示される格，すなわち日本語で言えばガやヲのようなものを示します．■が主格，◆が対格，●が絶対格，▲が能格，ということになります．

✂ インド・イランの諸言語

方向を変えて西を目指し，インドに入りましょう．インド北部，さらにパキスタン[1-(55)]やイラン[1-(56)]の諸言語は，ほとんど**インド・ヨーロッパ語族**の言語です．つまりは英語[5-(1)]やフランス語[5-(2)]の遠い遠い親戚ということになります．一方インド南部の諸言語は**ドラヴィダ語族**[1-(57)]の諸言語です．したがってインドの諸言語はおおまかに言えば南北で系統の異なる2つの語族の言語群に分かれているのですが，両者は何千年にわたって共存するうちに，互いに似通ってきました．ですから，現在のインドは，共通した諸特徴を持つ言語群で構成された1つの**言語地域**となっています．その諸特徴とは，そり舌音[*26]，派生的な使役[*27]，日本語のテ形のような形[*28]や補助動詞[*29]の使用，与格構文[*30]，エコーワード[*31]，SOV語順，修飾語−被修飾語の語順，など多岐にわたります．SOVで修飾語−被修飾語の語順を持つ点や，「テ形」や補助動詞を使用する点などは，日本語やアルタイ諸言語ともよく似ています．スリランカ[1-(58)]のシンハラ語[1-(58)]は，「いる」と「ある」の区別がありますが，これは日本語以外の言語ではなかなか珍しいことです．インド・ヨーロッパ語族のマラーティー語[1-(59)]やヒンディー語には，多くの印欧語のように名詞に男性名詞や女性名詞といった**（文法）性の区別**[*32]がありますが，ドラヴィダ語族のタミル語[1-(60)]にもこのような区別があります．ヨーロッパなどに多数暮らしているロマ（ジプシー[*33]）の人々の言語は北インドの言語とよく似ており，ジプシーたちは北インドから広がっていったものと考えられています．

なおパキスタンの北部，カラコルムの山奥深くでは，系統不明の**ブル**

シャスキー語［1-(61)］が話されています．名詞類別*34 を持つ SOV で能格型の言語です．

　イランの言語ペルシャ語［1-(56)］は，この地域の高い文明の中心となって周りの諸民族に大きな影響を与えてきた言語です．タジキスタンのタジク語［1-(62)］もこのペルシャ語の仲間です．

✂ 中東とアフリカの諸言語

　イランからイラクに入ると，そこはアラビア語［1-(63)］の世界です．ここから西へ，アフリカの北部に至るまで，アラビア語が共通語として通用します．エジプトのカイロ［1-(64)］はアラビア語圏の最も大きな中心の1つです．アラビア語はアフロ・アジア語族*35［1-(65)］の言語で，この語族にはアトラス山脈地域のベルベル語［1-(66)］や，エチオピアのアムハラ語［1-(67)］，ナイジェリアのハウサ語［1-(68)］などが属しています．アラブ諸国との紛争が絶えませんが，イスラエルのヘブライ語［1-(69)］もアフロ・アジア語族の言語です．ヘブライ語はイスラエル人が世界に散っていったん消滅しましたが，2000年の後，イスラエル建国とともに復活した言語です．復活が可能であったのは，旧約聖書*36 という重要な文献資料が残されていたためです．アラビア語は，3つの子音によって語のおおよその意味が決まり，母音の変化によって文法的な情報を伝えます（**内的屈折***37 と言います）．英語で，s<u>i</u>ng-s<u>a</u>ng-s<u>u</u>ng, dr<u>i</u>nk-dr<u>a</u>nk-dr<u>u</u>nk などと変化するのとよく似ていますが，このような変化が大部分の語で行われるのです．

　アフリカには，アフロ・アジア語族の他に，**ナイロ・サハラ語族**［1-(72)］，**ニジェール・コンゴ語族**［1-(73)］，**コイサン語族**［1-(74)］の言語が分布しています．ナイロ・サハラ語族にはマサイ語などが属しています．ナイロ・サハラ語族の言語はスーダン［1-(75)］などをはじめとする国々で話されていますが，この地域は紛争が多く危険なため，まだ十分に研究されているとは言えません．ニジェール・コンゴ語族には，アフリカの言語としてよく耳にすることのあるスワヒリ語が属しています．スワヒリ語は，もともと貿易風に乗ってアフリカの東海岸にやってきたアラビア人たちと現地のアフリカ人たちの意思疎通の手段として発達した言語でした．「スワヒリ」という名称は「海岸」を意味しています．スワヒリ語の名詞はたくさんの**名詞クラス**に分かれていて，それぞれのクラスを示す接頭辞があり，これを一致することによって文法関係を示します．例えば「ナイフ」は ki- 類の名詞ですが，「一本の小さいナイフ」は <u>ki</u>-su <u>ki</u>-dogo <u>ki</u>-moja となり，「2冊の大きな本」なら <u>vi</u>-tabu <u>vi</u>-kuwa <u>vi</u>-wili となります．アフリカではゆったりと時が流れているようなイメージがあると思いますが，この語族の言語は大部分が複雑な**時制**のシステム*38 を持っています．なお，同じニジェール・コンゴ語族でも，西アフリカの多くの言語は中国や東南アジア大陸部で見たよう

*29　日本語には，「〜て みる」，「〜て おく」，「〜て あげる」などのように，テ形に続くと，単独で使われるときとは違って，文法的な働き（例えば「〜て みる」なら try to do のような意味）を示す動詞がありますが，これを補助動詞と言います．

*30　英語における I have a fever. のような文は日本語やヒンディー語では「私に熱がある」，mujhe buxaar hai. のように表現されますが，下線部分のように「与格」の形が現れます．

*31　語を繰り返し，その2つ目の部分の初めの音を少し変えて作るものを「エコーワード（もしくは「反響語」）」と言います．例えばカンナダ語で hola「野原」が hola-gila となると，「野原かどこか」という意味で用いられます．

*32　例えばフランス語［5-(2)］で，soleil「太陽」は男性名詞ですが，lune「月」は女性名詞です．このように基本的に人間や動物だけでなく，すべての名詞に性があって，語と語の修飾関係を示したりする機能を持っているものを，「(文法)性」と言います．

*33　一般に「ロマ」は，頻繁に移動しながら生活している人々を指す語として用いられています．「ジプシー」という呼び名が広く使われてきましたが，差別的なニュアンスがあることから最近ではロマという呼び名が使われるようになってきています．

*34　先に挙げた（文法）性や，日本語の助数詞「匹，本，枚，…」のように生物か無生物か，形状が長細いか平たいか，などの基準によって，名詞がいくつかのグループに分かれている場合に，これを広く「名詞類別」と言います．スワヒリ語［1-(70)］などで名詞クラスと呼ばれているものも，この名詞類別の一種です．ブルシャスキー語の場合，名詞は①人間の男

な孤立語です．おもしろいことに声調がある点まで似ています．もっとも，語族にかかわらずアフリカの諸言語の大部分には声調があります．笛やタイコによって情報を伝える，いわゆる笛言語やタイコ言語も発達しています．声調の変化によって，数や時制などをはじめとする文法概念を示すのもアフリカの言語によく見られる特徴です．たとえば，ンクンドゥ語［1-(76)］では，ákìsàkí「彼は座った」（今日），ákìsàkí「彼は座った」（今日以前），といった具合です．

コイサン語族の言語は，ブッシュマンなどと呼ばれていた狩猟採集民や，ホッテントットと呼ばれていた牧畜民の言語です．この語族の言語は**音素**が多いことで有名で，世界一音素が多いのはこの語族のター語［1-(77)］で，84〜159ある（！）と言われています*39．音素が多い原因は，舌打ち音が多数あるためで，それが伴う伴奏音的特徴*40を別扱いにするかどうかで音の数は大きく変わってきます．しかしいずれにせよ世界で最も音素の多い言語であることには変わりがありません．また**舌打ち音**があるのは世界中でもこの語族の言語と，その周辺の言語だけです．文法を見ると，やはり名詞に男女の性があります．ここではおもしろいことに長細い物は男性名詞，丸い物や形のはっきりしない物は女性名詞に分類されます．

コーカサスの諸言語

アフリカから中東を経てヨーロッパに向かうと，まず黒海［5-(3)］とカスピ海［5-(4)］（実際は湖）に挟まれた地域にある高い山脈にぶつかります．これがコーカサス山脈［5-(5)］です．ここにはヨーロッパ最高峰のエルブルース山［5-(6)］（5642 m）があります．この地域は言語研究者たちにとってすごく重要な場所です．なぜなら周囲のどの語族にも属さない40ほどの言語がこの山脈の両側に分布しているからです（その周囲はインド・ヨーロッパ語族やアフロ・アジア語族，アルタイ諸言語などの言語で囲まれています）．しかもその諸言語は興味深い特徴をいろいろ持っているうえ，きわめてバラエティに富んでいます．言語名でよく耳にするのは，独立国であるジョージアのグルジア語［5-(7)］でしょう．グルジアは山脈の南側にあります．山脈の北側はロシア領で，グルジア語とその他いくつかの言語を除く他の言語はほとんどこの北側に分布しています．中でもチェチェン語［5-(8)］を話す人々はイスラム教徒であることもあり，ロシアから独立しようと戦いを続けているので，ニュースなどでその名前を聞くこともあると思います．山の北側の言語は東西に分かれ，その東西で言語の性格が大きく違います．東の言語はたいてい格がとても多いのに対して，西の諸言語は動詞の人称変化がとても複雑なのに名詞の格がなかったりします．音声についてみると，ウビフ語［5-(9)］など，音素，特に子音がとても多い言語があります．一方で，なんと母音が2つしかない，もしくは**音韻論**の考え方によっては**母**

性，②人間の女性，③動物・具体的な物，④抽象的な物，⑤地名などの5つのグループに分かれていて，そのグループによって修飾する数詞の形などが違ってきます．

＊35 アフロはアフリカ（北部）のことで，アジアはアラビア半島［1-(71)］をはじめとする地域を西アジアと捉えていることからくる名称です．

＊36 旧約聖書はユダヤ教およびキリスト教の正典．紀元前13世紀以降に，約千年にわたって作られてきたものと推定されています．

＊37 アラビア語では例えばQ-T-Lの3つの子音により，「殺」す，という意味がまず決まります．その間に現れる母音を変えることにより，QaTaLa「（3人称・単数・男性の者が）殺した」，QaTaLti「（2人称・単数・女性の者が）殺した」，QāTaLa「殺し合う」，'aQTaLa「殺させる」，QaTL「殺害」，QāTiL「殺人者」，のように文法的／派生的意味が変わります．

＊38 例えば，ウガンダのガンダ語［1-(78)］では，nàkózè「私は働いた（最近）」，nákólà「私は働いた（以前）」，ǹkózè「私は働いていた（今まで）」のような区別があります．本文中のンクンドゥ語の例も参照して下さい．

＊39 多くの言語の音素の数は平均的に30前後であるので，この言語の音素がいかに多いか，分かっていただけると思います．

＊40 舌打ち音は，kやgを発音する場所（軟口蓋と言います）に舌がついて発音されることから，これらの言語では舌打ちの後にkやgのたぐいの音が連続して現れます．これを伴奏的特徴と言います．

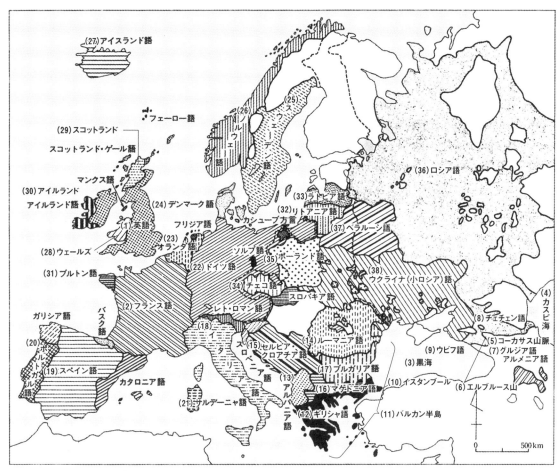

図5 ヨーロッパ／バルカン半島／コーカサスの言語地図（亀井孝他（編）（1988）『言語学大辞典 世界言語編 1』, 724, 三省堂の図をもとに作成）

音が1つもないと考えられる言語が存在することでも有名です．能格言語や **20進法**の数詞などもこの地域の言語に顕著な特徴です．

✂ バルカン半島の諸言語

東西文化の接点，アジアとヨーロッパの境界であるイスタンブール［5-(10)］からヨーロッパに入ると，そこはバルカン半島［5-(11)］です．この地域の言語はみなインド・ヨーロッパ語族の言語ですが，その中でも一言語で独立した一派をなすギリシャ語派［5-(12)］やアルバニア語派［5-(13)］，ロマンス語派のルーマニア語［5-(14)］，スラブ語派のセルビア・クロアチア語［5-(15)］，マケドニア語［5-(16)］，ブルガリア語［5-(17)］など，系統的にはかなり異なった言語が混在しています．ですから語彙は全然違うのですが，文法の仕組みは互いに驚くほどよく似ています．これは長い間の言語接触の結果，互いに似てきてしまったのだと考えられており，この言語群は**バルカン言語連合**と呼ばれています．具体的にいうと，与格と属格が同じ形式だったり，後置**冠詞**[*41]を用いた

*41 「冠詞」というと，語の前にくるものを想像するかもしれませんが，英語の the のような働きをする要素が語の後ろに現れる言語もあるのです．これはスウェーデン語など，北欧の言語にもあります．バルカン半島の言語では，kniga-ta "book-the"（ブルガリア語），lup-ul "wolf-the"（ルーマニア語），mal-i "mountain-the"（アルバニア語）のようになります．

り，want にあたる動詞で未来形を作ったりする点などが似ています．

✄ ヨーロッパの諸言語

そこから北のヨーロッパには，大きく分けて4つのインド・ヨーロッパ語族の語派が分布していますが，それはロマンス語派，ゲルマン語派，ケルト語派，バルト・スラブ語派です．

ロマンス語派はいわば**ラテン語**の子どもたちで，ルーマニア語，イタリア語［5-(18)］，フランス語，スペイン語［5-(19)］，ポルトガル語［5-(20)］のほかに，サルディーニャ島のサルディーニャ語［5-(21)］や，さらにアルプス山中のレト・ロマン語などがあります．ロマンス諸語では一般に名詞の格変化が失われ，中性名詞も主に男性名詞と合流してなくなりました．他方，冠詞は発達し，語順もSVOに固定化する傾向にあります．ポルトガル語はブラジルその他の国語として，スペイン語は中南米の大部分の国の国語としても広く話されています．

なおスペインとフランス国境のピレネー山中では，系統不明の**バスク語**［1-(54)］が話されています．20進法の数詞を持ち，能格型の言語である点では，コーカサスの言語とも似ています．

ゲルマン語派の言語にはドイツ語［5-(22)］，オランダ語［5-(23)］，英語のほか，デンマーク語［5-(24)］，スウェーデン語［5-(25)］，ノルウェー語［5-(26)］，アイスランド語［5-(27)］などの北欧の諸言語があります．アイスランド語は古い時代の英語の姿を今に伝える興味深い言語で，男女中の3つの性や動詞の人称変化などをよく保っています．ほとんど**外来語**を容れていないという点でも保守的な言語です．ドイツ語も3つの性を保ち，**従属節**はSOV語順である点など，より古い印欧語の特徴をいくつか保っています．主に冠詞で格を示したり，長い複合語を作れたりするところもドイツ語の特徴と言えるでしょう．北欧の諸言語では男性名詞と女性名詞の変化が同じになり，2つの性（中性と共性といいます）になっていたり，名詞の格変化や動詞の人称変化が衰退したりしています．他方若干（日本語の雨と飴のような）高低によるアクセントの対立が見られます．しかし，最も語形変化が衰退したのは英語でしょう．動詞の現在時制では3人称単数の -s ぐらいしか変化がないし，名詞（人称代名詞を除く）には性はもちろん格もほとんどなくなってしまいました．世界各地に英語が広がっていることは皆さんご存知の通りです．でも最初はドイツの方から海を渡ったアングロとサクソンの2つのグループの人々の言葉にすぎなかったんですね．

イギリスのウェールズ［5-(28)］やスコットランド［5-(29)］，アイルランド［5-(30)］にはケルト諸語が分布しています．ケルト諸語は，かつては現在のフランスやドイツなどにも広く分布していたことが分かっています．今でもイギリスのほかにフランスにもブルトン語［5-(31)］があります．VSO語順を持ち，側面摩擦音[*42]を多く用いるなど，独自

[*42] 英語の[l]を発音しながら，舌の横の空間を狭め，摩擦を起こすようにすると出る音です．無声のものもあります．

の特徴を持った言語群です．

　さらに東へ向かうと，リトアニア語［5-(32)］，ラトビア語［5-(33)］からなるバルト語派の言語，チェコ［5-(34)］，ポーランド語［5-(35)］，ロシア語［5-(36)］，ベラルーシ語［5-(37)］，ウクライナ語［5-(38)］などからなるスラブ語派の言語があります．上で見たバルカン半島にも，いくつかスラブ語派の言語がありましたね．これらの言語は名詞や動詞の語形変化をよく保ち，語順はかなり自由であるなど，より古い印欧語の特徴をよく保持しています．他方，冠詞や have に当たる動詞の諸機能などはあまり発達していません．スラブ諸語の内部にも違いがあり，ロシア語など東のスラブ語は格変化をよく保っている代わりに動詞のアスペクトや時制がやや簡単になっています．逆に南のブルガリア語などでは動詞の変化が複雑な代わりに名詞の格変化などは衰退しています．

✂ 北米の諸言語

　さてここからはコロンブスのようにヨーロッパから新大陸を目指しましょう．北米大陸の一番北には，エスキモー・アリュート語族の諸言語があります．エスキモーはもっぱら木も生えないような寒いところに住んでいますが，グリーンランド（デンマーク領）［6-(3)］やカナダ，アラスカ［6-(4)］の北極圏に沿ってぐるりと住んでいて，さらにはベーリング海峡を挟んだアラスカ対岸のアジア側にも住んでいます．つまり新旧両大陸にまたがって住む唯一の民族というわけです．エスキモー語は，語幹どうしの複合は許しませんが，1つの語幹にたくさんの接尾辞を付けて，長い長い**複合体**を作ることのできる言語です．例えば，エスキモー語で

　　qaya-pi-li-ste-ngur-cu-llru-nrit-ua.

と言うと，「私は本物のカヤック作りにはなりたくなかった」という意味の1単語（！）になります．日本語でも「立た-せ-られ-な-かった」はわりと長い1単語ですが，これのもっとうわての言語というわけです．このように比較的多くの形態素から語を形成するタイプの言語を，**複統合的な言語**と言います．エスキモー語は，能格型の言語で，主語だけでなく目的語の人称も動詞に標示する言語です．エスキモー語の**指示詞**は三十数種類もあります．つまり日本語で「これ」とか「あれ」とかいうような言葉で，氷の上にいるか下にいるか，近いか遠いか，見えるか見えないか，動いているかいないか，動いていればどっちの方へ向かっているどんなものか，などを1語で即座に言い表すことができるというわけです．エスキモーの文化では，亡くなった人の名前は**タブー**とされていて，新しく生まれた子どもに付け直されるまでは，口にすることができません．しかも，例えば「お舟」さんという人が亡くなると，舟という単語も言えなくなります．「海に出るときに乗るヤツ」とか何とか言わ

III. ことばの広がりを探る

なければならなくなるのです.
　もう少し内陸に行くと，カナダの西部やアラスカにはナ・デネ語族の言語が分布しています．ずっと南になりますが，ネイティブ・アメリカンの言語では最も有名で，一番人口も多いナバホ語 [6-(5)] もこのナ・

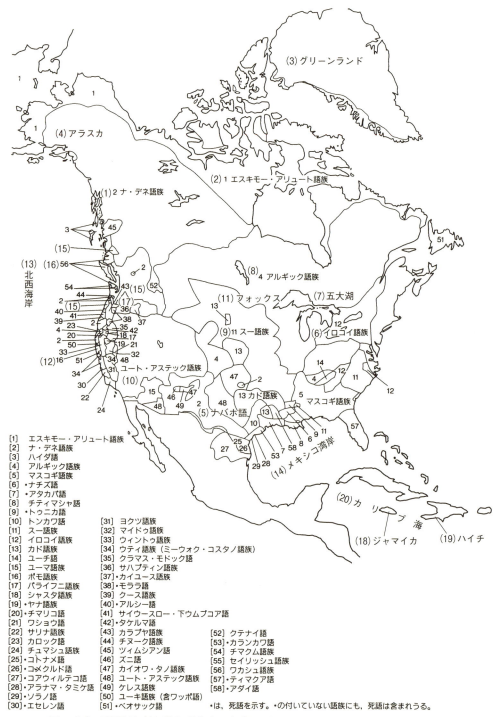

図6　北米の言語地図（宮岡伯人（編）（1992）『北の言語：類型と歴史』64, 三省堂をもとに作成）

デネ語族の言語です．この語族の言語の**形態論**はとても複雑で，接頭辞をたくさん使います．「ある」とか「運ぶ」などの動詞を，対象物によって様々に言い分けたりする**類別動詞**が発達していることでも知られています．カナダ北東部にはイロコイ語族［6-(6)］，五大湖［6-(7)］周辺などにはアルギック語族［6-(8)］，北米中央部にはスー語族［6-(9)］やユート・アステック語族［6-(10)］の言語などが分布しています．アルギック語族の言語には，3人称の人物がいるところにもう一人別の3人称の人物が出てきたときにこれを指す**4人称**の代名詞があったり，動作・行為の方向を反転する**反転**接尾辞があります．これは，例えば日本語のやりもらいの動詞で，「私は彼に　読んであげた」を「私は彼に　読んでもらった」のように行為の方向を逆にするのとよく似ています．例えばフォックス語［6-(11)］では，ne-waapam-aa-wa（1人称単数–見る–順行–3人称）「私は彼を見る」に対して，ne-waapam-ek-wa（1人称単数–見る–逆行–3人称）「彼は私を見る」のようになります．ポモ語［6-(12)］には，ある行為を「自分が実際に目で見て知ったのか」／「人から聞いて知ったのか」／「何らかの根拠から推測したのか」などの違いを必ず表現し分けなければならない，という文法カテゴリーがあります．これは日本語で「〜したそうだ」や「〜したようだ」などを使い分けるのと似ています．このような文法カテゴリーを**証拠性**と言い，現在その研究が注目されています．

証拠性（evidentiality）

　他にも北米にはたくさんの語族と孤立した諸言語が存在します．ただ残念なことにどの言語も話者数が少なく，その多くが消滅の危機に瀕しています．北西海岸［6-(13)］とメキシコ湾岸［6-(14)］には特に多くの言語が分布していますが，メキシコ湾岸の言語の多くはすでに**死語**となってしまっています．言語の特徴から見ると，北西海岸の諸言語はきわめてバラエティに富んでいて，興味深い現象がたくさん観察されます．セイリッシュ語族［6-(15)］やワカシュ語族［6-(16)］からなるモース諸語は，**名詞と動詞の区別がない**，もしくは非常に難しいことで有名です．例えばヌートカ語では，mamo:k-ma qo:ʔas-ʔi.（働いている–彼　男–は）［-ma は直接法3人称，ʔi は主語］「その男は働いている」に対して，qo:ʔas-ma mamo:k-ʔi.（男ってる–彼　働いている者–は）「働いているのは男だ」のように表現できます．スライアモン・セイリッシュ語で，(a) qʼətxʷ-uɬ は「それは燃えた」という意味ですが，同じ接尾辞がついた (b) manʼ-uɬ は「亡くなった父」という意味になります．つまり，他の言語から見れば，(a)では動詞的な意味が，(b)では名詞的な意味が実現していることになります．意味論的におもしろい事実を1つ示すと，例えばネズパース語（サハプティン語族［6-(17)］）では太陽のことも月のこともヒーサムツゥクスと言います．昼出てくる天体と夜出てきて満ち欠けする天体と2種類あるけれど，彼らにとってはどちらもヒーサムツゥクスというわけです．

*43 異なる言語を話す人々が意志疎通のために臨時に作り出した簡易な言語が慣習となったものをピジンと言い（第III部4章参照），これがさらにその後の世代の母語となったものをクレオールと言います．アフリカから奴隷として連れてこられた人々は，様々なアフリカの部族語を母語としていたために，ピジンが発達し，中継地点であるカリブ海の島々に根付いたのです．なおクレオールは世界の他の地域にもたくさん存在します．

なお，ジャマイカ［6-(18)］やハイチ［6-(19)］など，カリブ海［6-(20)］の島々では，英語やフランス語を素材としたクレオール*43が話されています．この状況はかつてアフリカからたくさんの人々がアメリカに奴隷として連れてこられたという歴史に起因しています．

✂ 中南米の諸言語

中米には，ユート・アステカ語族［7-(1)］，ミヘ・ソケ語族［7-(2)］，オトマンゲ語族［7-(3)］，マヤ語族［7-(4)］，トトナック語族［7-(5)］などの大きな語族があり，その他にさらに小さな語族や孤立した諸言語が存在します．マヤの人々はかつて高度なマヤ文明を築いた人々です．VSOなどの語順の能格型の言語を話しています．

南米にも多くの語族の言語や，系統がまだ明らかでない小言語，孤立した言語などが話されていますが，やはり話し手の少ない危機言語が多く存在します．他方，研究はまだ十分でなく，日本には専門家が少ない

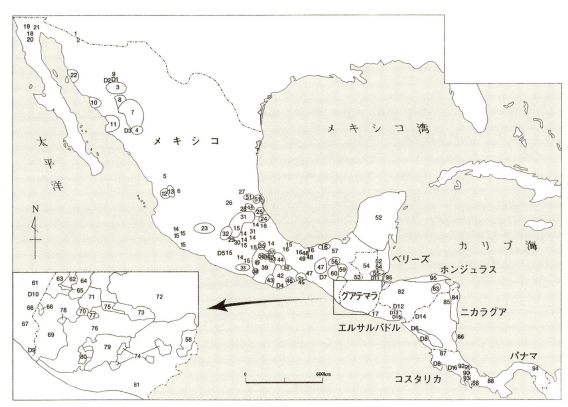

図7 中米の言語地図（綾部（2000）前掲，1025）

(1) ユート・アステカ語族1～17, D4, クィトラテコ語D5, ユマ語族18～21, セリ語22, タラスコ語23.
(2) ミヘ・ソケ語族47～50, D9.
(3) オトマンゲ語族26～44, D7, D8, ワペ語45, オアハカチョンタル語46.
(4) マヤ語族51～80, D10, D11, シンカ語81, レンカ語族D12, D13, トル語82, パヤ語83, ミスマルパ語族84～85, D14, D15, チブチャ語族86～94, アラワコ語族95.
(5) トトナック語族24～25.

3. 7000もの言語！ そんなのありか!? ——そう，何でもありです！

図8 南米の言語地図（綾部（2000）前掲, 1046；木村秀雄作図；一部改編）

ため，その研究も日本によく紹介されているとは言えません．アマゾン河［8-(1)］下流のカリブ諸語［8-(2)］は，**基本語順**がOVSやOSVであるという点で，世界の言語の中でもとてもユニークな存在です（＊3参照）．やはりアマゾン流域の言語であるピラハー語[*44]［8-(3)］は音素の数が10個で，これはブーゲンヴィル島［3-(3)］のロトカス語（パプア諸語）と並んで世界で一番音素の数が少ない言語の一つです．ケチュア語［8-(4)］を話している人々はかつてインカ文明を築いた人々の末裔です．上述したように，ほとんどの国の国語はスペイン語ですが，パラグアイ［8-(5)］ではスペイン語と並んで，インディオの言語であるグアラニー語［8-(6)］が国語になっていて，印刷物等も多数出版されています．

*44 150ページのFurther Reading, 169ページの＊23で触れた「ピダハン語」と同じ言語です．

> 【☞ まとめ】・このように，地球上には様々な言語があります．どの言語にも独自の音韻体系や文法があり，その言語を話す人々が築き上げてきた文化や考え方があります．そしてそれぞれの言語の文法などの精緻なシステムは，その言語を話す人の数や，話す人々の経済力の違いとはまったく関係がありません．
> ・トンボだけを見ていても昆虫全体のことは分かりませんし，フランス料理だけを食べて，「世界の人類の食べ物のことは分かった」などとは言えませんね．幅広く世界の言語を見なければ，人間の言語についての真実を知ることはできないのです．
> ・**言語の普遍性**，ということが言われます．世界のすべての言語に通じる特徴，ということですね．しかしこれは1つでも例外があればもう成立しません．その言語は数人しか話者が残っていないオーストラリア先住民の言語でも，何億人が話す漢語でも同じです．母音のない言語はない，とか，名詞と動詞の区別のない言語はない，とか，自分らの言語だけを見ていれば当たり前のことのように感じられることを，世界の言語のすべてに当てはまる普遍的特徴として主張した研究者がいました．しかし反例となるような言語が見つかることは，この章で見たとおりです．
> ・残念ながら，現在話し手がもうあとわずかしかいない，**絶滅の危機に瀕した言語**が多く存在します．1つの言語を失うことは，長年にわたり蓄積されてきた貴重な民族知識や文化を丸ごと失うことになるばかりでなく，**言語の多様性**を少しずつ失ってしまうことでもあります．

練習問題

1. 自分の身近で聞かれる方言について，標準語とは同じ語形なのに違う意味範囲を持った語を探してみよう．
2. 沖縄をはじめとする琉球ではどんな言葉が話されているか，調べてみよう．身近に沖縄出身の人がいれば，話を聞いてみよう．
3. アイヌ語の復興について，どんな取り組みがなされているか，インターネットなどで調べてみよう．
4. 何も見ないで，自分で世界地図を書いてみよう．さらに，そこに自分の知っている言語や語族の名前を書き込んでみよう．これは，あなたの世界観を確認する作業，ということになりますね．

Further Reading

梶茂樹，中島由美，林徹（編）『事典 世界のことば141』（大修館書店）と柴田武（編）『世界のことば小事典』（大修館書店）は，各言語について各4ページにまとめてあって，気楽にいろんな言語に触れることができます．東京外国語大学語学研究所（編）『世界の言語ガイドブック1 ヨーロッパ・アメリカ地域』（三省堂）と東京外国語大学語学研究所（編）『世界の言語ガイドブック2 アジア・アフリカ地域』（三省堂）も一般向けで，もう少し深く世界の言語を知りたい，という人にお勧めです．千野栄一（監修）『世界ことばの旅 CATALOG OF 80 LANGUAGES』（研究社出版）では，80の言語の生の声を聞くことができます．大角翠（編著）『少数言語をめぐる10の旅』（三省堂）や津曲敏郎（編）『北のことばフィールドノート［18の言語と文化］』（北海道大学図書刊行会）では，世界の言語の実地調査の現場に触れることができます．専門書ですが，世界の言語について正確によく知りたい場合には，何と言っても亀井孝，河野六郎，千野栄一（編）『言語学大辞典 世界言語編1〜5』（三省堂），亀井孝，河野六郎，千野栄一（編）『言語学大辞典 術語編6』（三省堂）です．どんなものか，とにかく一度手に取ってみることをお勧めします．言語類型論については，どれも少し難しいかもしれませんが，コムリー，B.（著），松本克己，山本秀樹（訳）『言語普遍性と言語類型論』（ひつじ書房），サピア，E.（著），安藤貞雄（訳）『言語 ことばの研究序説』（岩波文庫），角田太作『世界の言語と日本語』（くろしお出版），ウェイリー，リンゼイ J.（著），大堀壽夫他（訳）『言語類型論入門』

（岩波書店）で学ぶことができます．特にサピアの『言語 ことばの研究序説』は100年近くたっても価値が衰えず，今も売れ続けているスゴイ本です．エヴァンズ，ニコラス（著），大西正幸他（訳）『危機言語 言語の消滅でわれわれは何を失うのか』（京都大学学術出版会）は最近出た本ですが，題名とは異なり，言語全般についての最も興味深い本となっています．

筆者より

　世界の言語や言語類型論などに関心を持って学んでいる私ですが，本業と言うべきなのは，ロシア極東や中国東北部で話されているツングース諸語という少数民族の言語の実地研究です．つまり，私は「フィールドワーカー」ということになります．もう100回近くロシアや中国に現地調査に行きました．旅先ではいろいろとたいへんなこともありますが，話し手の口から出てくる「ことば」に直接触れながら，ああ私は「言語」そのものを相手に研究しているんだな，と思える充実感がその魅力です．
（ロシア極東の街，ハバロフスクに向かうところ．新潟空港にて）

第4章　世界の英語はピジンから始まった？

杉本豊久

【世界の英語／言語接触の諸相】

《🖉何が分かるか》 いま世界中で英語が話されていますが，どこでも同じ英語が話されているのではありません．世界各地で様々な英語が使われていて，英語を使っているはずなのにお互い理解できないことさえあるのです．どうして様々な英語が生まれたのでしょうか？　多くの場合，それらの地域で異民族の交流があり，言語接触という普遍的現象が生じたからです．その結果生まれるのがピジン英語です．世界各地で，いや日本でもピジン語が生まれました．それらの言語的特徴に驚くほどの共通性があるのが分かります．

「英語でしゃべらナイト」，「バリバリバリュー」，「おしゃれイズム」．これらはいずれも皆さんよく御存じの，新聞のテレビ番組欄から集めたカタカナ英語を含む日本語表現です．それぞれの表現の中に「ナイト (night)」，「バリュー (value)」，「イズム (-ism)」などの英語に由来すると思われる表現が含まれています．これらは，一般には外来語とかカタカナ英語などと呼ばれています．

このような日本語に見られる綴り字の一形態としてのカタカナ表記を，本章でご紹介する接触言語としてのピジン・クレオール[*1]やスコットランドの言語事情を反映するグラスゴー方言の発音と綴り字とを比較すると，普遍的な特徴とそれぞれに独自の特徴が併存していることが分かります．私はそこには，この種のカタカナ表現と，これから後で述べる様々な英語系変種（ピジン・クレオール，スコットランド方言など）にみられる綴り字の，背後にある心理的特性に共通するものがあると考えています．

日本で普段生活していますと，ピジン・クレオールといってもぴんときませんが，私はこうした日本のカタカナ語表記もピジン・クレオールの萌芽と捉えています．本章では，それを探っていきます．

✂ 明治維新の横浜ピジン英語

ピジン語というと，研究の世界では英語と様々な地域の地元の言語との接触で生まれたものが有名です．しかし日本でも実際にピジン語が生まれた例があります．

時は明治維新の直後，1879年のことです．つまり，ペリー来航（1853年）に始まり，日米和親条約（1854年），大政奉還（1867年），戊辰戦争（1868年），廃藩置県（1871年），西南戦争（1877年），と続いた一連の出来事がひと段落した直後の頃で，これから横浜で商取引をしようとする人々を中心として，船舶所有者，古物商人，競売関係者，競馬関係

*1　ピジンとクレオール (Pidgins and Creoles)：ピジン語とは，意思疎通ができない異なる言語を話す人たち（例えば商人どうし）の間で自然に生まれた言葉のことです．その話者たちの次の世代の子どもたちの間で母語として使われるようになった段階の言語をクレオールと言います．ピジンは補助言語ですから，文法の発達が不十分で，発音や語彙も個人差が大きく，複雑な表現には耐えられないのですが，クレオールの場合はそれらの要素が十分に発達・統一され日常生活全般における複雑な表現が可能となります．ただし，ピジンとクレオールの違いは，それが母語であるかないかという社会学的基準によるのであって，必ずしも言語の複雑性という基準によるものではありません．ですから，世界中のピジンの中には，トク・ピシン（後述）のように，文字を持ち，きわめて高度に発達したものもあるのです．

者，宣教師など様々な外国人が横浜で活躍した時代です．その 1879 年に，*Exercises in the Yokohama Dialect*[*2] なる日本語教則本が横浜で出版されました．

　この本は，その頃横浜に流入する外国人（主に英語を母語とする人々）向けに，当時横浜在住の日本人とのコミュニケーションのために編纂されたものです．実はこの中に，当時の横浜で使われていた「英語系ピジン日本語」の一端を垣間見ることができるのです．その具体的特徴を紹介しながら，さらに現在世界各地で使われているピジン・クレオールに共通した普遍的特徴と横浜ピジン独自の特徴を明らかにしていきましょう．

　当時の横浜の人々（英語を母語とする欧米人と横浜の住人たち）がどんな言葉でコミュニケーションしていたのか，本書からいくつか実例を紹介しましょう．

(1) Mar motty koy!──Mar sick-sick, koorah serampan.
「馬を呼べ」「馬は病気で，鞍も壊れております」[*3]

(2) Ohio. Your a shee cheese eye curio high kin. Num wun your a shee arimas?
「おはよう．宜しい，小さいキュリオ（骨董品）を拝見します．一番良い最高の品質のものがありますか？」[*4]

[*2] *Revised and Enlarged Edition of Exercises in the Yokohama Dialect.* Twenty Second Thousandth. Revised and Corrected at the Special Request of the Author by the Bishop of HOMOCO (Yokohama, 1879).

[*3] mar は「馬」のことで中国語に由来，motty koy は「持って来い」，sick-sck は「病気で体調が悪い」，koorah は「鞍」，serampan は「壊れてしまった」．

[*4] Ohio は「おはよう」，Your a shee は「宜しい，品質の良い」，cheese eye は「小さい」，curio は（＜curiosity）骨董品・珍品，high kin は「拝見します」，num wun は（＜number one）「ナンバー・ワン，最高の」，arimas? は「ありますか？」．

　この中で注目すべきは，日本語表現のあちこちに，sick-sick, curio（＜curiosity），num wum（＜number one）などの英語が混じっていることです．これが「英語系ピジン日本語」なのです．おそらく当時はこのような日英語混成のピジン語が横浜で日常使われていたということでしょう．またこの編纂者は，当時の英語話者たちが覚えやすいように，個々の日本語表現の発音によく似た英語の単語や句をこれに当てはめて，教材を作成しています．学習者はその英語のつづり字をそのまま発音すれば，自然に日本語に聞こえるというわけです．その中には当時の横浜の風俗を色濃く反映したものが多くあり，大変興味をそそられます．次に示す例はそれらのほんの一部です．

(3) 数詞の例：Stoats「ひとつ」, Stats「ふたつ」, Meats「みっつ」, Yotes「よっつ」, It suits「いつつ」, Moots/Row ku「むっつ／六（ろく）」, Nannats/Sitchi「ななつ／七（しち）」, Yachts「やっつ」, Cocoanuts「ここのつ」, Toe「とお」

(4) 日常語の例：Acheera sto「あちらの人（＝he, his, theirs）」, Caberra mono「被り物（かぶりもの），帽子（＝hat）」, Donnasan「旦那さん（＝master）」, Fooratchi-no-yats「ふらちな奴，ごろつき（＝loafer）」, Coots pom pom otoko「靴ポンポン男，靴屋（＝bootmaker）」, Tacksan hanash bosan「たくさん　はなし　ぼうさん，たくさん話をする坊さん（＝officiating priest「司祭」）」, Okee abooneye pon pon「おおきい　あぶない　ポンポン，地震（＝earthquake）」, Start here「したてや，仕立て屋（＝tailor）」, She buyer「しばいや，芝居屋（＝

theatre)」，Oh char chobber chobber sto「おちゃちょばちょばひと，お茶をチョバ・チョバする人，お茶の鑑定人（＝tea inspector）」，Num wun sindoe「なんばーわん　船頭，一番偉い船頭，船長（＝captain）」など．

　これらの中には，擬音語や擬態語を効果的に使用したり（Coots pom pom otoko, Okee abooneye pon pon, Oh char chobber chobber sto），単語を複数組み合わせて少ない語彙を補う例（Tacksan hanash bosan, Num wun sindoe）がたくさんありますが，実はこれらは世界中のピジン・クレオールに共通した特徴なのです．また，少ない語彙を駆使してできるだけ多くの表現を可能にするためには，多機能を持つ基本的な多義語が必須です．次にあげる例はその一部です．

(5) 多義語の例：
　　Arimas（＜あります＝to have, will have, has had, can have, to obtain, to be, to wish to be, to be at home, to arrive, to want, etc.）
　　Ohio（＜おはよう＝How do you do? Good morning, Good day, Good evening, etc.）
　　Aboorah（＜あぶら＝butter, oil, kerosene, pomatum (pomade), grease, etc.）
　　Jiggy-jig（＜じぎじぎ，直々に，すぐに＝to hasten, to hurry, to be quick, quickly, fast, etc.）
　　Piggy（＜ぴぎー＜引き＝to remove, to take away, to carry off, to clear the table, to get out of the road, have gone out, etc.）

　このような多義語の存在も，実は少ない語彙を余儀なくされる世界中のピジン語に共通した重要な特徴の1つなのです．

　ピジンは「意思疎通ができない異なる言語を話す人たち（例えば商人どうし）の間で自然に生まれた言葉のこと」と書きましたが，本節にみる「横浜ピジン」は，特徴も生まれた状況もまさしくピジンなのです*5．

ピジン・クレオールのメカニズム

◇どのようにしてピジンは生まれるのか？　　前節では，本の中に残されている言葉でしたが，実際にはどのようなやりとりの中で生まれるものなのでしょうか？　実際の生まれ方は推測するしかないですが，そうしたピジン語誕生のメカニズムを理解する興味深い例がフィクションに見られます．太平洋戦争末期での南太平洋，カロリン諸島の孤島を舞台とした『太平洋の地獄』(1968)*6という映画です．

　三船敏郎演ずる日本海軍大尉とリー・マーヴィン演ずるアメリカ海軍少佐が，無人島にたどり着き，2人で奇妙な共同生活を始めるという筋書きでした．当然のことながら，2人は敵同士ですから，初めのうちはお互いの命を狙う戦いが繰り返されます．まともな銃器を持たない2人は手製の木の武器と奇策を駆使して闘うのですが，やがて無益な戦いに気付き，この苛酷な状況下ではお互いに協力することが唯一の生存への

*5　この横浜の英語系ピジン語をより深く知りたい方は筆者の以下の論考をご覧ください．
杉本豊久 (2010)「明治維新の日英言語接触―横浜の英語系ピジン日本語(1)―」，『成城イングリッシュモノグラフ』42, 357-381.

*6　原題は《Hell in the Pacific》1968年公開．太平洋戦争末期の孤島を舞台に，偶然出会った日米の軍人の確執と友情を描いた異色の戦争映画です．最初から最後まで二人以外は誰も登場しない，戦争映画史上最も安上がりだと言われる特異な作品です．『脱出』，『未来惑星ザルドス』を手掛けたジョン・ブアマン監督，『明日に向かって撃て』『アメリカン・ビューティー』でアカデミー賞を受賞したタヒチ出身のコンラッド・ホール撮影．

道だと悟り，奇妙な共同生活を始めます．その結果，2人の間で日米混成語を使ってのコミュニケーションが始まります．ピジン語の誕生です．

この映画の場合は，2人だけのやり取りですから，ピジン語というよりは隠語[*7]の一種とすべきでしょうが，このような言語接触が集団レベルで発生し，小規模ではあるにせよ一貫した語彙やある種の文法（統語）規則が定着していけば，立派なピジン語の発生といえます．先に紹介した明治維新の横浜での英語と日本語の間に生じた「英語系ピジン日本語」はその例と言えます．当事者にとっては母語以外の第二言語習得であり，客観的には新たな言語の誕生とも言えます．

◇世界各地の言語接触とクレオール化　実は，このような民族の移動と接触は，世界の歴史を遡ってみれば，様々な地域で絶え間なく繰り返されてきたわけです．世界各地の様々な言語がこのような言語接触を経験してきたはずです．

ファナゴロ語（Fanagolo）（中部アフリカ），ポリス・モツ（ヒリ・モツ）語（Police Motu/Hiri Motu）（パプアニューギニア），チヌーク・ジャーゴン（Chinook Jargon）（北米）のように，ヨーロッパの言語との関係が必ずしも強くない地域でもピジンは存在しています．

ただし世界史を概観してみると，15世紀以来の大航海時代に，ヨーロッパの国々がアジア，アフリカ，オセアニアに進出したことに伴って，現地の言語との間に数多くのピジン語を生みました．これらの地域の多くは，多民族からなる多言語社会でしたから，ピジン語はそれらの民族同士をつなげる重要な共通語，つまりリンガ・フランカ[*8]として機能し，市場，港町などにおいて，異なる言語（母語）を話す者同士の間で，特定の目的（例えば商売）のための意思疎通に使われました．それぞれの話者にとってピジンは一種の補助言語[*9]ですから，文法構造も単純で，語彙数も限定されます．しかし，自分たちの民族の言葉以外にこのピジン語さえ話せれば，様々な民族とのコミュニケーションが可能になったのです．

例えば，イギリスの植民地だったインドでは，独立を契機に当時のネルー首相がヒンディー語を選んで公用語にしようとしましたが，多数の民族語が存在したこともありなかなか成功しなかったようです．多くの民族語の話者との間に不平等が生じ，使用言語をめぐる抗争，つまり言語戦争を引き起こしたからです．結果的に中立の立場にあった英語がそのまま重要な公用語の1つとして生き残ったのです．現在は，ヒンディー語が連邦公用語，英語が準連邦公用語，さらに各州の22の言語が「公的に認定された言語」とされています[*10]．

これらの地域の人々と欧米人たちとの接触の形態は，侵略（植民地化），通商（貿易），教育，特殊な取引，など様々でした．様々な形態に応じて，接触した当事者の関係も異なり，それによってピジン語発生の

*7　隠語（jargon）：「（同一集団・同業者だけに通ずる）仲間言葉，職業語」という意味のほかに，（2つ以上の言語が混ざって単純化した）「混成語（pidgin）」の意味もあります．

*8　リンガ・フランカ（lingua franca）：語源は「フランク語」「フランク王国の言語」を意味するイタリア語で，本来はレヴァント地方（地中海東部沿岸）で用いられた，ロマンス諸語，ギリシャ語，アラビア語，の混成語です．しかし，現代の言語学では，共通の母語を持たない人同士の意思疎通に使われる「共通語」や「通称語」を指します．現代社会の「共通語」は英語とされがちですが，現実にはピジン語やクレオール語のように，複数の言語の混成語である場合や，政治的・経済的に強い影響力を持つ人々の言語がリンガ・フランカとして使われる場合もあります．

*9　補助言語（auxiliary language）：母語以外の言語で，ある特定の目的（例えば商売）のために用いられるもの．特定の目的を達成するだけでよいので，文法構造やスピーチスタイルが単純で，語彙数も限られています．

*10　インド憲法の第8附則には，ベンガル語，グジャラート語，パンジャーブ語，タミル語，ウルドゥー語，サンスクリット語など22の指定言語を定めていますが，その公的位置付けはあいまいです．

多言語が記されたインドの紙幣

メカニズムや言語的特徴も異なったことでしょう．例えば，侵略であればそこに支配者対被支配者という上下関係が生まれ，貿易であれば売り手対買い手ですからある程度対等です．その力学的関係が両者の言語の役割に影響するので，言語的特徴にもそれが反映されることになります．先に紹介した明治維新の横浜では，植民地ではなく交易の関係でしたから，基本的に日本語が優位に立ち，日本語の中に英語表現が混入する形の「英語系ピジン日本語」だったわけです．日本がインドのように植民地であったならば，横浜の言語事情はまた変わっていたことでしょう．

こうした言語接触がある程度長期にわたると，次の世代がそれを第一言語として習得するようになり，そうなると日常生活広範にわたって使われることになります．文法構造もスピーチスタイルも複雑・多様化し，語彙も豊富になっていきます．すなわち，これがクレオールの誕生です．クレオールの発生は，新しい世代にとっては第一言語習得であり，親たち（第一世代）の母語の喪失でもあります．ピジン語の場合は補助言語ですから，文法の発達が不十分で，発音や語彙も個人差が大きく，複雑な表現には耐えられないのですが，クレオールの場合はそれらの要素が十分に発達・統一され，日常生活全般における複雑な表現が可能となります．ただし，ピジンとクレオールの違いは，それが母語であるかないかという社会学的基準によるのであって，必ずしも言語の複雑性という基準によるものではありません．世界中のピジンの中には，後述のトク・ピシンのように，文字を持ち，きわめて高度に発達したものもあるのです．

✂ 世界のピジン・クレオール

前節では，ピジン・クレオールの発生と発展について，個々の例を挙げつつ概観しましたが，最後に世界の代表的なピジン・クレオールをいくつか簡単にご紹介しましょう．

◇**オセアニア地区の代表：パプアニューギニアのトク・ピシン**　パプアニューギニアでは英語が公用語であり，教育，テレビ，ラジオ，新聞などは基本的に英語が使われています．首都ポート・モレズビー（Port Moresby）の周辺地域ではポリス・モツ（ヒリ・モツ）（Police Motu/Hiri Motu）というピジン語が使われています．それとは別にもっと広範に使われているトク・ピシン（Tok Pisin）[11]というピジン語があります．クイーンズランドその他の島々に，プランテーションの労働者として送り込まれた，様々な言語を母語とする太平洋諸島出身の人々が接触したことにより生まれました．英語を基礎に，ドイツ語，ポルトガル語，オーストロネシア系の諸言語を取り込みつつ，皮肉なことに，ドイツ統治下において確立されたのです．

750種類以上にも及ぶ部族語が話されているこの国では，比較的開け

[11]　トク・ピシンの言葉の特徴の詳細については紙幅の都合で記しませんが，興味のある方は筆者の以下の論考などをご覧ください．杉本豊久（2008）「トク・ピシン（Tok Pisin）のつづり字法・語彙・句表現―その単純化と合理性―」，『成城イングリッシュモノグラフ』40，117-193．

トク・ピシン語で書かれた*Wantok*という1969年以来，パプア・ニューギニアで発行されてきた，週刊新聞があります．このWantokは，英語のOne talkに由来します．

た地域一帯のリンガ・フランカとしてこのトク・ピシンが約300〜400万人に広く使われていると同時に，都市部では約12万人にとっての母語，つまりクレオール（creole）としても使われているのです．ですから，国会では英語，トク・ピシン，ヒリ・モツの3つの共通語を使うことが許可されているそうです．人口約600万人に対して，言語の数が750〜800種類もあり，そのうち130の言語の話者が200人以下であり，290の言語の話者が1000人以下だとも言われています．

他の多くのピジン・クレオールにも言えることなのですが，実は様々な種類のトク・ピシンが存在します．標準英語を一方の極とし，最も訛りの強い**基層方言**としてのトク・ピシンを他方の極とする一連の**言語連続体**[*12]が形成されていて，その中間に様々な**中層方言**としてのトク・ピシンが存在しているのです．例えば，都市地域では主としてオーストラリア人たちとの交流を通して英語の影響を強く受けているため，より標準英語に近い特徴を持つものとなり，一方そのような交流の少ない田舎や山麓部の農村地帯ではより基層方言に近い変種を話しているのです．なぜこのような状況が生まれるかというと，社会的・政治的・経済的理由により，身近に存在する，より優位な立場にある標準的な変種の影響を受けるからで，しかもその影響の程度が個々の話者の立場によって異なるからです．

ある研究者は遠隔の中央高地地方で話され，第一言語の干渉を強く受けている「**未開地域変種**」，低地地方で広範に普及していて，新聞 *Wantok* 紙などの出版物にも使われている標準変種「**田舎地域変種**」，さらに英語の影響を強く受けた「**都市地域変種**」の3つのタイプの社会方言としてのトク・ピシンの変種を分類しています[*13]．

◇**西インド諸島の代表：ジャマイカン・クレオール**[*14] 　カリブ海諸国では，ヨーロッパの諸言語（スペイン語，ポルトガル語，英語，フランス語，オランダ語など）と現地語との間に生まれた接触言語（ピジン語）に由来する各種クレオールが話されています．その話者は，これらの島々の主要な先住民族であったアラワク人[*15]よりは，16〜18世紀にかけて砂糖園を中心としたプランテーションでの労働力確保のために，西アフリカから奴隷として輸入されたアフリカ人たちの子孫を指します．例えば，キューバ島，ヒスパニオラ島などとともに大アンティル諸島[*16]を構成するジャマイカ島の国民の91%は，こうしたアフリカ系黒人です．

ジャマイカでは，3世紀に及ぶイギリスの植民地支配を反映して，英語系クレオールが広く使用されていますが，イギリス英語を話す白人との様々な接触を経ているために，前述したように，英語の影響を強く受けてきた都市地域と，影響の比較的少なかった山間部地域とのあいだに，様々なクレオールの変種が存在します．いわゆる**クレオール以後の言語連続体**を構成しているのです．この点でも，パパニューギニアのト

基層方言（basilect）

[*12] 言語連続体（language continuum）：いったん定着したはずのクレオール語が，その後，上層言語（来住民の言語）に最も類似した変種から，最も類似していない変種に至るまでの間に，一連の複数の変種の連続体が存在するような構成をなす状況のことを言います．

中層方言（mesolects）
未開地域変種（the bush varieties）
田舎地域変種（the rural variety）
都市地域変種（the urban varieties）

[*13] 詳細は以下の論文をご覧下さい．Mühlhäusler, P. (1977) "Sociolect in New Guinea Pidgin," *Pacific Linguistics* C40, 559-566.

[*14] ジャマイカン・クレオール（Jamaican Creole）の詳細についてはこちらをご覧ください．杉本豊久 (1992)「接触言語の変容（II）—ジャマイカン・イングリッシュのライフサイクル—（I）」，『成城文藝』138, 20-33.

[*15] アラワク人（Arawak）はカリブ海諸国の先住民族でした．南アメリカからやってきて，大アンチル諸島やバハマ諸島に住みつき，タイノ族（Taino）とかルケイヤン（Lucayan）などと呼ばれました．コロンブスが，ヨーロッパ人として初めて出会った先住民族だということになります．ヨーロッパ人が持ち込んだ'天然痘'と苛酷な奴隷制度のためにその人口は劇的に減少しました．

[*16] カリブ海に浮かぶ西インド諸島は，大アンティル諸島と小アンティル諸島とに分かれます．キューバ島，イスパニョーラ島，ジャマイカ島，プエルトリコ島など比較的大きな島からなるのが大アンティル諸島です．この4つの島だけで西インド諸島の全面積の約90％を占めるのです．

クレオール以後の言語連続体（post-creole continuum）

ク・ピシンの言語事情と共通しています．

この連続体の一方の極を占めている**上層方言**が話されている都市地域では，イギリス英語を話す白人との交流が多く，教育機関では標準英語が使われていることもあり，その影響を受けて，**脱クレオール化**[*17]と呼ばれる現象が生じています．つまり，クレオールの特徴がだんだん削がれていって，標準イギリス英語に徐々に吸収される傾向があるということです．ところが，民族意識に燃える知識人や若者たちはこれを善しとせず，ジャマイカ本来のクレオール「ジャマイカン・パトワ（Jamaican Patwa）」を一種の**民族語**として，定着させようとする動きが見られます．例えば，1950年代を中心に，より良き生活を求めてイギリスに移住した多くのジャマイカ系の人々は，特に若い世代の人々にその傾向が強いのですが，自らのアイデンティティーの象徴としてこのジャマイカン・パトワを大切にしています．つまり一種の，**再クレオール化**が起きていると言っていいでしょう．

◇**英語の地域方言代表：スコットランドのグラスゴー方言**　スコットランドでの言語事情は，一見ピジン・クレオールとは無縁のように思えますが，実はそうではありません．また，度重なる異民族との言語接触の歴史を反映して，実に複雑です．

中でも，グラスゴーの人々が日常使っている英語は，一般に "Glaswegian Patter" と呼ばれ，スコットランドでも特異な存在です．この変種を英語の一方言と見なすか，それともスコットランド独自の言語「スコッツ語あるいはスコットランド語（Scots）」と見なすかについての議論はやや微妙で，少なくともスコットランドにおける言語の歴史をしばし垣間見る必要があります．「グラスゴー方言」[*18]はあくまで便宜上の言い方です．

7世紀頃，古英語を話していたアングル人がスコットランド南東部（ローランド地方）に侵入して独自の文化を築きます．一方北西部（ハイランド地方）にはアイルランドから移住したスコットランド・ゲール語（Scottish Gaelic）（英語とは全く異なる言語です）を話すスコット人（Scots）がいました．1066年のノルマン・コンクエスト（ノルマン人によるイングランド征服）以降やってきた人々のフランス語や，バイキングの一派デーン人の話す古ノルド語（Old Norse），当時の自治都市に集まってきたオランダ商人や職人の話すオランダ語などとの言語接触が繰り返されました．その中で形成された，アングル人の話す「スコッツ語」が一種のリンガ・フランカの役割を果たしていたと考えられます．ところが16世紀になって，印刷技術の到来により英語による正書法が浸透したこと，John Knox[*19]らによる宗教改革が英語訳聖書で行われたこと，1603年の同君連合でスコットランド王のジェイムズ6世が，イングランド王ジェイムズ1世となりロンドンに移り，自ら進んで英語による『欽

上層方言（acrolect）

[*17] 脱クレオール化（decreolization）：クレオールを話す人々が，地元の，より威信のある標準変種を話す人々との接触を通してその影響を受け，クレオールの特徴が少しずつ削ぎ落とされて標準変種に近づいていく現象．しかも，クレオールに対する話者たちの意識も影響しています．つまり，クレオールは「悪い英語」で，貧しい田舎者の言葉というイメージがあり，その話者たち自身に，できるだけ標準的な英語に直そうという意識が働いているようです．

民族語（nation language）
再クレオール化（recreolization）

[*18] グラスゴー方言について，より詳しく知りたい方は筆者の以下の論考などもご覧ください．
杉本豊久（2006）「スコットランドにおける言語事情とグラスゴーのゲール語教育」，『成城文藝』196, 83-147．杉本豊久（2007）「グラスゴー方言―その音韻・つづり字法・語彙―」，『成城文藝』200, 119-154．

[*19] John Knox (1514?-72)：スコットランドの宗教改革者．ジョネーブでジャン・カルヴァンに学び，スコットランドに帰還．カトリック派の女王メアリー・スチュアート治世下で，プロテスタント宗教改革の指導者として活躍．1560年にスコットランド長老派教会を設立しました．

定訳聖書』を編纂したこと，などが相俟って，一気に英語化（イングランド化）が進み，スコットランド・ゲール語とスコッツ語は衰退することとなりました．

その後，18世紀の作家たち[20]による活動や，1920年代の「スコットランド文芸復興」[21]の活動はスコッツ語の復興を試みようとしたものです．現在，スコットランドの人口の約1/3，約150万人がスコッツ語を話すとされていますが，現実は定かではありません．スコッツ語とスコットランド英語の区別が今一つ曖昧なのです．

現在スコットランドでは，大半を占める人々が，スコットランド英語を話し，これにスコッツ語，スコットランド・ゲール語（ハイランド地方や島嶼部に約6万人の母語話者がいます）を話す人々もいるということです．それではグラスゴー方言はどの言語に属しているのでしょうか？　ある研究者は，スコッツ語とスコットランド英語とを両極に配置した言語連続体を設定し，スコットランドで話されている様々な英語系変種をこの連続体のどこかに位置付けるというのが妥当であろうと述べています[22]．だとすれば，グラスゴー方言もこのどこかに入ることになります．

ピジン・クレオールの普遍的特性

本節では世界の主なピジン・クレオールとその経緯を紹介しましたが，興味深いのは，これらのピジン，クレオールの発音上の特徴に共通点が多く，それらが同じように綴り字（個々の綴り字は多少異なるものの）に反映されている点です．ここでは紙幅の都合上これ以上踏み込めませんが，ここで取り上げた3つの英語系ピジンの発音と綴り字についての特徴の比較表を次に示します[23]．遠く離れていて，一見何ら交流もなさそうな3つの地域で話されているこれらの変種に共通した特徴が多いのに驚かれるでしょう．

表1　Tok Pisin, Jamaican Creole, Glaswegian Vernacular の比較表

	Tok Pisin	Jam'・Cre'	Glas'・Vern'
1) 語尾子音の脱落	○	○	○
2) /l/ の母音化・脱落	○	○	○
3) 音（節）の脱落	○	○	○
4) ⟨th⟩の異音	○	○	△
5) ⟨k⟩の多様	○	△	○
6) 母音直後の /r/	△	△	○
7) 反復表現	○	○	×
8) /x/ の存在	×	×	○
9) 独自の短縮形 ⟨-y⟩⟨-ies⟩⟨-er⟩	×	×	○

〔注〕／／は音素を表し，⟨　⟩は綴り字を表します．

こうしたピジンの特徴は，少し意外に思われるかもしれませんが，私たちの日常生活であふれている日本語のカタカナ表現の特性と共通する

[20] スコットランドを代表する国民詩人．「蛍の光」の原詩「オールド・ラング・ザイン（Auld Lang Syne）」が代表作のRobert Burns (1759-96)や，スコットランドやその文化・文学が存在感を増した時期に頂点を極めた詩人・歴史小説家のSir Walter Scott (1771-1832)など．『ウェイバリー（Waverley）』(1814)，『ロブ・ロイ（Rob Roy）』(1917)，『アイバンホー（Ivanhoe）』(1820) が代表作．

[21] 「スコットランド文芸復興（Scottish Literary Renaissance）」：1920～30年代にかけて，盛んになった文学における新しい動き（スコッツ語を用いた特定の詩人たちの活動）を指します．H. MacDiarmid が主導して，文芸誌を創刊しスコッツ語・合成スコッツ語による新しい詩作を通して，その再生と普及に努め，スコットランドの文学伝統の再定義を試みました．

[22] 詳細はこちらをご覧ください．Aitken, A. J. (1984) "Scots and English in Scotland," Trudgill, P. (ed.) *Language in British Isles*, 94-114, CUP, Cambridge.

[23] 比較の詳細を深く知りたい方は以下の筆者の論考もご覧ください．杉本豊久（2008/2009）「現代英語の変異性―トク・ピシン，ジャマイカン・クレオールおよびグラスゴー方言の音韻とつづり字の比較」，『成城大学共通教育論集』1, 59-79；2, 17-42.

ところがあります．大学生を対象に，カタカナ表現の特性や効果についてアンケートを行ったことがありますが，それによると，カタカナ表現には次のような特性や効果が挙げられます．

①強調性：ひらがなと漢字の中にカタカナが混じると，それだけでインパクトを与えることになり，人目を引き付ける効果が生まれます．例えば，「メッタ斬り」では，「めった斬り」よりも強烈で，鮮やかな，あるいは豪快な斬り方を連想させます[*24]．

②簡潔・明晰性：省略表現によって，平易で分かりやすくなり，記憶に残りやすくなる効果を生みます．例えば，「ブラックマヨネーズ」や「オリエンタルラジオ」などは，インパクトのある芸人の名前ですが，これらを「ブラマヨ」，「オリラジ」のような省略表現にすることにより，簡潔かつ分かりやすさと同時に，軽快な会話での運用性や歯切れのよさを高める効果があります[*25]．

③新鮮・現代性：カタカナの持つ視覚的イメージ，つまり新鮮でシャープな新しい心理的効果を生みます．例えば，「N速ホウ」は，一部カタカナを入れることで，新鮮さが増し，とっつきやすくニュースに興味を抱かせるエネルギーが生じます．

④音響性：口語的で肩の凝らない会話の雰囲気を出す効果があります．例えば，「あたしンち」の「ン」や，「絶品かもネ」の「ネ」などはその例です[*26]．

⑤欧米性：外来語をもじったカタカナ表現の背後には，外国，それも欧米文化への憧れや憧憬が，特に高年齢の世代には，感じられるものの，若者の間ではむしろそれをギャグ感覚で積極的に取り入れているようです．「モノイズム」，「億ション」，「おしゃれイズム」，「シネ通」などのカタカナ英語をまじえた表現がその例です．

⑥多義性・ギャグ性：言葉の遊びの効果を意識した表現で，古くは日本古来の掛け詞（かけことば）の伝統を反映しているのかもしれません．例えば，「とくダネ！」は「得だね！」と「特種（とくだね）」の2つの意味を含意し，一瞬のうちに複合的イメージを連想できる楽しみがあります．

これらの特性のうち，①の強調性，②の簡潔・明晰性，④の音響性などはピジンにも共通しています．上述のトク・ピシンにしても，ジャマイカン・クレオールにしても，グラスゴー方言にしても，発音にあくまで忠実な綴り字への志向性および合理性（複雑な標準英語の綴り字をできるだけ発音に忠実に簡略化していることが実例を通してお分かりいただけたと思います）があります．カタカナ表現の簡潔・明瞭性や音響性という特性と共通しているピジンの特徴です．

また伝統的綴り字 Chris をあえて Kris のように表記することがありますが，こうした綴りは「通常とは異なる」という印象を与えることになり，カタカナ表現の強調性に通底しています[*27]．平仮名や漢字に混じっ

[*24] 類例の「キャベツを使い切るワザ」では，普通の技ではなく何か今まで聞いたこのもないようなすごい技を連想させます．「エラいところに嫁いでしまった」の「エラ」も「どえらい」というような気持ちが入る気がして，やはり強調の効果があるとのことでした．

[*25] 「蜘蛛」，「人参」，「烏賊」を「クモ」「ニンジン」「イカ」というようにカタカナで表記するのと同じ効果です．

[*26] 類例：「とくダネ！」や「朝ズバッ！」なども，報道番組の堅苦しいイメージを和らげ，気軽な肩の凝らない雰囲気を出し，バラエティー番組感覚で政治や経済の問題を分かりやすく報道してくれそうなイメージづくりの効果があります．

[*27] Sebba (2007) は，スペイン，カタロニア地方の町で見かけた落書きに okupacion（＜occupacion＝occupation「不法占拠」）という表記があることを報告しています．この種の〈k〉の使い方は，「伝統的な綴り字法に対する逸脱」が「伝統的な社会慣習に対する抵抗」という社会的意味を持ちうることを示しています．
Sebba, Mark (2007) *Spelling and Society : The Culture and Politics of Orthography around the World*, Cambridge University Press.

たカタカナ表現には，ある言語に他の言語が混じったピジンと共通した特性が見られるようです．さらに言えば，その背後には綴りを通した自己主張にも通ずるものがあるとも考えられるのです．

> 【☞ まとめ】
> ・現在世界中で話されている英語の中には，言語接触という現象で生まれたものがたくさんあります．
> ・英語と現地の言語との言語接触で生まれた英語系ピジン・クレオールには共通の普遍的特徴と，各地元特有の特徴とがあります．
> ・その共通の特徴は，言語接触に普遍的な特性である可能性があります．
> ・そのような特徴の背後には，言語使用者たちの合理的かつ柔軟な発想が潜んでいます．
> ・そのような様々な英語を否定するのではなく，受け入れる必要があります．
> ・私たちの身近な生活の中にも，ピジン現象はあります．

練習問題

1. 新聞の第1面，第3面，スポーツ欄それぞれについて，カタカナ表現の使われ方（そのタイプと数量）を調べて，どんな傾向があるかを明らかにしてみよう．
2. 次に示したのは，横浜の英語系ピジン日本語の実例です．どんな意味かを推理してみよう．
   Mar key, Oh char, Nang eye chapeau, Hontoe, Moose me, Meeds, Nanny tokey arimas? Oh terror, Cad gee, Ooshee chee chee, Ah kye saky, Tad sooner, etc.
3. トク・ピシン，ジャマイカン・クレオールの発音と綴り字の特徴の実例を見て，そこ（本文）で説明されていなかった発音の特徴を探してみよう．
4. 次は，グラスゴー方言の実例で，Alex Mitchel（1990）*The Sunday Post Parliamo Glasgow!* からの一節とその解説です．解説を参考にして，その後の実例を分析し，意味を解読してみましょう．
   〔実例と解説〕
   　ⅰ）AWSHIZLUVLI!（⇒ AW-SHI-Z-LUVLY! = Oh! She's lovely!）
   　ⅱ）SOSHYIS. RAPURPLESUITSUR.
   　　（⇒ SO-SHY-IS = So, she is. RA-PURPLE-SUITS-UR. = The purple suits her.）
   〔問題〕
   　ⅰ）THURGAUNOANATOUR.
   　ⅱ）RACULCHURBITSORATOON.
5. 身近なピジン現象（Pidgin）を探してみましょう．例えば，英語の授業中での先生と生徒（学生）とのやり取りや，外国からの人々との交流会でのやり取りなどを分析してみましょう．日本語寄りでしょうか？　それとも英語寄りでしょうか？　そしてそれはなぜでしょうか？
6. 言語の接触を変種の接触というように範囲を拡大してみましょう．そうすると，方言同士の接触も守備範囲に入ります．地方出身の人が，東京に出て共通語を話す人と交流すると，そこにピジン現象が生ずるかもしれません．その逆のケースもあるでしょう．そのような状況を想定して，どんな具体的な言語現象があり得るか考えてみましょう．
7. 大人と子供（例えば幼児）とのコミュニケーションでは，どのようなピジン現象が生ずるか考えてみましょう．

Further Reading

　　本名信行（編著）『アジアの最新英語事情』（大修館書店）．タイトルが示す通り，日本を含むアジア

21か国の英語事情が網羅されています．守戸陽介『旅の指さし会話帳53 ジャマイカ：パトワ語・ジャマイカ英語』（情報センター出版局）．イラスト付きで，簡単なパトワ語とジャマイカ英語が紹介されています．菅山謙正（編）『変容する英語』（世界思想社）．少しレベルが高いですが，ここ50年間の英語の変容にメスを入れた専門書です．矢野安剛，池田雅之（編著）『英語世界のことばと文化』（成文堂）．世界中で使われている様々な英語についての諸相を知ることができます．Howeson, Richard (ed.)『はじめてのピジン語（Toksave：Tokpisin）』（EuroTalk interactive, CD-Rom）（国内販売元はインフィニシス）．トク・ピシンについての初級の音声教材です．杉本豊久「ピジンとは何か クレオールとは何か」,『月刊言語』14(11), 40-44．ピジン・クレオールについて概説的なことを知りたい方に．

筆者より

学生時代はW. フォークナー専攻．作品に現れる黒人の英語に興味を持ち，社会言語学→現代英語の多様性→ピジン・クレオールへ発展．最近は映画を教材に「深く楽しめる」授業を実践中．趣味は学生時代熱中したギターと健康維持のための卓球とソフトボール．そして，田舎での農作業．卓球の国際審判員としてしばしば海外に派遣されます．夢は，「杉本英語民宿農園」の経営．

第5章　英語は1つではない！

杉本豊久

【世界の英語】

> 《✍ 何が分かるか》　現在，世界各地で英語が広く使われています．それらは単一の個別言語ではありますが，決して同じものではありません．また，その使われ方も多様で，例えばアメリカ，イギリス，カナダなどでは母語（第一言語）として，インド，シンガポール，フィリピンなどでは第二言語として，また，日本，中国，韓国などでは外国語として使用されています．このような多様な英語群には，実際にどのような違いがあるのでしょうか？　イギリス，アメリカ，オーストラリア，インドで使われている英語を，映画という身近な視点から取り上げて，その特徴を明らかにします．

✂ 世界に広がる英語

　英語が話されている国というと，どのような国々が思い浮かぶでしょうか？　まず，イギリスをはじめとするアメリカ，オーストラリア，ニュージーランド，カナダなどといった，主に英語を母語とする人々によって構成された国々が思い浮かぶことでしょう．しかしながら，実際には，他にも南アフリカ，ガーナ，ナイジェリア，インド，シンガポール，マレーシア，フィリピンなど，英語が公用語の1つとして位置付けられている国々でも日常的に使われています．英語を公用語とする国は，70以上に及びます．さらに，英語を主要な外国語として教育の場で教えている国となると，100以上の国に及びます．日本や中国，韓国も，こうした国に含まれます．ごく大雑把に計算すると，母語および公用語として英語を話す人口が大よそ7億5千万人，そして，それとほぼ同じくらいの数の人々が主要な外国語として英語を学んでいると言われています．両方合わせると約15億人の人が英語を話していることになります．統計によっては約20億人とするものもあります．世界の人口が約70億人ですから，総人口の1/3から1/4が英語を日々使用したり学んだりしていることになります．母語話者の人口では中国語に及ばないものの，使用者人口という点では，英語は間違いなく「世界の一大言語」です．

　また，国際的な場においても英語の地位は高く，国連やEU（欧州連合）の公用語の1つであるばかりではなく，学術や経済，文化などの世界でも英語が主要言語になっています．英語は，いわば「国際語」「世界共通語」の地位を占めています．世界中にたくさんの言語がある中で，どの言語が「国際語」になるかは，主にその時代の国の軍事力，経済力，政治力などに掛かっています．第一次大戦から第二次大戦に掛けてイギリスは世界を股に掛けた大英帝国時代を誇り，第二次大戦後はアメリカ

が世界の超大国の1つになっていきます．様々な分野で力を誇るイギリス，アメリカで話されている言語がともに英語なので，英語が現在の「国際語」の地位を占めるに至ったのです．

英語を母語とはしない多くの日本人にとって，「世界の英語」と聞くと何か遠い外国の話に感じられるかもしれませんが，実は「世界の英語」が我々の身の回りにたくさん存在するのです．現在日本の国にはたくさんの外国出身の方々がおり，私たちと一緒に生活しています．おそらく皆さんの身の回りにも英語を話す（英語を母語[*1]，あるいは第二言語[*2]とする）人々がおられるものと思います．さらに，テレビ，ラジオ，インターネット，映画などでも，英語を話す人々が頻繁に，まさに身近に，登場します．そのような人々が使う英語を注意深く聴いてみると，私たちが学校で学習した英語とずいぶん違う英語もあることに気付くに違いありません．英語は様々な国で使われていますが，その使われ方も実は様々なのです．

✂ 実は様々な「世界の英語」

世界の様々な地域に広がっている英語は，主に現地の言葉との間に言語接触が起こり，混成語の段階を経て生まれたものがほとんどです．例えば，スコットランド英語の場合には，前章で見た通り，先に住み着いたケルト人たちの言語（スコットランドのゲール語）やその後イングランドから移住してきたアングロ・サクソン系の人々の言語，その後のヨーロッパの諸言語（デーン語，オランダ語，フランス語）などとの言語接触を経ており，それらの言語の影響が随所に見られます．また，シンガポールでは中国語，マレー語，タミール語などの影響を受けたシンガポール英語（Singlishと呼ばれています）が形成されています．オーストラリア英語やニュージーランド英語には，例えば地名，川や山の名前などに先住民アボリジニやマオリの言語が反映されていますし，ヨーロッパで広く使われている英語にもそれぞれの地域の言語の影響が発音や語彙表現に見られます．

このように「世界の英語」は歴史的に見れば，英国のブリテン島から始まりますが，その後英国人たちが世界各地に移動して，英語の種をばらまき，その種が世界各地で育ちました．そしてそれらが成長する過程で，各地域の言語事情を反映した様々な英語に発展して現在に至っているというわけです．

以下では，そのような視点に立って，「世界の英語」のいくつかを，われわれの身近にある素材「外国映画」から観察してみましょう．

✂ 映画に見る，身の回りの「世界の英語」

現在では，テレビやラジオの語学番組を含めた各種英語教材をはじめとして，外国語放送，インターネットによる世界のニュースや情報，映

[*1] 母語：mother tongue のことで，人が生まれて初めて耳にし，習得した言葉を意味します．これに対し「母国語」はその人個人が所属する国の言語ということですから，少し意味が異なります．それは，生まれて初めて習得する言葉（母語）が必ずしもその国の言葉（母国語）であるとは限らないからです．例えば，スイスという国では，ドイツ語，フランス語，イタリア語，そしてロマンス語がそれぞれの地域の人々によって使われていて，スイス語という言語はありません．

[*2] 第二言語：世界の国々には，自分の母語のほかにも日常使う言語があって，両者を場面によって使い分けている人々がいます．このように，自分の母語以外に日常使っている言語のことを第二言語と言います．アジア・アフリカのほとんどの多言語社会の国々はこのような状況にあります．

画や演劇など，英語にふれる機会が実に様々あります．日本で公開されている映画だけでも，様々な地域・国の登場人物たちが話す「生きた英語」に触れることができます．シナリオを教材化した出版物もありますので，英語の音声や対応する日本語訳などを後日確認することもできます．映画は「世界の英語」に触れる貴重なツールと言えます．

もちろん，映画の中の言葉がそのままで，それぞれの地域・国で使われているとは限らない点に気を付けねばなりませんが，これから見るように，実に様々な英語があふれていることを知ることができます．

✂ 映画の中の「世界の英語」その1：イギリス英語

まず最初に，英語の祖国である「イギリス」の映画を見てみましょう．数年前（2010年）に封切られた『英国王のスピーチ』[*3]という作品をご存知でしょうか？ この作品は，実話に基づいたもので，何と現在のエリザベス女王のお父さんの物語なのです．幼少時代の体験がトラウマとなり，吃音症（どもり）に悩み，英国史上最も内気な国王と言われたジョージ6世が，その劣等感を乗り越え，国民の期待する「真の王」になるために歴史的かつ感動的なスピーチに立ち向かうという物語です．バッキンガム宮殿に象徴されるイギリス国王の家族を中心にした物語ですから，登場人物のほとんどがイギリス貴族や上流階級の人々です．したがって，彼らの話す英語はイギリス英語，それも上流階級に典型的な英語，キングズ・イングリッシュ（King's English）[*4]です．「世界の英語」の最初を飾る話題として，この種の英語の話から始めることにしましょう．

イギリス社会は階級社会だと言われます．国王（女王）を頂点とするほんの一握りの上流社会，最も人口の多い労働者階級，そしてその中間を埋める中流階級で構成されています．イギリス社会の人口と社会階級の関係を上流・中流・労働者の各階級が上から下に並ぶ三角形で表現することがあります．

キングズ・イングリッシュが標準イギリス英語の象徴となったのは，パブリックスクールによると言われています．地方の訛りを持つ貴族の子弟たちがロンドン周辺のパブリックスクールに入学し，寮生活の中で先輩たちから強制的に標準的な英語の発音を教育され，卒業して社会に出て，イギリス人の中心かつ規範的な役割を果たすようになって，彼らの話す英語が規範とされるようになったのです．さらにラジオが発明され，これが電波に乗ってイギリス全土に波及し，広く普及することになります．

『英国王のスピーチ』に登場する人々の話す英語はイギリス社会の上流階級の人々の英語，キングズ・イングリッシュの特徴をよく表しています．映画の中から，この標準的なイギリス英語の特徴をいくつか次に紹介しましょう．

[*3] 第83回アカデミー賞作品賞，主演男優賞，脚本賞，監督賞など数々の賞を受賞した作品 *The King's Speech*：吃音症に悩むイギリスのヨーク公（後のジョージ6世）が，オーストラリア出身の町医者ライオネルの治療と妻エリザベス（現イギリス女王エリザベス2世の母君，皇太后）の愛情に支えられ，コンプレックスを乗り越え，歴史に残る演説を行うまでを描いた，実話に基づく映画です．イギリス上流社会の風俗や英語表現を知るのに最適です．

[*4] キングズ・イングリッシュ(King's English)：標準イギリス英語の象徴的名称で，女王治世中はクイーンズ・イングリッシュとも言います．

*5 BBC：British Broadcasting Corporation（英国放送協会）．イギリスのテレビ・ラジオの公共放送局で，1922年設立の民間放送局を1927年に公共放送局として発足．日本のNHKと違いコマーシャルも放送しますが，受信料も徴収し不偏不党を謳っています．

*6 ジョージ5世（1865-1936）：治世（1910-1936）中に第一次世界大戦が起こった．この映画の主人公の父．映画の中では，子どもを小さい頃から厳しくしつけた厳格な人物で，主人公にとってはそれが吃音の遠因の1つにもなったとされます．

*7 標準的なイギリス英語発音：Received Pronunciation（RP）「容認発音」のことで，receivedとは「上流・知識階級の人々に受け入れられた」という意味．ただし，容認発音ですから，語彙や文法も含めた標準的イギリス英語という場合には，Received Standard English「容認標準英語」と言うべきでしょう．

*8 Balmoral Castle：スコットランド北東部のアバディーンシャー州にあるイギリス王室の城．14世紀建造の城をビクトリア女王とアルバート公が購入し，増改築をして現在は王室が夏の休暇に利用しています．エリザベスはスコットランド出身ですが，このパーティではシンプソン夫人との確執があり，あまりハッピーではありません．

*9 デイビッド：主人公バーティの実兄エドワード王子．ジョージ5世死去により，1936年にエドワード8世として即位．2度の離婚歴のあるシンプソン夫人との結婚のため，同年弟のバーティに王位を譲り，Duke of Windsorとなりました．

*10 シンプソン夫人：1916年アメリカ海軍士官と結婚するも27年に離婚，翌年イギリスの船舶実業家E.シンプソン氏と再婚．30年以降エドワード王子（デイビッド）と付き合うようになりました．彼が王位を弟バーティ（ジョージ6世）に譲った翌年1937年に2人は結婚しました．当時，「世紀の恋」として世界中の注目

◇発　音　　BBC[*5]のアナウンサーや，主人公のヨーク公（後のジョージ6世）やその家族，主人公の父のジョージ5世[*6]などの英語の発音に標準的なイギリス英語発音（RP）[*7]の特徴が現れています．

(1) 母音直後の /r/ 音を発音しない．
　　York, father, anywhere, George, part, largest, first, World, etc.
(2) 2重母音の長母音化
　　Empire, wireless, society, invariably, flower, admire, desire, etc.
(3) 母音 /æ/ が /aː/ となる
　　broadcast, can't, fast, staff, bath, pass, ask, etc.

◇婉曲表現　　主人公の発音矯正をする王室専属の老医師の，主人公（ヨーク公時代）に対する英語表現に，きわめて丁重な婉曲表現が頻繁に現れています．これはイギリスの貴族たちの発話に典型的な特徴です．

(4) Now, if Your Royal Highness will be so kind as to open your hand, hm …there…
「それでは陛下，お手を広げていただけますか，ハイ，どうぞ」
(5) Now, if I may take the liberty? Insert them into your mouth, hm?
「では，恐縮に存じますが，これらをお口に入れてただけませんか，ハイ…」
(6) Now, if you would be so kind as to read. A wealth of words, hm?
「では，恐縮ですが，この本を読んでいただけませんか，言葉の豊かさを，さあ」

◇挨拶表現　　アメリカ英語とイギリス英語の表現の違いが表れる場面もあります．スコットランドのバルモラル城[*8]でのパーティで，兄デイビッド[*9]の愛人，シンプソン夫人 Wallis Simpson[*10]が，ヨーク公夫妻（主人公とエリザベス）を迎えたときの挨拶のやり取りです．

(7) Wallis : How lovely to see you both. Welcome to our little country shack.
「まあ，お2人にお会いできてうれしいです（→ようこそいらっしゃいました，お2人様．）私たちの小さな田舎小屋へようこそ」
Bertie : Very nice to see you, Mrs. Simpson…Very nice.
「しばらくですね，シンプソン夫人．結構ですね」

前者のセリフの完全形は，How lovely it is to see you both. という挨拶の決まり文句ですが，感嘆文を用いたやや誇張的な挨拶表現です．アメリカ人らしいとされる表現です．これに対し，主人公バーティの挨拶表現は，It's very nice to see you. の省略構文で，イギリス人らしく，平叙文による控えめな挨拶表現をしていて対照的です．

✂ 映画の中の「世界の英語」その2：オーストラリア英語

　吃音症に悩む主人公バーティは，自分が立場上公の場でスピーチを行

う機会が多くなり，妻の紹介である言語聴覚士*11 のもとを訪れます．そこに登場するのがオーストラリア出身のライオネル・ローグです．彼は，第一次大戦直後に戦争神経症*12 で失語症に悩む元兵士たちの治療を重ね，その経験を引っ提げてロンドンにやってきた，医師の資格もない，いわばお上りさん民間医師でした．彼の話す英語には所々にオーストラリア訛りや表現が現れます．そのいくつかを紹介しましょう．ちなみに彼を演じたジェフリー・ラッシュ自身も，オーストラリア出身です．

◇発 音　まず，オーストラリア英語の特徴として，よく指摘されることですが二重母音 /ei/ が /ai/ となる傾向が随所に見られます．例えば，I came to this hospital today. という文の today の発音が to die に聞こえて，病院に治療に来たはずが「死ぬために来た」と誤解されてしまったという笑い話を聞いたことがあります．

次に示す例は，この映画から収集したオーストラリア英語の例です．この文で使われている change が「チャインジ」と聞こえます．

(8) Perhaps he should change jobs. 「転職された方がいいかもしれませんね」

(9) He can give me his personal details. I'll make a frank appraisal and then we'll take it from there. 「旦那さんには個人的な背景などを話してもらいます．その上で，率直な診断結果を言い渡し，それから治療法を考えましょう」

この中に現れる details や appraisal の発音が，「ディータイル」や「アプライザル」のように聞こえます．該当する単語の類例をいくつか示しておきましょう．

　　　game, day, conversation, favorites, wait, stay, came, made, etc.

◇語 彙　オーストラリア英語によく使われる語彙もあります．次の例文の中に使われている mate（発音は [mait]），beaut, chuffing along などの使い方がその例です．これらの多くは，イギリス本土の俗語的表現としても使われていた歴史的経緯があり，それがオーストラリア英語に移植されたのかもしれません．

(10) She's still sounding a bit rough, mate. 「おい，まだ車の調子が悪そうだな」
　　 How do you do? ― Oh, chuffing along.
　　 「はじめまして」―「何とかやってます」
　　 Bounce onto it, 'a-peoples'. ― "a-peoples, a-peoples..." ― Beaut.
　　 「弾みをつけて「p」につなげてア・ピープルズ」―「ア・ピープルズ，ア・ピープルズ…」―「お見事！」

🎬 映画の中の「世界の英語」その３：アメリカ英語

次に紹介する映画は，"We Bought A Zoo!"*13「動物園を買っちゃっ

を集めました．

*11 日本語字幕では「言語聴覚士」となっており，原語は speech therapist です．「言語療法士」と訳されることもあります．現在の日本の資格とは異なりますが，試みていることは共通しているといえましょう．ライオネルは，第一次世界大戦でオーストラリアに戻ってきた兵士の中に，戦争失語症により話せなくなった多くの患者がおり，その治療を通して多大な経験と成果を上げてきました．ですから，医療関係者の多く住むロンドンのハーレー・ストリートにあるライオネルの診療所の表札には，"L. Logue Speech Defects."「L・ローグ　言語障害専門」としか掲げていませんでした．

*12 戦争神経症（shell shock）《精神医》：combat fatigue（戦闘などの極度のストレスによる，外傷性の精神神経症的もしくは精神病的反応）の一種．最近では，PTS（post-traumatic stress syndrome）「心的外傷後ストレス障害」（大きな苦悩を与える出来事や経験にあった人に見られる一連の症状で，憂鬱・焦燥感・罪の意識・恐怖・悪夢・性格変化などを伴う）とも呼ばれています．

*13 Benjamin Mee：イギリスのジャーナリスト．廃園寸前の動物園付き住宅を購入し，財政難，老朽化した施設，猛獣の脱走，などの問題解決や妻の病死などに耐え，家族やスタッフとの絆を築き，動物園開園を実現させるという大きな夢に挑戦した．映画の主演は『グッド・ウィル・ハンティング：旅立ち』(1997) でアカデミー脚本賞を受賞しているマット・デイモン：Matthew Paige Damon (1970-) やスカーレット・ヨハンセン：Scarlett Johanssen (1984-) と豪華な役者が味のある演技をしている好作品です．

た！」（邦題『幸せへのキセキ』2012年公開）という作品です．同名の原作は実話をもとに描かれたもので舞台はイギリスの片田舎だったのですが，映画はアメリカのハリウッドで作られ，舞台もアメリカの片田舎という設定になってしまいました．映画版で登場人物たちの話す英語にはアメリカ英語の特徴が色濃く出ています．

◇発　音　　最も一般的なアメリカ英語の発音の特徴として，母音直後の /r/ 音を響かせるということがよく指摘されます．これは前述のイギリス英語の発音の特徴と対照的です[*14]．作品の中からいくつか例を挙げましょう．

(11) writer, adventure, killer, first, hair, sir, forwards, reindeer slippers, etc.

このように，特に単語の語尾や音節の最後にくる母音直後の /r/ 音は頻繁に登場するので，この /r/ 音ばかりが目立ち，われわれ日本人にとっては，アメリカ英語の聞き取りを難しくしているとも言えます．

それから，/t/ の発音にも特徴があります．語中で母音にはさまれた /t/，あるいは語尾の /t/ が次に続く単語が母音で始まるために，結果的に母音に囲まれた場合の /t/ が，母音（有声音）の影響を受けて，本来無声音のはずの /t/ 音が有声音化して /r/ や /d/ の音に変質してしまうのです．例えば，writer, exotic, interaction, などの単語の発音が，「ライラー」「イグゾリック」「インナラクシャン」のように聞こえます．また，got to~, start over, got it などの単語が連結して，「ガラ」「スターロバア」「ガリッ」のように聞こえます．特に，後者のケースでは，複数の単語が連結して，連続的に発音されるので，これも聞き取りの障害となります．例えば，Or throw it away.「そんなもの，いっそのこと捨てちゃえば」などは throw が母音で終わり，次の単語 it も母音で始まるので〈母音＋母音〉の連続を防ごうとして，間に /r/ 音が入り「スロウリッ」と聞こえます．さらに it の /t/ 音と次の away の最初の母音が結合して「イラウェイ」と聞こえます．結果的に throw it away は「スロウリラウェイ」と連続して聞こえることになります．

また，be going to~ や got to~ などのように，頻繁に使われる語句は，より発音に忠実な綴りともいえる gonna~, gotta~ が定着しています．

(12) You're not gonna say yes, are you?「否定的だね，ボツかい？」
(13) Dad. Nobody's gonna give an F to a kid whose mom died six months ago.
　「お父さん，先生は半年前にママが死んだ生徒を落第になんかしないよ」

◇語　彙　　アメリカが舞台となることで，アメリカの文化を意識した語彙が随所に見られます．例えば，息子のディランが中学校で問題を起

*14　ただし，イギリスでも地方によって，例えばイングランド北西地方やスコットランドなどでは，この種の /r/ 音を発音する地域（rhotic と言います）があります．昔，観光でエディンバラに行った際に，エディンバラ城の案内をする叔父さんが，"center of the castle" を「セントルブカースル」と /r/ 音の部分を強い「巻き舌音」で発音していました．一方，アメリカにも，地域によってはこの音を発音しない地域もあります．南部地方などはその例です．

こし，出頭してきた父親ベンジャミンに向かって校長先生がこう言います．

(14) We're a three-strike school, Mr. Mee, and today was his fourth strike. I'm sorry. We have to expel Dylan.「うちの学校では校則違反は3つまで（スリー・ストライク制）です．息子さんは今日で4つ目です．残念ですが，ディラン君は退学です」

このセリフの中で使われている three-strike は three-strike law「《米語》三振アウト法」といって，「米国の一部の州で重罪を3度犯すと自動的に終身刑とする法律（1984）」に由来します．しかし，さらに遡ればアメリカ独自のスポーツ baseball「野球」のルールに由来することは言うまでもありません．

他にもスポーツがらみの表現が見られます．娘ロージーと新しい家を探しているときに，気に入った家が見つかったのですが，それは訳有り物件だと不動産屋がブレーキをかける場面で，こう言います．

(15) Let's not rush into things. Let's not…Mr. Mee, right now, I think we're jumpin' the gun.「焦っちゃ，ろくなことありませんよ．ちょっと，ミーさん．あまりにこれでは急ぎ過ぎですよ」

ここで使われている口語的表現 jump the gun はもともと，スポーツ用語で，「スタートの号砲前に飛び出す」つまり「スタートを誤る，フライングを犯す」という意味でした．これから派生して「早まって行動する，先走る」の意味で使われているのです．競争などで「スタートの合図直前に飛び出すこと」を日本語では「フライング」と言いますが，英語の flying にはそのような意味はないようです．

アメリカもしくはアメリカ大陸を意識した表現も見られます．ベンジャミンが娘をベッドに寝かしつけるときに，ぬいぐるみだらけのベッドに寝ているロージーに向かっての会話に，やはりアメリカ大陸を意識した表現がそれとなく，しかしおそらく意図的に使われています．

(16) Benjamin：I can't even find you in there. You're like a Chilean miner. We're gonna have to go get Kelly and maybe even get MacCready. Dig you out. My goodness. There, it's Miss…「あれ，ロージーが全然見えないぞ．土にうずまってしまったチリの鉱夫さん[*15]みたいだぞ．ケリーやマックレディーおじさんを呼んでこなきゃならないぞ．掘り出さなきゃ大変だ．ああ，いたぞ．あなたは？」
　　　　　Rosie：Nobody else.「私よ，決まってるじゃない」
　　　　　　B：There's Rosie. Was that a laugh? What? Oh, no! Aha!「やあ，ロージー．笑っているのかい？　どうなんだい？　おや，違うのかな？　ハハ！」

このような喩えは，まさにアメリカ的で，イギリスの映画には出てきそうにありません．イギリスの片田舎の物語を，アメリカを舞台にした映画に作り上げたという脚本家の心意気が感じられる表現です．

*15　チリの炭鉱夫さん：南アメリカ南部西岸，太平洋に面し，アンデス山脈の西側南北4000 kmにわたり長く延びる国．銅鉱山の採掘や鉄・モリブデン・石炭・石油・天然ガスなどの鉱産物産出が盛んで，輸出国でもある．物語では，父親のベンジャミンが，ベッドの上でたくさんのぬいぐるみの人形に囲まれてうずくまっているロージーを見て，このようなイメージを抱いたのでしょう．

◇口語表現　　肩の凝らない便利な表現をたくさん駆使して，話し言葉を楽しむのもアメリカ英語の特徴です．これはアメリカ英語にスラング表現が多い理由でもあります．こうした表現が映画でもよく出てきます．この映画には Why not? という表現が数回登場します．しかもこの表現が節目ごとに重要な意味を持っています．ご存知のように，使い方によって様々な意味と機能を担います．

　最初に登場するのは，ベンジャミンと娘のロージーがお気に入りの家を探し当てたときのやり取りです．

(17) Benjamin：You don't have to take a picture, Rosie.
　　　　　　　「写真撮らなくてもいいぞ，ロージー」
　　　　Rosie：Why not?　「どうして？」
　　　　　　B：'Cause we're gonna live here.
　　　　　　　「もうここに住むことに決めたから」

ロージーは「どうして写真を取らなくていいの？」と「notの理由を尋ねて」います．このnotはベンジャミンのセリフの否定文（you don't have to take a picture）を代用しています．

　二番目の Why not? は，動物園の管理責任者のケリーの質問に答えるものです．

(18) Benjamin：So your question is?　「それで，訊きたいことは？」
　　　　Kelly：Why did you buy this place?
　　　　　　　「どうしてここを買ったの？」
　　　　　　B：Why not?　「いけないかい？」

ベンジャミンは，動物園を買った理由を聞かれて「なぜ買ってはいけないか？→いいじゃないか」と反論しています．

　三度目の Why not? は，安楽死させたスパー（トラ）の掲示板に向かってベンジャミンが語りかける場面で登場します．

(19) "SPAR 1993-2010：Our Unforgettable Friend"
　　　「スパー（1993-2010）私たちの忘れ得ぬ友」
　　　　Benjamin：That looks good, buddy. You in your prime. You would have done the same for me. Why not?　「すごくかっこいいぞ．男盛りだ．君が僕でもこうしてたよな．そうに決まってる！」

スパーに対し「お前だって俺の立場だったらこうしてたよな」と賛同を求めたうえで，「もちろん，そうだよな？」自分の意見の正しさを確認・納得しています．安楽死については，ベンジャミンは迷っていました．もう少しで開園だからそれまで頑張ってほしいという素人としてのベンジャミンの気持ちと同時に，彼はスパーと，病気で失った妻キャサリンとを重ねていたのです．それが安楽死に踏み切れなかった最大の理由でした．そのような事情を踏まえてのセリフとして理解できます．

　最後の Why not? は，この物語の最後のしめの言葉として使われています．ベンジャミンが妻のキャサリンと初めて出会って言葉を交わした

ときのセリフです．

(20) Benjamin：Why would an amazing woman like you even talk to someone like me?
「あなたのような素敵な女性が，僕なんかとお話していただけるでしょうか？」
Katherine：Why not?「いけない？」

レストランで一目ぼれしたベンジャミンが，キャサリンに「同席してお話していただけるかどうかを尋ねた」のに対し，キャサリンが「いいわよ」と承諾しています．

✂ 映画の中の「世界の英語」その4：インド英語

インドには少なくとも30の異なる言語があり，連邦政府は公的な共通語として，ヒンディー語と英語の2つの言語の使用を示しています（第4章233ページ参照）．ですので，インドを舞台にした映画で英語が使われることも数多いのです．日本でもクイズで話題になった映画『スラムドッグ・ミリオネア』（2008）を通して，インド英語を紹介してみます．

この映画の原作はインドの外交官でもある作家ヴィカス・スワラップ (Vikas Swarup：1963-) 氏の処女作 *Q&A* (2005)（邦題『ぼくと1ルピーの神様』）で，世界40か国語に翻訳されたベストセラーです．映画も次年度のアカデミー賞8部門を獲得し話題になりました（製作はイギリスですが，インドでロケをしています）．舞台となったムンバイ[*16]では，インド英語の音声的特徴や表現形式のほかに，ヒンディー語[*17]の影響が随所に見られます．そのあたりを中心に資料を収集してみます．インド英語の全般的特徴を列挙すると，次の通りです．

◇発　音

① /r/ 音を強く（巻き舌音で）発音するので，例えば，Park「パルク」, market「マルケット」, number one「ナンバルワン」, Understand「アンデルスタンド」, center「セントル」, などのように聞こえる．②綴り字に忠実に発音する傾向があるので，例えば，Wednesday が「ウェドネスデイ」のように聞こえる．③〈母音＋母音〉の連続形を避ける傾向にあるため，中間に子音を挿入することがある．例えば，India は Indya という綴りが使われ，「インディヤ」のように聞こえる．④ /θ/ 音（歯間摩擦音）が /t/ 音で発音される傾向があるので，例えば，Thank you. が「タンキュー」のように聞こえる．⑤アクセント（強勢）が英語のように明確でないので，英語のような強弱のはっきりした発音とは異なる．

◇文　法

①標準英語では，原則として，状態動詞は進行形で使われることはないが，インド英語ではそのような制限はないので，例えば，My friend is

*16 ムンバイ（Mumbai）は，旧称ボンベイのマラーティー語名です．インド西部，アラビア海沿岸の港湾都市で，西インドの商工業・金融・交通の中心地であると同時に映画産業も大変盛んです．それを反映して俗称 Bollywood とも呼ばれていますが，これはムンバイ（Mumbai）の旧称ボンベイ（Bombai）の頭文字と米国映画の中心地であるハリウッド（Hollywood）を組み合わせて作られた合成語です．

*17 ヒンディー語：インド・ヨーロッパ語族のインド−アーリア語派の代表的言語で，インドの公用語にもなっています．北インドに広く分布していますが，ナーガリー文字を使用しています．話者数2～3億人を上回るとされています．

knowing the fact. などの文が許される．②付加疑問文についてのルールが異なる．標準英語に見られるような主語と代動詞との呼応関係が見られない．例えば，標準英語のように You are a high school student, aren't you? ではなく，You are a high school student, isn't it? となる．つまり，文尾に付加される構造は，前半の本文に関係なくすべて isn't it? でよい．③疑問文に対する応答文が標準英語と異なる．例えば，Did you attend the party?「パーティーには出席したかい」の疑問文に対し，標準英語では，出席しなかった場合は No, I didn't. と答えるが，インド英語では，Yes, I didn't. でよい．つまり，応答の際の Yes/No の役割が，標準英語と異なるからで，「はい答えます，私は出席しませんでした」という感じでしょうか．

◇ヒンディー語からの借用　　この映画には，ヒンディー語から借用された英語表現が多々見られます．具体的に紹介してみます．

(21) 罵り言葉：　Madar chod! / Bhen chod / Ben chod
　　I give you two tight slaps, madar chod! (74) [18]
　　「このクソったれ，平手を2発ビシッとくらわせてやるぞ」
　　What is this shit? Get out! Get out! Ben chod. (126)
　　「このまずいのは何だ？　出て行け！　出て行くんだ！　クソったれ」
madar chod はヒンディー語の「くそったれ，ばか野郎」の意味で，英語で mother fucker のことです．激しい怒りを表して使われる軽蔑用語です．Ben chod もほぼ同じ意味です．

(22) 職業名・名詞の語尾に：⟨-wallah⟩⟨-ji⟩⟨-ka⟩
　　Prem：Chai-wallah? A chai-wallah!「お茶くみ？　お茶くみかね！」
　　Hmm, ahh…computer-ji,…(44)「えー，コンピュータさん…
インド英語では chai は英俗の chat＝tea「お茶」を意味する．その語尾に付く wallah は「(特定の仕事をするために) 雇われた人，～係，～屋」を意味します．イギリス英語では fellow となるところです．-ji はヒンディー語で「～さん」を意味するもので，名前や役職に着けて親しみを表します．イギリス英語なら Mr. となるところでしょう．

(23) 呼びかけ語
　　chup「《ヒンズー語》静かに＝quiet」，Sali「《ヒンズー語》義理の姉妹，お前＝sister-in-law」，chari「バイバイ，さようなら＝goodbye」，Arli「はい＝Yes, sir!」といったヒンズー語の呼びかけ語が，ごく自然に映画の英語の中にまざっています．
　　Chup, Sali! (98)「うるさいぞ，おまえ」
　　Chari. (100)「じゃあな」
　　"And chai." …"Arli!" (102)「それに，お茶だ」―「はい！」
次に見られる kiya-jaye は「～してちょーだい，～してください」の意味で，主に友だち同士で使う親しみを込めた表現です．実際のインド版「クイズ＆ミリオネア」で司会を務めていたアミプターブ・バッチャン

*18　実例の後のカッコの数字は，株式会社フォーイン社から出版されている『スクリーンプレイ・シリーズ135：スラムドッグ＄ミリオネア』のページ数を示しています．

（Amitabh Bachchan）が，最終の答えを聞くときによく使ったので有名になりました．

(24) Prem：Hmm, ahh…computer-ji, D lock kiya-jaye.（44）
　　　　「えー，コンピュータさん，Dをロックしてください」
　　Prem：Computer-ji, A lock kiya-jaye.（92）
　　　　「コンピュータさん，Aをロックしてください」
　　Atcha atcha.（94）「はい，はい」
　　（Atchaは「《ヒンズー語》わかってるよ＝gotcha＜I got you.」）

こうした他言語からの借用は，実は様々な言語に見られます．実はこのインド英語には，日本語からの借用語も出てきます．rickshawは日本語のjinrikishaの短縮形で，「人力車，三輪人力車，輪タク」の意味で現在でも使われています．

(25) Jamal, Latika and her friend sit in a rickshaw.
　　「ジャマール，ラティカそれに彼女の友達は輪タクに座っている」

冒頭でも述べましたが，このインド英語（ムンバイ英語）に象徴されるように，世界の様々な地域の英語には，現地の言語事情が反映されており，英語は「1つ」ではないのです．世界の英語は歴史的に見れば，英国のブリテン島から始まりますが，その後イギリス人たちが世界各地に移動して，英語の種をばらまき，その種が世界各地で育ちました．そしてそれらが成長する過程で，各地域の言語事情を反映した様々な英語に発展して現在に至っているというわけです．

私たち日本人が使う英語について，例えば /l/ と /r/ の発音の区別が下手だとnative speakerの人たちによく指摘されますが，それは日本語には /l/ と /r/ の発音の区別は必要ないわけで，その発音上の特徴が日本人の英語の発音に反映されているだけなのです．

【☞ まとめ】・世界中で使われている英語は，母語（第一言語）として，第二言語として，外国語として様々に使われています．
・日本語にも方言によって様々な特徴があるように，英語にも国や地域によって様々な特徴があります．
・映画は，われわれ日本人が，このような英語の多様性を，身近に耳にすることができる方法の1つです．
・映画は，音声だけでなく，映像を通して，場面・当事者同士の関係・話題などノンバーバル・コミュニケーションを踏まえた発話の分析が可能です．
・そのような立体的な分析を踏まえて，イギリス，アメリカ，オーストラリア，インドで使われている英語の具体的特徴を知ることができます．

練習問題

1．吃音症の症状と原因，そしてそれが言語習得や言語使用に与える影響を調べてみましょう（映画『英国王のスピーチ』が参考になります）．
2．標準英語はいつ頃，なぜ，どのように形成されたのかを調べてみましょう（標準英語，方言，教

育制度，経済的発展，科学技術の発展，交通機関の発展などがポイントです）．
3. イギリスの階級社会と日本の江戸時代の身分制度を比較して，階層間でどんな言葉の違いがあったのか調べてみましょう（英日の時代劇が参考になります）．
4. オーストラリア（白人，先住人），アメリカ（黒人，先住人，中国人，イタリア人，ユダヤ人，日本人），シンガポール（中国人，マレー人，インド人），スコットランド（ケルト人），など，それぞれの人々が登場する映画を観て，言葉の違いを探してみよう（いろいろな映画を見る必要があります）．
5. もしあなたが留学するとしたら，どの国で何を学びたいかを考え，そのためにはどんな言語を，あるいはどんな英語を学ぶ必要があるのか考えてみましょう．

Further Reading

ウォードハウ，ロナルド（著），田部滋，本名信行（訳）『社会言語学入門（上・下）』（リーベル出版）．社会の中で言語が使われる際の様々な諸相を扱う社会言語学の基本的な研究分野の全容が分かります．榎木園鉄也『インド英語のリスニング』（研究社）．インド英語の概要（インドにおける言語事情）とその特徴が分かりやすく解説され，インドでの様々な場面でのインド英語の会話例を実際にCDで聞くことができます．スタンプルスキー，スーザン（著），杉本豊久（訳編）『OK アメリカ英語』（三修社）．『BBC OK シリーズ』（ビジネス英語・ニュースの英語・社交の英語・英語の発音・英語のパズルなどジャンル別英語のシリーズ）の1つで，米語が英語との比較のうえで分かりやすくまとめられています．鶴田知佳子，柴田真一『ダボス会議で聞く世界の英語』（コスモピア）．世界 20 か国の政財界のリーダーの発言を収録し，解説を加えたもの．CDがあるので，多種多様な英語に慣れるための英語教材として役に立ちます．トラッドギル，P., J. ハンナ（著），寺澤芳雄，梅田巌（訳）『国際英語―英語の社会言語学的諸相―』（研究社出版）．社会言語学の権威が，国際英語の様々な諸相をまとめたもので，世界中の様々な英語の特徴が紹介されています．中尾俊夫，日比谷潤子，服部範子『社会言語学概論：日本語と英語の例で学ぶ社会言語学』（くろしお出版）．社会言語学の研究成果が，日本語との比較の視点が取り入れられつつ，紹介されており，この分野の概論となっています．松浪有（編）『テイクオフ英語学シリーズ① 英語の歴史』（大修館書店）．英語の多様性を通時的な時代の流れの中でとらえ，アメリカ英語，世界の英語へとつなげています．松浪有，池上嘉彦，今井邦彦（編）「10 章世界の英語」，『大修館英語学事典』（大修館書店）．世界の様々な英語（カナダ英語，オーストラリア英語，インド・パキスタンの英語，黒人英語，ピジン英語）を詳しく解説しています．矢野安剛，池田雅之（編著）『世界のことばと文化シリーズ① 英語世界のことばと文化』（成文堂）．世界中の様々な国や地域での言語事情を各分野の専門家が分かりやすくまとめた論文集のようなものです．この分野の教材として役に立ちます．「特集：世界の英語」『月刊言語』11(2)．言語学の専門誌での特集で，世界の様々な地域・分野で使われている英語（世界各国の言語事情のほかに，アメリカ英語の活力・日本人と英語・国際会議場の英語・パイロットと管制官の英語・アフリカのクリオ語・黒人英語の特徴など）をそれぞれの専門家が紹介しています．

筆者より

2015 年夏に，大学英語教育学会第 54 回国際大会（鹿児島大学において開催）で講演をしたときの写真です．実は，その翌日，オーストリアで開催される卓球の国際大会に出発することになっていたので，国際審判の正式ユニフォームで講演しました．

第6章 日本語と英語はどちらがより自由か？

平田一郎

【日英語の比較】

《✎ 何が分かるか》 言うまでもなく日本語と英語は別の言語です．ですから2つの言語は一見したところ随分違うように見えます．ところがちょっと見方を変えると意外に共通した部分が見えてきます．また2つの言語が違う部分が当然あるのですが，その違いから，それぞれの言語が発達させた「自由度」が生まれ，それぞれの言語の「らしさ」を演出しています．

大学受験などで英語の勉強をしていると，誰もが気がつくことがあります．短い文の訳だとそれほど問題がありませんが，3行にも4行にもなる長い英語の文を日本語に訳す場合，語順をどんどん後ろから前へと「ひっくり返して」いくことが必要になります．Lily goes out with a boy who has a friend who keeps a dog that is named Rocky. という文なら，「リリーはロッキーという犬を飼っている友達がいる男の子とつきあっている」といった具合に（日本語としての分かりやすさを度外視して訳せば）訳すことができます．どうも英語と日本語では一見すると大分違った文法があるようです．でももう1つ言えるのは，違いの中に何か類似点がありそうなことです．今「ひっくり返して」と言いました．これは，両言語の違いに規則性があることを窺わせます．このような2つの言語の「似ているけれども違う語順」はどのように説明されるのでしょうか？

今，世界の多くの言語学者が「世界にあるすべての言語には共通のもとがある」と考えています[*1]．日本語と英語の「規則的な」違いは，この共通のもとによって解き明かされます．

✂ 中心となる語と補う語

songs は名詞です．では sing songs は何と呼ぶでしょうか？ そうです，動詞句ですね．1語だけの場合は，名詞，動詞，形容詞といった具合にその品詞がそのままその語の特性を示す呼び名となります[*2]．sing songs の場合は，動詞と名詞でできています．するとどちらか一方が「主」となってその主を中心とする「句」を作ります[*3]．sing songs では，sing が中心となる語で，songs は補う語です．中心が sing ですから，全体は動詞句です．本当にそうでしょうか？ 確かめてみましょう．

まず次の例文を見てください．

(1) a. They <u>sing</u>.
   b. I <u>do</u>, too.

[*1] 想定されている「すべての言語に共通するもと」は，普遍文法（Universal Grammar）と呼ばれています．

[*2] これは統語範疇（grammatical category）とも呼ばれます．統語範疇は，ほぼ品詞に相当する概念です．

[*3] 「句」については統語論の章（第Ⅱ部5章と6章）を参照してください．

(1a)に続いて，(1b)のように言ったとします．(1a)の下線部は，singという単独の動詞で，(1b)では，これがdoという(助)動詞に置き換えられています．次に(2)の例文を見てください*4．

(2) a. They sing the songs.
　　b. I sing them, too.

今度は(2a)の名詞句 the songs が代名詞 them に置き換えられています．つまり，動詞的なものはdoで置き換えられ，名詞的なものはthem（単数形ならit）で置き換えることができると言えます．次に(3a)の置き換えを考えてみましょう．

(3) a. They sing the songs.

下線部はdoで置き換えられるでしょうか，それともthemでしょうか？そうですね，この場合，置き換えはdoでなければなりません．

(3) b. I do, too. (*I them, too.)

つまり，sing (the) songs は全体として動詞的で，その中心となる語はsingということになります．ですからsing (the) songs は動詞句ですね*5．

sing (the) songs の sing のように句の中心となる語を**主要部**と呼びます．動詞句に限らず，句があれば必ず主要部があります．in the room, on the table, with some friends のような前置詞句では，それぞれ in, on, with が主要部となります．in the room 全体の性質を決めているのが the room ではなく，in であることは，これらが，主語位置に現れないことで確認することができます．(4)の例文を見てください．

(4) a. Honesty is the best policy.
　　b. *Honest is the best policy.
　　c. *Honestly is the best policy.

honesty, honest, honestly はそれぞれ名詞，形容詞，副詞ですが，主語になれるのは(4a)のように名詞（句）の honesty だけです．これを念頭に in the room が何句になっているか調べてみましょう．

(5) a. *In the room was comfortable.
　　b. The room was comfortable.

(5a)のように，in the room では主語になれないことが分かります．つまり，in the room 全体の性質を決めている主要部は名詞の the room ではなく，前置詞の in であるということになります．in the room という句の中に名詞句 (the room) も含まれていることに注意してください．名詞句がその中に含まれていても，全体として名詞句になっていなければ主語にはなれないのです*6．

sing songs という動詞句ではsingが主要部となり，in the room という前置詞句ではinが主要部となります．どちらの場合も，句の初めにくる語が主要部となっています．他の品詞の句も見てみましょう．

(6) a. students of linguistics　　　　　　名詞句

---

*4　定冠詞のないsongs（不特定の歌）をthemで置き換えることはできないので，ここでは定冠詞付きの名詞句 the songs を例文に用いています．

*5　助動詞 do は，動詞句を置き換える，というよりも，doを用いることで後続する動詞句全体を省略することができると考える方が正確です．次の例を見てください．
(1)
a. They look happy. You do (look happy), too.
b. They give the dogs bones. I do (give the dos bones), too.
本文の(1b)や(3b)の(S)Vや(S)VOだけではなく，この(1a)では(S)VC，(1b)では(S)VOOの部分が省略されています．これが省略であるのは，強調的に用いられた場合，doに強いアクセントが置かれ，残りの動詞句部分も発音されることがあることで分かります．例えば(1a)では，They DO look happy. のように言うことができます．

主要部（head）

*6　このように，ある句の性質はその構成要素の1つ（主要部）が決める，という性質を**内心性**（endocentricity）と言います．in the roomの例では，the roomが全体の性質を決める主要部でないのであれば，inが主要部ということになります（他には構成要素がありません）．句の内心性は現代言語学の基本的な仮定の1つです．

　　　　b．(I am) <u>afraid</u> of darkness.　　　　形容詞句
　　　　c．(He lives) <u>independently</u> of his parents.　副詞句
下線を引いた語がそれぞれの句の主要部ですが，いずれも句の先頭の語が主要部になっています．
　日本語は，どうでしょうか？
　(7)　a．リンゴを<u>食べる</u>　　　　　　動詞句
　　　b．部屋（の中）<u>で</u>　　　　　　　後置詞句（格助詞）
　　　c．言語学を専攻する<u>学生</u>　　　　名詞句
　　　d．暗闇が<u>こわい</u>　　　　　　　　形容詞句
　　　e．両親とは<u>独立に</u>（生活する）　形容動詞句

このように，英語とは反対にすべての句で，主要部が句の最後に現れています．最新の言語学の理論では，英語のように句の中で主要部が初めに現れる言語と，日本語のように主要部が最後に現れる言語に世界中の言語を分けることができると考えられています．主要部が初めに現れる言語は**主要部先頭**言語，主要部が最後に現れる言語は，**主要部末尾**言語と呼ばれています．"Lily goes out with a boy who has a friend who keeps a dog that is named Rocky." という英語を日本語にする際に，ひっくり返して訳していかなければいけないのは，英語が主要部先頭言語であるのに対し，日本語は主要部末尾言語であるからだと言えます．文末の <u>a dog</u> that is named Rocky という関係代名詞節でも，「ロッキーという<u>犬</u>」という具合に，英語では主要部が先頭に，日本語では末尾にきていますね．

　このように日本語と英語では，主要部の位置に関して違いがあります．でもその違いが一貫していることに注目してください．例えば，英語の動詞句では主要部が初めにくるのに，形容詞句では最後，といったことはありません．1つの言語の中で，主要部の位置は一貫しています．このことが，2つの言語が，単に「違う」というのではなく「規則的に違う」と感じられる理由です．

　もう気づいている読者もいるかもしれませんが，この主要部の位置に関して，主語が例外になります．英語の基本語順は SVO で日本語は SOV ですが，どちらも主語は文の先頭にきています．ですから，より正確に言えば，英語を日本語に訳す場合，「主語を除いてすべての語順をひっくり返して訳す」ようにするわけです．「リリーはロッキーという犬を飼っている友達がいる男の子とつきあっている」という例においても，主語リリーは，英語でも日本語でも先頭にきていますね[*7]．

✄ 文の中で名詞が持つ意味の表示法

　これまでは語順の点から日本語と英語を比較してきました．次は格の表示法の点から2つの言語を比較してみましょう．格の表示の点でも日本語と英語では違う部分と共通している部分があります．

主要部先頭（head-initial）
主要部末尾（head-final）

*7　現代言語学の世界では，句の形が言語や品詞（統語範疇）に関係なく一定であると考えられています．言語間で違いがあるのは，主要部と他の要素の位置関係（主要部先頭かあるいは主要部末尾）だけです．このほかに，指定部（specifier）と呼ばれる位置がすべての句にあると考えられています．指定部は，言語や品詞（統語範疇）にかかわらず，句の先頭にきます．この考え方を採ると，日本語と英語の形は次のようにまとめることができます．
(1)
　英語：
　　指定部-主要部-他の補足的要素
　日本語：
　　指定部-他の補足的要素-主要部
本文中では，「主語が例外になる」としましたが，主語が指定部にあると考えると，(1)の型にぴったりと当てはまって例外にはなりません．

名詞は，それ自身だけでは文になりませんし，文中で他の要素に対して文法的な役割を示すこともできません．具体的に考えてみましょう．

(8) a. 太郎
    b. 太郎　褒めた
    c. 太郎を　褒めた
    d. 花子が　太郎を　褒めた

まず(8a)を見てください．「太郎」だけでは明らかに文ではありません．このままでは，(太郎という男性に対しての) 呼びかけとしての使われ方しかありません．では，動詞を足して(8b)のようにしたらどうでしょうか？　(8b)でもまだ太郎の文中における役割は曖昧です．太郎は褒めた側であるかもしれないし (太郎が褒めた)，褒められた側であるかもしれないからです (太郎を褒めた)．(8c)のように格助詞「を」が付いて初めて名詞「太郎」の文法的な役割が決まります．さらに「花子が」を付け足して(8d)のようにすると，意味的に完全な独立文になります．やはり「花子」には格助詞「が」が付いています[*8]．格助詞のように文中での名詞句の文法的な役割を助ける機能を「格」と言います．日本語には「が」や「を」の他にも「へ」「と」「から」「で」などの格（助詞）があります．

(9) a. [ニューヨークへ] 行く
    b. [同僚と] 昼食を取る
    c. [シカゴから] きている
    d. [図書館で] 勉強する

このように日本語では格関係を表すのに一様に格助詞が使われます[*9]．これに対し，英語ではやや状況が異なっています．まず，(9)に対応する英語表現を見てみましょう．

(10) a. Sally went [to New York].
     b. We will have lunch [with our colleagues].
     c. They are [from Chicago].
     d. I study [at the library].

ご存じのように英語の場合は，格助詞とは言わずに「前置詞」と呼びます．それぞれ下線部が前置詞で，[　] は前置詞句です．(9)の [　] は「格助詞句」と言ってもいいですが，格助詞と前置詞は同じ機能なので，英語の文法に合わせて後置詞句と呼ばれることが多いようです．日本語の(9)では，格助詞が句の末尾に，英語の(10)では，前置詞が句の先頭にきていることももう一度確認しておいてください．ここまでは主要部の位置を除いて英語と日本語は同じ格関係の表し方をしているように見えます．

続いて，(8d)に対応するような英語表現を考えてみましょう．

(11) Mary ＿ praises John ＿ .

気がつきますか？　日本語では「が」と「を」で表現していた部分が，英語の(11)には現れません．では，英語ではどのように「が」や「を」

[*8] 助詞にはここで説明している格助詞のほかに，文と文をつなげる接続助詞 (ので，から，けれど…) や強調や対比を示す副助詞 (さえ，すら，だけ…)，また文末で話者の気持ちを表現する間投助詞 (ね，よ，さ…) などがあります．

[*9] 文中で名詞句が他の要素と結ぶ，意味的/文法的な関係を格関係と言います．次の例を見てください．
(1) 太郎が 次郎に 三郎の 友達を 紹介した．
下線を施した助詞のうち「が」「に」「を」は，それぞれ直接的に「紹介した」に係ります．国語学でいう連用修飾です．これに対し「三郎の」は，「紹介した」ではなく「友達を」に係ります (連体修飾です)．このような文中での関係が格関係です．

のような格関係を表しているのでしょうか？ それは(11)の文のMaryとJohnの位置を入れ替えてみると分かります．

(12) John praises Mary.

(11)では褒めるのがMaryで，褒められたのがJohnです．しかし(12)ではこれが逆転して，Johnが褒める側，Maryが褒められる側です．どうしてこうなるのでしょうか？ それは，英語が主格（「が」で表示する格）と対格（「を」で表示する格）を位置で表現しているからです[*10]．(13)で概略的に示したように，主語位置にくるものには主格（の文法的な役割）が，目的語位置に現れるものには対格（の文法的な役割）が担わされるようになっているのです．

(13) 主格 動詞 対格

では日本語はどうしているのでしょうか？ 日本語は目に見える（耳に聞こえる）形で主格や対格を表示しています．そのため，(8d)の「花子が」と「太郎を」を入れ替えて(14)のようにしても，文の論理的な意味は変わりません[*11]．

(14) 太郎を 花子が 褒めた

まとめると，日本語は格関係の表し方が1種類だけで，それは格助詞を用いたものです．英語にも格助詞に当たる前置詞による格関係の表し方がありますが，これに加え，位置での格関係の表し方もあるのです．

(15) 日本語
　　　が　　　を　　　へ　　　と　　　から　　　で
　　英語
　　　∅　　　∅　　　to　　with　from　at

この違いから2つの言語のさらなる違いが生まれます．日本語は名詞に格助詞が付くことで，その名詞の文中における役割が分かります．これに対し，英語では少なくとも主格と対格は位置によって格関係を示す必要があります．したがって日本語では，名詞句がどこにあっても，その格関係が分かるのでいろいろな語順が可能となるのです．先に見た(8d)と(14)の対比もその1例です．(16)の例を見てください．

(16) a. 太郎が花子を市場に連れて行った
　　 b. 太郎が市場に花子を連れて行った
　　 c. 花子を太郎が市場へ連れて行った
　　 d. 花子を市場へ太郎が連れて行った
　　 e. 市場へ太郎が花子を連れて行った
　　 f. 市場へ花子を太郎が連れて行った

「太郎が」という主格名詞，「花子を」という対格名詞，そして「市場へ」という名詞＋後置詞/格助詞の句の順序を自由に変えて，6通りの語順を作ることができます．すべての例で論理的な意味が同じであることを確認してみましょう．

では英語ではどうでしょうか？

(17) a. John took Sally to the market.

[*10] 英語でも代名詞によっては，主格と対格が別の形を持ちます．Iという主格に対してmeという別の形の対格があり，sheに対してはherが同じように対応しますね．このことは練習問題でもう一度考えます．

[*11] 「花子が太郎を褒めた」という文と「太郎を花子が褒めた」という文では，論理的な意味は同じです．論理的な意味が同じとは，片方の文の意味が真であれば，もう一方の文の意味も真であることを意味します．この2つの文の場合，どのような状況を想定しても，片方の文が真であれば，もう一方の文も真になりますね．

でも2つの文の強調したい部分は異なっています．イントネーションの置き方にもよりますが，日本語の場合，動詞の直前の句を強く発音すると，それがその文で強調したい情報になる傾向があります．「花子が太郎を褒めた」というように動詞の直前の「太郎を」を強く発音した場合，強調されているのは「太郎」で，「太郎を花子が褒めた」の場合には「花子」が強調されます．

b. *John took to the market Sally.
c.　Sally took John to the market.（≠a）
d. *Sally took to the market John.
e. *To the market took John Sally.
f. *To the market took Sally John.

可能なのは，主格名詞句が動詞の左にあって，対格名詞句が動詞の直後にある(17a)だけです．(17c)は，文としては文法的ですが，(17a)とは違いSallyは連れていく側（主語）となっているので，(17a)と同じ意味の文にはなりません．日本語は，「すべての格関係を名詞に付ける」という手間をかけて文を作ります．しかし，その手間をかけた分，語順の自由度を獲得しているのです．逆に英語は，格関係をその都度表示するという手間を省いて，格関係を位置で表示するので，その分語順の自由度を犠牲にしていると言えます[*12]．

日本語の語順の自由さは，(18)のような対比でも際だっています．

(18) a.　花子を市場に連れて行ったよ，太郎が．
b. *Took Sally to the market, John.

先に，英語でも日本語でも主語は文の先頭にくる，ということを学びました．しかし(18a)では，主語が動詞よりも後方に現れています．これは，ある種の極端な感嘆文で，特殊な構文です．それでも日本語としては容認可能です．このことは，英語では(18b)のような例が全く容認されないということと好対照をなしています．格表示の手間と語順の自由度が相殺される関係にあるのです．

格の表示と語順の自由度という観点から他の言語も観察してみましょう．ドイツ語は，歴史的には英語ととても関係が深い言語です（歴史を遡ると英語とドイツ語は区別がつかなくなります）．ですが，おもしろいことに英語とは異なり，そして日本語同様，ドイツ語ではほとんどの格関係を明示します．

(19) a. Der Mann kaufte den Wagen.
　　　 the　man bought the car
　　　 "The man bought the car."
b. Den Wagen kaufte der Mann.
　　　 the car　　 bought the man
　　　 "The man bought the car."

(19a)では，主語Mann (man) に主格の定冠詞derが付いていて，Mannが主格であることを示しています．Wagen (car) には，対格の定冠詞denが付き，Wagenが目的語であることが明示されています．英語ではもちろん，The man bought the car.の主語と目的語を入れ替えることはできません (*The car bought the man.)．しかし，ドイツ語の場合，格関係が冠詞（derとden）で明示されているので，(19b)のように，文の意味を変更することなく主語と目的語を入れ替えることができ

[*12] 英語では，動詞に続いて2つの目的語が並ぶことがあります（いわゆるSVOO構文です）．
(1)　a. John gave Sally a lot of flowers.
　　　b. John bought Sally a lot of flowers.
この場合，動詞のすぐ後ろの目的語 (Sally) が「〜に」という意味になり，それに続く目的語 (a lot of flowers) が「〜を」という意味になります．この場合も2つの要素を単純に入れ替えることはできません．
(2)　a. *John gave a lot of flowers Sally.
　　　b. *John bought a lot of flowers Sally.
ただ，入れ替えた後ろの目的語の前にtoやforのような前置詞を入れると，文法的な「入れ替え文」を作ることができます．
(3)　a. John gave a lot of flowers to Sally.
　　　b. John bought a lot of flowers for Sally.
語順の入れ替わりで失われた格の情報（「〜に」）が，前置詞という目に見える形で補われていると考えることができます．

るのです*13.

このように格関係の明示と語順の自由度には密接な関係があります。先に見たように，世界中の言語のあらゆる句の構造は，主要部とその他の要素の前後関係を除いて一様であると考えられています。しかし，格関係が明示的であるか否かによって，それぞれの言語で語順にどの程度のヴァリエーションが可能であるかの違いが生まれるのです。

品詞の形の決まり

今，日本語の方が英語よりも形（格表示の仕方）が一貫している例を見ました．次にもう1つ日本語の形により厳格なきまりがある例を見ます．でも今の例と違い，厳格な形であるがゆえに，逆に融通が利かなくなるのがおもしろい点です．

始めに日本語の品詞とその形に目を向けてみましょう．(20)は，日本語の動詞を無作為に抽出した例です（末尾の音を調べたいのでローマ字表記します）．

(20) miru, hakobu, suwaru, tatsu, nemuru, warau, naku, kiku, kanziru…

さて，語の形（音）に何か共通点があるでしょうか？そうですね，すべての動詞が -(r)u で終わっています．次に形容詞の形を見てみましょう．

(21) wakai, atarashii, takai, usui, atsui, atatakai, katai, arai, omoi,…

ご覧のように形容詞の場合，すべて -i で終わっていますね．日本語の場合，動詞，形容詞，形容動詞は，語末の形に制限があって，逆に語末を見れば品詞が分かるようになっているのです*14．格の表示方法のときと同じように，日本語は律儀に品詞の形を表示しているのです．

では英語はどうなっているでしょうか．(20)の日本語を英語にしてみましょう．

(22) look, bring, sit, stand, sleep, laugh, cry, hear, feel,…

これらの動詞の発音に何か共通点があるでしょうか？　ありませんね．とりわけ，語の末尾の発音に注意してください．それぞれ [k], [ng], [t], [d], [p], [f], [ai], [iə], [l] となっていて，動詞という語に特有の形（形態）があるわけではありません．英語の場合，同じことは形容詞や名詞にも当てはまります．

(23) a. 形容詞　young, new, tall, thin, thick, hot, hard, rough, heavy…
　　 b. 名詞　book, table, pen, house, dog, boy, car, window, door, face…

それぞれの語を発音してみて，末尾の音がどれも一致しないことを確認しましょう．英単語を覚える際に，いちいち品詞を覚えたのも，語の形からだけでは，品詞が分からないからなのです．

一部の接尾辞（語の末尾に付属して別の品詞を作り出す要素）では，品詞の形が分かるものがあります*15．

(24) a. 動詞 -ize　modernize, harmonize, minimize, specialize…
　　 b. 形容詞 -ful　beautiful, wonderful, grateful, powerful, careful…

*13　中古日本語（平安時代の中期頃の日本語）では，主格（「〜が」）が音を持たないことが普通でした．

(1) a. 今は昔，竹取の翁といふ者（が）ありけり
　　b. 翁（が）言ふよう，
　　c. このことを帝（が）聞こしめして，
　　　　　　　　　　（竹取物語）

(1)の例で，すべて原著には（が）が入っていません．しかし現代英語とは違い，対格は「〜を」を用いて表すのが普通でした．したがって，中古日本語でも主格は位置で表されていたのではなく，「格助詞がつかない」というゼロの形で表現されていたと考えられます．(1c)では，対格名詞「このことを」が主格相当の「帝」よりも前に現れていて，現代日本語のような語順の入替えがあることが分かります．

*14　形容動詞（あるいは名詞＋断定の助動詞「だ」）の場合，すべて語末は -da となります．
(1)
atatakada, komayakada, kyuuda, gakusei-da, zyosei-da…

*15　英語の多くの接尾辞（suffix）は，それが付くことによってもとの語の品詞が変わります．接尾辞はもとの語の語末に付きますが，逆にもとの語の先頭に付く要素もあって，こちらは接頭辞（prefix）と呼ばれます．*inter*national, *un*natural, *dis*advantage, *mid*day などが接頭辞の例です．接頭辞は普通もとの語の品詞を変えることはありません(129-130ページを参照)．

c. 名詞 -ment　government, agreement, employment, management…

(24a) の -ize は形容詞などに接辞して動詞を作っています．(24b) や (24c) ではどうでしょうか？　ちょっと考えてみてください．そうですね，(24b) の -ful は名詞に接辞して形容詞を，そして (24c) の -ment は動詞に接辞して名詞を派生する要素です．しかしこのような形から品詞が分かる語の数は，語の全体数から考えるとそれほど多くはありません．

では英語ではどのように品詞を見分けているのでしょうか？　(25) の例で考えてみましょう．

(25) a. We are proud of the quality of the cakes we serve for dessert.（デザートにお出ししているケーキの品質には自信があります）

b. We all want to have quality time with our kids.（誰だって自分の子どもたちと価値ある時間を過ごしたいと願っています）

通常 quality は名詞で，(25a) のように使われます．the が直前にあることからも，quality が名詞であることが明らかです．意味は「品質」ですね．これに対し，(25b) では，quality は「価値ある」という意味の形容詞として使われています．そのことは「the ＿ 名詞」という文脈で確認することができます．「the ＿ 名詞」の下線の文脈は，普通形容詞がくるからです．他に例を考えてみてください．the young girl とか，the old castle などがありますね．

もう1つの手がかりは「一定の品詞だけに付く形態素」です[*16]．これには，動詞の3人称単数現在形に付く -s や，過去形に付く -ed などが該当します．

(26) a. Tom is a cook.
b. Tom cooks dinner.
c. Tom cooked dinner.

まず (26a) を見てください．cook に不定冠詞 a が付いて，「調理人」という意味の名詞として使われています．しかし，(26b) と (26c) ではそれぞれ，3人称単数現在の -s と過去形の -ed が cook についていて，これらの形態素が「cook が動詞である」ということを示しているのです．

日本語では，動詞や形容詞，形容動詞といった述語の形が一定です．これに対し英語では，動詞や形容詞，名詞に特定の形がなく，生じる文脈や臨時的に付く形態素によって品詞を決めています．この違いから両言語のさらなるおもしろい違いが生まれます．日本語の場合，語の形が初めからきっちりと決まっているので，ある品詞が別の品詞として使われることがありません．これに対し英語では，生じる文脈と臨時の形態素によって品詞を認識するので，ある品詞の語が別の品詞の語として使われることが頻繁に起こります．(25) と (26) もその一例ですが，他の例も見てみましょう．

(27) a. I have a *kid* to take care of.
b. You are *kidding* me, right?

*16　形態素（morpheme）とは，「意味や機能を持つ最小の言語単位」と定義されます．water, sleep, black のような普通の単語も形態素です．そのほかに先に見た接尾辞や接頭辞なども，それ以上分解すると意味や機能が失われるので形態素です．また3人称単数現在の -s や，過去形の -ed もそれ以上は分解できず，それ自身で意味や機能を持つのでやはり形態素です．water, sleep, black のような普通の単語は，独立して使うことができるので自由形態素（free morpheme），接尾辞や接頭辞，動詞の変化形は独立して用いることはできないので，拘束形態素（bound morpheme）と呼ばれます．

kid は普通「子ども」という意味の名詞で使われます．(27a)がその例ですね．ところが(27b)のように，kid を「be ＿ ing」の下線に当てはめて使われることがあります．英語では「be ＿ ing」の下線に当てはまるのは動詞なので，(27b)の kid が動詞として用いられていることが分かります．「子ども扱いする」という意味になります*17．

同様に peacock（くじゃく）も，名詞としての(28a)の使われ方の他に，動詞として(28b)のようにも使われます．

(28) a. We saw a lot of *peacocks* in the park.
　　 b. Are you *peacocking* me?

クジャクは，オスが華美な羽根を広げてメスを誘うことが知られています．peacock が他動詞として使われた(28b)では，「あなたは派手ないでたちで私を誘おうとしているの？」という意味になります．(29b)はどういった使われ方でしょうか？

(29) a. These are *bottles* for whisky.
　　 b. They *bottle* whisky here.

そうですね，bottle が主語 They と目的語 whisky の間という文脈に生じて動詞として用いられ，「ウィスキーを瓶詰めする」という意味になっています．

もう1つ，今度は日本語にも似た表現があるものを紹介します．

(30) a. He was just *parroting* me.
　　 b. He was *canned* for no reason.

名詞の parrot は「オウム」ですね．(30a)の意味が分かりますか？「彼はただ私の言っていることを繰り返しているだけだった」となります．オウムは，人の言葉をまねて発することができるからです．日本語にも「オウム返しをする」という言い方がありますが，単に「オウム（する）」とは言えずに，もともと動詞である「返す」を付け，さらに別の動詞「する」を用いなければなりません．(30b)は，「彼は理由もなく首になった」という意味です．この場合，動詞 can は garbage can（ごみ箱）がイメージされて，「彼は理由もなくごみ箱に入れられた」という感じでしょうか．日本語でも「お払い箱になる（する）」と言いますが，やはり箱を直接動詞として使うことはできないことを確認してください．

このように，日本語には品詞の形に厳格な決まりがあって，ある語を別の品詞の語として使うことが容易にできません．逆に英語の場合，品詞の形に決まりがない分，かなり自由に品詞を**転換**させて使うことができるのです．形の厳格さによって日本語は語順の自由さを獲得しましたが，形に縛られないことで英語は品詞の自由さを獲得したのです．

*17 ある品詞の語が別の品詞として用いられた場合，その単語が聞き手に想起させる百科事典的知識（encyclopedic knowledge）が，転用された単語の意味を知る手がかりになります．百科事典的知識とは，単語の文字通りの意味に加え，その単語やその単語が指すものが実際にどのように使われるか，どのような場面で使われるかなどのすべてを含んだ知識のことです（単語にまつわる「物語」とでも呼べる知識です）．大人は kid（子供）に対して，時に大人に対する場合と違った（優しく，それでいて相手を一人前には扱っていないといった）態度で接するという知識から，動詞で使われた場合の kidding の意味が類推されます．peacocking や parroting も同じです．面白いのは bottle と can です．どちらも入れ物を表すのに，bottle は「飲み物を保存しておく容器」という百科事典的知識が想起され，can は「ゴミを捨てる容器」という百科事典的知識が想起されることから，転用された場合の意味の違いが生まれています．

転換（conversion）

【☞ まとめ】・句の中心となる主要部が日本語では句の終わりに，そして英語では句の初めに現れる．
・主語は英語でも日本語でも文の先頭に現れる．
・日本語はすべての格関係が後置詞で表されるが，英語では主格と対格が位置で表示される．これによって日本語の語順に自由が生まれる．
・日本語は動詞，形容詞などの述語の形に一定の規則があるが，英語には規則がない．これによって英語は品詞の転換を自由に行える．

練習問題

1. 次の英語の［　］内を訳し，下線を施した接続詞が日本語ではどの位置に訳されているか確認してみましょう．
   (1) a. My mom asked me [<u>whether</u> I had homework to do].
       b. [<u>As</u> I was busy yesterday], I did not do my homework.
       c. My kids, [<u>when</u> they are in trouble], always call me.

2. 本文の(11)と(12)で見たように，英語では，固有名詞の場合，主格と対格の違いが明確に現れません．(11)と(12)のJohnとMaryを代名詞にして，代名詞の場合，格の違いが形に現れることを確認しましょう．代名詞にした場合，（意味や形を変えずに）主語と目的語を入れ替えることができるでしょうか？　できないとしたら，それはどうしてか考えてみましょう．

3. 本文中の表(15)で示したように，日本語では，すべて格関係を格助詞/後置詞で表示します．このことは，日本語に1種類の格助詞/後置詞しかないということでしょうか？　それとも英語同様，「が」と「を」は他とは違う性質を持っているのでしょうか？
   (1) a. 大阪<u>から</u>お客さんがきた
       b. 大阪<u>から</u>のお客さん
   (1a)のような文から，(1b)のような名詞修飾表現を作る場合，格助詞の後に「の」が付きます．
   (2)でも，それぞれの例を名詞修飾表現にすると格助詞の後に「の」が入ることを確認しましょう．
   (2) a. 神戸<u>へ</u>出張する
       b. 映画館<u>で</u>デートする
       c. 旧友<u>と</u>再会する
   最後にこのパターンが「が」と「を」に当てはまるか，考えてみましょう．
   (3) a. 友達<u>が</u>帰省した
       b. 小包<u>を</u>配達した
   このことから，どんなことが分かるでしょうか？

4. 下線部の語の品詞が何か考え，どうしてその品詞だと分かるのか自分の言葉で説明してみましょう．
   (1) a. I saw some <u>bugs</u> on the wall.
       b. Stop <u>bugging</u> me.
   (2) a. <u>Spoons</u> are something most people in the Western world use on a daily basis.
       b. I began <u>spooning</u> the hot soup into my mouth.
   (3) a. A man has two <u>legs</u>.
       b. We have a lot of four-<u>legged</u> friends in our house.

5. 本文の(24)で，英語には一定の接尾辞があって，ある品詞の語を別の品詞に転換することができることを見ました．日本語でも動詞（例えば「笑う」）から名詞（「笑い」）を作る規則と，形容詞（例えば「白い」）から名詞（「白さ」）を作る規則があります．友だち同士で他に3つずつ作って出

し合い，どのような規則なのかを話し合ってみましょう．語の「形」が決め手になっていることを確認してください．

Further Reading

日本語と英語の違いをいろいろな角度から整理してまとめたものに安藤貞雄『英語の論理・日本語の論理』（大修館書店）があります．読みやすく，難しい知識がなくても楽しめます．久野暲『日本文法研究』（大修館書店）は，日本語と英語の語順の類似点と相違点を分かりやすく解説しています．格表示に関しては，竹沢幸一，John Whitman『格と語順と統語構造』（研究社）が詳しく説明しています．英語の品詞の転換は，由本陽子『レキシコンに潜む文法とダイナミズム』（開拓社）の第7章を読むと理解が深まります．

筆者より

大学を出てすぐに公立高校の国語教師になりました．その後大学に入り直してドイツ語を専攻し，大学院では英語（学）を勉強しました．大学の教員になってからも，県立短大，国立の教育大，私立大と転々として，我ながら根無し草の人生だなと思います．ただ1つ一貫しているのは言葉に対する興味です．今は会話の英語の研究に深くはまっています．会話では，使う言葉を慎重に吟味したり，1つの表現を何度も推敲したりする余裕がありません．その分，人間の言葉を使いこなす力が荒削りな形で現れます．分からないこともたくさんあります．「どうしてああいう言い方で意味が伝わっているのかなあ」とぼんやり考えながら，ギターを弾く毎日です．

第7章　近い言語，遠い言語

井上　優

【言語距離】

《✍ 何が分かるか》　世界には多くの言語があります．それぞれの言語は互いに似ていることもあれば，そうでないこともあります．言語どうしの類似・相違の度合いのことを「言語距離」と言います．言語距離を考えるうえで特に重要なのは「文法」と「語彙」です．語彙の類似度には，「言語の系統」と「語彙の借用」の2つのことが関係します．文法や言語行動の類似度について考える場合は，類似と相違の背景を含め，様々な観点から考える必要があります．

　外国語を勉強していると，「これはあの言語と似ている」と思うことがあります．ロシア語では「本」はкнига（ラテン文字転写 kniga），「学校」はшкола（ラテン文字転写 shkola）と言います[*1]．前者は英語のbook と似ていませんが，後者は英語の school と似ています．これは，школа（shkola）と school がともにギリシャ語の scholē（スコレー，余暇）に由来することによります．ロシア語は英語と文字が異なり，a, the のような冠詞がないなど，文法も英語とは少し違いますが，ときどき英語と形が似た語があり，おもしろく感じたことがあります．韓国語を勉強したときも，文法が日本語とよく似ていて，語彙も漢語が多いので，日本語に近いと思いました[*2]．

　一方で，外国語を勉強していて，自分が知っている言語と違うと感じることもあります．英語は，「何が好き？」のような単純な疑問文を作るのに，語順を変えたり do を補ったりするのがとても不思議でした．ドイツ語・ロシア語・ラテン語は，主語の人称と数によって動詞を変化させなければならず，覚えるのが大変でした[*3]．中国語も，日本語にはない発音が多く，最初は苦労しました[*4]．韓国語もハングルに慣れるまでには少し時間がかかりました．

　世界にはたくさんの言語があり，それぞれの言語は互いに似ていることもあれば，あまり似ていないこともあります．この「言語どうしの類似・相違の度合い」のことを**言語距離**と言います．互いに類似点の多い言語は近い関係にあり，互いに類似点の少ない言語は遠い関係にあると言います．この章では，言語間の類似と相違について研究する**対照言語学**の観点から，「言語どうしが似ている（似ていない）」ということについて考えます．

✄ どのような言語が「互いに似ている」と感じるか

　ある言語を学習するとは，その言語の「発音」「文字」「文法」「語彙」

[*1] 英語はラテン文字，ロシア語はキリル文字です．

[*2] 多くの場合，単語を韓国語に置き換えれば韓国語の文になります．
・外国　に　留学　する．
　↓　　↓　　↓　　↓
・외국　에　유학　하다．
「외국 ウェーグッ」「유학 ユハッ」は「外国」「留学」を韓国語読みしたものです．

[*3] ドイツ語 lernen（学ぶ）
ich lerne（私が学ぶ）
du lernst（あなたが学ぶ）
er/sie lernt（彼／彼女が学ぶ）
wir lernen（私たちが学ぶ）
ihr lernt（あなたたちが学ぶ）
sie lernen（彼ら／彼女らが学ぶ）

[*4] 次のサイトで子音「sh」「zh」「ch」「r」，母音「e」を含む音を聞いてみてください．
http://www.pinyinlesson.com/

言語距離（linguistic distance）

対照言語学（contrastive linguistics）

を学習することです．言語距離が近い言語は，全体としては学習しやすいと言われます*5．「言語行動」も，異文化間のコミュニケーション摩擦が問題になったりするなど，言語の学習において重要です．

このうち，文法と語彙の両面で類似点が多い言語は「よく似た言語」と言われます．ヨーロッパの言語には，祖先となる言語が同じ（親族関係にある）ために，文法と語彙の両面でよく似ている言語が少なくありません*6．

日本語と韓国語は親族関係にあるとは言えませんが，文法構造がよく似ており（*2参照），語彙の面でも類似点が多い（ともに中国語から借用した漢語が多い）ので，「よく似ている」と言われます*7．

これに対し，日本語と中国語は，語彙の類似度は高い（共通の漢語が多い）のですが，文法構造が異なるため，「よく似た言語」とは言われません．モンゴル語は，文法構造は日本語に近いのですが，語彙の相違が大きく，やはり「よく似た言語」とは言われません．それでも，文法と語彙のいずれか一方が似ている言語は，学習しやすいという意味で，言語距離が比較的近いと言えます．

発音や文字が異なる言語は言語距離が大きく感じます．日本人にはアラビア文字やタイ文字は難しく感じますが*8，それは非漢字圏の人にとって漢字が難しいのと同じです．また，中国語やタイ語には**声調**と呼ばれる音節内の音高の変化がありますが*9，これも慣れるまでは少し難しく感じます．

その一方で，発音や文字が似ている言語は言語距離が近いとは必ずしも言えません．日本語と発音が似ていても，文法や語彙が違えば「日本語に似た言語」とは思いませんし，日本語をローマ字で書いても，英語に近い言語になるわけではありません．発音や文字が似ているほうが距離感は小さい（とっつきやすい）のですが，それと「言語として似ている」というのは次元の異なる話です．

このことをふまえ，ここでは「語彙」「文法」を中心に，「言語どうしが似ている（似ていない）」ということについて言語学的に考えることにします．言語距離という観点からはあまり問題にされませんが，「言語行動」が似ているかどうかも相互のコミュニケーションのしやすさに関わる問題なので，最後に少し触れたいと思います．

✄ 語彙の類似度

まず「語彙」について考えます．言語間の語彙が似ている度合いのことを**語彙の類似度**と言います．形・意味が似た語が多ければ，それだけ語彙の類似度が高いわけです．

語彙の類似度には2つのことが関係しています．1つは**言語の系統**（歴史的に親族関係にあるかどうか）です．フランス語・スペイン語・イタリア語は単語の形が似ていることが多いのですが，これはこれらの言語

*5 白井恭弘 (2008)『外国語学習の科学—第二言語習得論とは何か—（岩波新書）』，岩波書店，参照．

*6 スペイン語とポルトガル語，スウェーデン語とノルウェー語，ロシア語とウクライナ語は，非常に近い親族関係にあります．

*7 親族関係にあると考えられる言語を比較して歴史的な系統関係について考える研究を**比較言語学**（comparative linguistics）と言います（系統関係に関係なく，言語間の類似と相違について研究する対照言語学とは別の研究）．比較言語学では，主に身体名称，親族名称，数詞のような**基礎語彙**の共通度に基づき，言語の系統関係について考えます．日本語と韓国語は基礎語彙の共通度が低いので，親族関係にあるわけではないと言われます．

*8 タイ，アラビア語の「こんにちは」
สวัสดี（サワッディー：タイ語）
السلام عليكم（アッサラーム・アライクム：アラビア語，右→左に読む）

*9 中国語の声調（四声）
妈（媽）mā（高く）
麻（麻）má（上昇）
马（馬）mǎ（低く）
骂（罵）mà（下降）

語彙の類似度
（lexical similarity）

言語の系統

がともに口語ラテン語を起源としていることによります*10.

表1　ラテン語を祖先とする言語の単語*11

	ラテン語	フランス語	スペイン語	イタリア語
海	mare	mer	mar	mare
見る	videre	voir	ver	vedere
よい	bonus	bon	bueno	buono

　ヨーロッパの言語は，どのような言語を起源とするかにより，ラテン諸語（フランス語・スペイン語・イタリア語など），ゲルマン諸語（英語・ドイツ語など），スラブ諸語（ロシア語・チェコ語など）などに分類されます*12. 起源が同じ言語は語彙の類似度も高いのが一般的です．

表2　6言語の単語の比較

	本	来る	…できる
フランス語	livre	venir	pouvoir
スペイン語	libro	venir	poder
イタリア語	libro	venire	potere
英　語	book	come	can
ドイツ語	Buch	kommen	können
ロシア語	kniga	prijti	moč'
チェコ語	kniha	přijít	moci

（ロシア語はラテン文字に転写）

　語彙の類似度には，言語の系統のほかに，語彙の借用も関係しています．ヨーロッパではラテン語の影響が強く，英語の語彙も6割以上がラテン語系の語を借用したものと言われています*13. 日本語，韓国語，ベトナム語は，歴史的に親族関係にあるわけではなく，表記の仕方も違いますが，いずれも中国語から漢語を大量に借用しており，語彙の類似度は高いと言えます*14. 日本語母語話者が中国語，韓国語，ベトナム語を学ぶ際には，それぞれの言語の漢語の読み方（日本語の音読みに相当する読み方）が分かれば，語彙力が格段に向上します*15.

表3　漢字文化圏の4言語の単語

日本語	中国語*16	韓国語	ベトナム語
日本 （にっぽん）	日本 (Rìběn)	일본 （イルボン）	Nhật Bản （ニャット バーン）
歴史 （れきし）	历史（歴史） (lìshǐ)	역사 （ヨクサ）	lịch sử （リック スー）
権利 （けんり）	权利（權利） (quánlì)	권리 （クオルリ）	quyền lợi （クエン ロイ）

---

*10　ポルトガル語やルーマニア語も同じグループに属します．

*11　動詞は不定形，形容詞は「男性・単数・主格」の形で示します．

*12　ラテン諸語，ゲルマン諸語，スラブ諸語は，さらに共通の祖先（インド・ヨーロッパ祖語）にさかのぼることができます．ヨーロッパの言語でも，ハンガリー語，フィンランド語はこれとは別系統とされます．

借用 (borrowing)

*13　第Ⅱ部3章「アンガールズはun-Englishか？」参照．

*14　「場合（場合），場所（場所），立場（立場），手続（手続）」など日本語から中国語に入った語もあります．

*15　中国，日本，韓国，ベトナムは「漢字文化圏」と呼ばれます（「漢語文化圏」とも言います）．ただし，ベトナム語は漢字を廃止し，ローマ字のみで表記されます．韓国語も通常はハングルのみで表記されます．
　漢語の形や意味が言語によって異なることもあります．「紹介」「自動車」は中国語では"介紹""汽車"です．また，中国語の"放心""深刻的印象"は「安心する」「深い印象」という意味です．
中川正之（2005）『漢語からみえる世間と世間』，岩波書店．

*16　中国大陸で用いられる漢字は「簡体字」，香港・台湾などで用いられる漢字は「繁体字」と呼ばれます．

語彙の借用には社会的・文化的要因が深く関わります．現代日本語が欧米系の語彙を大量に外来語として借用していることは，みなさんもご存じのとおりです[*17]．

文法の類似度

次に「文法」の類似度について考えます．

「文法が似ている（似ていない）」ということは，いろいろな観点から考えることができますが，最もイメージしやすいのは「文の作り方が似ている（似ていない）」ということだと思います．次の日本語，中国語，英語の文を比較してみてください．

(1) 彼-が 彼女-を 愛する．（が・を：格助詞）
　　　He loves her.（He：三人称単数主格（男性），her：三人称単数目的格（女性），loves：love の三人称単数現在形）
　　　他 爱 她．（他：彼，她：彼女）

日本語は，名詞に格助詞を付けて主語や目的語を作り[*18]，「主語－目的語－動詞」と語を並べて文を作ります．韓国語やモンゴル語も同じように文を作ります．

英語では，名詞が「単数か複数か」「主語か目的語か」により変化し，動詞も主語の人称・数により変化します[*19]．英語は名詞や動詞の変化が単純化されていますが，ドイツ語，フランス語，スペイン語，ロシア語は，英語よりも複雑に名詞（冠詞）や動詞の形が変化します．また，英語では「主語－動詞－目的語」の語順ですが，語順が比較的自由な言語もあります[*20]．

中国語は，名詞に何か付けたり，名詞を変化させたりせずに[*21]，「主語－動詞－目的語」という語順で主語や目的語を表します．ベトナム語やタイ語も同じです．

中国語は，英語と同じ「主語－動詞－目的語」の語順をとるので，英語と似ているとよく言われます．「助動詞－動詞」，「前置詞－名詞」という語順も英語と同じです．

(2) 私は英語を 話す ことができる．
　　I can speak English. ／我 会 说 英语．
　　　　　　　　　　　　　　できる 話す

(3) 東京で
　　in Tokyo ／ 在 东京
　　　　　　　　で 東京

しかし，詳しく見ると，中国語の文法は英語とかなり異なります．まず，中国語には名詞や動詞の形態変化がありません．語順も，文で名詞を修飾する場合の文の位置(4)や場所表現の位置(5)は日本語と同じで，英語とは逆になります[*22]．

(4) 私が買った本 ／ 我 买 的 书
　　　　　　　　　私 買うの 本

[*17] 中国語でも，漢字の発音を利用して外来語を音訳することがあります．
・沙拉 shālā （サラダ）
・咖喱饭 gālífàn（カレーライス）

[*18] 「膠着（こうちゃく）語」と呼ばれます．213ページの*3の説明を参照．

[*19] 「屈折語」と呼ばれます．213ページの*3の説明を参照．

[*20] ロシア語では重要な情報は最後に置かれます．
・Я люблю тебя．
　私が 愛する あなたを
・Я тебя люблю．
　私が あなたを 愛する
さらに258ページのドイツ語の語順を参照しなさい．

[*21] 「孤立語」と呼ばれます．

[*22] 歴史的な親族関係の有無とは関係なく，世界の諸言語の普遍性と多様性のパターンについて考える研究を**言語類型論**（linguistic typology）と言います（言語類型論については角田（2009）参照）．
角田太作（2009）『世界の言語と日本語 改訂版―言語類型論から見た日本語』，くろしお出版．
類型論的には，中国語は日本語と英語の中間の性質を持つと言われることもあります．中川正之（1992）「類型論から見た中国語・日本語・英語」，『日本語と中国語の対照研究論文集』，くろしお出版（上下合本1997年）参照．

III. ことばの広がりを探る

the book (which) <u>I bought</u>
(5) 東京で <u>働く</u> ／ 在 東京 <u>工作</u>
　　　　　　　　　で 東京　働く
<u>work</u> in Tokyo
働く　で 東京

疑問詞疑問文を作るときも，日本語・中国語は疑問の部分を疑問詞で置き換えるだけですが，英語は疑問詞を文頭に置き，主語と助動詞・be動詞を倒置させます[*23]．
(6) これは<u>本</u>です．→ これは<u>何</u>ですか？
　 这 是 <u>书</u>．→ 这 是 <u>什么</u>？
　 これだ 本　　　 これだ 何
　 This is <u>a book</u>. → <u>What</u> is this?

「象は鼻が長い」のような二重主語構文と呼ばれる文も，中国語にはありますが，英語にはありません[*24]．
(7) 象は 鼻が 長い．
　 大象 鼻子 长．
　 象　 鼻　 長い

よく言われる「主語の省略」も，中国語は日本語よりは主語を言うことが多いのですが，文脈から明らかな場合は省略することもよくあります[*25]．
(8) (あなたは) 英語は 話せますか？—(私は) 話せます．
(9) 你　 会 说　 英语 吗？—(我) 会　 说．
　 あなた 可能 話す 英語 疑問　私 可能 話す
(10) Can you speak English? — Yes, I can.

文法にはいろいろな側面があります．ここでは，①主語・目的語の表示，②語順，③可能な構文，④省略の4つの観点から見ましたが，これだけでも，2つの言語の文法が似ているかどうかを考えるには，文法の様々な側面から詳しく観察する必要があることが分かります．

✂ 類似の中にも相違あり

2つの言語を比べると，基本的には似ていても，よく見るといろいろな違いが見られることもあります．例えば，日本語と韓国語は文法の基本的な部分はよく似ていますが，詳しく見ると相違点も少なくありません[*26]．
韓国語には日本語と同じく格助詞があり，用法も似ていますが，用法がずれることもあります．
(11) ビール<u>を</u>飲む ／ 맥주<u>를</u> 마시다．
　　　　　　　　　　ビールを 飲む
　 日本<u>に</u>行く ／ 일본<u>에</u> 가다
　　　　　　　　　日本に 行く
　 バス<u>に</u>乗る ／ 버스<u>를</u> 타다[*27]
　　　　　　　　　バスを 乗る

[*23] 世界の言語の中で英語のように複雑なやり方で疑問文を作る言語は少ないと言われます．
角田 (2009) 前掲

[*24] 「私は頭が痛い」も，英語では I have a headache. ですが，中国語は日本語と同じです．
・我 头 疼．
　私 頭 痛い

[*25] 所有者の明示も，中国語は日本語と英語の中間的な性格を有します．中川 (1992) 参照．
・私は手を洗った．
　我洗手了．
　I washed <u>my</u> hands.
・(母が子どもに)
　お父さんが帰って来たよ．
　你爸爸回来了．
　<u>Your</u> father came home.

[*26] 油谷幸利 (2005) 『日韓対照言語学入門』，白帝社，参照．

[*27] 「友人に会う」「旅行に行く」も「を」にあたる助詞を使います．
・친구<u>를</u> 만나다．
　友人を 会う
・여행<u>을</u> 가다．
　旅行を 行く

授与を表す動詞も，日本語では「私が彼にあげる（やる）」「彼が私にくれる」のように，移動の方向によって「あげる（やる）」と「くれる」を使い分けますが，韓国語ではいずれの場合も「주다」（与える）が用いられます[*28]．

　2つの動詞を組み合わせて複合動詞を作る場合も，日本語と同じ順序になる場合もあれば，逆の順序になることもあります[*29]．

(12) 見てあげる／보아 주다，生き残る／살아남다
　　　　　　　見て　あげる　　　　生きて残る
(13) 乗り換える／갈아타다，聞き流す／흘려 듣다
　　　　　　　換えて乗る　　　　流して聞く

　世界には様々な言語があります．日本語と中国語のように，一見大きく違っているように見えて，実際はよく似た部分もあったり，日本語と韓国語のように，一見似ているように見えて，実はいろいろな面で違いがあったりします．「○○語と△△語は似ている（似ていない）」ということは，単純に割り切れない部分があるのです[*30]．

✂ 似ているか似ていないかは見方によって変わる

　「言語どうしが似ている（似ていない）」ということは，見方によっても変わります．表面的には大きく違っていても，相違をもたらす要因について考えると，実は少し違うだけであることが分かることもあります．例えば，次の中国語の単語の意味を考えてみてください．

(14) 热狗（"热"は「熱」の簡体字，"狗"は「犬」の意）
　　 鸡尾酒（"鸡"は「鶏」の簡体字）

　答えは，「ホットドッグ」，「カクテル」です．hot dog，cocktail をそのまま漢字に置き換えて新しい語を作ったわけです[*31]．

　日本語の感覚では，このような語の作り方は違和感があります．"热狗，鸡尾酒"と書くと「熱い犬」，「鶏の尾」を連想するからです．パソコンの「マウス（mouse）」を"鼠标（鼠標）"[*32]，「マイクロソフト（Microsoft）」を"微软（微軟）"と言うのも，日本語とは感覚が違います．

　しかし，考えてみれば，日本語でも，「熱海（地名）」，「長尾（人名）」，「切手」という語を見て「熱い海」，「長い尾」，「手を切る」を連想する人はいません[*33]．漢字列全体で1つの事物を表す語として認知されれば，個々の漢字の意味は意識されないのです．中国語の"热狗，鸡尾酒，鼠标，微软"にもこれと同じ原理が働いています．原理は日本語と中国語で共通でも，その適用範囲が異なる（中国語のほうが広い）ために，"热狗，鸡尾酒，鼠标，微软"のような語が自然に作れるかどうかが違ってくるわけです[*34]．一見大きく違うようで，実は少し違うだけなのです．

　一見複雑な違いに見えても，実は単純な違いのこともあります．日本

[*28] 「あげる（やる）」と「くれる」のように，移動の方向によって授与動詞が使い分けられる言語は少ないと言われます．

[*29] 「食べすぎる」も，韓国語では「지나치게 먹다（度を超して食べる）」と言います．

[*30] 一方で，言語研究者は「言語間の類似と相違には一定の秩序がある」とも考えています．理論的な文法研究では，「世界の言語は多様だが，その多様性は実はごく少数の要因によりもたらされるものである」という主張もなされています．Baker, C. Mark (2001) *The Atoms of Language*, Basic Books［郡司隆男（訳）(2010)『言語のレシピ―多様性にひそむ普遍性を求めて―（岩波現代文庫）』，岩波書店］参照．

[*31]
hot　dog　　cocktail
↓　　↓　　　↓　↓
热　　狗　　鸡　尾（酒）

[*32] "滑鼠"とも言います．

[*33] 「切手」は「切符手形」の略．

[*34] 井上（2013）参照．
井上優（2013）『相席で黙っていられるか―日中言語行動比較論』，岩波書店．

語と英語は語順がいろいろと違いますが，基本的には「フレーズの中心要素が先にくるか後にくるか」という単純な違いにまとめられます．中国語の語順も，動詞に目的語を補うときのように「中心要素が要求する要素を補う」場合は英語と同じ語順，文で名詞を修飾するときのように「中心要素を修飾限定する」場合は日本語と同じ語順という単純なルールにまとめられます*36.

(15) [ ] 愛する → [彼女を] 愛する
　　 愛 [ ]　　 → 愛 [她]
　　 love [ ]　 → love [her]
(16) 本 → 私が買った本
　　 书 → 我买的书
　　 the book → the book (which) I bought

「言語どうしが似ている（似ていない）」ということは，表面的な類似や相違だけから判断しがちです．しかし，実際には，そこから一歩ふみこんで，類似や相違の背景にある事柄について考えないと，具体的にどこがどう似ているか（違うか）は分からないのです．

✂ 言語行動の相違の背景

言語間の表面的な類似と相違にとどまらず，類似と相違をもたらす要因を考えることは，異文化による摩擦が生じやすい言語行動について考える際にも重要です．

日本人と中国人の言語行動についてよく言われることの1つに，「中国人ははっきり言うが，日本人ははっきり言わない」ということがあります*36．次の文章を読んでもそのような印象を受けます．

> 日本人が「○○さん，××のことを知っていますか」と聞く．すると中国人が「知りません」と答える．知らないから，「知らない」と答えたまでである．
> しかし，日本人はこういうとき「知らない」とは答えない．たいてい，「さあ，ちょっと～」とか，あいまいな言い方をする．いきなりズバリ「知りません」とは答えない．だから中国人の答え方は非常にぶっきらぼうに響くのだ．
> 　　　　　　　　　　　　　　　　　　　　　　　　（相原2011：217）

しかし，この点については別の見方もできます．「知っているか？」という質問に対する「知らない」は，相手に情報を伝える発話ですが，「さあ，ちょっと」は，「今考えているが思いつかない」という話し手の気持ちを述べる発話です．「中国人ははっきり言うが，日本人ははっきり言わない」というのも，中国語のコミュニケーションでは「情報の伝達」が優先されるが，日本語では「気持ちの表出」が優先されると考えてみてはどうでしょうか．

そのように考えると，①日本語は「え，どうして？」，「あ，そう

---

*35 格助詞・前置詞と名詞の順，場所表現と動詞の順も同じように説明できます．
・[ ] で → [東京] で
　在 [ ] → 在 [东京]
　in [ ] → in [Tokyo]
・働く → 東京で働く
　工作 → 在东京工作
　work → work in Tokyo

*36 日本語は文脈や状況に依存してコミュニケーションを行う傾向の強い「高コンテクスト」の言語，英語は文脈や状況に依存せずに，ことばでコミュニケーションを行う傾向が強い「低コンテクスト」の言語と言われます．中国語は，日本語に比べれば英語に近い印象を受けます．

相原茂（2011）『ふりむけば中国語』，現代書館.

か!」,「まあ,いいか」のような話し手の気持ちを表す感動詞を頻繁に用いるが,中国語では日本語ほど使わない.②「だって寒いんだもん」,「だからダメって言ってるでしょ!」のような話し手の気持ちを表す前置き表現*37 に対応する表現は中国語にはないことが多い,といったことも関連性をもって見えてきます.「はっきり言う/はっきり言わない」のように表面的な印象を言うだけでは,このような関連性は見えてきません.

　ある言語や文化に見られる様々な事柄は,互いに関連し合って存在しています.言語や文化の表面的な類似や相違をもたらす要因について考えることは,このような言語・文化の内部に潜む関連性を見出すためにも,とても重要なことなのです.

*37 この種の「だって」「だから」は,それぞれ「自分には正当な理由がある」,「なぜこんなことが分からないの?」という話し手の気持ちを表します.

【☞ まとめ】 ・「よく似た言語」かどうかには,主に「文法」「語彙」の類似度が関係します.
・語彙の類似度には,「言語の系統」と「語彙の借用」が関係しています.
・文法にはいろいろな側面があり,文法の類似度もいろいろな側面から詳しく考える必要があります.
・言語どうしが似ているかどうかを判断する際には,表面的な類似や相違にとどまらず,類似と相違をもたらす要因について考えることが重要です.

練習問題

1. 中国語の辞書を見て,次のような語を探してみましょう(日本語との漢字の形の違いはここでは考えないことにします).
    (1) 日本語の漢語と語形も意味も似ている語.
    (2) 日本語の漢語と語形は似ているが意味は異なる語.
    (3) 日本語の漢語と語形は異なるが意味は似ている語.
2. 韓国語のハングルのしくみについてインターネットなどで調べ,日本語の仮名とどのような点が違っているか考えてみましょう.
3. 角田太作『世界の言語と日本語 改訂版』(くろしお出版)には,130の言語の語順(主語・動詞・目的語の順,形容詞と名詞の順,疑問詞の位置など)の一覧表があります.この表をもとに,各言語が語順に関してどの程度近いか(遠いか)を考えてみましょう.
4. 日本人はよく「先日はありがとうございました」と言いますが,中国人はこれにとても違和感を覚えると言います.なぜ違和感を覚えるのか,次のヒントをもとに考えてみましょう(何人かでいろいろな意見を出し合うのがよいでしょう).
    ヒント:相手の行為に対して,(1)「言葉」と「態度」のどちらで感謝の気持ちを表すか,(2) どのようなタイミングで感謝の気持ちを表すか.

Further Reading

　　　　対照言語学,言語類型論の入門としては,石綿敏雄,高田誠『対照言語学』(おうふう),角田太作『世界の言語と日本語 改訂版—言語類型論から見た日本語』(くろしお出版),中川正之『漢語からみえる世界と世間』(岩波書店),井上優『相席で黙っていられるか—日中言語行動比較論』(岩波書店)が読みやすい.

筆者より

　写真はわが家（妻が中国人）の朝食の一例です．左はお粥（緑豆とナツメ入り．水分多め），右はトーストです．中国北方ではお粥といっしょに饅頭(マントウ)（中国の蒸しパン）を食べたりしますが，饅頭がないのでトーストで代用しているわけです．最初は違和感がありましたが，日本の「そば（うどん）・おにぎりセット」と同じと考えたら違和感はなくなりました．異文化理解のヒントは意外に身近なところにあります．日本語と外国語を対照する場合もこれと同じ感覚で考えています．

第8章 "文字通り"の豪華絢爛！

風間伸次郎

【世界の文字】

《✐ 何が分かるか》 世界には7000もの言語があると言われていて，系統関係にある語族[*1]の数だけでも百以上の数になります．これに対し，文字の種類はあまり多くなく，しかもその起源はわずか数種類の文字にさかのぼるのではないかと言われています．日本人は漢字を使っていますが，日本語は中国語の方言ではありませんね．文字と言語はどのような関係にあるのでしょう．そして，今私たち日本人や世界の人々が使っている様々な文字は，いつ頃できてどのように発展してきたのでしょうか？ そもそも世界にはどのような文字があって，どのような言語を話す人々によって使われているのでしょうか？

✂ 世界の様々な文字

まずはとっても変わった形の文字たちから見てみましょう．「これが文字⁉ まるで絵じゃないか⁉」と思うかもしれません．下記，図1は中米の**マヤ文字**です．マヤ文明は紀元前3世紀頃に興り，紀元後6世紀頃に特に栄え，10世紀には衰退してしまいますが，優れた数学や天文学を持ち，例えば日食の周期を計算し，次の日食を予測するほどの文明を持っていました．その末裔(まつえい)の人々は今もマヤの諸言語を話しています．図2は**ビルマ文字**です．まるで目の検査のようですが，実際に上下左右の切れた文字があります．下記，図3はかたつむりが這っているような姿ですが，これは**シンハラ文字**で，スリランカで話されている言語の文字です．

*1 「語族」については，第3章を参照してください．

意味は「吉祥です」．学校などで使うために作られた人工的なあいさつ言葉．

図2 ビルマ文字（東京外国語大学アジア・アフリカ言語文化研究所（編）(2005(2014))『図説 アジア文字入門（新装版）』，37，河出書房新社）

1 tur 「1の年」　8 zec 「8のセック」　「4」　「空」
フン・テ・トゥン　ワシャク・テ・カセウ

図1 マヤ文字（河野他（編著）(2001)『言語学大辞典 別巻 世界文字辞典』，936-937，三省堂）

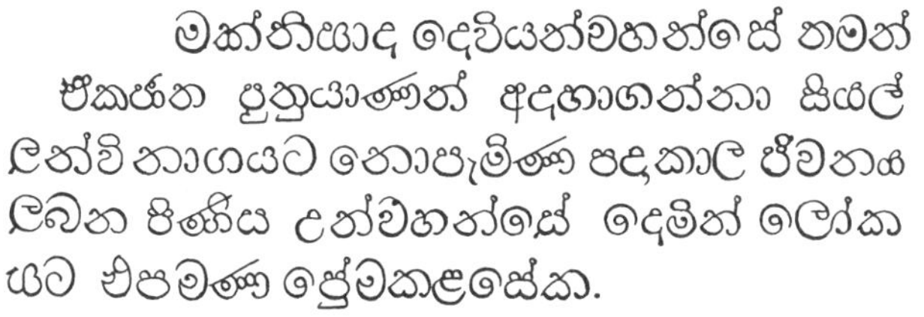

シンハラ文字文例

図3 シンハラ文字（世界の文字研究会（編）(1993)『世界の文字の図典』，272，吉川弘文館）

以い，呂ろ，波は，仁に，保ほ
阿ア，伊イ，宇ウ，江エ，於オ

図4　「ひらがな」と「カタカナ」

*2　ただし特にカタカナの方は朝鮮でその原型が考え出され，渡来人によってもたらされたものと考えられます．

*3　「殷」（紀元前17世紀頃–紀元前1046年）は，考古学的に実在が確認されている中国最古の王朝です．

図5　甲骨文字（安陽殷墟甲骨文字，Confucius Institute Online より）

*4　「説文解字」は，最古の部首別漢字字典です．

✂ ひらがな，カタカナ，そして漢字

　私たちが現在使っている**ひらがな**と**カタカナ**はともに漢字からできたもので，ひらがなは漢字を崩すことによって，つまりは草書体で書くことから生まれました（図4）．カタカナは漢字の一部を取ってきて作りました．これらは今から約1000年前の平安時代[*2]に生まれ，当初ひらがなは主に女性が用い，カタカナは主に僧侶が仏典の行間に注釈を記すためなどに用いていました．これらの仮名（かな）に対し，当時の貴族の男たちは「真名（まな）」，すなわち**漢字**を用いて書かなければなりませんでした．

　もとになった漢字は，殷（いん）[*3]の時代の中国で今から3500年前頃に生まれたものとされています．占いのため，亀の甲羅などに記されていたので**甲骨文字**（こうこつ）（図5）と呼ばれています．漢字の文字の構成については，なんと今から2000年も前にすでに許慎（きょしん）という人が研究して「**説文解字**（せつもんかいじ）」[*4]という本を書いています．そこでは「六書（りくしょ）」といって，**象形，指事，会意，形声**，という文字の構成法，ならびに**仮借（かしゃ），転注（てんちゅう）**，という使用法を説明しています．「象形」とは，具体的なものを図形化したもの，「指事」とは抽象的なものを図形化したもの，「会意」とは2要素の「意味と意味」を合わせたもの，「形声」とは2要素の「意味と発音」を組み合わせたものです（下記，図6）．「仮借」と「転注」は，音や意味で関連する別の語を示すために，ある字を用いたことと考えられています．

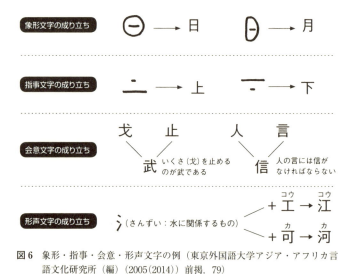

図6　象形・指事・会意・形声文字の例（東京外国語大学アジア・アフリカ言語文化研究所（編）（2005(2014)）前掲，79）

✂ たくさんの文字の起源——エジプト象形文字

　ローマ字や，ロシアなど多くの国で使われているキリル文字，さらにアラビア文字などは，なんと皆1つの起源にさかのぼると言われています．それが**エジプト象形文字**です．これは漢字のように意味を示す文字

ですが，音を示すこともできました．つまりは**表音文字**[*5]です．もっともどのような言語の文字も，意味だけ示してその語の音を示さないことはありません．ですから表意文字というのは不正確で，意味を示す文字に対しては**表語文字**という用語が使われます．

エジプト象形文字には，漢字の「形声文字」とそっくりなしくみでできている文字があり（図7），会意や仮借も行われています．マヤ文字でもそうです．何千キロも離れた別の文明でも，文字において同じような発想が行われたことはたいへん興味深いことですね．

その後古代エジプトの文明は滅亡し，エジプト象形文字は誰にも読めなくなってしまいました．しかし1799年，**ロゼッタストーン**（ラシッド（地名）の石）という，エジプト象形文字にギリシャ語の対訳のついたものが発見されました（図8(a)）．これをヨーロッパに運んだのはあのナポレオンです．その後シャンポリオン[*6]（J. F. Champollion）という人がその解読に成功しました．

✂ 表音文字の誕生──頭音字法と母音表記

エジプト象形文字はその後シナイ半島に伝わりましたが，このシナイ半島の人々は画期的な発明を行いました．すなわち，たくさんあった文字を，意味で読むことをやめ，その文字が示す語の最初の音（子音のみ）を表すものとしてのみ使用することを始めたのです．これを**頭音字法**と言います．このことはつまり表語文字から表音文字への脱却を意味していたので，画期的な大発明だったのです．こうして26文字ほどが厳選され，たったこの26文字ほどで何でも書けるようになりました．このシステムは中東でフェニキア文字やアラム文字として確立し（文字の数はさらに22に減りました），地中海で植民・貿易活動を行っていたフェニキア人によってギリシャへと伝えられます．アラム文字は現在のヘブライ文字の原型となったもので，イスラエルは建国とともにヘブライ語とヘブライ文字を復活させたため，現代でもこの22文字を使用しています．**アルファベット**，という名称は，これらの文字における最初の文字アルファと2番目の文字ベータから名づけられたものです．アラビア文字は，非常に違った形に変化していますが，同じ起源のものであることは間違いなく，アリフ，バータ，という文字で始まります．

さてギリシャのクレタ島などでは，やはり今から3000年以上前に**線文字A**とか**線文字B**と呼ばれる文字が使用されていました（図9．なお線文字Aは今も「未解読」です！），その後上述のフェニキア文字がもたらされました．さて，厳選された23ほどの文字はギリシャにやってきましたが，ここでもう1つの重要な改変が行われるのです．ギリシャ人はこの便利な文字を使い始めましたが，たいへん不便な点もありました．フェニキア文字では，現代のアラビア文字と同じように子音のみを書き，母音を書かないというシステムだったのです．一方，アルファやアイン

[*5] 1つの文字で音素（164ページ参照）または音節（112ページ参照）を表す文字体系のことを表音文字，一つ一つの文字が意味を表している文字体系のことを表意文字，一つ一つの文字が語や形態素（127ページ参照）を表す文字体系のことを表語文字と言います．数字は代表的な表意文字です．

ペル（pr，出る）の表記法（1）

(p)　(r)

ペル（pr，出る）の表記法（2）
決定詞を付けて同音異義の語との区別を明らかにする

‖
〔決定詞(determiner)〕
単語の意味の限定符号

図7　「形声文字」と似たしくみのエジプト象形文字（世界の文字研究会（編）(1993) 前掲，20）

図8(a)　ロゼッタストーン（大英博物館所蔵．Attribution：© Hans Hillewaert）

クレオパトラ

図8(b)　エジプト象形文字（ヒエログリフ）で書かれた「クレオパトラ」

[*6] シャンポリオン（1790-1832）はフランスのエジプト学者です．

頭音字法（acrophony）

など，ギリシャ語には存在しない子音を表す文字もあり，これらの文字はあまっていました．そこでギリシャ人はそれらの文字で母音を示すことにしようと考えました．こうして現在のアルファベットのシステムがほぼできあがったのです．

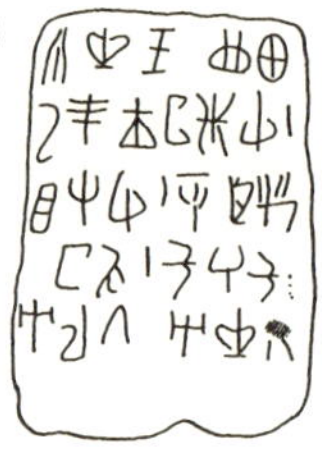

このシステムを現在のイタリアに住んでいたエトルリア人が取り入れて作ったのが現在の**ローマ字**（ラテン文字）の原型です．その後ローマ人がエトルリア人を滅ぼして，この文字のうち20文字ほどを受け継ぎました．初めローマ人はkとgの音を区別せずどちらもCの字で書いていましたが，区別するためにCに飾りをつけてGを作りました．さらにIからJを，VからUやWを作り，ギリシャ語からの借用語を書くなどの目的で，X, Y, Zなども使うようになって，現在のアルファベット26文字ができあがったのです（下記，図10）．

ドイツ語ではさらにöやüなど，フランス語ではçやáなどのように，ヨーロッパの諸言語をはじめとする多くの言語では，種々の**補助記号**によってさらにいくつかの文字を生み出し，ローマ字の世界を展開しています．

図9 線文字A, B：クレタ島のクノッソス出土の粘土板より（世界の文字研究会（編）(1993) 前掲，62, 65）
　(a) 線文字A, (b) 線文字B.

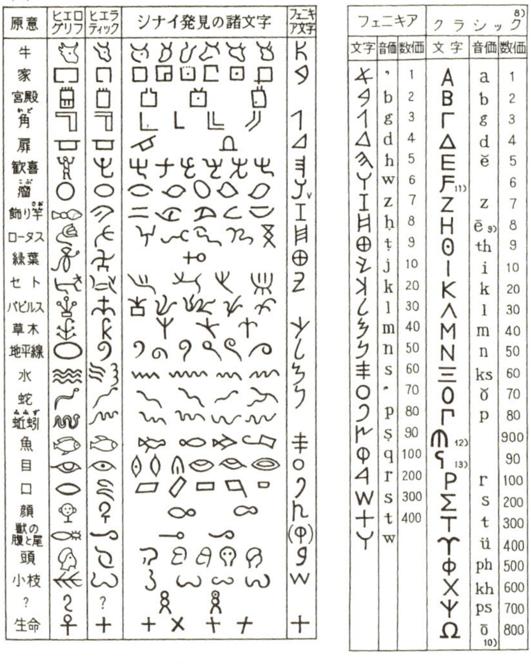

図10 ヒエログリフからアルファベットへ（世界の文字研究会（編）(1993) 前掲，71, 157より作成）
　(a) ヒエログリフ，シナイ文字，フェニキア文字，ギリシア文字の対照．
　(b) ギリシア・ローマのアルファベットの比較．

楔形文字

他に重要な古代文明の文字として，メソポタミアやアナトリアの**楔形文字**と，**インダス川流域の印章文字**（これも未解読です！）を挙げることができます．楔形文字は**粘土板**に刻み目をつけて書かれました(図11)．

メソポタミアでアッカド語を話していたアッカド人の遺跡からは図書館のようなものも発掘され，大量の粘土板が見つかりました．アッカド人は違う言語を話すシュメール人からこの文字のシステムを習ったのですが，シュメール語にも通じていて，同じ意味を表す文字をシュメール語読みすると同時にアッカド語読みすることも行っていたと考えられています．つまりこれは，日本語に**音読み**と**訓読み**があるのとよく似ています．

中央アナトリア（現在のトルコの地域）に君臨したヒッタイト王国のヒッタイト語を記した楔形文字のフロズニー[*7]による解読はドラマチックなものでした．まず「パンを〜し，○○を…する」というフレーズが解読されたのですが，彼はこれを「パンを食べ，水を飲んだ」という文句ではないかと推測しその仮説に従って解読を進めたところ，うまく解読できたというものです．

インダス川流域で用いられていたインダス印章文字は，なぜかイースター島のロンゴロンゴ文字とも似た不思議な文字です（下記，図12）．残念ながら資料が少ないためにまだ十分に解読されていません．

インド系の諸文字

インドでは紀元前3世紀頃，アショーカ王[*8]によって各地に碑文が建てられました．ここに記されたのがインド最古の文字，**ブラーフミー文字**です（図13）．インドでは独自に文字が生み出されたとする説と，中東の文字からの影響を受けて成立したとする説とがあります．その後ブラーフミー文字は長い年月を経てサンスクリット語を書く**デーヴァナーガリー文字**へと発展し，現代でもヒンディー語などの文字として活躍しています．ブラーフミー文字に端を発する文字のうち，**北インド系の文字**はチベット文字のもととなり，**南インド系の文字**は**仏教**とともに東南アジアへ伝わって，ビルマやタイ，カンボジアの諸文字を生み出しました

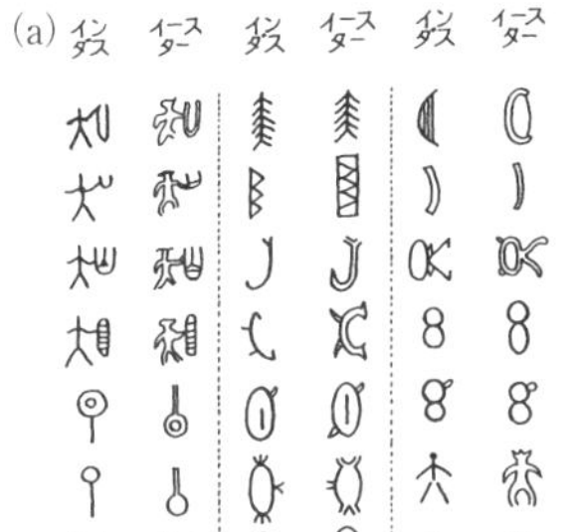

図11 楔形文字（ハンムラビ法典）（世界の文字研究会（編）(1993) 前掲，45）

[*7] フロズニー（B. Hrozný：1879-1952）は，チェコのヒッタイト学者で，古代中近東の諸民族や諸言語の歴史の研究者です．

[*8] アショーカ（紀元前268年頃-紀元前232年頃）は，マウリヤ朝の第3代の王です．

図13 アショカ王碑文のブラーフミー文字（世界の文字研究会（編）(1993) 前掲，227）

図12 インダス印章文字とイースター島のロンゴロンゴ文字（世界の文字研究会（編）(1993) 前掲，12）
(a) インダス文字とロンゴロンゴ文字の比較，(b) ロンゴロンゴ文字．

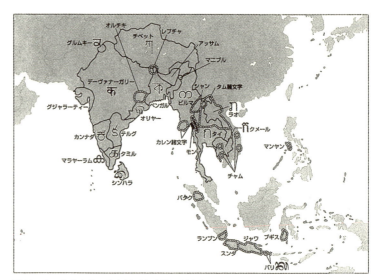

図14　インド系文字の分布図（東京外国語大学アジア・アフリカ言語文化研究所（編）(2005) 前掲, 10)

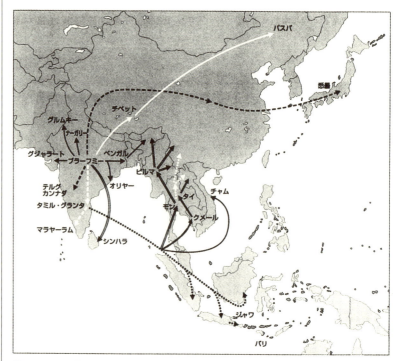

図15　インド系文字の伝播図（東京外国語大学アジア・アフリカ言語文化研究所（編）(2005) 前掲, 18)

*9 音節文字であり，母音の違いは上下左右に区別符号を付ける，足りない母音には区別符号の組合せを用いる，などのしくみはインド系文字全般に共通しています．

（上記，図14，上記，図15）．したがってこれらの文字は，表している言語が違ううえに文字の形も互いに異なっていますが，文字自体のしくみ*9 は共通していて，同じ音の文字は形も似ています（図16）．インド系の文字はお経を通じて日本にも伝わりました．お墓の卒塔婆（そとうば）に書かれている**悉曇（しったん）文字**がそれです（図17）．

	k	kh	ng	t/d	n	p/b	m	l
〔ビルマ文字〕	⊂	⊃	⊂	⊃	၃	ပ	∽	⊂
〔カンボジア文字〕	ក	ខ	ង	ត(ឥ)	ន	ប	ម	ល
〔タイ文字〕	ก	ข	ง	ด	น	บ	ม	ล

図16 ビルマ文字,カンボジア文字,タイ文字(松山納(1978)『東南アジア語の話』,47,大学書林)

文字の分布と宗教の分布

このように文字の伝播は宗教の伝播と深い関係を持っています.文字は何よりも宗教の経典を記す道具としての役割を強く持っているためです.したがって現在の世界における文字の分布は,宗教の分布と大きく重なっています.例えば中央アジアのウイグル語は母音の多い言語なのですが,この言語を書くのに適しているとは思えないアラビア文字によって書かれています(アラビア語には母音が3つしかなく,しかも基本的に母音を書かない文字であることは先に述べたとおりです).これは彼らの宗教が**イスラム教**だからです.アラビア文字は線と点からできていますが,アラビア語にない音を表すためには,点の数を増やすことなどによって対応してきました(図18).ヒンディー語とウルドゥー語は言語的にはほとんど同じもので,1つの言語の方言と言ってよいほどの関係ですが,イスラム教の国パキスタンの国語であるウルドゥー語はアラビア文字で書かれます.他方**ヒンドゥー教徒**が多数を占めるインドのヒンディー語はデーヴァナーガリー文字で書かれます.セルビア語とクロアチア語もほとんど同じ言語ですが,**ギリシャ正教**を信仰するセルビア人たちは主にキリル文字(図19)で書き,**カトリック**であるクロアチア人はローマ字で書いています.

漢字文化圏

中国はその優れた文明の力によって,周辺諸国に大きな影響を与えてきましたが,漢字もその1つです.日本に伝わった漢字が,現在も使用されているばかりでなく,ひらがなやカタカナのもとにもなったことはすでに述べました.ベトナムでは,ベトナム語を書き表すために漢字そのものも使用しましたが,やはり会意や形声の手法を用いて独自の漢字をも生み出しました.これを「字喃(チュノム)」といいます(図20).中国周辺に成立した国の中には,やはり漢字をもとに独自の文字を作った国があります.遼の契丹文字,金の女真文字,西夏王国の**西夏文字**などがそれです.特に西夏文字は,その構成原理は漢字を参考にしているものの,個々の文字の構成要素は漢字とはまったく似ていない点が注目されます(図21).これらに対し,元の太祖チンギス・カンが採用したのはシルク

図17 悉曇文字:大日如来法身真言(世界の文字研究会(編)(1993)前掲,237)

アラビア		イラン	
ا	ʔ / bā	ا	â / alef
ب	b / bā	ب	b / bé
		پ	p / pé
ت	t / tā	ت	t / té
ث	θ / thā	ث	s / sé
ج	j / jīm	ج	j / jim
		چ	ch / chím
ح	ħ / ḥā	ح	h / hé hottí
خ	x / khā	خ	kh / khé
د	d / dāl	د	d / dâl
ذ	dh / dhāl	ذ	z / zâl
ر	r / rā	ر	r / ré
ز	z / zāy	ز	z / zé
		ژ	zh / zhé
ك	k / kāf	ك	k / kâf
		گ	g / ghaf

図18 アラビア文字とイラン文字(世界の文字研究会(編)(1993)前掲,121)

Для изучающих белорусский язык

図19 キリル文字:ロシア文字印刷書体見本(世界の文字研究会(編)(1993)前掲,218)

数 詞 チュノム
mọt 一 沒
hai 二 台
ba 三 巴

図20 字喃(チュノム):数詞の表記法(世界の文字研究会(編)(1993)前掲,478)

図21 西夏文字『西夏文華厳経』
（京都大学文学研究科所蔵）

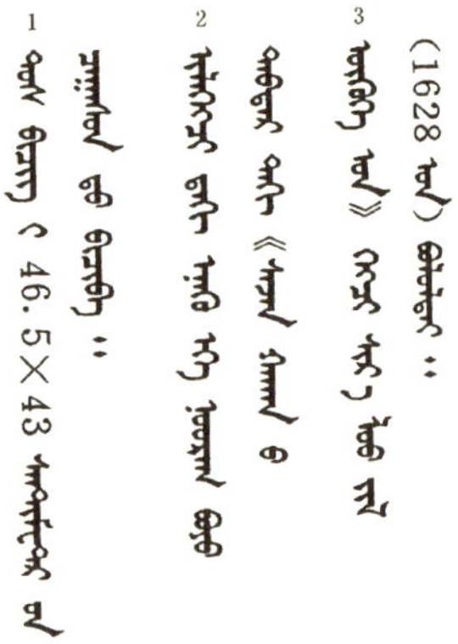

ロードを通って西方からもたらされたソグド文字でした．したがってこのソグド文字に由来するモンゴル文字はアラビア文字の遠い親戚ということになりますが，90度回転して，**縦書き**になりました．同じ音でも語頭／語中／語末の位置によって異なった形で書くなどの特徴を持っていますが，このような特徴はアラビア文字と同じです（図22）．なお中国には今でも使われている象形文字（**トンパ文字**といい，チベット・ビルマ語族のナシ語を書くのに使われている）があります（下記，図23）．

図22 モンゴル文字

図23 トンパ文字（東京外国語大学アジア・アフリカ言語文化研究所（編）（2005）前掲，93）
ナシ族の『創世期』冒頭の一節．

✂ 文字を書く方向と文字の「カタチ」

よく知られているように，アラビア文字は右から左に書くのですが，ローマ字もはじめから左から右に書くと決まっていたわけではありません．初めの頃はアラビア文字と同じように右から左に書いたり，**牛耕式**（ぎゅうこうしき）と言って，一行ごとに逆の方向に書いたりしていました．おもしろいことに，右から左に書く時にはBCDEFのように逆向きに書いていました．

言語には「**線条性**[*10]」という根本的な性質があります．基本的に，話し言葉を写したものですから，書き言葉である文字も線条的に展開します．ただ，一次元（つまり，線条的）にしか展開できない音声に比べると，文字は二次元（つまり平面的）に展開できます．先に述べた補助記号は英語ではdiacriticsと呼ばれますが，これは**横書き**に書いていく文字を貫いて，つまり上や下などタテに付けるものという意味です．さらに，**太字**にしたり，*斜め*にしたり，**違う字体**にしたりすることもできますね．ただ話し言葉と比べると，話している人の表情やイントネーションなどは書き言葉では失われてしまいます．しかし，携帯電話やメールが発達した今日では，顔文字（^_^） :-) などを用いてそれを補うようなことも行われていますね．

何を使って何に書くか，つまり文字を書くのに用いる道具などによっても，文字の形は影響を受けてきました．先に見たビルマ文字は丸い形をしていますが，葉っぱに書いたため，横に引く線が葉っぱの筋に沿って葉っぱを裂いてしまうのでこのような形に変わっていったと考えられ

*10 話しことばは音からできていますが，その音は時間の流れに沿って順々に耳に入ってきます．いっぺんに2つの音を発音することはできないし，いっぺんに2つの音が耳に入ってきたのでは聞いても分かりませんね．このように，時間軸に沿って線のように展開する，という言語の基本的な性質のことを「線条性」と言います．

8. "文字通り"の豪華絢爛！

ています．漢字のとめやはね，はらいなどの形も，右利きの人が筆という道具で書くのに書きやすいようにと，整えられてきた形であると言えるでしょう．

✂ 文字と音の関係

さて，日本語における表音文字であるひらがなについて，もうちょっとくわしく見てみましょう．ひらがなでは基本的に一文字に一音が対応しています．しかし常に一対一に対応しているわけではありません．そうです，「は」や「へ」は助詞のときには [wa]，[e] と読みます．「じ」と「ぢ」，「ず」と「づ」のように，同じ音を違った表記に書き分けているものもあります．さらに [o:sama] は「おうさま」，[o:kami] は「おおかみ」と書いています．これは，歴史的にかつて「おほかみ」と旧仮名遣い（正式には「歴史的仮名遣い」）で書かれていたものは，[o:] の音を「おお」で書き，それ以外は「おう」で書くと定めたためです（119ページを参照してください）．このように，多くの言語の表記は発音どおりではなく，文法的な働きを考慮したり，歴史的に古い形を残していたり，音が変化してももとの語が分かりやすいように書いたりしていることがあります．そのような決まりは正書法と呼ばれます．英語の表記は発音から大きくかけ離れています．例えば，knight[naɪt]，bury[beri]，women[wimin] などの例を思い出してもらえればよいでしょう．しかし例えば knight において，かつては k や gh の部分も音を持っていて実際に発音されていたのです．一般に正書法は変えない限りいつまでも変わりませんが，発音は時代とともにどんどん変化してしまいます．英語の現在の表記が定まったのは今から 500 年ぐらい前のことなので，その頃の発音が反映された表記なのです．night を nait もしくはせめて nite と書いてくれれば，日本の中学生たちにとってどんなにか楽だったことでしょう．実際変えようという動きもあったそうです．しかし人間にとっては，いくら不合理なものであろうとも，慣れ親しんだものの方が楽なので，改定されることなく現在に至っています．日本も戦前までは旧仮名遣いを使い続けていました．「てふてふ」(蝶々)，「けふ」(今日) などと書いていたわけですが，これは平安時代の発音を反映したものです．つまり平安時代には実際に [tefutefu]，[kefu] のように発音していたんですね（！）そして発音の方は時代につれてどんどん変化してきたわけです．一方，文字の方は変えない限り変わらないので，戦争という大事件が起きていなければ今頃皆さんも旧仮名遣いで書いていたかもしれないのです．

逆に言えば，文字や表記は古い時代の言語の音を知るための最大の手がかりと言ってもよいものです．まだひらがなさえ生まれていない奈良時代に，日本人は全部漢字を用いて日本語を書いていました．万葉集などに使われているので，これを万葉仮名（図24）と言います．万葉仮名を調べてみると，現代にはないような文字の書き分けの規則があり（上

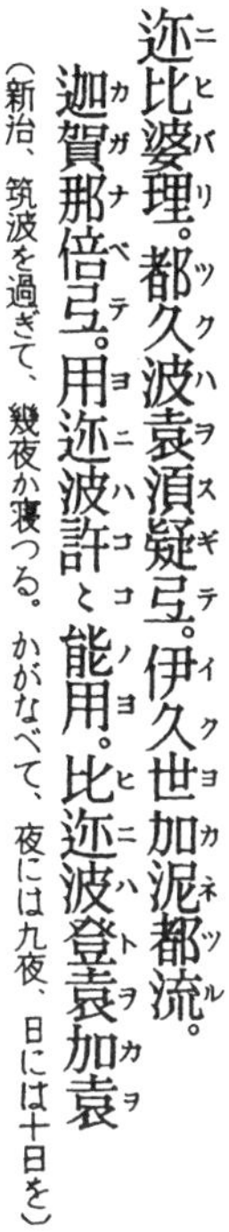

迩比婆理。都久波袁須疑弖
迦賀那倍弖用迩波許と能用
用迩波登袁加袁
比迩波袁加袁

（新治，筑波を過ぎて，幾夜か寝つる．かがなべて，夜には九夜，日には十日を）

図24 万葉仮名：古事記「景行段」（世界の文字研究会（編）(1993) 前掲，478）

代特殊仮名遣い*11 と言います），これによって当時は 8 つの母音が対立していたことが分かりました．サ行の子音なども現代の音と違っていた（ツァツィツツェツォのように，つまり[ts]のような子音だった）と考えられていますが，それも万葉仮名からの推定です．先に述べたヒッタイトの楔形文字の解読は，**ソシュールの仮定した音**の存在を証明したことでも有名です．

✂ 文字や正書法の改革

人々が話している言語を急に取り替えることはできませんが，正書法や文字は変えることができます．トルコ語はずっとアラビア文字で書かれていましたが，トルコの父と呼ばれるムスタファ・ケマル・アタチュルク*12 が 1928 年にローマ字に改定しました．トルコ語やフィンランド語など，比較的最近正書法を定めた言語では，音が変化する時間がないので，一般に音と文字はかなり規則的に対応します．つまりは勉強するのに楽なんですね．

まったく新たな文字体系を作り出した民族もいます．それは隣の国，韓国の**ハングル**です．15 世紀の世宗大王は言語学者たちに命じて自分たちの言語のしくみにあった音節単位の表音文字を創り出しました．その子音の形は舌をはじめとする**発音器官***13 を象って作り（下記，図 25，下記，図 26），母音の部分は陰陽五行思想に基づき天・地・人の三要素をそれぞれ点と縦棒と横棒に見立て，その組合せで作りました（下記，図 27，図 28）．子音部分にはなんとゼロを示す記号もあります．このような特徴から，ハングルは世界で最も合理的な文字であると言われることもあります．

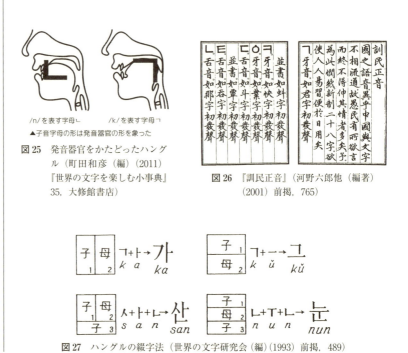

図 25　発音器官をかたどったハングル（町田和彦（編）（2011）『世界の文字を楽しむ小事典』35，大修館書店）

訓民正音
國之語音異乎中國與文字
不相流通故愚民有所欲言
而終不得伸其情者多矣予
爲此憫然新制二十八字欲
使人人易習便於日用矣
ㄱ牙音如君字初發聲

並書如虯字初發聲
ㅋ牙音如快字初發聲
ㆁ牙音如業字初發聲
ㄷ舌音如斗字初發聲
並書如覃字初發聲
ㅌ舌音如呑字初發聲
ㄴ舌音如那字初發聲

図 26　『訓民正音』（河野六郎他（編著）（2001）前掲，765）

図 27　ハングルの綴字法（世界の文字研究会（編）（1993）前掲，489）

中声基本 3 字母				陰陽	初出字
基本字	・ ʌ	ー ï	ｌ i	陽	ㅗ o
舌	縮	小縮	不縮	性	ㅏ a
声	深	不深不浅	浅	陰	ㅜ u
象形	天（象乎天円）	地（象乎地平）	人（象乎人立）	性	ㅓ ɔ,ə（長短母音）

図 28　ハングルの母音字母（世界の文字研究会（編）（1993）前掲，487）

*11　例えば奈良時代（上代，とも言います），「君（きみ）」，「雪（ゆき）」などの語の「き」は必ず［岐］，［企］などの漢字（つまり万葉仮名）で，「月」，「霧」などの語の「き」は必ず［紀］，［基］などの字で書かれて，互いに混同することはありませんでした．その後，これは単なる字の書き分けではなく，違う音であるために違う字で書いていたということが解明されたのです．このような書き分けはイ段とエ段とオ段にあり，キ・ヒ・ミ・ケ・ヘ・メ・コ・ソ・ト・ノ・モ・ヨ・ロ・ギ・ビ・ゲ・ベ・ゴ・ゾ・ドに観察されます．したがって現在のイとエとオはかつて 2 つずつ別の母音であったのが 1 つになったものと考えられたのです．

*12　ムスタファ・ケマル・アタチュルク（Mustafa Kemal Atatürk, 1881-1938）は，オスマン帝国の将軍，トルコ共和国の初代大統領です．

*13　「発音器官」については 115 ページの*10 を参照してください．

✂ 日本語の「漢字かな交じり文」

　日本でも終戦後には，この際ローマ字に変えようという動きがありました．しかし日本語は，結局「**漢字かな交じり文**」という，世界でも最も複雑な表記のシステムを維持してきました．日本語はもっぱら接尾辞による**膠着型の言語**[*14]なので，意味を示す**語幹**部分を漢字で書き，文法的に働く助詞や**活用語尾**の部分をひらがなで書く，というこの表記のシステムはこの言語の特性によく合ったものであると言うことができます．このシステムのおかげで日本語には語を離して書く**分かち書き**というものが必要ありません．したがってパソコンで書く場合，英語を書くときのように語の間でのスペースキーを押す手間はいりませんが，日本語ではかなやローマ字で入力したものを漢字に変換するためにスペースキーを押さなければならないという手間がかかるというわけです．

　しかし欧米の人々にとって，日本人が使う漢字というものはなかなか理解しがたい複雑な模様のように見えるらしく，ヨーロッパの人たちと話すと「おまえたちはhieroglyph（象形文字）を使って書いているのか！　おまえたち日本人の言葉は中国語なんだな」などと言われたりします．とんでもない誤解だと思うけれども，日本人だってイランの人がアラビア系の文字を使っているのを見ると，ペルシャ人はアラビア語を話すのだと思ってしまったりします（ペルシャ語はアラビア語とはまったく別の言語です！）．

[*14]　「膠着型の言語」については213ページの*3を参照してください．

✂ 日本語の表記の難しさ

　日本語をある程度勉強した留学生たちに聞くと，「日本語の表記の難しさは漢字そのものではない」と言います．では何が難しいのかと訊ねると，1つの漢字に何通りもの読み方があることだと言います．中国から伝わった時代の違いによって，音読みにも**呉音・漢音・唐音**の別[*15]があり，訓読みもいくつもあるといった具合です．中国や韓国でも漢字は使いますが，その読み方は基本的に一種類だけです．「上がる」と「上る」では，**送り仮名**というものによって違う読み方をします．おもしろいことに，冒頭で紹介したマヤ文字にも「送り仮名」がありました．つまり意味を示す文字がどう読まれるかを示すために，音を示す文字を前や後につけ足しているのです．

[*15]　例えば，「行」の字は呉音ではギョウ，漢音ではコウ，唐音ではアンと読みます．このように音読みがいくつかあるのは，中国から文物とそれを示す語を輸入した時代が何度かにわたっていたためです．おおよそ，呉音は六朝時代の江南の音，漢音は唐代の長安音，唐音は南宋の杭州の音であるとされています．

【☞ まとめ】・文字と言語は一対一に対応しない，ということをよく理解しておく必要があります．言語と国，言語と人種，言語と文化の関係などもそうです．世界の言語や文字，宗教の分布，及びそれらの間の互いの対応関係について，少しでも正確な知識を持つことが必要です．
・文字は人類が生んだ最高の発明の1つです．わずかな数の文字で言語を表現できる表音文字のシステムも，様々な民族の発明が積み重なって生み出されたものです．

練習問題

1. 次の例は中国の漢字と日本の漢字の対応例です．どのように異なっているか，考えてみましょう．
   习 丽 电 云　　習 麗 電 雲
   齐 夺 飞 开　　斉 奪 飛 開
   东 长 书 车　　東 長 書 車
   镜 语 练 饭　　鏡 語 練 飯

2. 次の例はハングルです．どう読むのか，どんなしくみでできているのか，考えてみましょう．
   　　あ か さ た な は ま や ら わ ん
   あ 아 가 사 다 나 하 마 야 라 와 ㄴ
   い 이 기 시 지 니 히 미 　 리
   う 우 구 수 주 누 후 무 유 루
   え 에 게 세 데 네 헤 메 　 레
   お 오 고 소 도 노 호 모 요 로

3. 「生」という漢字にいくつ読み方があるか，漢和辞典などを使って調べてみましょう．

4. ハ行にだけは，なぜマル（半濁音）がつくのか，考えてみましょう（ヒント：ハ行の子音の音は歴史的に変化してきました）．

5. 次の例はどのように読むか，またなぜそう読むのか，考えてみましょう．
   「反応」「山桜」「風車」

6. 外来語を書くときにだけ使う特別なカタカナ表記にどんなものがあるか，挙げてみましょう（ヒント：ティ，ドゥ，ヴァ，…，など）．

Further Reading

町田和彦（編）『図説 世界の文字とことば』（河出書房新社），東京外国語大学アジア・アフリカ言語文化研究所（編）『図説 アジア文字入門』（河出書房新社）はカラーの図や写真がたくさんあって，眺めているだけでも楽しい本です．世界の文字研究会（編）『世界の文字の図典』（吉川弘文館）も楽しくてステキな本ですが，世界中の文字について，ていねいに一字一字の読み方や使われ方，文例なども記した網羅的で本格的な図典です．町田和彦（編）『世界の文字を楽しむ小事典』（大修館書店）では，いろいろな文字の歴史や背景について，それぞれの文字や言語の専門家の解説を気軽に読むことができます．河野六郎他（編著）『言語学大辞典 別巻 世界文字辞典』（三省堂）は専門家向けの記述ですが，質量ともに現在の日本の専門家たちによる文字学・言語学の頂点を示していると言えるでしょう．アーシー，イアン『怪しい日本語研究室』（毎日新聞社）は文字だけを扱った本ではありませんが，言葉の様々なおもしろさを教えてくれる興味深い本です．

筆者より

私には言語学よりも長く，また熱心にやってきたもう一つの「本業」があります．それは野球です．高校でも大学でも，ほとんど毎日野球ばかりやっていました．最初の職場だった鳥取大学では，4年間監督も務めました．今いる東京外大でも部長をしていて，リーグ戦のベンチにも入りますし，ヒマを見つけてはグラウンドに行ってノックをしたりしています．野球で培ってきた強い気持ちと体力は，現地調査などの場面でいつも私を支えてくれます．（大学生のとき．リーグ戦で）

第9章　手話は世界共通か？

米川明彦

【手話】

《✍ 何が分かるか》　手話は視覚─身振り言語で音声言語とは別の独立した言語です．手話は「手」の「話」と書くので手だけで成り立っていると思われがちですが，実際は表情をはじめとする手以外の動きも重要な働きをします．手話には音声言語とは違った特徴があります．また，手話についていろいろな誤解がありますが，それを解いておきます．

✂ 手話とは何か

　「手話」という言葉を聞いて何を指すのか分からない人はあまりいないでしょう．でも，40年ほど前，私が大学生だったとき，「手話」を知っている人は私も周りの人もだれもいませんでした．1970年代の後半でもある教授に「シュワってどういう字を書くの？」と質問されたくらい，まだ普及していませんでした．「手話」が見出し語に挙げられた最初の国語辞典は，1972年1月に出版された『新明解国語辞典』初版（三省堂）ですが，その他の辞典にはしばらく載っていませんでした．この辞典が特殊だったのでしょう．

　その頃，言語とは音声言語（またそれを表記した文字体系）のことで，身振りの手話のことはまったく対象外でした．それは手話を知らない無知からくるものでした．ですから手話を言語学で取り上げるとき，「手話は言語か？」という疑問から入る状況でした．今では手話が言語であることは当然のことですが，これが受け入れられたのはまだ新しいことなのです[*1]．

　まず，手話とは何かを定義しておきましょう．手話とは，ろう者を主とする聴覚障害者間に使用される，非音声の，手指の動きを中心とした身振りの一定の体系に基づいた言語です．手話というと手だけのことばと思っていませんか．しかし，実際は非手指動作（表情・視線・うなずき・上体の動きなど）も重要な言語的な働きをします．手話は「口話」[*2]に対して手で話すという方法を意味するところからの名づけで，一般には言語体系全体を指したり，個々の語を指したりしますが，正確には言語体系を**手話言語**と言い，語を**手話単語**と言って区別します．なお，**手話**という語は，ろう者ではない北米インディアンやオーストラリアの先住民アボリジニーの身振り言語を指す際にも用いられることがあります．

　音声言語習得以前に聴力を失って，手話言語を第一言語としているろう者を**ネイティブ・サイナー**と呼び，これに準じるのはろう両親を持つ

*1　手話の言語学研究はアメリカの William C. Stokoe（1960）"Sign Language Structure" という論文が最初です．

*2　口話とは発語と読話（俗に「読唇」と言う）によって意思を伝達する方法．口話法．

手話言語（sign language）
手話単語（sign）
手話（sign language）

ネイティブ・サイナー（native signer）

コーダ（CODA）
*3 CODA とは Children of Deaf Adult の頭文字からきた造語です．

*4 日本の指文字とアメリカの指文字．

*5 主に日本のろう者間で使用されている手話のことです．次のセクションで詳しく説明します．

*6 〈 〉は手話単語のラベルを表します．手話は文字がないので，慣用的に使用します．これは『日本語―手話辞典』(1997) に使われた表記によります．

聴者の子どもで，**コーダ**です*3．

✂ 手話単語と指文字

　手話は2つの異質の記号から成り立っています．1つは手話単語で，これは意味を表す語です．もう1つは指文字で，これは表音記号（日本の指文字の場合，アイウエオなど五十音を表す文字）または表字記号（欧米の場合，アルファベットを表す文字）です*4．手話の中心は前者であり，後者は補助的手段として用いられます．一般に手話と言っているのは手話単語を指しています．例えば，「私は手話ができる」を意味する手話表現を日本手話*5 で表すと，
　　手話単語〈手話〉・〈できる〉・〈私〉
の連続で表現します*6．

　一方，指文字は，一般には人名や地名などの固有名詞を表現するときとか，手話単語にない語を表現するときなどに用いられます．例えば，手話単語〈犬〉は頭に手を当て，犬の耳の動きで「犬」を意味します．一方，指文字〈い〉〈ぬ〉を連続させると「イヌ」という音を表しますが，犬を指すかどうかは分かりません．「田中明彦」は〈田〉+〈中〉+〈あ〉+〈き〉+〈ひ〉+〈こ〉と名字は手話単語ですが，下の名は指文字です．みなさんも指文字で自分の名前を表してみましょう．

✂ 手話に関する誤解

　手話が一般に知られるようになった現在でも手話に対していくつかの誤解を抱いている人が意外に多いようです．その代表的なものを4つ取

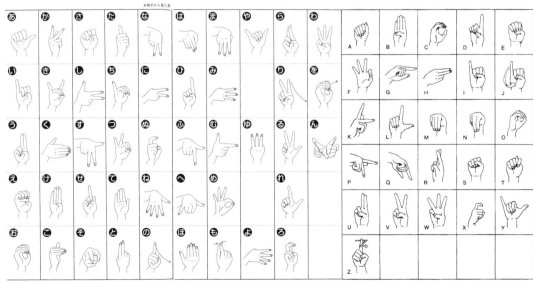

図1　日本の指文字とアメリカの指文字
アメリカ式アルファベット指文字は Simon J. Carmel. *International Hand Alphabet Charts* (2nd ed.) (Published by the Author) による．

り上げます.

　第一に手話は世界共通という誤解です．あなたもそう思っていませんでしたか．日本語，英語，中国語，タイ語などの言語の違いがあるように，世界には日本手話，アメリカ手話，中国手話，タイ手話など100を超える手話言語が存在します．私が「手話は世界共通ではありません」と言うと，「へえ驚いた．世界共通にすればいいのに」と答えが返ってくることがあります．この誤解は手話をジェスチャーやパントマイムのように考えているところから生まれています．すなわち，ジェスチャーやパントマイムなら，どこの国でも通じるという誤解です．しかし，ジェスチャーでも国によって意味するところは違います．例えば，親指と人指し指で輪を作るジェスチャーは欧米全域では「OK」の意のほか，ベルギー，フランス，チュニジアでは「ゼロ」「無料」の意，トルコ，ギリシャ，マルタでは「穴」の意です[7]．一方，日本では「お金」の意味です．日本の手話はこのジェスチャーを取り入れています．このことから日本の手話〈お金〉が「お金」を意味することが分かるのは韓国や台湾の人たちなど世界では少数の人たちだけで，世界にはあまり通じません．

　また，日本のジェスチャーから取り入れた〈女〉という日本手話は小指を立てる形で，「女」「彼女」を意味しますが，外国では通じません．欧米ではこの手話はもちろんのこと，ジェスチャーでも見られません．なお，シンガポールのジェスチャーでは「一番あと」の意味であり，中国・香港のジェスチャーでは「悪い」，インドのジェスチャーでは「トイレに行きたい」の意味があります．

　そのほか，日本の伝統的なジェスチャーで「泥棒」は人さし指をかぎ状に曲げて表します[8]．これを日本手話に取り入れて「盗む」「泥棒」の意味で使います．しかし，人さし指をかぎ状に曲げる形は中国のジェスチャーでは「9」を意味し，またメキシコのジェスチャーでは「お金」を意味するので日本の手話は通じません．

　このように手話はそれが属する文化（偏見や固定観念も含む）に密接にかかわっているので世界共通ではありません．そのため国際共通語として人工の国際手話があるくらいです．ろう者の国際大会では国際手話の通訳者以外に各国の手話通訳者が並び立ちます．

　第二に手話は単に音声言語を手に置き換えたものにすぎないという誤解です．実際はそうではなく，手話は音声言語とは別の独立した言語です．日本手話は日本語とは別の言語ですし，アメリカ手話は英語とは別の言語です．日本手話は日本語と語の意味や使い方も違えば，語順や文法も違います．例を挙げて説明しましょう．日本語の「飲む」は「お茶を飲む」，「酒を飲む」，「薬を飲む」と言い，「お茶」も「酒」も「薬」も同じ「飲む」という語を使いますが，手話はそれぞれ別の語を使います．日本語の「泳ぐ」は「人が泳ぐ」，「犬が泳ぐ」，「魚が泳ぐ」，「目が泳ぐ」と「人」にも「犬」にも「魚」にも「目」にも使います．一方，

[7] 〈OK〉のイラスト．以降のイラストは，米川明彦（監修），全国手話研究センター日本手話研究所（編集）(2011)『新 日本語―手話辞典』，全日本聾唖連盟より転載．

〈OK〉
右手の親指と人差指で作った丸を前に示す．

[8] 〈盗む〉のイラスト

〈盗む〉
かぎ状にした人差指を手前に引く．

*9 〈雨〉のイラスト

〈雨①〉
軽く開いた指先を前に向け両手を繰り返し下におろす．

恣意的（arbitrary）

*10 日本では日本ろう福音協会制作の『日本手話訳聖書』がDVDで頒布されています．

*11 〈木〉のイラスト

〈木〉
両手の親指と人差指で大きな丸を作り，上にあげながら左右に広げる．

*12 うそのイラスト
〈うそ②〉が古く，〈うそ①〉が新しい．

〈うそ①〉
ほおをやや前に示して人差指で突く．

〈うそ②〉
ほおを舌でふくらませ，そこを人差指で突く．

手話は何が泳ぐかで表し方がすべて異なります．
  〈人が泳ぐ〉…バタ足のさま
  〈犬が泳ぐ〉…犬かきのさま
  〈魚が泳ぐ〉…魚が泳ぐさま
  〈目が泳ぐ〉…目が左右に動くさま

ですから〈泳ぐ〉＝「泳ぐ」ではなく，〈人が泳ぐ〉や〈犬が泳ぐ〉など，「何が泳ぐ」というように，主語と述語動詞が1つになって存在します．したがってただ「泳ぐ」を表す手話単語はありません．これは実際の動きをまねたからです．

また，〈雨〉という日本手話は「雨」，「雨が降る」，「降雨」を表し，〈雪〉という日本手話は「雪」，「雪が降る」，「降雪」を表します．日本手話には日本語の「降る」に相当する単語はありません．また，「雨が降る」という文を例にとると，日本手話は日本語のように「雨」「が」「降る」のように3つの単語から成るのではなく，1手話〈雨〉で表現します[*9]．現象世界が「雨」「が」「降る」と3つに区切られて目に見えるのではなく，雨が降るという1つの連続体として見えるだけであるのと同様に手話も1表現なのです．

第三に手話は具象物は表せても目に見えないものやことがら，抽象概念は表せないという誤解です．手話はすべて何かの形や動きを模写しているという誤解です．音声言語に比べてそういう単語が多いことは確かですが，全体的には語形と意味には必然的な関係はありません．すなわち**恣意的**です．この誤解に対する反論として聖書の手話訳[*10]が挙げられます．〈神〉，〈罪〉，〈贖い〉，〈信仰〉，〈救い〉，〈赦し〉，〈恵み〉，〈愛〉などのキリスト教用語は目に見えるものではありませんが手話で表せます．

また模写しているといっても程度があり，予備知識がなくてもその手話の意味が分かる「透明」なものと，意味が与えられてその手話を識別できる「半透明」なものとがあります．全体的には透明なものより半透明な手話のほうが多くあります．例えば，〈象〉は象の鼻の動きからきているので透明ですが，〈木〉は木の幹からきていても手話を知らない人にはそれが「木」であることは分からないでしょう[*11]．〈うそ〉という手話単語は人指し指でほおをつつく動作です[*12]．なぜつつくのでしょうか．これはもともとは舌でほおをふくらませて，ここにあめ玉が入っていると子供にうそをつくことからきています．これがやがてほおをふくらまさずに，ほおをつつくだけになりました．こうして語形が変化してもとの語源が分からなくなり，透明でなくなりました．ただし，お年寄りの手話はほおをふくらますことが多いようです．

第四に手話に文法がないという誤解です．これは助詞「が」「は」「を」「へ」「に」などがないので文法がないとか，さらに語順が一定していないとか，音声言語を基準にした見方によるものです．しかし，もし手話

に文法がないなら，語や文を新たに創造し共有することはできません．手話は一定の規則を共有して成り立っている身振り言語（これをコードジェスチャーと言います）であり，その規則（これを文法と言います）がどんなものかが明らかにされており，言語であることは立証済みです．例えば，1972 年にスウェーデンのストックホルム大学言語学研究所でスウェーデン手話の研究が始まり，その結果，それが独自の語彙と文法を持つ言語であることが明らかになりました．そして 1981 年，スウェーデン議会はスウェーデン手話を言語として認定し，ろう者の第一言語とし，スウェーデン語を彼らの第二言語として使用する法案を可決しました．こうしてスウェーデンは公的に手話を言語として認めた最初の国になりました．

✂ 言語的特徴

では，手話の特徴は何でしょうか．手話は視覚―身振り言語で，聴覚―音声言語とは使う器官が違うので当然，音声言語とは違った特徴があります．そこで手話の言語的特徴を5つ指摘しておきます．

第一に記号の同時性です．これは手話単語を構成している要素「手の形」「手の位置」「手の動き」という3つの要素と「手の形」の下位分類である「手の平の向き」が同時に組み合わさって1つの単語を作ることを言います．音声言語の構成要素が時間の流れに沿って連続して並ぶのに対して，手話は同時的です．例えば，〈兄〉は手の形が中指立て，手の位置は体の前の空間，手の動きは上方直線運動，手の平の向きは後ろ向きです．〈弟〉は手の動きが下方直線運動で，他の要素は〈兄〉と同じです[*13]．〈姉〉は手の形が小指立てで，他の要素は〈兄〉と同じです．〈兄〉と〈弟〉は手の動きだけが異なり，〈兄〉と〈姉〉は手の形だけが異なります．

第二に記号の**類像性**です．手話の類像性とは手話単語の語形と意味との間に必然性があることを言います．類像性は**恣意性**に対する概念です．これは音声言語に比べればという相対的なもので，絶対的な特徴ではありません．歴史的傾向として，先の手話に対する誤解で書いたように，もともと模写であったが，語形変化して類像性を失い，恣意的になってきています．

第三に記号の視覚性です．これは視覚に入るもの（表情・視線・うなずき・上体移動・運動方向・位置）を利用することで，文法的機能や意味の区別に役立てることを指します．手話は「手」「話」と書くために手だけのことばのように思われますが，実際はそうではなく，表情などの非手指運動が手と同じくらい大切な働きをしています．手話は「聞く」ことばではなく，「見る」ことばですから見えるものを利用して表現します．中でも表情は重要です．極端な言い方をすれば，手話は手と顔のことばです．あるべき表情がない手話はとても変ですし，通じません．例

*13 〈兄〉・〈弟〉のイラスト

〈兄〉
中指を立て，甲側を前に向けた右手を上にあげる．

〈弟①〉
右中指を立て，甲を前方に向け下にさげる．

類像性（iconicity）
恣意性（arbitrariness）

えば「何の勉強ですか？」を手話で表すとき，〈勉強〉の手話をしているときにすでに眉を上げる尋ねる表情が現れ，その表情のまま次の〈何〉と尋ねる手話します*14．こうしてこれが質問文であることが分かります．また，〈うれしい〉，〈悲しい〉，〈苦しい〉などの感情を表す手話も表情がつきます．さらに表情の具合で感情や感覚の程度なども表しますから，手話は表情が豊かと言われます．例えば，大きく，強く動きながら表情もはっきり出すと「非常に」「とても」の意味が加わり，反対に小さく，弱く動きながら表情も小さいと「少し」の意味が加わります．

第四に記号の図形特性です．これは漢字の図形的特徴と共通した特徴を指し，曖昧性・冗長性・瞬間認識性・標識性があります*15．中でも絵画的に描写に富んで，1手話に情報を多く含んだ手話はひとめで意味が分かるという瞬間認識性は最も手話らしい特徴でしょう．

第五にメッセージの同時性です．腕が2本あるために同時に複数のメッセージを発することができます．音声言語の場合は発音器官の舌が1枚なので，同時に2つのことがらを言えません（ただし，「二枚舌」の人はいますが）．例えば「～しながら～する」のような同時に2つの行為を表現するときは，手話では簡単に左右の手を使い分けて表せます．「食べながら読む」は右手で食べる，左手で本を見る動作で表します．

✂ ろう教育と手話

指文字はろう教育が始まる以前から存在していました．沈黙を守る時間があった修道僧の間で古くから使われていたといいます．資料として最も古いのは『ロッセリウスの百科辞典』（1579年）に掲載されたイタリアの指文字です．スペイン人やイギリス人も各種の指文字を考案しましたが，いずれも話し言葉が獲得されることを目指して作ったものです．本格的なろう教育が始まったのは18世紀後半でフランス人レペ（Abbe de l'Epee）によります．彼は指文字を使用しました．弟子のシカール（Sicard）はこれを受け継ぎ，ヨーロッパ各地に広めました．19世紀に入って，アメリカ人ギャローデット（Thomas H. Gallaudet）はシカールの方法を学ぶためにパリに行き，シカールの弟子クレール（Laurent Clerc）を伴って帰国，アメリカのろう教育にフランスの指文字を導入しました．

日本では，1929年，アメリカのろう学校を視察した大阪市立ろう学校教諭大曽根源助が，アメリカの指文字を参考に現在使われている指文字を考案しました．それ以前には，1878年に京都盲啞院の創始者で，日本のろう教育の父と呼ばれる古河太四郎が考案した「形象五十音文字」「五十音符号手勢」がありましたが，普及しませんでした*16．

ろう教育に手話単語を本格的に取り入れたのはレペです．彼はそれを方法的手話と名づけフランス語を手で表そうとしました．フランスの手話単語がギャローデットによって持ち込まれ，アメリカ手話の起源とな

---

*14 〈勉強〉単独では本来表情がつきませんが，この疑問文の場合は，〈何〉のときの眉を上げる表情が先に現れて（これは表情の逆行同化と言います），〈勉強〉にこの表情がつき，次の〈何〉が終わるまで同じ表情をします．

*15 曖昧性とは同形であるが意味が異なる場合や類似しているが意味が異なる場合などを指します．
冗長性とは左右対称に典型的に見られる情報を重複させることを指します．
標識性とは手の形・手の位置・手の動きのそれぞれが何かを明示していることを指します．これについては練習問題3と4に取り上げました．

*16 岡本稲丸（1997）『近代盲聾教育の成立と発展—古河太四郎の生涯から』，NHK出版，が詳しい．

りました．イギリスではバルワー（John Bulwer）が『手による自然言語』（1644 年）で，数百の手話単語を著しています．日本においては，古河太四郎は「手勢（しかた）法」と呼ぶ手話法で教育したので，古河考案による手話単語がかなりあったと思われますが，残っている古い記録がほとんどなく，正確なことはよくわかっていません．

ところで，1880 年にミラノで開かれた第 2 回ろう教育国際会議は，その後のろう教育及び手話，ろう者に最もマイナスの影響を与えましたが，この会議で口話法[*17]をろう教育に採用することを決定し，以来，手話法は 100 年近く排除されてしまいました．1990 年にロチェスターで開かれたろう教育国際会議で，ミラノ会議で否定された手話の復権が強く主張され，手話をろう者の第一言語として習得することを求めました．1993 年にストックホルムで開かれたろう教育におけるバイリンガリズム国際会議で，手話はろう者の第一言語であり，ろう学校では手話で全教科を学ぶことが最良であると決議し，世界ろう連盟に提出しました．

手話単語の形成は，各国によって多少の事情は違いますが，ろう者間に自然発生的に生まれたものと，ろう教育の学習用語として，人工的に作られたものとがあります．日本ではろうあ学校令が出された 1923（大正 12）年以降，口話法が普及し，昭和の初期に文部省によって手話法が禁止され，口話法によることが決定されました．それ以前は手話を教育手段に用いてきたので，多くの手話単語がろう学校の教師や生徒の間から生まれました．

✂ 手話の種類

ところで，手話といっても大きく，Ⓐ音声言語から独立した言語形式としての手話，Ⓑ音声言語とⒶの混合された手話，Ⓒ音声言語の統語構造を十分表した手話の 3 つに分けられます（ただし，後で述べますが，正確にはⒸは手話ではありません）．

Ⓐはろう者間の会話に伝統的に用いられているもので，文法や語の意味などが音声言語のそれとは異なり，音声語を話すことなく，非手指動作（表情・視線・うなずき・上体の動きなど）とともに手話のみで話すものです．本来の手話はこれを指し，日本では「日本手話」と呼ばれています．

Ⓑは音声言語を話しながら，または口話を併用しながら手話することが多く，音声言語の順に手話単語を並べることが多いようです．このような方法を「シムコム」と呼びます．ろう者と健聴者との間や手話学習者・中途失聴者・難聴者によく見られます．日本では「日本語対応手話」と呼ばれています．アメリカでいえば Pidgin Sign English（PSE）です[*18]．

Ⓒは音声言語を表すために，ろう学校で使われる学習用人工言語で，既存の手話単語を修正したり音声言語の文法の要素を表すために新たに

[*17] 口話法は聞こえない子どもに発音させて，またその口型から読み取る方法．音声語を習得し，それを社会で用いて聞こえる人とコミュニケーションできるという主張に基づきます．この会議での決定の背景には国家統一を 1 つの言語によって押し進めようとする考えがあり，教育の現場でも音声語が重視されました．

シムコム（sim-com：simultaneous communication）

[*18] Pidgin Sign English（PSE）はアメリカのろう者の手話 American Sign Language（ASL，Ⓐに相当）と Manually Coded English（MCE）との混合型の総称で，ASL に近いものから MCE に近いものまで程度に差があり，決まった型があるわけでありません．

*19 MCE（Manually Coded English）は英語を手指で表した人工言語で，いくつかの種類があります．ASLにはもともとない屈折（例えば動詞の語尾変化 plays/played/playing や活用の変化 sing/sang/sung）などを手指で表そうとしました．

*20 「同時法的手話」は栃木ろう学校が小学部高学年から使用している，日本語を表す手段で，日本語の習得と日本語によるコミュニケーションの実現を目的にしています．指文字を多用し，日本手話にもともとない日本語の助動詞を手指で表します．したがって，これは手指モードによる日本語です．

*21 〈食べるⒶ〉は「ごはん」「食べる」「食事」の意，〈好きⒶ〉は「好き」「〜したい」「〜してほしい」の意．

*22 〈名前①〉と〈名前②〉のイラスト

〈名前①〉
左手のひらに右親指を当てる．

〈名前②〉
右手の親指と人差指で作った丸を左胸に当てる．

手話単語を作ったりしています．音声の代わりに手指を媒体に使ったもので，本来の手話ではありません．アメリカで言えばMCEと統括されるもので，いろんな種類があります*19．日本では栃木県立ろう学校が考案した「同時法的手話」があります．これは手指で表した日本語であり，口話と併用することを前提にしています*20．例えば，日本手話では表現しない助詞「が」「は」「を」「に」などを指文字で表します．これは「手話日本語」とも言えばいいでしょう．したがって，ⒶⒷが手話なら，Ⓒは音声語の代替です．

ⒶⒷⒸの違いを例示しておきましょう．「本を読む前にご飯を食べてしまいなさい」は次のように表します．

Ⓐ 〈食べるⒶ〉＋〈終わる〉＋〈本〉＋〈読むⒶ〉＋〈かまわない〉
Ⓑ 〈本〉＋〈読むⒶ〉＋〈以前〉＋〈食べるⒶ〉＋指さし
Ⓒ 〈本〉＋〈を〉＋〈読むⒶ〉＋〈前〉＋〈に〉＋〈食べるⒶ〉＋〈を〉＋〈食べるⒶ〉＋〈好きⒶ〉＋〈なさい〉*21

✂ 手話の地域差

手話は世界共通ではないが，中には歴史的系統があるものもあります．例えば，戦前，日本が韓国及び台湾を支配し，日本のろう学校の教師が現地にいったために韓国手話と台湾手話は日本手話と共通度が高くなっています．

古河太四郎が京都盲唖院でろう教育を始めたときに，それ以前にろう者間で使用されていたと思われる手話を取り入れて考案したのが日本のろう学校発祥の手話です．その後，ろう学校がいくつか設立され，各校に自然的，慣用的な手話が採用されました．手話は京都・大阪・東京のろう学校及びその卒業生を中心に全国に広まった経過から地域差があることは分かっていますが，同一地域によっても異なり，さらに個人差もはなはだしく流動的であるため，音声言語の方言のように地域的なまとまりを認めることはそう簡単ではありません．ただし，いくつかの例を挙げることはできます．例えば，「名前」を表す日本手話は関東では〈名前①〉，関西では〈名前②〉を使用します．前者は拇印を，後者は胸のバッジに由来します*22．

なお，手話の方言との関連で，全日本ろうあ連盟は「標準手話」の普及のために『わたしたちの手話』10巻（1969〜86年，全日本ろうあ連盟）を出版しました．「標準手話」とは全国的に普及度が高いと思われる手話を中心にしていますが，「われわれは手話方言が，生活上重要な地位を占めている事情を重視して，その廃止ではなく標準手話の普及を目指しつつも，標準手話と手話方言の共存をはかり，その将来的な判断は大衆的な自然の選択にゆだねるべきであると考えています」（全日本ろうあ連盟日本手話研究所『標準手話普及のために』）と述べています．その後，標準化を目指して全日本ろうあ連盟は『日本語—手話辞典』（1997

年）を出版しました．その増補改訂版『新 日本語—手話辞典』が 2011 年に出版されています．1990 年から NHK が「手話ニュース」「みんなの手話」などの番組を放送開始し，手話単語の共通化が進みました[*23]．

*23 NHK の放送では主に先の分類の①の手話が使われています．

> 【☞ まとめ】・手話は主に手と顔を使った，音声言語とは別の独立した言語です．
> ・手話は世界共通ではありません．国・地域・文化が違えば手話も違います．
> ・手話にはろう者間に自然発生的に生まれたものと，ろう学校で作られたものとがあります．
> ・手話は音声言語との関係でいくつかの種類があります．

練習問題

1. 親指を立てるジェスチャーは各国・地域でどんな意味か調べてみましょう．また，日本の手話でこの形はどんな意味か調べてみましょう．
2. 日本の指文字はアメリカの指文字をもとに作られましたが，五十音図のうち，どの音がアルファベットの何をもとにしたかを考えましょう．
3. ある手の位置には，あるまとまった共通の意味があるので，共通群の手話をまとめて学習するのは非常に効果的です．手の位置が側頭部（頭の横）でする手話は〈考える〉，〈思う〉，〈感じる〉，〈賢い〉，〈夢〉，〈覚える〉，〈忘れる〉などがあります．手話辞典でどんな意味が共通しているのか調べてみましょう．
4. 同様に，ある手の形には，あるまとまった共通の意味があります．人指し指と中指を出した手の形の手話に〈歩く〉，〈(山を)登る〉，〈つまずく〉，〈こしかける〉，〈座る〉，〈さかだち〉，〈水泳〉などがあります．手話辞典でどんな意味が共通しているのか調べてみましょう．
5. 日本語で「安い」の反対は「高い」です．手話では〈安い〉の反対の手話は動きの方向を反対にすればいいのです．

    〈安い〉…〈お金〉を下に動かす
    〈高い〉…〈お金〉を上に動かす

    では，手話〈軽い〉と〈重い〉，〈短い〉と〈長い〉の動きはどうなっているか手話辞典で調べてみましょう．

Further Reading

米川明彦『手話ということば—もう一つの日本の言語—』（PHP 研究所）は手話とろう者について手軽に読める概説書です．外国の手話やろう文化についても知りたい人には斉藤くるみ『少数言語としての手話』（東京大学出版会）があります．手話辞典には米川明彦（監修），日本手話研究所（編集）『新 日本語—手話辞典』（全日本聾唖連盟），『日本語—手話辞典』（全日本ろうあ連盟出版）があり，世界最大の手話辞典で，例文を掲載しており，日本語と手話の違いが分かります．雑誌では『月刊言語』（2009 年 8 月号）が「手話学の現在」という特集を組んでいるほかに，市田泰弘「連載・手話の言語学①〜⑫」（『月刊言語』2005 年 1〜12 月号）があります．

筆者より

　花を育てるのが趣味で，家の前と裏庭に色とりどりの花を咲かせて楽しんでいます．高校時代は図書館の主と呼ばれていました．私は手話との出会いを小学校5年生の国語の教科書（光村図書，2000年〜01年度）に「『その人』と出会って」と題して書きました．みなさんの中には私の顔を見たことがある人がいらっしゃるかもしれませんね．というのも私はNHK教育テレビ「みんなの手話」の講師を3年間務めていたからです．

第10章 言語聴覚士（ST）ってどんな仕事？

大畑 秀央

【言語聴覚障害学】

> 《✍ 何が分かるか》 言語聴覚士（ST）は，ことばによるコミュニケーションに問題がある人に専門的サービスを提供し，自分らしい生活を構築できるよう支援する専門職です[*1]．言語聴覚士の仕事は，ことばと深く関わっています．ここでは言語聴覚士の仕事を通して，ことばの大切さや不思議さとその障害，障害のある人に対する支援について考えてみましょう．

　言語聴覚士という仕事を知っていますか？　筆者は大学で言語学を学ぶうちに，その知識を活かして人と関わる仕事がしたいと思うようになり，言語聴覚士を目指しました．今では，言語聴覚士としてリハビリテーション病院に勤務しています．

　私たちの生活は，「ことば」という道具なしには成り立ちません．家族や友人との会話，仕事，学校生活，電話やメールでのやり取り，テレビや新聞などの音声・文字情報など，私たちは毎日ことばに囲まれて生活しています．さらに私たち人間は，思考や概念の多くの部分をことばに頼っています．あまりにも当たり前のことで，普段意識することはほとんどないかもしれません．しかし，もし人の話す言葉が分からなくなったり，自分が伝えたいことを言葉や文字にすることができなくなったりしたら，コミュニケーションが困難になり，社会，あるいは家庭の中でさえ，強い孤独感を味わうことになるでしょう．言語聴覚障害と呼ばれる障害のある人たちは，まさにそのような中で，様々な困難を抱えながら毎日を送っています．言語聴覚士は，ことばやきこえ，食べること（摂食嚥下）に障害のある人たちに対して，評価や治療などの専門的サービスを提供し，その人らしい生活を構築できるように支援する，リハビリテーションの専門職です．

✂ ことばによるコミュニケーションとその障害

　ここで，ことばによるコミュニケーションを少し詳しく考えてみましょう．図1を見て下さい．これは，音声による情報伝達過程を図式化したもので，**スピーチチェーン**と呼ばれます．例えば，話し手が聴き手に「りんご」という言葉を伝える場合，図1の①〜④の過程を経て情報が伝達されます．①は概念を言葉に変換する過程で，**符号化**と呼ばれます．②は，呼吸，発声，発音など発話全般の過程を含み，**構音**と呼ばれます．③の音声を聴く過程は**音声入力**と呼ばれ，耳による聴覚が関与します．④は言葉を理解する過程で，**解読**と呼ばれます．このうち①の符号化と

言語聴覚士（speech-language-hearing therapist: ST）

[*1] 日本言語聴覚士協会サイト
http://www.jaslht.or.jp/whatst_g.html

リハビリテーション（rehabilitation）

スピーチチェーン（speech chain）

符号化（encoding）
構音（articulation）
音声入力（auditory input）
解読（decoding）

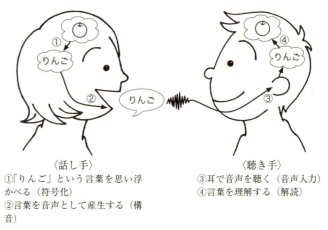

〈話し手〉
①「りんご」という言葉を思い浮かべる（符号化）
②言葉を音声として産生する（構音）

〈聴き手〉
③耳で音声を聴く（音声入力）
④言葉を理解する（解読）

図1　スピーチチェーン

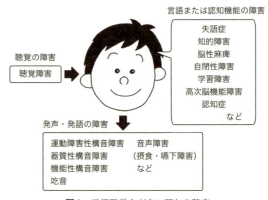

図2　言語聴覚士が主に関わる障害

④の解読の過程は，大脳の言語野と呼ばれる部分で行われます．

そして①〜④の過程のどこかに問題が起きると，ことばによるコミュニケーションの障害，すなわち言語聴覚障害が生じます．言語聴覚障害には様々な種類がありますが，それらはスピーチチェーンの過程の障害として説明できます．言語聴覚士が主に関わる言語聴覚障害の例を，図2に大別して示しました．①の符号化と④の解読の障害は，言語形式の操作機能の障害に相当します．言語の基盤にはその他の認知機能も関わっているため，認知機能の障害によってもコミュニケーション等に問題が生じることがあります．③の音声入力の障害は，聴覚の障害に相当します．また②の構音の障害は，発声・発語の障害に含まれます．

✂ 言語聴覚士の関わり1：失語症のある成人のケース

それではここで，言語聴覚士が実際に関わるケースを通して，ことばの障害について考えてみましょう（実際のケースをもとに一部再構成しています）．

Aさんは50歳代の男性で，大脳左半球の側頭葉という部分の脳出血

小嶋知幸（編著）（2010）『なるほど！失語症の評価と治療』，金原出版．

10. 言語聴覚士（ST）ってどんな仕事？

を発症した方です．Ａさんは，出版物の校閲の仕事をしていました．Ａさんには手足の麻痺はなく，日常生活は自立していましたが，失語症がありました．失語症は，大脳の言語野の損傷で生じることばの障害で，一旦獲得した言語形式の操作機能が障害を受けることにより，言葉を聴いて理解する，話す，文字を読む，書くといった，ことばによるコミュニケーションのすべての側面に困難が生じます．以下は，Ａさんと初めて会ったときのやりとりの一部です．

　ST（言語聴覚士）：具合はどうですか？
　Ａさん：…わー，ですから，あんまり良くないというか，そういう意味では….
　ST：不自由なところはありますか？
　Ａさん：えーとー…，だ，このー，じ，じむ，この，あれが，だめですね．でむす，この，あれが，でむす，この，ようす，だめなんですね．この，あれはもうすべてもうほとんど，じ，じつ，この，で，だめですね，あれは．
　ST：例えばどんなところですか？
　Ａさん：この，ぜんぶ，じむです…，このー，んー，こ，このー，だめですよーって，これは，でむ，あ，だむ，あ，こう，でむ，できますね．だむ，この，自分はだめですよーってのはできんですけども，でむ，あのー，なんてのかな….だむで，だ，もう，なんかこう，よむと，だむで，だむです，だめ，で，でむす，だむ，なんつったらいいのかな．ほとんど，自分で，できな，だめ…，なんてのかね．

　Ａさんは，構音器官[*2]に麻痺はなく，発音は明瞭です．しかし，言いたい言葉がなかなか出てこないようです．この場合，図１のスピーチチェーンのどの過程に問題があると考えればよいでしょうか？　これは，①の概念を言葉に変換する符号化の過程の障害と考えられます．Ａさんの発話では，言いたい語をうまく思い浮かべることができないために，名詞や動詞などの内容語がなかなか出てきません．そして，「あれ」，「この」といった代名詞が多いために，話している量に比べて内容があまり伝わってきません．また，「だめです」を「でむす」や「だむです」のように音を言い誤る症状が見られます．

　次に，Ａさんの検査場面での様子を見てみましょう．絵を見て，それが何かを言ってもらう課題の様子です[*3]．

　　〈本の絵を見て〉　これは，ほ，ほぶ，ほ，ほ，ほ，ぶ，ほぶー，みたいな，ほぶ，なんてすか…，ほぶんず，なんて言えばいいんですか．
　　〈鉛筆の絵を見て〉　う，これはー，うばー，う，うばー，すー，め，ず，うばー，うば…．
　　〈犬の絵を見て〉　えび…，えび…，え，えび…，えび…．

　やはり，語をうまく思い浮かべることができません．「本」では，「ほ，ほぶ」のように，音の言い誤りが見られますし，他のものではまったく

*2　呼吸筋群，声帯，下顎，舌，唇など，構音に関する器官のことを構音器官と言います．

*3　このように実物や絵を見て，その物の名前を言うことを，呼称（naming）と言います．

違った音になっています．失語症では，物の認知には障害はありません．物や絵を見ればそれが何かは分かるのですが，うまく言葉に変換することができないのです．

ここで，①の符号化の過程をもう少し詳しく見てみましょう．私たちの脳の中には，いろいろな意味を表す**語彙項目**が蓄えられていると考えられており，それを**語彙辞書**と言います．語彙項目はその語を表す**音素**列や文字列の情報を持っている小箱のようなイメージです．音素とは，実際の音声として発せられる前の，抽象的な音の最小単位のことで，例えば「たいこ」の場合は，/t/, /a/, /i/, /k/, /o/ という5つの音素に分けられます．音節（音韻的音節）とは，ひとまとまりの音として意識され発音される単位であり，日本語の場合，音の情報は /ta/, /i/, /ko/ のように，音節の単位で脳内では処理されていると考えられています．語彙項目が選択された後で，その情報に基づき語の音節がその貯蔵庫である**音韻辞書**から選択され配列されます．

語彙項目（lexical entry）
語彙辞書（lexicon）
音素（phoneme）

音韻辞書（phonological lexicon）

それでは，図3のように「りんご」という語を符号化する場合を考えてみましょう．この場合，以下の，語彙項目の選択と音節の選択・配列という二つの過程を経て符号化が行われます．

①語彙項目の選択： 例えるならば，語彙項目は1つの小箱のようなものです．人間の脳内では，語彙項目は語の意味のつながりによってまとめられ，処理されていると考えられています．「りんご」という語彙項目の小箱の周りには，上位概念である「果物」や，同一範疇語の「ぶどう」，関連動詞である「食べる」など，意味的なつながりのある様々な小箱があると考えられます．この過程では，それらの小箱の中から，目標語である「りんご」の語彙項目の小箱を正しく選ばなければなりません．

②音節の選択・配列： 次の過程では，語彙項目に合った音節を正しく選び，その小箱に並べて入れます．日本語の場合，音節の貯蔵庫である音韻辞書には，五十音（実際には約110の音節）の音韻の情報が蓄えられています．選んだ語彙に合った音節を，音韻辞書から選んで正しく配列することで，「りんご」という語が符号化されます．

このように，符号化の過程には，主に，語彙項目の選択と音節の選択・配列という二つの過程があります．これらの過程に問題があると，うまく語を符号化することができません．例えば次のような場合，どの

図3 語彙項目の選択と音節の選択・配列

過程に問題があるか考えてみましょう．

- りんごを見て，「これ，なんて言ったかなあ…」というように語が出てこない場合
  ☞これは，「りんご」の小箱を見つけることができない状態で，語彙項目の選択ができていないと考えられます．
- りんごを見て「みかん」と言った場合
  ☞これは，間違って「みかん」の小箱を選んでしまった状態で，これも語彙項目の選択に問題があると考えられます．
- 「り…，りん…」のように音が途中までしか出てこない場合
  ☞これは，語彙項目の選択はできたけれども，音節の選択ができていない状態と考えられます．
- 「りごん」のように音が入れ替わってしまう場合
  ☞これは，語彙項目の選択，音節の選択まではできたけれども，音節の配列ができていない状態と考えられます．

Aさんの場合は語彙項目の選択にも問題が認められましたが，その症状から音節の選択・配列に強い障害があると考えられました．このように，言語聴覚士は会話場面での様子や検査による結果から，ことばの障害がどのようなメカニズムで生じているのかを分析します．それに加え，カルテなどから得られる医学的な情報や，社会的な背景などからその人の全体像を捉え，リハビリテーションプログラムを考えていきます．

Aさんには上記のような図1の符号化の障害のほか，解読の過程にも問題が認められました．失語症では，このように符号化と解読の両方の過程に障害が生じます．Aさんの場合，符号化の過程については，上記のように絵を見て物の名前を言う呼称は困難でしたが，その後，漢字や仮名の音読[*4]に改善が見られ，語の音読は比較的できるようになってきました．また，書字に関しても，絵を見て漢字や仮名で語を書字できるようになってきました[*5]．失語症では，このように呼称か音読か，発話か書字かといったモダリティーによって成績に差があることがあります．失語症ではことばそのものが喪失してしまったわけではなく，ことばへのアクセスに障害がある状態と考えられています．

それでは，Aさんの保たれている機能を活かして発話につなげるためには，どのような練習を行ったらよいでしょうか？ 書字と音読を利用して発話へと結びつけるには，どうしたらよいでしょう？ 実際には，まず，絵を見てそれが何か答えてもらう呼称の課題を実施し，それが言えなかった場合には文字を書いてもらい，それを音読してもらうという練習を行いました．その結果，呼称できなかった語でも，書字から音読へという流れで発話につなげられるようになりました．この方法は，呼称の機能に障害があるために，書字と音読を用いて機能を再編成するという考え方に基づいています[*6]．

このような練習の効果があってか，Aさんは呼称課題で正答が見られるようになってきました．そして，発症から約半年後に会社に復職しま

[*4] Aさんの場合は，漢字よりも仮名の方が音読は良好でした．失語症の場合，その人によって仮名の方が得意な人もいれば，漢字の方が得意な人もいます．

[*5] 書字については，Aさんは仮名よりも漢字の方が良好でした．

[*6] これは，機能再編成（reorganization）という言語治療の考え方です．

した．復職後も，Aさんは外来でのリハビリテーションを継続しました．依然として発話の障害は重く，日常会話場面で困ることもありました．しかし，理解面，特に読解能力には改善が見られ，文の読解ができるようになり，毎朝欠かさず新聞を読み，病院にきたときに今読んでいる小説を見せてくれました．Aさんはもともと読書が好きで，仕事も校閲という文字になじみが深い職業であったために，ここまでの改善があったのかもしれません．仕事に関しては，話すことの問題のために，会社で言いたいことが言えなくて困ったり，言えないために電話はやめてしまったりすると話していました．しかし校閲の仕事については，発症前とほぼ同じ内容で続けていました．その後，発症から約1年になるのを機に，Aさんから終了の意向があったため，病院でのリハビリテーションは終了となりました．この頃には，Aさんはある程度文章で日記を書けるまでになっていました．

✂ 言語聴覚士の関わり2：ことばの遅れがある小児のケース

それでは次に，ことばの遅れがある小児のケースについて考えてみましょう．Bくんは，知的障害のある男の子です．知的障害では，その結果としてことばの遅れが生じます．Bくんは，3歳の時点で発語がなく，音声や身振りによる語の理解もできませんでした．これは，図1のスピーチチェーンでの①の符号化，④の解読の過程ができていないことになります．また，靴—足というような物と身体部位との対応関係や，太鼓—バチというような対になる物の対応関係の理解も不確実でした．これは知的障害のためにものごとの概念の形成が未熟で，前言語期の段階にあることを意味します．子どもの言語発達において，語の理解や発語ができるようになる前提として，ものごとの概念が理解できることが必要です．概念が理解できるとは，どういうことでしょうか．それは，物の名前は分からなくても，物をその物として扱い操作し，同じ機能を持った物は仲間として認識し，違う機能を持った物とは区別できることです．例えば私たちは，出かけるときには玄関で靴を履きますね．これが物をその物として扱い操作するということで，これができるのは私たちが靴を足に履く物だと理解しているからです．また，外出から帰ってきたら，靴は靴箱に，帽子は帽子掛けに片付けますね．これは，足に履く靴と頭にかぶる帽子が違う物として区別できているからです．また，たとえ見た目が少し違っていても，お父さんの革靴も，お母さんのハイヒールも，自分のスニーカーも，足に履く物という同じ機能を持った靴として認識できます．このようにものごとの概念が形成され，さらに概念と音声とが結びつくことで，音声による語の理解ができるようになります．図4に示したように，ものごとの基本的な概念という土台の上に，語の理解，表出が積み重なっていくのです．

Bくんの場合，この概念の形成が十分にできていない段階でした．そ

佐竹恒夫，東川健（監修）（2010）『はじめてみようことばの療育』，ミネルヴァ書房．

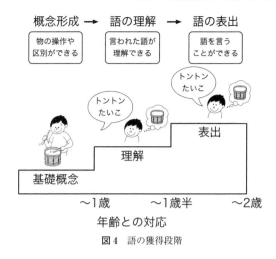

図4 語の獲得段階

のためBくんの場合は，まず物を操作することから練習しました．例えばおもちゃを使って，包丁で果物を切ったり，ペットボトルからコップに注いだりするなどのままごと遊びを，動作に合った身振りや言葉かけをしながら行いました．次の段階としては，物と物とを見分ける力を養うため，果物を渡されたら包丁を選んで切る，ペットボトルを渡されたらコップを選んで注ぐということを練習し，Bくんは次第にそのようなことができるようになりました．これは，概念の形成ができてきたことを意味します．このような練習を行いながら，家庭でも靴は靴箱にしまう，食べ終わった食器は流しに持っていく，脱いだ服は洗濯カゴに入れるなど，同様の働きかけをしてもらいました．日常生活の中で，自分が使う物，身の回りの物など，いろいろな物を触ったり使ったりする，できることから始めできないところは手伝ってあげる，ひいては子ども自身が興味を持ち活動に参加できるようにする，などといったことで，ものごとの概念やつながりが分かるようになってきます．このように課題場面と生活場面は，いわば車の両輪のような相互作用を持っているのです．

　ものごとの概念が理解できるようになると，語の理解へとつながってきます．ところで，語の記号表現（**シニフィアン**）にはどのようなものがあるでしょうか？　例えば，太鼓を指し示す場合に，私たちが普段使う「たいこ」という表現もありますし，「トントン」という表現で示すことや，太鼓を叩く身振りで示すこともできます．これらはすべて太鼓という同じ記号内容（**シニフィエ**）を意味する記号表現と言えます．「たいこ」「トントン」という記号表現はどちらも音声によるものですが，「たいこ」は成人語の記号表現，「トントン」は幼児語の記号表現です．また，太鼓を叩く身振りは身振り記号の記号表現になります．

　これらの，身振り記号，幼児語，成人語といった記号には，習得のしやすさに違いはあるでしょうか？　記号の特性の1つに，**有縁的**[*7]か，

シニフィアン（signifiant）

シニフィエ（signifié）

*7　有縁性（motivation）とは，記号表現とそれが指し示す記号内容との間に，音や形態，意味などの，何らかの関連があることを言います．

恣意的[*8]かということがあります．身振り記号は，その動作（記号表現）と意味する内容（記号内容）とが形態的に関連していることから有縁的な記号と呼ばれます．また幼児語は音声（記号表現）と，意味する内容（記号内容）とが音声的に関連している有縁的な記号であり，その多くは**オノマトペ**と呼ばれる擬音語や擬態語と関係があります．それに対して，成人語の場合は，音声と意味する内容との間に必然的なつながりがないため，恣意的な記号と呼ばれます．一般的に，恣意的な記号よりも，ものごとの特徴と関連性の高い有縁的な記号の方が理解しやすい傾向があります．したがって，恣意的な記号である成人語よりも，有縁的な記号である身振り記号，幼児語の方が学習が容易であるといえます（第Ⅰ部7章参照）．さらには音声学的にも，成人語より幼児語の方が聴き取りが容易です．またことばの回路としては，音声記号が聴覚―音声の回路を使用しているのに対し，身振り記号は視覚―運動の回路を用いています．知的障害のある子どもの場合には，聴覚音声系の記号である音声記号よりも，視覚運動系の記号である身振り記号の方が学習が容易であることが多くあります．したがってことばの学習段階としては，身振り記号→幼児語→成人語の順に獲得されます．

そのためBくんには次の段階として，物を使って遊ぶ中で身振りや音声に注意を促しました．例えば太鼓のバチを見せながら，「トントン，たいこだよ」と言って，太鼓を叩く身振りをして見せ，一緒に太鼓を叩いて遊びます．そうすることで，概念と身振り・音声が結びついていきます．Bくんも，そのような練習をしているうちに，だんだんに身振り記号の理解ができるようになっていきました．また家庭においても，Bくん自身が片付けや仕度，物を運ぶなどの活動に参加する中で，身振りや幼児語など，分かりやすい働き掛けをすることを心がけてもらいました．

次の段階としては，身振り記号を媒介として，幼児語の学習へとつなげていきます．この段階では，「シュッシュッ」と言いながら歯を磨く身振りをして見せると，Bくんは歯ブラシを選びます．また，「ブッブー」と言いながらハンドルを持つ身振りをして見せると，車のおもちゃを選びます．このように，身振りと幼児語をセットにして提示して選んでもらった後で，今度は幼児語だけで選んでもらうのです．もし幼児語だけで分からない場合には，身振りを付け加えます．こういった練習を繰り返すうちに，幼児語だけで理解できる語が増えてきました．

ある程度幼児語の学習ができてきたら，次は幼児語と成人語をセットにして提示し，幼児語を媒介として成人語の学習へとつなげていきます．こうすることで，成人語で理解できる語が増えてきました．また表出面については，音声での伝達は難しかったのですが，理解の課題と並行して身振りの模倣を促すことで，身振り記号による表出も見られるようになり，コミュニケーションがしやすくなりました．

以上のように，語の理解や発語ができない前言語期の段階の子どもの

[*8] 恣意性（arbitrariness）とは，記号表現とそれが指し示す記号内容との間に，必然的なつながりがないことを言います．

オノマトペ（onomatopoeia）

場合には，物や場所，人，出来事などの概念やつながりが分かることがまず必要であり，子どもが物を実際に操作することを通して，ものごとの初歩的な概念が形成されていきます．そうして，概念や状況が理解できるようになってくると，状況の中で語が理解できるようになり，語の表出へとつながります．言語聴覚士は必ずしもことばだけに働きかけるのではなく，その土台となる認知機能や非言語的なコミュニケーションの側面にも関わるのです．

言語聴覚士の仕事の魅力

　言語聴覚士は，Bくんのような小児からAさんのような成人まで，乳幼児から高齢者を対象に，医療，保健，福祉，教育の各分野で働いています．リハビリテーションの枠組みの中では，**理学療法士**（PT）や**作業療法士**（OT）とともに活躍する職種の1つです．成人を対象とする領域では病院のような医療機関や，介護老人保健施設，訪問リハビリテーション，通所リハビリテーション（デイケア），通所介護（デイサービス）などで働いています．小児を対象とする領域では，病院のほか，肢体不自由児，難聴児，知的障害児，発達障害児の施設や，地域の保健センターなどで働いています．また数は多くはありませんが，教員免許を所持し，学校のきこえ・ことばの教室，特別支援学校・学級など，教育分野で勤務している言語聴覚士もいます．各都道府県には職能団体としての言語聴覚士会があり，地域での活動をしています．また業務外で，障害児・者の当事者団体活動をサポートしている言語聴覚士もいます．言語聴覚障害のある人は，コミュニケーション障害のために就労をはじめ社会参加上の困難を抱えていることが多く，そのような方をサポートすることも言語聴覚士の重要な役割の1つです．

　言語聴覚士は幅広いライフステージの人を対象とし，人とのコミュニケーション能力が求められます．そのため専門知識だけでなく，日常会話の話題作りに必要な幅広い知見や社会経験が必要です．言語聴覚士は，障害のある人にリハビリテーションサービスを提供し，時には心理的なサポートなども行う，責任のある仕事です．また，言語聴覚士が関わる障害のリハビリテーションには長い期間を要することが多く，年単位での根気強い関わりが必要になることもあります．その中で，Aさんのようにリハビリテーションによって改善が見られ**生活の質**（QOL）が向上したり，Bくんのように親子のコミュニケーションがとりやすくなったりしたときには，大きな喜びとやりがいを感じます．そして，実際の臨床を通して，障害のある方に寄り添いともに歩み，そこから学び取って成長していく職業でもあります．何より人と関わる楽しみの中で，様々な知識や技術を駆使しながら障害のある人の生活をサポートできるのが，言語聴覚士の仕事の魅力です．言語聴覚士の活躍は，映画[*9]やドラマなどでも取り上げられています．

理学療法士（physical therapist：PT）

作業療法士（occupational therapist：OT）

生活の質（quality of life：QOL）

*9　例えば，『潜水服は蝶の夢を見る』（フランス，2008），『英国王のスピーチ』（イギリス，2011）があります．

✂ 言語聴覚士になるには

　言語聴覚士は，国家資格としては比較的新しいもので，1997年の言語聴覚士法により国家資格として制定されました．これは国家資格化が遅れたためで，実際にはその歴史はもっと古く，海外では欧米諸国をはじめ，一世紀近い歴史を有しています．2015年4月現在，日本での言語聴覚士の国家試験合格者数は，2万5549名です．理学療法士が12万9942名，作業療法士が7万4800名であることと比較すると，言語聴覚士の数はまだまだ不足しており，言語聴覚障害のある人は十分なサービスを受けられていないのが現状です．またそれと同時に，今後の発展がますます期待されている職種であると言えます．

　言語聴覚士になるためには，国が指定する養成課程のある大学，短期大学，専門学校に入学することが必要です．また，一般大学を卒業後に二年制の養成課程に入学することも可能です．いずれかの養成課程を卒業後に，国家試験を受験し合格すると言語聴覚士の免許を受けることができます．このような言語聴覚士の指定養成校は，2015年4月現在，全国に74校あり，日本言語聴覚士協会のサイトでその一覧を見ることができます[*10]．

　授業では，基礎医学，臨床医学，臨床歯科医学，音声・言語・聴覚医学，心理学，音声・言語学，社会福祉・教育，言語聴覚障害学総論，失語・高次脳機能障害学，言語発達障害学，発声発語・嚥下障害学，聴覚障害学といった，幅広い分野にわたり知識，技術を身に付けます．また，1〜2か月程度の期間にわたり，一般の病院や施設で実際に言語聴覚士の業務を学ぶ臨床実習も必修科目です．

[*10] 日本言語聴覚士協会サイト
http://www.jaslht.or.jp/school/TrainingInstitutions/search

謝辞：本章の執筆に当たり，とても分かりやすいイラストを描いてくださった岩﨑治子氏に心から感謝申し上げます．

【☞ まとめ】
・言語聴覚士は，ことばやきこえ，食べること（摂食嚥下）に障害のある人をサポートする専門職です．
・ことばやきこえの障害は，スピーチチェーンの過程の障害として説明できます．
・言語聴覚士は，ことばだけではなく，その土台となる認知機能や非言語的なコミュニケーションの側面にも関わります．

練習問題

1. スピーチチェーンの①の符号化に問題がある場合，日常生活においてどのようなことで困ることが考えられるでしょうか．
2. 同様に，②の構音に問題がある場合についても考えてみましょう．
3. 同様に，③の音声入力に問題がある場合についても考えてみましょう．
4. 同様に，④の解読に問題がある場合についても考えてみましょう．
5. 1〜4の障害のある人には，どのような支援が必要か，どうすればそのような人とうまくコミュニケーションを取ることができるか考えてみましょう．

Further Reading

言語聴覚障害のメカニズムについては，毛束真知子『絵でわかる言語障害（第2版）』（学研）がイラストを交えて説明されており分かりやすい．東京都言語聴覚士会（編）『いまを生きる：言語聴覚士と当事者の記録』（三輪書店）では，言語聴覚士と当事者がともに歩む姿が生き生きと語られている．言語聴覚士を目指す人へのガイドブックとしては，日本言語聴覚士協会（監修）『言語聴覚士まるごとガイド』（ミネルヴァ書房）がある．

筆者より

大学時代に中島平三先生に言語学を教わったことがきっかけで，言語聴覚士を目指しました．出身は宮城県で，青森県で言語聴覚士をしていたこともあり，標準語と東北弁のバイリンガルです．友人に誘われたのがきっかけで山登りを始め，念願の北アルプス槍ヶ岳，大キレット，奥穂高岳にも登りました．自然の中を山に登り，山頂に立つのはとても爽快です．仕事が休みの日はどこの山に行こうかと考えています．

和文索引

ア
アイデンティティ（identity） 44
アイヌ語 211
曖昧性除去 173
あいまい文（ambiguous sentence） 153
アイロニー（irony） 178
アヴェロンの野生児 95
阿吽の呼吸 113
赤ちゃん言葉（motherese） 113
アカハラ 49
アクセント（accent） 122, 123, 124, 213
足場づくり 67
アドホック概念構築 175
アナグラム（anagram） 18
アフロ・アジア語族 219
アボリジニ 242
アラビア文字 274
アラワク人（Arawak） 235
アルタイ諸言語 213
アルファベット（alphabet） 275
アルファベット文字（letter） 21
暗意（implicature） 177, 179

イ
イギリス英語発音（Received Pronunciation: RP） 244
育児語（baby talk） 64
異性愛市場 46
一語文 85
一側化（lateralization） 94
一致（agreement） 217
一般学習機構（general learning mechanism） 78
一般語彙 24
遺伝学的証拠 207
遺伝的資質 205
移動（Move） 157
意味（meaning） 86, 89
意味の拡張 175
意味の三角形 165
意味の縮小 175
意味表象（semantic representation） 102
意味論（semantics） 172
イメージアップ 35
いるとあるの区別 215

入れ子（nested） 203
いろは歌 18
いろはがるた 11
いろはカルタアンケート 2
いろは譬絵巻 10
いろは短歌 10
隠語（jargon） 16, 233
インド英語 249
イントネーション（intonation） 257
インド・ヨーロッパ語族 218
インド・ヨーロッパ祖語 266
インプット仮説 98
隠喩（metaphor） 36
陰陽五行思想 282
韻律 64

ウ
ウェラリズム（Wellerism） 17
ウェルニッケ野（Wernicke's area） 71, 106
受け手（recipient） 40
埋め込み（embedding） 203
ウラル語族 213
運動野 71

エ
英語系クレオール 235
英語系ピジン（語） 232, 237
英語系ピジン日本語 231, 233, 234
英語系変種 230
英語の複合語 136
エコーワード 218
エスキモー・アリュート語族 223
エトルリア人 276
絵巻 11
婉曲語法（婉曲表現）（euphemism） 57, 244
縁語 17

オ
お経 278
送り仮名 283
オーストラリア英語 244
オーストラリア先住民の言語 217
オーストロアジア語族 215
オーストロネシア系諸言語 234

オーストロネシア語族 216
男らしさ 47
オノマトペ（onomatopoeia, mimetics） 24, 63, 65, 116, 121, 302
オノマトペ標識（onomatopoeic marker） 25
おやじギャグ 14
折句（acrostic） 20
おれ 46
音位転換（metathesis） 29
音韻（phoneme） 64, 89
音韻辞書（phonological lexicon） 298
音韻転化 63
音韻表象（phonological representation） 102
音形式（phonological form） 164
音象徴（sound symbolism） 26, 37, 68
音声的性質 30
音声入力（auditory input） 295
音節（syllable） 112, 122, 123
音節文字（syllabary, syllabic script） 278
音素（phoneme） 164, 220, 298
音対応 211
音読み 119, 277

カ
会意 274
外延（extension） 165
回帰（性）（recursion） 147, 203
回帰的階層構造 202
解釈の手順 191
外心型 137
外心的な（exocentric） 135
解読（decoding） 295
ガイドライン 48
概念（concept） 165, 170
概念化（conceptualization） 165
回文（palindrome） 19
概略的表現（loose talk） 175
会話の格率（Conversational Maxims） 185
顔文字 280
垣根表現（hedge） 56
格（case） 213
格助詞 256, 267, 268
格率違反の効用 186

隠れことば（hidden words） 20
掛詞 15
鹿児島方言 122
加算的バイリンガル環境（additive bilingual environment） 88
仮借 274
過剰な一般化 77
かすり 15
カタカナ語表記 230
カタカナ表現 230, 237
合致の方向 184
活用（conjugation） 283
カテゴリー化（categorization） 164
カテゴリー特異的な障害 104
含意（entailment） 28, 188
漢音 283
感覚／機能仮説（Sensory/Functional Theory） 105
感覚モダリティー特異的な障害 103
関係の格率違反 186
漢諺 4
喚語 107
漢語 214, 266
冠詞（article） 221
漢字かな交じり文 283
慣習的オノマトペ 28
間主観的（intersubjective） 170
緩叙法（meiosis） 175, 187
間接疑問（indirect question） 157
間接互恵性 198
換喩（metonymy） 35
関連性（relevance） 180
関連性理論（Relevance Theory） 172, 180
関連性理論による発見 191

キ

擬音語 24, 113, 116
危機言語 226
義訓 22
記号（sign） 170
記号学（semiology, semiotics） 37
記号内容（signifié） 166, 167
記号の視覚性 289
記号の図形特性 290
記号の同時性 289
記号の類像性 289
記号表現（signifiant） 166
擬人法（personification） 36
擬声語（onomatopoeia） 24
基層方言（basilect） 235
基礎語彙（basic vocabulary） 265
擬態 196
擬態語 36, 69, 116
吃音症 243
基本語順（basic word order） 227, 255
基本周波数 64
ギャグ（gag） 14

キャッチコピー 38
キャッチフレーズ 34
キャンベルモンキー 202
嗅覚性呼称 103
旧仮名遣い 281
究極要因に関する研究 194
牛耕式（*boustrophedon*） 280
強化（reinforcement） 76
強弱アクセント（stress accent） 122
協調の原理（Cooperative Principle） 185
強調の挿入辞 25
共鳴 25
キリル文字 274
禁句集 48
キングズ・イングリッシュ（King's English） 243

ク

グーグ・イミディル語（Guugu Yimidhirr） 168
口合 16
屈折型 213
屈折語 267
グライス理論 187, 188
グラスゴー方言 230, 236, 237
クランベリー型形態素（cranberry morpheme） 137
クレオール（creole） 226, 230, 234, 235
クレオール以後の言語連続体 235
クロウカーズ（croakers） 17
訓読み 119, 277

ケ

敬遠体 218
警戒声 202
敬語（honorifics） 52, 215
形声 274
継続バイリンガル（sequential bilingual, successive bilingual） 87
形態（morph） 259
形態素（morpheme） 89, 127, 260, 275
系統関係 211
軽蔑（flouting） 187
形容詞的従属節 149
決定詞（determiner） 275
ケルト人 242
言語獲得（language acquisition） 116
言語間影響（cross-linguistic influence） 80
言語機能（faculty of language） 78
言語距離（linguistic distance） 264
言語資源（linguistic resource） 45
言語使用の創造的側面 74
言語接触 230, 242
言語戦争 233
言語早期発現仮説 205
言語相対性仮説（Linguistic Relativity Hypothesis） 169

言語地域 218
言語中枢（language area） 106
言語聴覚士（speech-language-hearing therapist: ST, speech therapist） 245, 295
言語の系統 264, 265
言語の実地調査 228
言語野 296
言語類型論（linguistic typology） 211, 267
言語連続体（language continuum） 235
減算的バイリンガル環境（subtractive bilingual environment） 88

コ

語（word） 89, 143, 161, 163
語彙 90
語彙項目（lexical entry） 298
コイサン語族 219
語彙辞書（lexicon） 298
語彙数 90
語彙の借用 264
語彙の類似度（lexical similarity） 265
項（argument） 145
行為（act） 183
行為者名詞（agentive nominal） 138
構音（articulation） 295
構音器官（speech organ） 297
口諺 5
考古学・古人類学 206
広告 34
甲骨文字 274
高コンテクスト 270
高次明意（higher-level explicature） 178
構成素（constituent） 153
構造（structure） 85, 86
構造依存性（structure-dependence） 78
構造言語学（structural linguistics） 190
構造言語学崩壊の根本的原因 190
構造主義（structuralism） 190
拘束形態素（bound morpheme） 127, 260
構築主義（constructionism） 44
後置詞句 256
膠着型 213
膠着語（agglutination language） 267
高低アクセント（pitch accent） 122
公用語（official language） 84, 241
口話法（oral method） 291
呉音 283
語幹（stem） 119, 123, 124, 128, 283
語基（base） 24, 127, 134
国語（national language） 227
国際語（international language） 241
互恵的利他主義 198
古諺 9
心の理論（Theory of Mind） 198
心を覗くための窓 190
語根（root） 128

和文索引

五七調　38
五十音図　112, 116
語順（word order）　86, 211, 267
語順の自由度　258
呼称（address term, naming）　53, 103
語想起の障害　102
語族（language family）　211, 273
コーダ（CODA）　286
五段活用　115
誇張表現（誇張法）（hyperbole）　175, 187
コードジェスチャー　289
言の技　8
言葉の性差　47, 218
ことばの長所　173
コード・ミキシング（code mixing）　88, 89
子どもに向けられた発話（Child Directed Speech：CDS）　64
諺尽し　10
ことわざの常識　9
古ノルド語（Old Norse）　236
コピー　38
コミュニケーション　295
コミュニケーションのチャネル　195
語用　89
語用論（pragmatics）　172
語用論過程（pragmatic process(es)）　173, 176, 180
語用論過程の自動性　181
孤立型（isolating）　213
孤立語　267
語呂合せ（paronomasia）　16, 21
混合語（pidgin）　233
混成語（blend）　242
痕跡（trace）　158
コンテクスト（context）　152
コンテクスト的含意（contextual implication）　181
根複合語（root compound）　138

サ

再帰性　150
再クレオール化（recreolization）　236
最小対立語（minimal pair）　26
作業療法士（occupational therapist: OT）　303
サピア–ウォーフの仮説（Sapir-Whorf Hypothesis）　169
差別語　48
差別表現　48
サヘラントロプス・チャデンシス　201
三振アウト法（three-strike law）　247
サンスクリット語　277

シ

恣意性（arbitrariness）　166, 289, 302
恣意的（arbitrary）　24, 288
子音（consonant）　112, 115, 120
使役（causative）　218
ジェスチャー　287
ジェンダー（gender）　42
ジェンダー・アイデンティティ（gender identity）　44
手勢法　291
磁気共鳴機能画像法（functional magnetic resonance imaging: fMRI）　71
色彩語（color terms）　169
至近要因に関する研究　194
地口　15
刺激等価性（stimulus equivalence）　167
思考の基本的傾向　191
歯擦音（sibilant）　30
指示（reference）　274
指示詞（demonstrative）　223
指示対象（referent）　24, 163, 167, 170
事実確認文（constative sentence）　183
事象関連電位（event-related potential: ERP）　98
指小辞（diminutive）　65
時制（tense）　219
自然言語（natural language）　80
時代性　39
舌打ち音　220
舌先現象（tip-of-the tongue phenomena）　101
七五調　38
失語（aphasia）　102
実行制御（executive control）　86
失語症（aphasia）　94, 245, 296
悉曇文字　278
質の格率違反　186
失名詞（anomia）　103
指定部（Specifier）　255
辞典　161
自動詞（intransitive verb）　120, 218
自動的（automatic）　177
字謎　20
シニフィアン（signifiant）　301
シニフィエ（signifié）　301
指標的表現（indexical expression）　174
姉妹関係　139
シムコム（sim-com: simultaneous communication）　291
社会脳仮説　197
借用（borrowing）　266
借用語　276
ジャマイカン・クレオール（Jamaican Creole）　235
ジャマイカン・パトワ（Jamaican Patwa）　236
シャレ（pun）　14
シャレード（charade）　20
秀句　15
自由形態素（free morpheme）　127, 134, 260
修辞的表現（rhetorical expression）　175

ジュウシマツ　204
集団選択説　196
自由補強（free enrichment）　175
樹形図（tree diagram）　153
主語（subject）　81
主語位置　254
主語の省略（現象）　91, 268
受信者（addressee）　196
出アフリカ（Out of Africa）　205
主要部（head）　134, 254
主要部先頭（head-initial）　255
主要部末尾（head-final）　255
授与を表す動詞　269
手話（言語）（sign language）　285
手話単語（sign）　285
手話日本語　292
手話法　291
準連邦公用語　233
消極的面子（negative face）　54
消極的欲求　54
象形　274
証拠性（evidentiality）　225
正直な信号　197
少女性　47
上層方言（acrolect）　236
上代特殊仮名遣い　281
象徴的な意味　25
消滅危機言語　114
植物の意味表象　106
助詞　281
女性ことば（女言葉）　43, 139
触覚性呼称　103
シンガポール英語　242
人工言語（artificial language）　80
心的表象（mental representation）　166
人名の意味表象　106

ス

遂行文（performative sentence）　183
推論（inference）　180
数詞（numeral）　119, 123, 211
スコッツ語　236
スコット人（Scots）　236
スコットランド英語　237
スコットランド・ゲール語（Scottish Gaelic）　236, 237, 242
スコットランド語　236
スコットランド文芸復興　237
スコットランド方言　230
スピーチスタイル　234
スピーチチェーン（speech chain）　295
スワヒリ語　219

セ

性（文法）　47, 218
清音　26, 117
生活の質（quality of life: QOL）　303
西夏文字　279

性差別（sexism） 48
正書法（orthography） 281
成人語 301
生成文法（generative grammar） 157
世宗大王 282
声帯（vocal cords） 117
声調 215, 265
声調交替 215
生得的（innate） 181
世界共通（語） 241, 287
世界最短の文芸 5
世界の言語の数 211
セクシュアリティ（sexuality） 42
積極的面子（positive face） 54
積極的欲求 55
接辞（affix） 127, 134
接周辞 217
接触言語（contact language） 230, 235
接中辞（infix） 217
接頭辞（prefix） 128, 259
説得 40
接尾辞（suffix） 128, 259
説文解字 274
前言語期 71
戦術的なあざむき 197
線条性 280
漸進的な文化進化説 208
戦争神経症（shell shocked） 245
前置詞句（Prepositional Phrase: PP） 145, 256
線的順序（linear order） 152

ソ

造語法 120
創作オノマトペ 28
創作漢字 20
操作説 196
草書体 274
相対性（relativity） 169
促音 25
属格（genitive） 221
そり舌音 218

タ

ダイアローグ型 40
第一言語としてのバイリンガル獲得（bilingual first language acquisition） 87
第一姉妹原則（First Sister Principle） 139
タイ・カダイ語族 214
対照言語学（contrastive linguistics） 264
対称性（symmetry） 164
第二言語（second language: L2） 80, 96, 233, 242
第二言語としてのバイリンガル獲得（bilingual second language acquisition） 87

大躍進（Great Leap Forward） 208
多義語 232
タキストスコープ（tachistoscopic test） 95
濁音 26, 117
托卵 196
多言語社会 233
ダジャレ（駄洒落） 14
脱クレオール化（decreolization） 236
他動詞（transitive verb） 120, 218
ダニ語 169
タブー 223
タミール語 242
単一言語体系仮説（Unitary Language System Hypothesis） 89
タング・ツイスター（tongue twister） 18

チ

地域差 292
知的障害 300
チヌーク・ジャーゴン（Chinook Jargon） 233
知の遺産仮説 206
チベット・ビルマ語族 214
中間言語（interlanguage） 80
抽象モデル（abstract/amodal model） 106
中心要素 270
中層方言（mesolect） 235
チュクチ・カムチャツカ語族 213
字喃 279
調音器官（articulatory organs） 282
調音点（位置）（place of articulation） 115
調音法（manner of articulation） 115
聴覚性呼称 103
朝鮮語 211
直示表現（deictic expression） 174
直接互恵性 198
直喩（simile） 35

ツ

ツェルタル語（Tzeltal） 168
作り手 39

テ

低コンテクスト 270
程度副詞 26
丁寧表現 52
デーヴァナーガリー文字 277
適切性の条件（felicity condition） 184
テレビコマーシャル 34
転移（transfer） 80, 205
転換（conversion） 261
転換名詞（conversion noun） 138
デーン語 242
デーン人 236
伝達部 17

転注 274

ト

島 108
唐音 283
同音異義語（homonym） 13
同化（assimilation） 128
道具の認知 107
統語 89
統合認知仮説（Embodied Cognition Theory） 105
統語解析（parsing） 154
統語構造（syntactic structure） 155
統語範疇（grammatical category） 253
統語論（syntax） 144
動詞獲得 68
動詞活用 115
動詞の人称変化 220
同時バイリンガル（simultaneous bilingual） 87
同時法的手話 292
動詞由来名詞（deverbal noun） 137
動物の意味表象 106
動物の認知 106
読心術 176, 181
特定言語障害（Specific Language Impairment） 75
トク・ピシン（Tok Pisin） 234
ドラヴィダ語族 218
捉え方（construal） 170
鳥の歌 202
トリリンガル（trilingual） 84

ナ

内心型 137
内心性（endocentricity） 254
内心的な（endocentric） 135
内的屈折 219
内包（intension） 165
ナイロ・サハラ語族 219
ナーガリー文字 249
嘆きの門（Bab al-Mandab） 207
なぞなぞ 19
ナ・デネ語族 224
喃語（babbling） 85

ニ

二元言語体系仮説（Dual Language System Hypothesis） 90, 91
二言語で共通の意味を持つ語（translation equivalent） 90
二語文 85
二語文期 71
ニジェール・コンゴ語族 219
20進法の数詞 221
二重主語構文 268
二重母音（diphthong） 245
ニブフ語 211

日本語対応手話　291
日本手話　74, 286, 291
ニュアンス　27
乳児に向けられた発話（Infant Directed Speech：IDS）　64
人間言語　80
認知（cognition）　85
認知意味論（cognitive semantics）　165
認知科学（cognitive science）　164
認知機能　87
認知言語学（cognitive linguistics）　38, 172, 190
認知言語学の代表的主張　191
認知語彙論（cognitive lexicology）　165
認知症　87
認知能力　164

ネ

ネイティブ・サイナー（native signer）　285
ネガティブポライトネス（negative politeness）　54
ネーミング　34
粘土板　277

ノ

能格構造　214
脳内言語　74
脳内辞書（mental lexicon）　102, 105
脳の可塑性（brain plasticity）　94
ノック遊び（knock, knock）　17
ノルマン・コンクエスト　236

ハ

倍数の法則　120
バイリンガリズム　84
バイリンガル（bilingual）　84
拍（mora）　21, 65
挟み言葉　16
バスク語　222
派生（derivation）　128, 218
派生名詞（derived nominal）　138
旗振り役　40
働きかけ方式　57
撥音　25
発語媒介行為（perlocutionary act）　184
発信者（sender）　196
発話行為（speech act）　184
発話行為述語　179
発話行為の5種　184
発話行為理論（Speech Act Theory）　183, 184
発話行為理論の問題点　185
発話内行為　184
話し手の意図　176
話し手の意味（speaker meaning）　185
母親ことば（motherese）　64
パプア諸語　217

パプアニューギニアの言語　234
パブリックスクール　243
パラ言語（paralanguage）　38
パリンドローム（palindrome）　19
パロディー　13
パワハラ　49
パン（pun）　17
ハングル（Han'gul）　282
判じ物（判じ絵）　21
半濁音　26
ハンディキャップの原理　198
反転　225
反復形（reduplication）　24
反復的線的結合　206
ハンムラビ法典　277
汎用　69

ヒ

鼻音（nasals）　27
比較言語学（comparative linguistics）　217, 265
非主要部（non-head）　134
ピジン（Pidgins）　226, 230
ピジン英語　230
ピジン語　232
非対格動詞（unaccusative verb）　81
ピダハン語（pirahã）　169
左枝分かれ（left-branching）　203
被伝達文　17
人の顔の認知　106
非能格動詞（unergative verb）　81
表音文字（phonogram）　21, 275
表語文字（logogram）　21, 275
標識付き括弧（labeled bracketing）　155
標示付け（labeling）　202
表出命題（proposition expressed by an utterance）　177
標準語　122
標準手話　292
表象　166
ヒリ・モツ（Hiri Motu）　234
敏感期（sensitive period）　94, 97
敏感調整仮説（Fine-Tuning Hypothesis）　70
ヒンディー語　233, 249, 250
頻度副詞　26

フ

ファナゴロ語（Fanagolo）　233
フェニキア文字　275
不確実な考えを確実にする情報　180
付加部（adjunct）　148
不規則動詞　86
複合（compounding）　128, 134, 223
複合語（compound）　74, 134, 222
複合体　223
複合動詞　269

副詞的従属節　148
複数形　121
複数臨界期（multiple critical period）　98
複統合的な言語　223
複文　147
符号化（encoding）　295
普通名詞と固有名詞の乖離　104
物名　19
ブートストラピング仮説　69
普遍性（universality）　168
普遍文法（Universal Grammar: UG）　205, 253
フランス語の複合語　140
ブランドイメージ　39
ブローカ野（Broca's area）　71, 80, 106
文（sentence）　143
文化差　72
文諺　5
文自体の意味　173
文処理（sentence processing）　154
分節化　68
文の意味　172
文の階層構造（hierarchical structure）　153
文の無限性（infinity）　143
文プラス話し手の意図の意味　172
文法性判断テスト　96
文脈（context）　152

ヘ

閉音節（closed syllable）　213
平均発話長（mean length utterance: MLU）　66
併合（Merge）　154, 203

ホ

母音（vowel）　112, 120
母音「あ」　28
母音交替（ablaut）　120
母音体系　114
母音調和（vowel harmony）　213
母音直後のr音　244, 246
方言コスプレ　45
抱合　211
飽和（saturation）　174
母語（mother tongue）　93, 241, 242
ポジティブなニュアンス　27
ポジティブポライトネス　55
ホシムクドリ　204
補助記号（diacritic）　276
補助言語（auxiliary language）　233
補助動詞　213
補部（complement）　145
補文（complement sentence）　157
補文標識（complementizer）　157
補文標識句（Complementizer Phrase: CP）　157
ホモ・サピエンス　201

ポライトネス（politeness）52
ポライトネス・ストラテジー（politeness strategy）54
ポライトネスの文化差 58
ポライトネス理論（Politeness Theory）53
ポリス・モツ（語）（Police Motu）233, 234
本質主義（essentialism）44
本能的（instinctive）177
本来語系の語（native word）129

マ

マオリ 242
巻き舌音 249
マキャベリ的知性 197
枕絵 11
マザリーズ（motherese）64
真名 274
マヤ文字 273
マルチリンガル（multilingual）84
マレー語 242
万葉仮名 281

ミ

右枝分かれ（right-branching）203
右側主要部の原則（Righthand Head Rule）136
水しぶきの音 30
身振り記号 302
ミラーニューロン 71
民族語（nation language）236

ム

無視（flouting）187
無声音（voiceless sound）26
ムンバイ（Mumbai）249

メ

明意（explicature）177
名詞句（Noun Phrase: NP）145
名詞クラス 219
名詞的従属節 148
名詞と動詞の区別 225
名詞類別 219
命題態度述語 179
メタ言語（metalanguage）163
メタファー（隠喩）（metaphor）175, 187
メッセージの同時性 290
面子（face）54
面子を脅かすような行為（Face Threatening Act: FTA）54

モ

目的語（object）211
文字通りの意味の残留 187
モジュール（module）181, 188, 190
モデル理論的意味論 184
モノリンガル（monolingual）84
模倣学習説（Imitation Learning Theory）74
モーラ（mora）65, 123
モンタギュー文法（Montague Grammar）184

ヤ

野生児（wild child）95
野生人（feral man）95
やりもらいの動詞 225

ユ

有意性 27
有縁性（motivation）301
有気音 213
有声音（voiced sound）26
有声音化 246
有声子音 117
誘導 40
有標的（marked, abnormal）189
指文字（manual alphabet）286, 290

ヨ

幼児語 69, 301
様態副詞 26
与格構文 218
欲求 54
4人称（fourth person）225
呼びかけ語 250

ラ

ラテン語系の語（Latinate word）129
ランナウェイ仮説 198

リ

理学療法士（physical therapist: PT）303
リズム 38
リーバス（rebus）20
リハビリテーション（rehabilitation）295
流行語 40
領域写像（domain mapping）191
両唇閉鎖音（bilabial stop）30
量の格率違反 186
臨界期 93
臨界期説（Critical Period Hypothesis）93
リンガ・フランカ（lingua franca）233, 236

ル

類推（analogy）77
類像性（iconicity）289
類像的 24
類別動詞 225
ルヴァロワ技法 206

レ

レトリック 35
連続音性（continuant）30
連体修飾 256
連濁（rendaku, sequential voicing）124, 215
連邦公用語 233
連用修飾 256

ロ

ろう教育 290
ロゼッタストーン 275
ロックハイラックス 202
ローマ字（Roman alphabet）112, 276
ロングヒット商品名 36

ワ

分かち書き 283
若者言葉 58
わきまえ方式 57
和語 119
話題（topic）81
ワッグテスト（wug-test）75

略 号

ASL（American Sign Language）95

BBC（British Broadcasting Corporation）244

CM（commercial message）34
CM全盛期 39
CMソング 34

I原理 189

M原理 189
MLAT（Modern Language Aptitude Test）96

Q原理 189

R原理 189

TOT 101

欧文索引

A

ablaut　母音交替　120
abnormal　有標的　189
abstract/amodal model　抽象モデル　106
accent　アクセント　122, 123, 124, 213
acrolect　上層方言　236
acrostic　折句　20
act　行為　183
additive bilingual environment　加算的バイリンガル環境　88
addressee　受信者　196
address term　呼称　53, 103
adjunct　付加部　148
affix　接辞　127, 134
agentive nominal　行為者名詞　138
agglutination language　膠着語　267
agreement　一致　217
alphabet　アルファベット　275
ambiguous sentence　あいまい文　153
anagram　アナグラム　18
analogy　類推　77
anomia　失名詞　103
aphasia　失語（症）　94, 102, 245, 296
Arawak　アラワク人　235
arbitrariness　恣意性　166, 289, 302
arbitrary　恣意的　24, 288
argument　項　145
article　冠詞　221
articulation　構音　295
articulatory organs　調音器官　282
artificial language　人工言語　80
assimilation　同化　128
auditory input　音声入力　295
automatic　自動的　177
auxiliary language　補助言語　233

B

Bab al-Mandab　嘆きの門　207
babbling　喃語　85
baby talk　育児語　64
base　語基　24, 127, 134
basic vocabulary　基礎語彙　265
basic word order　基本語順　227, 255
basilect　基層方言　235
bilabial stop　両唇閉鎖音　30
bilingual　バイリンガル　84
bilingual first language acquisition　第一言語としてのバイリンガル獲得　87
bilingual second language acquisition　第二言語としてのバイリンガル獲得　87
blend　混成語　242
borrowing　借用　266
bound morpheme　拘束形態素　127, 260
boustrophedon　牛耕式　280
brain plasticity　脳の可塑性　94
Broca's area　ブローカ野　71, 80, 106

C

case　格　213
categorization　カテゴリー化　164
causative　使役　218
charade　シャレード　20
Child Directed Speech：CDS　子どもに向けられた発話　64
Chinook Jargon　チヌーク・ジャーゴン　233
closed syllable　閉音節　213
CODA　コーダ　286
code mixing　コード・ミキシング　88, 89
cognition　認知　85
cognitive lexicology　認知語彙論　165
cognitive linguistics　認知言語学　38
cognitive science　認知科学　164
cognitive semantics　認知意味論　165
color terms　色彩語　169
comparative linguistics　比較言語学　217, 265
complement　補部　145
complementizer　補文標識　157
Complementizer Phrase: CP　補文標識句　157
complement sentence　補文　157
compound　複合語　74, 134, 222
compounding　複合　128, 134, 223
comprehensive input　言語資料　98
concept　概念　165, 170
conceptualization　概念化　165
conjugation　活用　283
consonant　子音　112, 115, 120
constative sentence　事実確認文　183
constituent　構成素　153
construal　捉え方　170
constructionism　構築主義　44
contact language　接触言語　230, 235
context　コンテクスト（文脈）　152
contextual implication　コンテクスト的含意　181
continuant　連続音性　30
contrastive linguistics　対照言語学　264
Conversational Maxims　会話の格率　185
conversion　転換　261
conversion noun　転換名詞　138
Cooperative Principle　協調の原理　185
cranberry morpheme　クランベリー型形態素　137
creole　クレオール　230, 234, 235
Critical Period Hypothesis　臨界期説　93
croakers　クロウカーズ　17
cross-linguistic influence　言語間影響　80

D

Dani　ダニ語　169
decoding　解読　295
decreolization　脱クレオール化　236
deictic expression　直示表現　174
demonstrative　指示詞　223
derivation　派生　128, 218
derived nominal　派生名詞　138
determiner　決定詞　275
deverbal noun　動詞由来名詞　137
diacritic　補助記号　276
diminutives　指小辞　65
diphthong　二重母音　245
domain mapping　領域写像　191
Dual Language System Hypothesis　二元言語体系仮説　90, 91

E

embedding　埋め込み　203
Embodied Cognition Theory　統合認知仮説　105
encoding　符号化　295
endocentric　内心的　135
endocentricity　内心性　254
entailment　含意　28, 188
essentialism　本質主義　44
euphemism　婉曲語法　57

event-related potential: ERP 事象関連電位 98
evidentiality 証拠性 225
executive control 実行制御 86
exocentric 外心的な 135
explicature 明意 177
extension 外延 165

F

face 面子 54
Face Threatening Act: FTA 面子を脅かすような行為 54
faculty of language 言語機能 78
Fanagolo ファナゴロ語 233
felicity condition 適切性の条件 184
feral man 野生人 95
Fine-Tuning Hypothesis 敏感調整仮説 70
First Sister Principle 第一姉妹原則 139
flouting 軽蔑・無視 187
fourth person 4人称 225
free enrichment 自由補強 175
free morpheme 自由形態素 127, 134, 260
functional magnetic resonance imaging: fMRI 磁気共鳴機能画像法 71

G

gag ギャグ 14
gender ジェンダー 42
gender identity ジェンダー・アイデンティティ 44
general learning mechanism 一般学習機構 78
generative grammar 生成文法 157
genitive 属格 221
grammatical category 統語範疇 253
Great Leap Forward 大躍進 208
Guugu Yimidhirr グーグ・イミディル語 168

H

Han'gul ハングル 282
head 主要部 134, 254
head-final 主要部末尾 255
head-initial 主要部先頭 255
hedge 垣根表現 56
hidden words 隠れことば 20
hierarchical structure 文の階層構造 153
higher-level explicature 高次明意 178
Hiri Motu ヒリ・モツ 234
homonym 同音異義語 13
honorifics 敬語 52, 215
HOW に関する研究 194
hyperbole 誇張表現 175

I

iconicity 類像性 289
identity アイデンティティ 44
Imitation Learning Theory 模倣学習説 74
implicature 暗意 177, 179
indexical expression 指標的表現 174
indirect question 間接疑問 157
Infant Directed Speech: IDS 乳児に向けられた発話 64
inference 推論 180
infinity 文の無限性 143
infix 折中辞 217
innate 生得的 181
instinctive 本能的 177
intension 内包 165
interlanguage 中間言語 80
international language 国際語 241
intersubjective 間主観的 170
intonation イントネーション 257
intransitive verb 自動詞 120, 218
irony アイロニー 178
isolating 孤立型 213

J

Jamaican Creole ジャマイカン・クレオール 235
Jamaican Patwa ジャマイカン・パトワ 236
jargon 隠語 16, 233

K

King's English キングズ・イングリッシュ 243
knock, knock ノック遊び 17

L

labeled bracketing 標識付き括弧 155
labeling 標示付け 202
language acquisition 言語獲得 116
language area 言語中枢 106
language continuum 言語連続体 235
language family 語族 211, 273
lateralization 一側化 94
Latinate word ラテン語系の語 129
left-branching 左枝分かれ 203
letter アルファベット文字 21
lexical entry 語彙項目 298
lexical similarity 語彙の類似度 265
lexicon 語彙辞書 298
linear order 線的順序 152
lingua franca リンガ・フランカ 233, 236
linguistic distance 言語距離 264
Linguistic Relativity Hypothesis 言語相対性仮説 169
linguistic resource 言語資源 45
linguistic typology 言語類型論 211, 267
logogram 表語文字 21, 275
loose talk 概略的表現 175

M

manner of articulation 調音法 115
manual alphabet 指文字 286, 290
marked 有標的 189
meaning 意味 86, 89
mean length utterance: MLU 平均発話長 66
meiosis 緩叙法 175
mental lexicon 脳内辞書 102
mental representation 心的表象 166
Merge 併合 154, 203
mesolects 中層方言 235
metalanguage メタ言語 163
metaphor メタファー（隠喩） 36, 175, 187
metathesis 音位転換 29
metonymy 換喩 35
mimetics オノマトペ 24, 63, 65, 116, 121, 302
minimal pair 最小対立語 26
module モジュール 181, 188, 190
monolingual モノリンガル 84
Montague Grammar 184
mora モーラ（拍） 21, 65, 123
morph 形態 259
morpheme 形態素 89, 127, 260, 275
motherese マザリーズ, 母親ことば, 赤ちゃん言葉 64, 113
mother tongue 母語 93, 241, 242
motivation 有縁性 301
Move 移動 157
multilingual マルチリンガル 84
multiple critical period 複数臨界期 98

N

naming 呼称 53, 103
nasals 鼻音 27
national language 国語 227
nation language 民族語 236
native signer ネイティブ・サイナー 285
native word 本来語系の語 129
natural language 自然言語 80
negative face 消極的面子 54
negative politeness ネガティブポライトネス 54
nested 入れ子 203
non-head 非主要部 134
Noun Phrase: NP 名詞句 145
numeral 数詞 119, 123, 211

O

object 目的語 276

occupational therapist: OT　作業療法士　303
official language　公用語　84, 241
Old Norse　古ノルド語　236
onomatopoeia オノマトペ（擬声語）　24, 63, 65, 116, 121, 302
onomatopoeic marker　オノマトペ標識　25
oral method　口話法　291
orthography　正書法　281
Out of Africa　出アフリカ　205
overhearing　67

P

palindrome　パリンドローム（回文）　19
paralanguage　パラ言語　38
paronomasia　語呂合せ　16, 21
parsing　統語解析　154
performative sentence　遂行文　183
perlocutionary act　発語媒介行為　184
personification　擬人法　36
phoneme　音素（音韻）　64, 89, 164, 220, 298
phonogram　表音文字　21, 275
phonological form　音形式　164
phonological lexicon　音韻辞書　298
phonological representation　音韻表象　102
physical therapist: PT　理学療法士　303
pidgins　ピジン，混合語　226, 230, 233
Pirahã　ピダハン語　169
pitch accent　高低アクセント　122
place of articulation　調音点（位置）　115, 217
Police Motu　ポリス・モツ（語）　233, 234
politeness　ポライトネス　52
politeness strategy　ポライトネス・ストラテジー　54
Politeness Theory　ポライトネス理論　53
positive face　積極的面子　54
pragmatic process(es)　語用論過程　173, 176, 180
pragmatics　語用論　172
prefix　接頭辞　128, 259
Prepositional Phrase: PP　前置詞句　145, 256
proposition expressed by an utterance　表出命題　177
pun　パン（シャレ）　14, 17

Q

quality of life: QOL　生活の質　303

R

rebus　リーバス　20, 21
Received Pronunciation: RP　イギリス英語発音　244
recipient　受け手　40
recreolization　再クレオール化　236
recursion　回帰（性）　147, 203
reduplication　反復形　24
reference　指示　274
referent　指示対象　24, 163, 167, 170
rehabilitation　リハビリテーション　295
reinforcement　強化　76
relativity　相対性　169
relevance　関連性　180
Relevance Theory　関連性理論　180
rendaku　連濁　124, 215
rhetorical expression　修辞的表現　175
right-branching　右枝分かれ　203
Righthand Head Rule　右側主要部の原則　136
Roman alphabet　ローマ字　112, 276
root　語根　128
root compound　根複合語　138

S

Sapir-Whorf Hypothesis　サピア-ウォーフの仮説　169
saturation　飽和　174
Scots　スコット人　236
Scottish Gaelic　スコットランド・ゲール語　236, 237
second language　第二言語　80, 242
semantic representation　意味表象　102
semantics　意味論　172
semiology　記号学　37
semiotics　記号学　37
sender　発信者　196
sensitive period　敏感期　94, 97
Sensory/Functional Theory　感覚／機能仮説　105
sentence　文　143
sentence processing　文処理　154
sequential bilingual　継続バイリンガル　87
sequential voicing　連濁　124, 215
sexism　性差別　48
sexuality　セクシュアリティ　42
shell shocked　戦争神経症　245
sibilant　歯擦音　30
sign　記号（手話単語）　170, 285
signifiant　記号表現（シニフィアン）　166, 301
signifié　記号内容（シニフィエ）　166, 301
sign language　手話（言語）　285
sim-com（simultaneous communication）シムコム　291
simile　直喩　35
simultaneous bilingual　同時バイリンガル　87
sound symbolism　音象徴　26, 37, 68
speaker meaning　話し手の意味　185
specific language impairment　特定言語障害　75
specifier　指定部　255
speech act　発話行為　184
Speech Act Theory　発話行為理論　183, 184
speech chain　スピーチチェーン　295
speech organ　構音器官　297
speech therapist　言語聴覚士　245, 295
speech-language-hearing therapist: ST　言語聴覚士　245, 295
stem　語幹　119, 123, 124, 128, 283
stimulus equivalence　刺激等価性　167
stress accent　強弱アクセント　122
structuralism　構造主義　190
structural linguistics　構造言語学　190
structure　構造　85, 86
structure-dependence　構造依存性　78
subject　主語　81
subtractive bilingual environment　減算的バイリンガル環境　88
successive bilingual　継続バイリンガル　87
suffix　接尾辞　128, 259
syllabary　音節文字　278
syllabic script　音節文字　278
syllable　音節　112
symmetry　対称性　164
syntactic structure　統語構造　155
syntax　統語論　144

T

tachistoscopic test　タキストスコープ　95
tense　時制　219
Theory of Mind　心の理論　198
three-strike law　三振アウト法　247
tip-of-the tongue phenomena　舌先現象　101
Tok Pisin　トク・ピシン　234
tongue twister　タング・ツイスター　18
topic　話題　81
trace　痕跡　158
transfer　転移　80, 205
transitive verb　他動詞　120, 218
translation equivalent　2言語で共通の意味を持つ語　90
tree diagram　樹形図　153
trilingual　トリリンガル　84
Tzeltal　ツェルタル語　168

U

unaccusative verb　非対格動詞　81
unergative verb　非能格動詞　81
Unitary Language System Hypothesis　単一言語体系仮説　89
Universal Grammar: UG　普遍文法　205, 253
universality　普遍性　168

V

vocal cords　声帯　117
voiced sound　有声音　26
voiceless sound　無声音　26
vowel　母音　112, 120

vowel harmony　母音調和　213

W

wanna contraction　wanna 縮約　158
Wellerism　ウェラリズム　17
Wernicke's area　ウェルニッケ野　71, 106
WHY に関する研究　194
wild child　野生児　95
word　語　89, 143, 161, 163
word order　語順　86, 211, 267
wug-test　ワッグテスト　75

編者略歴

中島 平三 (なかじま へいぞう)
1946年　東京都に生まれる
1982年　米国アリゾナ大学大学院言語学科博士課程修了，Ph. D.
現　在　学習院大学文学部・教授

ことばのおもしろ事典　　　　　　　　　　　　定価はカバーに表示

2016年4月5日　初版第1刷
2017年2月10日　　　第2刷

編　者　中　島　平　三
発行者　朝　倉　誠　造
発行所　株式会社　朝倉書店

東京都新宿区新小川町 6-29
郵便番号　1 6 2 - 8 7 0 7
電　話　03(3260)0141
F A X　03(3260)0180
http://www.asakura.co.jp

〈検印省略〉

Ⓒ 2016〈無断複写・転載を禁ず〉　　新日本印刷・渡辺製本

ISBN 978-4-254-51047-8　C 3580　　Printed in Japan

JCOPY 〈(社)出版者著作権管理機構 委託出版物〉

本書の無断複写は著作権法上での例外を除き禁じられています．複写される場合は，そのつど事前に，(社)出版者著作権管理機構（電話 03-3513-6969, FAX 03-3513-6979, e-mail: info@jcopy.or.jp）の許諾を得てください．

学習院大 中島平三監修・編
シリーズ朝倉〈言語の可能性〉1

言 語 学 の 領 域 Ⅰ

51561-9 C3381　　　　A 5 判 292頁 本体3800円

言語学の中核的領域である言語の音,語句の構成,それに内在する規則性や体系性を明らかにし,研究成果と課題を解説。〔内容〕総論／音声学／音韻論／形態論／統語論／語彙論／極小主義／認知文法／構文文法／機能統語論／今後の可能性

学習院大 中島平三監修　前都立大 今井邦彦編
シリーズ朝倉〈言語の可能性〉2

言 語 学 の 領 域 Ⅱ

51562-6 C3381　　　　A 5 判 224頁 本体3800円

言語学の伝統的研究分野といわれる音韻論・形態論・統語論などで解決できない諸課題を取上げ,その研究成果と可能性を解説。〔内容〕総論／意味論／語用論／関連性理論／手話／談話分析／コーパス言語学／文字論／身体言語論／今後の可能性

学習院大 中島平三監修　津田塾大 池内正幸編
シリーズ朝倉〈言語の可能性〉3

言 語 と 進 化 ・ 変 化

51563-3 C3381　　　　A 5 判 256頁 本体3800円

言語の起源と進化・変化の問題を様々な視点で捉え,研究の現状と成果を提示すると共に今後の方向性を解説。〔内容〕総論／進化論をめぐって／言語の起源と進化の研究／生態学・行動学の視点から／脳・神経科学の視点から／言語の変異／他

学習院大 中島平三監修　東大 長谷川寿一編
シリーズ朝倉〈言語の可能性〉4

言 語 と 生 物 学

51564-0 C3381　　　　A 5 判 232頁 本体3800円

言語を操る能力は他の動物にみられない人間特有のものである。本巻では言語の生物学的基礎について解説。〔内容〕総論／動物の信号行動とコミュニケーションの進化／チンパンジーの言語習得／話しことばの生物学的基礎／言語の発生／他

学習院大 中島平三監修　前東京女子大 西原鈴子編
シリーズ朝倉〈言語の可能性〉8

言 語 と 社 会 ・ 教 育

51568-8 C3381　　　　A 5 判 288頁 本体3800円

近年のグローバル化の視点から,政治・経済・社会・文化活動に起因する諸現象を言語との関連で観察し研究された斬新な成果を解説。〔内容〕言語政策／異文化間教育／多文化間カウンセリング／異文化接触／第二言語習得／英語教育／他

学習院大 中島平三監修　宮城学院女子大 遊佐典昭編
シリーズ朝倉〈言語の可能性〉9

言 語 と 哲 学 ・ 心 理 学

51569-5 C3381　　　　A 5 判 296頁 本体4300円

言語研究の基本的問題を検討しながら,言語獲得,言語運用と,これらを可能とする認知・心的メカニズムを,多角的アプローチから解説。〔内容〕総論／言語学から見た哲学／哲学から見た言語／一般科学理論と言語研究／言語の心理学的課題／他

前東北大 佐藤武義・前阪大 前田富祺他編

日 本 語 大 事 典
【上・下巻：2分冊】

51034-8 C3581　　　　B 5 判 2456頁 本体75000円

現在の日本語をとりまく環境の変化を敏感にとらえ,孤立した日本語,あるいは等質的な日本語というとらえ方ではなく,可能な限りグローバルで複合的な視点に基づいた新しい日本語学の事典。言語学の関連用語や人物,資料,研究文献なども広く取り入れた約3500項目をわかりやすく丁寧に解説。読者対象は,大学学部生・大学院生,日本語学の研究者,中学・高校の日本語学関連の教師,日本語教育・国語教育関係の人々,日本語学に関心を持つ一般読者などである

学習院大 中島平三・岡山大 瀬田幸人監訳

オックスフォード辞典シリーズ

オックスフォード 言 語 学 辞 典

51030-0 C3580　　　　A 5 判 496頁 本体12000円

定評あるオックスフォード辞典シリーズの一冊。P.H.Matthews編"Oxford Concise Dictionary of Linguistics"の翻訳。項目は読者の便宜をはかり五十音順配列とし,約3000項目を収録してある。本辞典は,近年言語研究が急速に発展する中で,言語学の中核部分はもとより,医学・生物学・情報科学・心理学・認知科学・脳科学などの周辺領域も幅広くカバーしている。重要な語句については分量も多く解説され,最新の情報は訳注で補った。言語学に関心のある学生,研究者の必掲書

学習院大 中島平三編

言 語 の 事 典（新装版）

51045-4 C3581　　　　B 5 判 760頁 本体19000円

言語の研究は,ここ半世紀の間に大きな発展を遂げてきた。言語学の中核的な領域である音や意味,文法の研究の深化ばかりでなく,周辺領域にも射程が拡張され,様々な領域で言語の学際的な研究が盛んになってきている。一方で研究は高度な専門化と多岐な細分化の方向に進んでおり,本事典ではこれらの状況をふまえ全領域を鳥瞰し理解が深められる内容とした。各章でこれまでの研究成果と関連領域の知見を紹介すると共に,その魅力を図表を用いて平明に興味深く解説した必読書

上記価格（税別）は 2017 年 1 月現在